FILOSOFIA, LINGUAGEM, CIÊNCIA

GILLES-GASTON GRANGER

FILOSOFIA, LINGUAGEM, CIÊNCIA

DIREÇÃO EDITORIAL:
Marcelo C. Araújo

TRADUÇÃO:
Ivo Storniolo (do Posfácio ao cap. 3 e cap. 20 a 21)
José Luiz Cazarotto (do cap. 4 ao 19)

COORDENAÇÃO EDITORIAL:
Ana Lúcia de Castro Leite

COPIDESQUE:
Leila Cristina Dinis Fernandes

REVISÃO:
Camila de Castro Sanches dos Santos

DIAGRAMAÇÃO:
Junior Santos

CAPA:
Vinicio Frezza / Informart

Coleção Filosofia e História da Ciência

Título original: *Philosophie, langage, science*
© 2003, EDP Sciences – Lês Ulis, france
ISBN 2-86883-578-3

Todos os direitos em língua portuguesa, para o Brasil, reservados à Editora Ideias & Letras, 2013.

Editora Ideias & Letras
Rua Diana, 592, Conj. 121, 12º andar
05019-000 – Perdizes – São Paulo-SP
Tel. (11) 3675-1319
vendas@ideiaseletras.com.br
http//www.ideiaseletras.com.br

Dados Internacionais de Catalogação na Publicação (CIP)
(Câmara Brasileira do Livro, SP, Brasil)

Granger, Gilles-Gaston
    Filosofia, linguagem, ciência / Gilles-Gaston Granger; [tradução Ivo Storniolo e José Luiz Cazarotto]. – Aparecida, SP: Editora Ideias & Letras, 2013. – (Coleção Filosofia e História da Ciência)

    Título original: Philosophie, langage, science.
    Bibliografia
    ISBN 978-85-65893-00-8

    1. Ciência - Filosofia 2. Conhecimento 3. Linguagem - Filosofia I. Título. II. Série.

12-10365   CDD-121

Índices para catálogo sistemático:
1. Filosofia, linguagem, ciência: Filosofia do conhecimento 121

Sumário

Prólogo 7
Prefácio 9

Parte I
A atitude do filósofo 11
    1. Para que serve a filosofia? 13
    2. A filosofia como metadisciplina 23
    3. *Logisch-philosophische Abhandlung*
       et *Logischer aufbau der welt* 29
    4. Janus Bifrons 59

Parte II
Filosofia e história 79
    5. A história das ciências é uma história? 81
    6. Análise de obras, análise de ideias 91
    7. Jean Cavaillès e a história 97

Parte III
A Linguagem 113
    8. Observações sobre o uso da língua na filosofia .. 115
    9. Língua e sistemas formais 123
    10. Para que servem os nomes próprios? 149
    11. O conceito de regulação em linguística 179

Parte IV

O conhecimento científico 203

12. Podemos estabelecer limites para o conhecimento científico? 205

13. Simular e compreender 223

14. Definir, descrever, mostrar 231

15. Sobre a unidade da ciência 247

16. O conhecimento científico e o conhecimento técnico 273

17. Verdade e convenção 289

18. Álgebra e geometria 309

19. O estilo matemático da Academia Platônica 317

20. A filosofia da linguagem nas ciências exatas 353

21. Os princípios científicos e os princípios filosóficos 395

Índice de nomes de pessoas 405

Bibliografia 413

Prólogo

Reuni aqui alguns artigos, publicados ou inéditos, na maior parte muito breves, que podem servir como comentário à ideia de filosofia das ciências, que procurei desenvolver nas obras anteriores. Tal empreendimento comporta forçosamente o risco de repetições, pelas quais peço que o leitor paciente me desculpe.

Da mesma forma, apesar da diversidade de suas datas de produção e de seus assuntos, esses escritos foram escolhidos por causa de um tema comum subjacente, mais ou menos evidente, mas essencial. Trata-se de questões colocadas ao filósofo pela expressão do saber científico em sistemas simbólicos, língua natural ou sistemas formais *ad hoc*, e pelas transformações históricas dessa formulação. De modo que, na segunda parte, o capítulo 9 ("Línguas e sistemas formais") se acha, apesar de sua especificidade, investido de uma posição central, e poderia fornecer a chave da unidade da coletânea.

Gilles-Gaston Granger

Prefácio

Não é necessário apresentar o autor deste livro, Gilles-Gaston Granger, cuja obra e ensino filosófico marcaram diversas gerações de filósofos. Com efeito, ele é um dos raros filósofos que, na França e em outros lugares, manteve, desde seus primeiros trabalhos, a exigência de uma reflexão sobre as ciências alimentada pela análise das próprias obras científicas: suas pesquisas se apoiam, particularmente, sobre a filosofia das matemáticas e das ciências sociais em diversos períodos, de Condorcet até a época contemporânea. Gilles-Gaston Granger inscreve-se em uma tradição de filosofia do conhecimento e de epistemologia histórica, balizada principalmente pelos trabalhos de Martial Guéroult, Jean Cavaillès e Gaston Bachelard, que foram seus mestres, nos quais se inspirou e com os quais muito contribuiu para desenvolver e renovar. Seu pensamento também se alimentou dos de autores como Ludwig Wittgenstein, Rudolf Carnap e outros, que ele comentou, estudou e que foi um dos primeiros a torná-los conhecidos na França, em uma época em que os filósofos inspiradores da tradição de filosofia analítica eram aí amplamente ignorados. Ele soube reconhecer suas exigências de rigor e de precisão na posição e na análise dos problemas científicos e filosóficos.

Sua obra filosófica e epistemológica consegue, desse modo, reconciliar a tradição da epistemologia história e a da análise lógica e estrutural dos trabalhos dos cientistas. É por isso que hoje ela inspira diretamente numerosos pesquisadores, preocupados em compreender e esclarecer as significações que estão ligadas com os conceitos científicos, com seus movimentos e com o trabalho do pensamento que lhes dá nascimento.

O leitor encontrará no presente volume textos inéditos ou dispersos em publicações diversas e difíceis de encontrar. Essas contribuições, que abordam temas variados, constituem igualmente exercícios filosóficos para pensar noções e problemas do conhecimento que correspondem às direções das pesquisas anteriores de Gilles-Gaston Granger. Elas são representativas desse tipo particular de conhecimento que é o *conhecimento filosófico* em sua relação com a linguagem, com a história e com as ciências, e apresentam, desse modo, uma unidade sintética, conforme o expressa o título escolhido pelo autor: *Filosofia, linguagem, ciência*. As análises que iremos ler, subentendidas por seus outros trabalhos, concebem-se frequentemente como uma colocação em prática daquilo que ele chama de "epistemologia comparativa" (nome da equipe que ele fundou e dirigiu em Aix-en-Provence, assim como da cátedra que ele ocupou no Collège de France). Promovido por esta última, o confronto entre as análises de ciências diferentes permite ultrapassar com proposições sintéticas as análises de práticas científicas das quais ele respeita a especificidade e favorece a emergência de conceitos e de categorias que fornecem matéria própria para o conhecimento filosófico, garantindo, ao mesmo tempo, sua ancoragem e sua autonomia.

Michel Paty e Jean-Jacques Szczeciniarz

Parte I

A atitude do filósofo

1

Para que serve a filosofia?[1]

N a tradição greco-latina, o filósofo frequentemente foi um personagem do jogo social e, algumas vezes, conforme sabemos, com perigo de morte. Ele pode, portanto, desempenhar um papel, assumir cargos, ter uma função, como em nossas sociedades contemporâneas, uma função de professor. Então, é, de fato, do pensamento propriamente filosófico, o filósofo ser, por assim dizer, o braço secular? É de fato o exercício desse próprio pensamento que ele tornaria, desse modo, eficaz, conferindo-lhe um uso social, uma utilidade ou uma nocividade que seria preciso atribuir à filosofia enquanto tal? Eu gostaria, quanto a isso, de propor uma resposta negativa. Não negar, sem dúvida, *efeitos secundários* da filosofia, podendo justificar que um papel seja atribuído ao filósofo, mas tentar mostrar que, no sentido mais corrente da expressão "servir para alguma coisa", a filosofia não pode nem deve *servir para nada*.

Examinarei para isso três aspectos ou facetas de um uso da filosofia: a filosofia como cultura, a filosofia como conhecimento, a filosofia como ascese, e terminarei fazendo um ensaio de análise da questão central das relações entre a filosofia e a ação.

---

[1] Extraído do *Canadian Journal of Philosophy*, volume suplementar 19, p. 57-65.

1. A filosofia como cultura

1.1. Tomaremos aqui o termo "cultura" no sentido de *Bildung*, ao mesmo tempo como aquisição e assimilação de um passado, por meio de temas e principalmente de obras, e como formação de hábitos de pensamento. Desse ponto de vista, é justo distinguir o positivo e o negativo de uma cultura filosófica.

No ativo de tal cultura, colocaremos sem dúvida uma atitude reflexiva, contrabalançando as reações naturais imediatas. Da mesma forma, um *sentido da complexidade do humano*, contrabalançando as simplificações, necessárias por vezes à prática da vida, necessárias também, em outro sentido, ao conhecimento científico. Querer aplicar às coisas da vida a clareza dos conceitos e o rigor dos raciocínios que regem o universo matemático é o que o homem filosoficamente formado, até matemático, saberá evitar fazer, com prudência. Do mesmo modo, a uma cultura filosófica poderemos atribuir o *sentido de uma estética do pensamento*, ou seja, o desenvolvimento de uma capacidade de reconhecer e fruir a harmonia, a força, a sutileza de algumas obras do espírito.

Todavia, convém salientar, em contrapartida, no passivo da educação filosófica, uma *propensão algumas vezes demasiadamente marcada pela racionalização e pela sofística*. O hábito, então mal-orientado e insuficientemente dominado, da análise e da discussão de problemas aparentemente abstratos e sutis pode dispor, com efeito, a esse revés. Também reprovaremos algumas vezes na educação filosófica o fato de levar a *negligenciar, ocultar* ou *desprezar o "pé no chão"* e a se separar, por conseguinte, das realidades da existência.

1.2. Em todo caso, é sem dúvida permitido que o filósofo pense que esse balanço de uma formação, provida por sua disciplina, permaneça muito globalmente positiva. Mas podemos perguntar-nos se, como o desejariam alguns hoje, o ensino da filosofia deveria tornar-se mais precoce, associado desde os primeiros anos da adolescência ao ensino literário, mas, ao mesmo tempo, diluído e enfraquecido, tanto

1. Para que serve a filosofia?

em seu volume como em seu conteúdo. Em minha opinião, parece que esse adiantamento teria mais inconvenientes que vantagens, e que a profunda observação de Aristóteles ainda é válida em nossos tempos e sociedades: Διὰ τί δὴ μαθηματικός μὲν παις γενοιτ ἄν, σοφὸς δ'ἦ φυσικός οὔ – "uma criança pode de fato se tornar um matemático, mas não filósofo ou conhecedor da natureza..."[2]

2. A filosofia como conhecimento

2.1. Que a filosofia seja conhecimento é, segundo me parece, sua função própria, mas estranhamente original em relação às outras formas do conhecimento. Esforçamo-nos – em outro lugar[3] – por caracterizá-lo como conhecimento sem objeto, conhecimento de significações, mas, no entanto, conhecimento em conceitos. Eu me limitarei a retomar e procurar justificar essa descrição um tanto paradoxal e essa aplicação insólita do vocábulo "conhecimento".

2.2. O que significa a expressão "a filosofia não tem objetos"? Não é preciso entendê-la em sentido fraco, em que quiséssemos dizer que a filosofia não tem objetos *próprios*, e que ela pode tratar de tudo, até conforme diz tão bem o mestre de Monsieur Jourdain, falar de tudo sem nada ter aprendido. Quero dizer aqui, muito mais, que a filosofia não descreve os fatos do mundo, não visa *a construir modelos abstratos dele*, próprios às manipulações lógico-matemáticas e suscetíveis de servirem de base para previsões e intervenções na empiria. Ela não é uma ciência em sentido estrito, ou seja, exatamente uma disciplina que explica fenômenos, constituindo, descrevendo e combinando objetos.

Em relação a um conhecimento objetivo do mundo, cujos conteúdos tendem sempre a se apresentar como estruturas abstratas, relativamente independentes, afinal de contas, dos diversos modos como elas foram concebidas e apresentadas, uma filosofia é um conhecimento para

---

[2] Cf. Aristóteles. *Ética a Nicômaco*, VI.8.

[3] Cf. Granger, G.-G., *Pour la connaissance philosophique*. Paris: Odile Jacob, 1988.

16 FILOSOFIA, LINGUAGEM, CIÊNCIA

o qual conta de modo essencial seu *estilo*.[4] Não retomaremos aqui as proposições feitas outrora em relação a essa noção de estilo; digamos apenas que, em filosofia, não poderia haver conteúdos de conhecimento separados de um modo de conhecer, e que aqui se encontra a *criação original de uma relação de forma para conteúdo*, que constitui todo o valor dela.

Que a filosofia não tenha objetos, de modo nenhum significa que ela não parte da experiência humana, individual e coletiva, e sim que, em vez de constituí-la como objetos, ela a interpreta e produz seu sentido. Sem dúvida, essa experiência já é diretamente vivida como significativa para os sujeitos que a experimentam ou a contemplam. Entretanto, a filosofia visa a *organizar como sistema* tais significações, atribuídas à experiência e às obras humanas. Ora, tal significação não se confunde com a colocação em evidência de uma estrutura, no sentido das ciências matemáticas ou das ciências empíricas. Aqui não é o lugar para recordar o sentido preciso dessa noção de estrutura, originariamente formulada pelos matemáticos, mas aplicada e praticada há muito tempo, desde que nasceu o ideal científico moderno de um conhecimento da natureza. À organização das significações reservaremos arbitrariamente o nome de *sistema*, que havíamos procurado precisar na obra já citada.

Nós nos limitaremos a observar que esse caráter necessariamente sistemático da filosofia jamais exclui uma expressão eventualmente aforística, nem uma atenção para o detalhe, conforme quis e praticou Wittgenstein. A sistematização filosófica é *metassistemática*. Ela reorganiza representações já organizadas de modo imanente, enquanto elas constituem nossa experiência imediatamente vivida, individual e coletiva. Ela tende a restituir como *totalidades virtuais* o que jamais fora vivido (exceto pelos místicos, talvez), a não ser como experiências atuais finitas, e é isso que entendemos por "dar um sentido".

Uma segunda observação que toca a natureza da interpretação filosófica: ela é essencialmente uma interpretação *tópica*, ou seja, uma divisão em temas, e a escolha de uma hierarquia significativa entre esses temas. A filosofia, desse ponto de vista, primeiro aparece como uma

---

[4] Cf. GRANGER, G.-G. *Essai d'une philosophie du style*. 2. ed. Paris: Odile Jacob, 1988.

1. Para que serve a filosofia?

atividade de discernimento dos níveis e dos domínios do pensamento, ou seja, de nossa representação do mundo e de nós mesmos. Ela não poderia confundir-se com um registro, nem sequer com uma elaboração, puramente especulativas, de dados. Entendo aqui por "especulativo" designar a neutralidade de uma atividade de recepção, ainda que, como no caso da maioria das ciências, ordenada a aplicações. Mas pelo fato de ela não ser, nesse sentido, "especulativa", a filosofia pode desempenhar um papel *hermenêutico e crítico* em relação a conceitos de outras disciplinas, das quais ela depreende o sentido em seus próprios sistemas e dos quais ela eventualmente esclarece as dificuldades ocultas. Contudo, não nos enganemos nisso: essas dificuldades não podem ser resolvidas por ela. Qualquer solução só pode ser imanente à disciplina ou ao domínio de origem. Conforme diz justamente Wittgenstein, é ao matemático que cabe resolver os problemas que o filósofo tiver mostrado nas matemáticas. O caso das ciências humanas é, no entanto, um pouco particular, na medida em que nelas, por assim dizer, parece haver uma confusão natural entre conceituação e descrição metafórica em imagens. Neste caso, pode ser que a hermenêutica e a crítica filosóficas tenham um papel propedêutico importante a desempenhar na própria constituição dos conceitos da ciência, ou pelo menos nos ensaios preparatórios para sua formulação.

2.3. Por fim, a filosofia visa a produzir conceitos, e não a manipular imagens ou sentimentos. Traço decisivo, mas dificuldade essencial, na perspectiva em que pretendemos manter que ela não nos diz, pelo menos diretamente, nada do mundo. Nessa medida, não poderíamos falar de verdades filosóficas e, particularmente, a "convenção de Tarski"[5] não pode em geral se aplicar aos enunciados propriamente filosóficos, pois a segunda parte da convenção formula um enunciado de fato. É necessário, portanto, em filosofia, um substituto da verdade em sentido estrito, que chamaremos de rigor. Um dos aspectos desse rigor, seu aspecto "tático", é a submissão às regras da lógica *stricto sensu*, ou seja, no mínimo,

---

[5] A proposição "A neve é branca" é verdadeira se e apenas se a neve for branca. Cf. TARSKI, Alfred. *Logique, sémantique, métamathématique*. Paris: Armand Colin, 1974, tomo 2, p. 271.

ao cálculo das proposições. Objetarão que esse cálculo supõe justamente a distinção entre proposições verdadeiras e proposições falsas. Parece-me que a força da objeção é apenas aparente. Submeter-se às regras da lógica é apenas, a bem dizer, aceitar as regras operativas da negação e dos conectores lógicos e, por conseguinte, distinguir conclusões corretas, sem necessariamente interpretá-las em um modelo de verdade e de falsidade, que remeteria a uma relação com fatos do mundo.

Resta, porém, que a natureza própria dos conceitos filosóficos é problemática. Eles não poderiam, em todo caso, ser assimilados aos conceitos positivos das ciências, que são decomponíveis tanto em feixes de propriedades como em redes de relações. Eles não são conceitos de objetos, mas *metaconceitos*. Aqui podemos apenas remeter às duas obras anteriormente citadas, não para prometer ao leitor que nelas irá encontrar uma solução, mas ao menos para esperar que nelas ele se satisfaça com a exploração das dificuldades evocadas. Trata-se, de qualquer modo, de questões que verdadeiramente só podem ser abordadas *in situ*, em cada estilo e quase em cada obra *filosófica*. Problema filosófico que se refere à natureza dos conceitos filosóficos. Seria necessário disso concluir que se trata então de *metafilosofia*? Para semelhante questão, todos os grandes autores do passado que a colocaram para si responderam pela negativa. O exame de tais problemas não se distingue, com efeito, da própria elaboração dos conceitos filosóficos, e é de fato o que nos ensinaram, cada um a seu modo, tanto Spinoza como Wittgenstein: não existe *metafilosofia*.

3. A filosofia como ascese

3.1. A filosofia pode desempenhar o papel de uma *ética* para o próprio sujeito que filosofa? A questão que iremos agora apresentar, caso a resposta seja afirmativa, dará evidentemente um novo sentido à utilidade de nossa disciplina. Numerosas grandes filosofias do passado apresentaram-se na verdade como asceses. Podemos, entretanto, duvidar de que elas possam ou tenham podido exercer *efeitos empíricos diretos* sobre as características, as reações e os costumes; e a justeza desoladora da frase surpreendente

1. Para que serve a filosofia? 19

de Pascal: "o maior filósofo do mundo, sobre uma prancha mais larga que o necessário, se tiver abaixo um precipício..." continua a nos impressionar. Em troca, talvez seja permitido supor que, reciprocamente, uma filosofia *exprime* de certo modo a personalidade empírica de seu criador. Poderíamos então acrescentar que o que se exprime na obra é justamente o que não se exprime ou pouco se exprime na vida e no comportamento do criador. Em todo caso, o interesse de tais considerações é apenas episódico em relação à obra criada pelo filósofo (ou pelo artista). Entretanto, em vez disso, gostaríamos de formular algumas reflexões breves sobre a interpretação a ser dada à função "ascética" de alguns exemplos de filosofia que se apresentam explicitamente como ascese.

O exemplo mais conhecido é, sem dúvida, o da filosofia socrática.

3.2. Mas o Γνῶθι σεαυτόν[6] não é um apelo a um conhecimento psicológico de si, obtido por um exercício. Ele significa um conhecimento pelo sujeito de *seus valores, regras* implícitas que ele segue, e a filosofia é uma ordenação coerente dessa subestrutura, e não a aplicação de um imperativo comparável ao de uma disciplina religiosa.

Em Spinoza, o próprio título de sua grande obra e o preceito fundamental (compreender, mais que detestar ou se afligir) levam naturalmente a crer que, para ele, a filosofia é de fato uma ética. É fato que nele ainda há uma quase confusão entre um conhecimento filosófico e um conhecimento científico, cujo sentido próprio não é ainda suficientemente reconhecido por ele. Daí resulta a aparência de uma aplicação direta da filosofia à transformação de si mesmo, como se se tratasse de uma aplicação da ciência à transformação do mundo. Na realidade, porém, a filosofia de Spinoza de modo nenhum propõe uma manipulação direta do eu empírico; seu efeito é tão-somente um *reconhecimento efetivo da finitude do indivíduo* em sua relação com o todo infinito, que transfigura em ato qualquer passividade, mas sem mudar o mundo ou a si mesmo. Acontece o mesmo, sem dúvida, com a moral cartesiana, entendida como tópico das paixões e formalização da vontade.[7]

---

[6] N.T. Em grego, no original: – conheça-te a ti mesmo.

[7] Cf. VUILLEMIN, Jules. L'intuitionnisme moral de Descartes. *Kantstudien*, 1988, 1, p. 17-32.

Para Wittgenstein, se a filosofia for de fato "crítica da linguagem", tanto no *Tractatus* como posteriormente, ele não cessou de dizer que ela "deixa tudo como está". Seu efeito terapêutico não poderia então ser um efeito direto sobre a alma, mas uma modificação de nosso ponto de vista sobre o mundo, do sentido dado ao mundo como totalidade.

Desse modo, uma filosofia enquanto "ética" jamais pode, em certo sentido, ser mais que *formal*. Ela não poderia, por si mesma, propor uma lista de preceitos que sejam referentes aos conteúdos da ação. E a felicidade do filósofo, enquanto tal, só pode ser, se assim o pudermos dizer, uma *metafelicidade* em relação às satisfações humanas.

4. A filosofia e a ação

4.1. Insistimos sobre o caráter essencialmente não prático da filosofia. Entretanto, não poderíamos negar que ela tem uma relação específica, mas indireta, e sem dúvida inevitável, com a ação.

A filosofia não pode ser um *guia* para a ação? Enquanto tal, ela não nos fala daquilo que acontece, nem daquilo que deve ou não deve acontecer. Ela propõe uma integração dos atos e dos fatos em uma totalidade que lhes dá sentido. Por seu caráter de metadisciplina, ela só pode guiar, ou melhor, *esclarecer a escolha de um guia para a ação*. Neste último sentido, existe de fato em toda Moral uma parte puramente filosófica e uma parte pós-filosófica, mas é apenas esta última que formula preceitos de ação.

Mas a filosofia encontra sempre ou quase sempre mediações para a ação. Eu as chamo de "ideologias". Elas comportam transmutações de *conceitos* em *imagens*, e uma substituição de *movimentos afetivos espontâneos* para o *trabalho* do pensamento. Aspectos puramente negativos; mas a ação tem esse preço, e a filosofia não penetra na política e na moral, a não ser por meio de ideologias. O verdadeiro perigo, se preferirmos essa linguagem, o erro capital é então confundir essas doutrinas de ação com verdadeiros *conhecimentos*, tanto filosóficos como científicos. A dificuldade, de fato, é ver que a mediação se realiza por duas vias, que nos fazem sair do universo da atividade filosófica. Por uma, passamos da organização das significações à posição de preceitos de ação, sem que estes possam jamais ser suas consequências absolutas; pela outra via, passamos da interpretação do sentido da vida à formulação de "verdades" dogmáticas, sem que tais dogmas possam jamais ter o estatuto de verdades controláveis, subtraindo-se sempre que necessário à refontização dos sistemas de significações das quais eles derivaram.

5. Conclusão

5.1. As proposições feitas aqui poderiam parecer mínimas em relação à importância que desejaríamos ver reconhecida para nossa disciplina, e eu não me surpreenderia de me ouvir acusado de ceticismo. Entretanto, para terminar, eu gostaria de afastar o quanto possível tal suspeita ou, pelo menos, matizar sua importância. Sem dúvida, não reconheço nos filósofos a capacidade de decidir sobre negócios do mundo e de dizer de algum modo o que é certo. Os fracassos, pelo menos parciais, e frequentemente deploráveis, no decorrer da história, dos citados que se pretenderam platônicos, rousseauístas ou marxistas, não pleiteiam muito em sentido oposto. E, desse ponto de vista, é de fato do lado dos céticos ou dos pessimistas lúcidos que me classifico.

Todavia, de um lado, de modo nenhum me desespero da possibilidade para formas ideológicas não arrogantes de fazer penetrar na prática algumas consequências felizes dos pensamentos filosóficos. Por outro lado, não cesso nem cessarei de considerar, ainda que nenhuma via de acesso lhe fosse jamais aberta para as realidades empíricas, que o livre exercício dessa atividade puramente mental e desinteressada que é a meditação filosófica constitua uma das figuras essenciais do homem. Que se tal atividade inútil desaparecesse, sua falta se faria imediatamente sentir, e que é preciso em última análise dela dizer o que Jacobi dizia outrora das matemáticas: para a honra do espírito humano.[8]

---

[8] Redigido depois da exposição oral, este artigo pôde levar em conta observações feitas pelos ouvintes que participaram da conferência "Sur la connaissance philosophique". Aqui lhes apresentamos nossos agradecimentos.

2

A filosofia como metadisciplina[1]

ostaríamos de caracterizar a filosofia enquanto modo de conhecimento pelo fato de que ela é, e por excelência, uma "metadisciplina". O que exatamente entender por esse termo? É por uma apresentação do sentido que nós lhe atribuímos que será preciso, portanto, começar. Depois disso, comentaremos, nessa perspectiva, o que entendemos por ausência de objeto em filosofia. Tentaremos, em seguida, especificar a natureza metadisciplinar do procedimento filosófico. Terminaremos, por fim, examinando a questão: existem aplicações da filosofia?

Metadisciplina e metateoria

O prefixo *meta* sugere evidentemente uma disciplina que se apoia sobre outra disciplina já constituída em um discurso. Uma metadisciplina se referirá, portanto, a signos. Mas é preciso distinguir o caso em que esses signos são tomados como objetos, por assim dizer, no segundo grau: trata-se então daquilo que chamaremos de metateoria, e o caso em que os signos são efetivamente tomados como tais, em sua função de signos.

Por exemplo: uma linguística é, nesse sentido, metateórica, pois toma os signos da linguagem como objetos em sentido estrito, dos quais ela constitui a ciência (voltaremos mais adiante sobre o que é preciso compreender por objetos *stricto sensu*).

---

[1] Texto inédito (1° de maio de 1990).

Metadisciplina e formalização

Formalizar uma teoria depende evidentemente de um metadiscurso. Mas trata-se de fato de uma metateoria: esvaziamos os objetos da teoria para fazer aparecer uma estrutura que pertence a um universo abstrato que domina de algum modo o primeiro universo de objetos. O "momento da variável", do "paradigma", segundo Cavaillès.

A lógica, ao mesmo tempo, é metateoria e metadisciplina. O exemplo daquilo que Tarski chama muito impropriamente de sua "metodologia das ciências dedutivas". De um lado, formalização, teoria da "consequência"; do outro lado, pesquisa das condições de possibilidade do funcionamento de uma teoria dedutiva.

Três degenerescências de uma metadisciplina

A passagem frequentemente insidiosa de uma metadisciplina para uma forma metateórica, que se acharia, na ocorrência, ilegítima.

• Assimilar os temas de uma metadisciplina com objetos. Por exemplo, confundir filosofia da linguagem e linguística.

• Assimilar a reflexão metadisciplinar a uma exploração da experiência interna: psicologismo.

• Assimilar uma metadisciplina a uma metodologia, descrevendo procedimentos.

A filosofia é propriamente metadisciplinar, pela natureza daquilo a que ela visa e pelo procedimento que ela pratica.

A filosofia como conhecimento sem objetos

O termo objeto, tomado aqui *stricto sensu*, designa aquilo com que se constrói um modelo abstrato, suscetível de representá-lo, modelo que se presta a explorações e manipulações lógico-matemáticas, que levam a resultados traduzíveis em termos de empiria.

2. A filosofia como metadisciplina

Pensamos que a ciência propriamente dita se caracteriza pelo desígnio de transpor a empiria em objetos, que os fatos de que ela parte pertencem ao mundo físico ou ao mundo humano.

Essa noção do objeto deve ser aproximada de uma distinção kantiana em *A Crítica do Juízo*, salientada por Louis Guillermit.[2] *Gegenstand* é um objeto de conhecimento, por oposição a *Objekt*, que é objeto de satisfação.[3] O caráter não propriamente "objetal" dos temas de intenção estética manifesta-se especialmente nos traços negativos que Kant lhes reconhece do ponto de vista das categorias (finalidade sem fim...). Entretanto, o que opomos aqui ao objeto de conhecimento (científico) não é apenas aquilo que é correlato de uma satisfação, e sim mais geralmente aquilo que é apreendido enquanto portador de uma significação.

Os temas da filosofia são, com efeito, significações. Ou seja, ela interpreta nossas experiências atuais, necessariamente finitas, como se inserindo em, remetendo a totalidades virtuais. Os [aspectos] vividos são, portanto, tomados enquanto transpostos em sistemas simbólicos mais ou menos explicitados que a filosofia toma como texto e do qual ela propõe organizações daquilo que eles significam. Nesse sentido, toda filosofia é sistematizante, ainda que seu discurso não apresente explicitamente um sistema.

O procedimento filosófico

O pensamento filosófico é reflexivo, pelo fato de ele se aplicar não diretamente a fatos, mas a atos de representação. Mas ele não é exploração de uma subjetividade inteiramente constituída. O caráter reflexivo da filosofia deve ser aproximado da noção de "aquilo que reflete" em Kant, como caso particular. "A reflexão não diz respeito aos próprios

---

[2] Cf. GUILLERMIT, Louis. *L'élucidation critique de goût selon Kant*. Paris: CNRS, 1986, p. 95, nota 62.

[3] Cf. KANT, I. *Kritik der Urteilskraft*, § 3 (obra original de 1790).

objetos, para deles adquirir diretamente conceitos, mas ela é o estado de espírito no qual nós nos dispomos em primeiro lugar a descobrir as condições subjetivas sob as quais podemos chegar a conceitos."[4]

Trata-se, mais geralmente, de descobrir significações, e não apenas situar os conceitos no tipo de conhecimento ao qual eles pertencem. Entretanto, o papel tópico do pensamento filosófico é essencial. Mas a subjetividade em questão não é a determinação empírica de um indivíduo; ela é o vestígio de uma subjetividade cuja individuação se manifesta não em uma expressão direta, mas secundariamente em um estilo.

As modalidades de desenvolvimento do discurso filosófico não são apenas formas de expressão, mas modos de produção de significações. Elas caracterizam essencialmente estilos filosóficos; por exemplo, meditação ramificada, aforismos, encadeamentos lineares.

Qual papel pode desempenhar a formalização em filosofia? Apenas como auxiliar da análise de conceitos, se a filosofia não tiver como tarefa única depreender a estrutura conceitual de outra disciplina, mas de depreender seu sentido.

A relação privilegiada do pensamento filosófico com a história da filosofia depende estreitamente do caráter metadisciplinar da filosofia. De um lado, uma história no sentido estrito, apoiando-se sobre fatos humanos, que é preciso conceber então como objetos de uma ciência histórica; do outro lado, uma interpretação de interpretações. A reduplicação não gera uma nova disciplina: o que distingue uma metadisciplina de uma metateoria (as teorias de graus sucessivos são, em princípio, essencialmente distintas). Tema constante dos filósofos: *idea ideae*[5] em Spinoza, nenhuma filosofia da filosofia, distinta da filosofia, em Wittgenstein...

---

[4] *Cf. Idem, Kritik der reiner Vernunft.* Paris: Gallimard (Bibliotèque Pléiade), 1968, vol. 3, p. 988 (*Anal. transc. Anhang,* iii, 215).

[5] N.T. Em latim, no original: ideia das ideias.

2. A filosofia como metadisciplina

Pode haver aplicações da filosofia?

Uma filosofia não pode diretamente ser aplicada, uma vez que ela não fala de fatos nem de coisas, mas fala sobre suas transposições em universos simbólicos. A ciência, ao contrário, trata de fatos e de coisas, representados nos universos simbólicos.

O paradoxo de Wittgenstein: de um lado a filosofia "deixa tudo como está" (tese tanto do *Tractatus* como das *Investigações*). Entretanto, a filosofia é uma terapia, pois trata nossa utilização da linguagem como uma doença. É que a filosofia não nos diz nada sobre o mundo, nem sobre nós enquanto parte deste mundo. Ela propõe uma interpretação da vivência, ou seja, para Wittgenstein, ela indica um ponto de vista de onde essa vivência pode ser globalmente abraçada (*Tractatus*), mostra a multiplicidade dos usos da linguagem, que revela a multiplicidade desses pontos de vista (*Investigações*). O que é modificado ou relativizado não é nem o mundo nem nós mesmos enquanto existindo no mundo, e sim o ponto de vista.

O resultado da Ética de Spinoza deve ser compreendido de modo análogo. A filosofia permite visar à sabedoria como compreensão de nossa finitude e da necessidade, reconhecimento da significação daquilo que acontece como expressão do real conforme os dois atributos que nos são acessíveis.

A filosofia tem, entretanto, um impacto indireto sobre os acontecimentos da história humana. Mas [trata-se] então [da] mediação inevitável das ideologias, doutrinas caracterizadas pela substituição da imagem pelo conceito, do afeto pelo raciocínio, da espontaneidade pelo trabalho. Os filósofos descrevem essa mediação de modos diferentes. Platão fala da descida na caverna. Para Aristóteles, a filosofia, que é "ciência teórica" do imutável concreto, de modo nenhum se aplica ao futuro; entretanto, ele introduz no domínio da ação a passagem de uma "ciência" prática, ética e políti-

28 FILOSOFIA, LINGUAGEM, CIÊNCIA

ca, para a execução de atos concretos, pela mediação da Φρόνησις,[6] paralelamente à τὲχνη,[7] intermediária entre as ciências poiéticas e os atos produtivos.[8]

Na perspectiva em que nos colocamos, vemos quão paradoxal é a situação da filosofia em relação à ação e à ciência. Conhecimento articulado como a ciência, diversamente da ciência, ele visa a significações que pertencem de fato ao real, mas que de modo nenhum são constituídas como objetos. Interpretando as atividades humanas, ela não pode, no entanto, de modo nenhum pretender legiferar. Tal é o estatuto de uma metadisciplina.

---

[6] N.T. Em latim, *Phrónesis*.

[7] N.T. Em latim, *tèchne*.

[8] Cf. GRANGER, G.-G. *La théorie aristotélicienne de la science*. Paris: Aubier, 1976, cap. 12, § 12.6-12.8, p. 333ss.

3

Logisch-philosophische Abhandlung et Logischer aufbau der welt[1]

Em 1921 aparece nos *Annalen der Naturphilosophie* a *Logisch-Philosophische Abhandlung*, de Wittgenstein, destinada a se tornar célebre sob o título spinoziano de *Tractatus Logicophilosophicus*. Em 1928, é publicado o *Logischer Aufbau der Welt*, de Rudolf Carnap. Essas obras da juventude de dois dos filósofos mais marcantes desse início de século comportam, tanto uma como outra, em seu título, o termo "lógica". Não podemos duvidar de que tal convergência seja significativa, quando ela une sob um mesmo vocábulo tão carregado de sentido um dos inspiradores e um dos fundadores do Círculo de Viena. Mas é permitido interrogar-se sobre a diferença de interpretação desse termo que as duas obras testemunham. As duas, sem dúvida, expressam projetos filosóficos centrados sobre esse *leitmotiv* do lógico, mas as duas, conforme observaremos, explicitamente recusaram um racionalismo dogmático universalmente redutor. Carnap termina seu livro citando o famoso aforismo 7 do *Tractatus* (com uma ligeira variante): *Wovon man nicht reden kann...*,[2] e salienta no resumo que segue que ele exige uma "pura racionalidade" apenas para

---

[1] N.E. *Logisch-philosophische Abhandlung* significa Tratado de Lógica Filosófica e *Logischer aufbau der welt*, Construção Lógica do Mundo. Extraído de "Philosophy of Mind", 9th International Symposium Wittgenstein, 1984, p. 433-455.

[2] N.T. Em alemão no original: *sobre aquilo que não se pode falar...*

30 FILOSOFIA, LINGUAGEM, CIÊNCIA

a ciência.[3] Entretanto, essa visão comum de um domínio ao mesmo tempo radical e limitado da lógica recupera duas concepções profundamente diferentes de seu sentido. É essa bifurcação que gostaríamos de examinar aqui. Ela anuncia, sem dúvida, o afastamento definitivo dos dois caminhos percorridos mais tarde por Wittgenstein e Carnap. Nós nos limitaremos, porém, a considerá-lo *in statu nascendi* nessas duas grandes obras liminares e sobre quatro pontos que nos parecem essenciais. Em primeiro lugar, como expressão de dois estilos filosóficos; em segundo lugar, quanto ao lugar respectivo em cada uma delas do conhecimento científico e da filosofia; em terceiro lugar, relativamente ao jogo do lógico e do transcendental; finalmente, em quarto lugar, sob o aspecto das funções que nelas têm a linguagem e, em geral, o simbolismo.

Dois estilos filosóficos

A intenção dos dois autores é, sem dúvida, propor uma construção conceitual abstrata, evitando, o quanto possível, o recurso a imaginações intuitivas e peregrinas, suscitadas por expressões não controladas na linguagem. Tanto um como outro querem manter o pensamento do leitor em um domínio delimitado e nele governar seu movimento. Mas um faz o uso de uma retórica que procede por aforismos e comentários, e o outro usa uma retórica que superpõe diferentes níveis de exposições sucessivas. Do mesmo modo, a importância e o jogo das ligações lógicas no *Tractatus* e na *Aufbau* são sensivelmente diferentes.

Wittgenstein, conforme sabemos, enuncia sete aforismos maiores, formando uma sequência de noções por assim dizer encaixadas: o "mundo", "o que acontece", "os estados das coisas" etc., e distribuídas

---

[3] Cf. CARNAP, R. *Der logische Aufbau der Welt*. Berlin: Ullstein Verlag, 1974, 4. ed., p. 273: *Para a vida prática, em contrapartida, são reconhecidas a existência e o valor significativo das outras esferas irracionais.*

3. *Logisch-philosophische abhandlung et Logischer aufbau der welt*   31

em três níveis: o mundo, a imagem lógica do mundo, "aquilo de que não se pode falar".[4] A ligação de um conceito com outro é, portanto, de explicitação, mais que de consequência, e cada aforismo é eventualmente *comentado* por aforismos, cuja subordinação se torna manifesta pelo modo de enumeração "alfabética": 1.1 comenta aprofundando 1; 2.01 comenta 2 em nível de profundidade e de detalhe superior àquele em que se situará 2.1 na sequência. De modo que o encadeamento do *Tractatus*, embora corresponda de fato a certa espécie de rigor, que aqui não é o lugar de discutir, não se ancora por sua estratégia de conjunto sobre a relação do princípio para consequência, em um dos sentidos precisos que o próprio Wittgenstein indica na forma da linguagem objetiva. E é preciso que assim seja, pois, contrariamente à ciência, não é dos fatos que, segundo ele, a filosofia fala.

Embora aconteça o mesmo para Carnap, em um sentido que ele terá ocasião de precisar, a organização da *Aufbau* é completamente diferente. A obra comporta de início uma longa exposição "não formal" da *Constituição*, que ocupa a metade do conjunto (Partes I, II e III); a seguir, ele empreende a apresentação, passo a passo, dessa *Constituição*, mas apenas um fragmento dela é desenvolvido completamente, a título de amostra, conforme o estrito método formal que deveria ser aplicado à totalidade das espécies de objetos (Parte IV). A quinta parte, finalmente, trata mais brevemente de problemas filosóficos clássicos, sob o novo ponto de vista que a *Constituição* oferece.

Ainda que ele intervenha apenas brevemente nas qualidades, sob uma expressão simbólica tomada de empréstimo dos *Principia* de Russell-Whitehead, do parágrafo 106 ao parágrafo 121, vemos que aqui o encadeamento lógico em sentido estrito é reivindicado como essencial para o desenvolvimento da filosofia, e não apenas da ciência. Do ponto de vista do estilo do pensamento filosófico, trata-se,

---

[4] Estudamos outrora a estrutura do *Tractatus*. Cf. GRANGER, Gilles-Gaston. *Tractatus*: Structure philosophique et métastructure. In: GUEROULT, M. *et al. Hommage a Martial Gueroult*: l'histoire de la philosophie; ses problemes, ses methods. Paris: Fischbacher, 1964, p. 139-164.

32   FILOSOFIA, LINGUAGEM, CIÊNCIA

portanto, de uma aplicação muito diferente do adjetivo *logisch*, feita por Carnap e Wittgenstein. O tratado deste último é "lógico" pelo fato de ele mostrar o sentido e o papel da forma *a priori* obrigatória de qualquer discurso sensato sobre o mundo, ou seja, sobre as coisas pelo intermédio dos fatos, daquilo que acontece. A *Constituição* é "lógica" pelo fato de ela pretender produzir, unicamente por uma construção à moda de Russell-Whitehead, a forma, necessariamente única, dos próprios objetos do mundo.

Duas relações da ciência com a filosofia

Que seja lógico na *Aufbau* o próprio encadeamento do pensamento filosófico, aí se encontra então uma consequência da relação que, para Carnap, esse pensamento mantém com o conhecimento científico. Ele afirma, sem dúvida, como Wittgenstein, que o que não é formulável em conceitos escapa ao conhecimento (*Erkenntnis*) e depende de uma atitude de "crença" (*Glauben*), sem relação com o saber. Nessa perspectiva essencialmente prática – e, segundo ele, contrariamente a Kant, estranha a qualquer racionalidade –, "não se pode falar de questão nem de resposta, pois se trata então do inexprimível".[5] Mas o empreendimento de *Constituição* dos objetos do pensamento positivo, que é filosófico, não deixa de produzir o verdadeiro conhecimento deles, e pertence já ao domínio do exprimível e do conceitual.

> A fim de que a ciência possa dedicar-se a sua tarefa, a fim de poder simplesmente formular proposições sobre os objetos, é preciso que estes sejam constituídos (sem o que seus nomes não teriam sem dúvida nenhum sentido). *A construção do sistema de Constituição é, portanto, a primeira tarefa da ciência.*[6]

---

[5] Cf. Carnap, R. *Op. cit.*, p. 257.

[6] *Ibidem*, p. 252.

3. *Logisch-philosophische abhandlung et Logischer aufbau der welt*   33

O estabelecimento das formas de objetos, que é propriamente filosófico para Carnap, representa, portanto, o primeiro momento da ciência, momento que ele qualifica curiosamente nesta passagem de "convencional", para opô-lo ao segundo momento, que é o de determinação das propriedades empíricas efetivas dos objetos do mundo. O termo é tomado de empréstimo de Poincaré e de pensadores alemães contemporâneos, como Dingler. Entretanto, estaríamos errados caso o entendêssemos no sentido forte que lhe dá um "convencionalismo" autêntico. Carnap, ao usá-lo, quer aparentemente salientar apenas que ele se recusa a reconhecer um *a priori* sintético. Nada de voluntariamente convencional, no sentido de arbitrário ou de cômodo, aparece no modo de construção lógica das formas da objetividade, a não ser, naturalmente, a escolha de uma linguagem. Quando nos elevamos à *Constituição* do mundo físico (do mundo dos físicos), é fato que a escolha das grandezas de estado não é estritamente determinada pela construção lógica. Mas essa liberdade de manobra do físico permanece fundamentalmente limitada pela exigência de univocidade – a "monomorfia" – das estruturas constituídas, cuja única realização deve ser este mundo. Além disso, mesmo na fase anterior na *Aufbau*, em que ele está mais próximo do convencionalismo, o jovem Carnap formula já a esperança de que um "processo metódico de decisão, apoiado sobre os dados da experiência", um dia dissipará totalmente qualquer ambiguidade no estabelecimento do quadro teórico da ciência.[7]

A filosofia, como determinação *a priori* das formas de objetos, assim como o conhecimento científico ao qual ela fornece seu alicerce, depende integralmente, portanto, do exprimível. E o discurso filosófico da *Aufbau* se situa, para Carnap, no interior da ciência, de tal modo que nada lhe é mais estranho que o termo célebre que encerra o *Tractatus*:

---

[7] Retomado quase textualmente na *Aufbau*, § 136, p. 181. É preciso naturalmente reconhecer que tal princípio não é encarado como podendo ser propriamente "lógico"; Carnap dá como exemplo possível um princípio de "simplicidade". Cf. CARNAP, R. Über die Aufgabe der Physik. *Kant Studien*, 1923, 28, p. 90.

Minhas proposições são elucidações pelo fato de que, quem me compreende, as reconhece no término de sua leitura como desprovidas de sentido... Ele deve, por assim dizer, rejeitar a escada que lhe serviu para subir.[8]

Para Carnap, com efeito, não se trata de "rejeitar a escada", porque os termos sucessivos da *Constituição* não são diferentes dos momentos logicamente encadeados, que fazem passar de uma *vivência* amorfa para uma *realidade* articulada, tal como a conhece a percepção organizada e depois a ciência. Antes de precisar o sentido que reveste nessa construção a relação do lógico com o real, salientemos brevemente em que a intenção do *Tractatus* se distingue dele.

A ideia de realidade se desdobra em Wittgenstein, que transpõe, assim, de modo absolutamente original, a profunda dicotomia da tradição filosófica entre aquilo que se dá imediatamente e aquilo que, de um ou de outro modo, funda essa manifestação. A *Wirklichkeit* do *Tractatus* é a situação de "existência e de não existência dos estados de coisas",[9] que, considerada em sua totalidade, é o mundo.[10] Por oposição a esse conjunto dos fatos, o sistema dos *objetos* ou coisas constitui a "substância do mundo". Aqui de modo nenhum se trata de dissociar uma realidade verdadeira de uma aparência: o sistema dos fatos – relações entre coisas – é exatamente o *dual* do sistema das coisas, assim como as propriedades projetivas de um sistema de pontos são duais das propriedades das retas que os reúnem. O que chamamos de "lógica" é então a forma desse sistema, a forma da realidade, tanto enquanto conjunto de fatos como enquanto conjunto de coisas. A substância do mundo, o conjunto das coisas, desenha o espaço de todos os fatos possíveis. Essa forma lógica se mostra, portanto, ao mesmo tempo, como invariante e limite na organização dos fatos e como possibilidades de

---

[8] Cf. WITTGENSTEIN, L. *Tratactus Logico-philosophicus*. London: Routledge & Keagan Paul, 1961, n. 6.54.

[9] *Ibidem*, 2.06.

[10] *Ibidem*, 2.063.

3. *Logisch-philosophische abhandlung* et *Logischer aufbau der welt* 35

combinação das coisas. A primeira perspectiva reflete-se na linguagem como regras de cálculo das proposições, e a segunda permanece oculta: em vão Wittgenstein tentará depreender uma "lógica das coisas", dedicando-se, por exemplo, a uma teoria *a priori* das cores. E esse fracasso, sem dúvida, é uma das origens da evolução de Wittgenstein para a filosofia das *Investigações*. No *Tractatus*, em todo caso, o lógico é "condição do mundo",[11] e de modo nenhum se apresenta como uma teoria que seria uma primeira descrição esquemática ou um instrumento de reconstrução da realidade.

Para Carnap, a realidade é, ao contrário, essencialmente produzida por um processo de construção que faz um uso explícito da lógica enquanto teoria. Em um manuscrito inédito de 1922, intitulado *Vom Chaos Zur Wirklichkeit*,[12] e no qual Carnap anotou, à mão: "Este é o germe da teoria da *Constituição*", ele se propunha a passar do "chaos" de uma vivência originária fictícia para uma "realidade" articulada. O problema era então colocado a partir do desejo de ultrapassar as discordâncias e as irracionalidades evidentes de nossa percepção efetiva do mundo.

> Mas essa tese do caos é uma ficção [...] o que vivemos é uma realidade já ordenada, cuja ordem e estado, é verdade, estão submetidos a alterações contínuas. Essas alterações, essas correções são principalmente ocasionadas por pequenas discordâncias, mas há também discordâncias importantes que se estendem a todo o domínio da realidade, e sentimos o desejo de ultrapassá-las por uma nova colocação em ordem. É o desejo de uma nova coloca-

---

[11] Mas a proposição à qual fazemos alusão aqui fala também da ética como condição do mundo. O termo "condição" reveste aqui, portanto, um sentido particular; voltaremos a isso. A expressão se encontra nos *Carnets – Cadernos* – com a data de 24 de julho de 1916.

[12] Os manuscritos citados nos foram comunicados muito obliquamente por M. Richard Nollan, curador das coleções das obras de Carnap, Reichembach e Ramsey publicadas pela Universidade de Pittsburgh, por intermédio de Mme. Joëlle Proust, que explorou o Fonds Carnap. Agradecemos vivamente a um e à outra. Cf. CARNAP, R. *Vom Chaos zur Wirklichkeit*, 1922, manuscrito.

ção em ordem, em vista de afastar as discordâncias importantes que ocasionam a reflexão do teórico do conhecimento, a ficção de um caos como ponto de partida, e de princípios de ordem, segundo os quais o edifício se produziu, se produz e deve se produzir.[13]

Nesse primeiro esboço, Carnap insiste sobre as correções que deve sofrer a experiência vivida, para que seja restaurada, a partir de uma ordem imediata imperfeita, uma ordem lógica, constitutiva da realidade. Ele evoca então o problema de uma comparação entre esse "domínio da realidade" e o domínio da Física, perguntando-se, no fim do texto, se o primeiro deve ser considerado como "um estágio preliminar, pré-científico e insuficiente" – ou, ao contrário, se o domínio da Física não seria, relativamente ao outro, mais que "uma ficção em vista de poder aplicar o cálculo".[14] Questão que ele considera de resto como "metafísica" e que não depende do presente projeto. Na *Aufbau*, em que o centro de gravidade do sistema se deslocou do conceito de realidade para o conceito de conhecimento científico, a questão não é sequer mais formulada: a *Constituição* se refere ao mesmo tempo ao mundo da percepção e ao da ciência, que de modo nenhum se opõem, pois a intenção final era atingir "um mundo objetivo, que é apreensível por conceitos, e o mesmo para todos os sujeitos".[15] A ciência prolonga diretamente a sistematização que já organiza o mundo da percepção, e simplesmente coordena com os objetos qualitativos, sem deles nada perder,[16] grandezas que permi-

---

[13] Cf. CARNAP, R. *Von Chaos zur Wirklichkeit,* 1922, p. 14.

[14] *Ibidem.*

[15] Cf. CARNAP, R. *Op. cit.* 1974, § 2, p. 3.

[16] Em *Physikalische Begriffsbildung,* em 1926, Carnap denuncia uma "crença falsa", segundo a qual a ciência "filtraria, por assim dizer, a natureza, mantendo apenas o quantitativo, enquanto o qualitativo, em que reside o essencial, escorreria entre os dedos". De fato, são as formas objetivas veiculadas por meio de línguas diferentes que permanecem invariáveis, e não os conteúdos concretos subjetivos, que não poderiam ser objetos de um conhecimento (*Erkenntnis*). Cf. CARNAP, R. Physikalische Begriffsbildung. In: UNGERER, Emil (ed.) *Wissen und Wirken, Einzelschriften zu den Grundfragen des Erkennens und Schaffens.* Karlsruhe: Braun, 1926, v. 39, p. 61.

3. Logisch-philosophische abhandlung et Logischer aufbau der welt   37

tem a aplicação das matemáticas e que, desse modo, depreendem as condições de um consenso universal. A partir disso, a realidade, tanto sob sua expressão perceptiva quanto sob sua formulação científica, é inseparável enquanto tal da elaboração lógica. Não, sem dúvida, que a maquinaria lógica posta em ação pelo filósofo no processo reflexivo de *Constituição* corresponda às etapas de uma atividade psicológica do sujeito. A descrição desta, propriamente fundada sobre a *Constituição* de um Ego empírico, depende evidentemente de uma parte da ciência da qual Carnap reconhece de resto a dificuldade e o pouco de avanço. Seria até preciso dizer que a realidade, em sentido mais estrito, é fundamentalmente de natureza lógica, uma vez que ela é objetiva. Com efeito, apenas a *forma* pode ser objetiva: qualquer conteúdo concreto é subjetivo.[17] E – discutiremos isso mais adiante – qualquer forma é, para Carnap, uma forma lógica.

Em todo caso, a reconstrução filosófica das formas de objetos, operada pela *Aufbau* por meio da lógica russelliana, a partir da única relação fundamental de semelhança memorial (*Ähnlichkeitserinnerung*) entre vivências (*Erlebnisse*), é de fato considerada por Carnap como dependente de um pensamento científico, exprimível de um modo formal na mesma linguagem que a ciência. A essa homogeneidade do lógico e do real, corresponde a tese da unicidade radical do mundo: "Há tão somente um *único* domínio de objetos e, portanto, a ciência é una".[18] A multiplicidade das espécies de objetos é apenas um efeito da vida subjetiva; ela aparece na *Constituição* apenas depois da instauração de um corpo próprio, com a dissociação de um domínio do psiquismo solitário (*Eigenpsychisches*), de um domínio dos objetos físicos e depois dos domínios do interpsíquico e do mundo cultural. Em virtude dessa unicidade fundamental, cada um desses domínios poderia, indiferentemente, em princípio, servir como ponto de partida para a *Constituição*, que deve simplesmente tor-

---

[17] Cf. CARNAP, R. *Op. cit.*, 1974, § 16, p. 20.

[18] *Ibidem*, § 4, p. 4.

nar clara a possibilidade de reunir aos elementos escolhidos como dado inicial qualquer conhecimento estrutural que se refira a outras espécies de objeto. Do mesmo modo, essa *Zurückführung* de modo nenhum é considerada uma redução ontológica. Ela oferece apenas o meio de *traduzir* qualquer proposição que se refira a um objeto de qualquer espécie em uma proposição que se refere aos únicos objetos primitivos. Tal é o sentido dado pelo jovem Carnap à tese da unidade da ciência, e essa unidade pode tornar-se manifesta apenas a partir do caráter puramente lógico até em seu detalhe da textura do mundo.

Desse modo, o problema da unidade da ciência é explicitamente colocado na *Aufbau* a partir da diversidade e da heterogeneidade aparente das espécies de objeto. Diversidade que é então apresentada como não sendo nem ontológica, nem lógica, mas simplesmente "epistemológica" (*erkenntnis-theoretisch*), ou seja, relativa ao exercício, por um sujeito empírico, dos atos de conhecimento. Ela aparece como irredutível apenas quando a experiência é descrita na linguagem "realista" correntemente utilizada, mas as características puramente lógicas que bastam para determinar pela forma aquilo que é cognoscível nas coisas neutralizam essa heterogeneidade. De resto, seja qual for a linguagem adotada para descrever o mundo, se ela for corretamente empregada, a descrição será traduzível nas outras linguagens; e seja qual for, por outro lado, o domínio dos objetos em que escolhermos ancorar nossa experiência, esta deve sempre poder, em princípio, ser descrita em sua totalidade. Prosseguir de modo coerente essa descrição, em vista de um completo acordo intersubjetivo, supõe sem dúvida que nos atenhamos a uma língua formal e a seus prolongamentos matemáticos, mas de modo nenhum que atribuamos um privilégio absoluto ao domínio dos objetos – físicos ou psíquicos, por exemplo – a partir do qual se desenvolva a ciência unitária da realidade.

Observaremos que, no *Tractatus*, a questão da unidade da ciência não é explicitamente colocada. Ela constitui, a bem dizer, uma tese implícita e muito enfraquecida, na medida em que "a ciência da

3. *Logisch-philosophische abhandlung et Logischer aufbau der welt* 39

natureza é a totalidade das proposições verdadeiras".[19] Ora, existem apenas ciências naturais, e as proposições científicas da Psicologia, assim como as da Física, enunciam tão somente "correlações de fatos".[20] Contudo, enquanto a unificação forte da ciência resultava em Carnap da *construção* uniformemente lógica dos objetos e acarretava, por conseguinte, a unificação possível do método, em Wittgenstein ela resulta da universalidade das exigências lógicas, que são as únicas a tornar efetiva a representação dos fatos em geral. Enquanto estas são de fato condições constitutivas, as estruturas estabelecidas pelo desenvolvimento de um pensamento científico para descrever o detalhe do mundo não fazem mais "que impor uma forma unificada" a essa descrição.[21] Forma que o *Tractatus* compara a uma rede, e a escolha do tamanho e da figura das malhas dessa rede não obedece a uma exigência lógica. Podemos, portanto, dizer que a unidade fundamental, reconhecida aqui para a ciência, em virtude da unicidade lógica da estrutura do mundo, deixa amplamente indeterminado não só o problema da unidade do método, mas ainda o modo de organização de seus objetos. Compreendemos que isso seja diferente em Carnap, para quem essa própria organização depende da filosofia enquanto protociência, ao passo que, no *Tractatus*, a filosofia, que apenas mostra o universal empreendimento do lógico sobre qualquer descrição do mundo, permanece exterior à ciência, da qual ela pretende apenas "delimitar o domínio contestado".[22]

O lógico e o transcendental

Essa relação da lógica com a filosofia e com a ciência, tão diferente de um para o outro filósofo, expressa, em um nível mais profundo,

---

[19] Cf. WITTGENSTEIN, L. *Op. cit.*, 1961, 4.11.

[20] *Ibidem*, 5.542.

[21] *Ibidem*, 6.341.

[22] *Ibidem*, 4.113.

duas concepções da natureza da lógica e daquilo que poderíamos chamar de seu estatuto metafísico.

Na *Aufbau*, Carnap professa, em relação à lógica, duas teses, das quais convém mostrar ao mesmo tempo as estreitas relações e a difícil coexistência. De um lado, ele toma como adquirido a lógica enquanto *theoria*, formulada por Russell e Whitehead. Do outro lado, ele utiliza a lógica como um instrumento para a *construção das formas de objetos*, fazendo-a *desempenhar o papel de uma doutrina do transcendental*. Há, sobre este último ponto, um acordo fundamental entre Carnap e Wittgenstein, mas a posição deste último não comporta, em contrapartida, nenhuma ambiguidade. Notamos mais acima o desdobramento que Wittgenstein faz da "realidade" como sistema de fatos e sistema de coisas, dupla expressão de uma mesma condição da representação do mundo. Essa condição se refere então apenas ao mundo tomado, por assim dizer, "localmente", tal como o pensamento objetivo pode representá-lo, e não o mundo tomado como experiência total, cuja condição de apreensão é então a *ética* (ou *estética*), outro aspecto do inexprimível. O lógico, que de fato desempenha então o papel de forma transcendental constitutiva dos fatos e das coisas, não poderia ser formulado e só pode ser mostrado, por exemplo, como regras de funcionamento dos símbolos que o lógico ou o matemático instituem para esse efeito. O lógico é, conforme diz Wittgenstein, um ato e não uma teoria. Não existe, portanto, uma ciência da lógica, nem *objetos* lógicos. Tese radical, audaciosa, mas coerente, que, sem dúvida, não foi de fato levada a sério por Russel nem pelos membros do Círculo de Viena, fascinados, no entanto, pelo *Tractatus*.

Quanto a Carnap, parece que ele quer ao mesmo tempo dar ao lógico o papel transcendental, uma vez que a *Constituição* se realiza exclusivamente pela combinação de formas lógicas – e lhe conservar, no entanto, o estatuto de teoria. Com efeito, há *objetos* lógico-matemáticos, dos quais os mais fundamentais são as classes e as relações e, posteriormente, os espaços abstratos e os números.[23] Em um artigo contempo-

---

[23] Cf. CARNAP, R. *Op. cit.*, 1974, § 107.

3. Logisch-philosophische abhandlung et Logischer aufbau der welt   41

râneo à *Aufbau*,[24] Carnap distingue os conceitos (termo que se tornará, na *Aufbau*, exatamente sinônimo de objeto) em próprios e impróprios e em reais e formais. Os "conceitos reais figuram os objetos propriamente ditos da ciência";[25] os conceitos "formais" servem apenas como "meios auxiliares para apresentar o conhecimento dos conceitos reais"; estes são os conceitos lógicos e matemáticos. Mas tanto uns como outros se opõem aos conceitos "impróprios", pelo fato de serem formas completamente determinadas e não formas "variáveis", suscetíveis de diferentes realizações por conceitos próprios essencialmente distintos, sejam eles formais ou reais. Tal situação pode, com efeito, apresentar-se quando um conceito é introduzido por um axioma e não por uma definição explícita: desse modo, o número peaniano é um conceito impróprio, ao passo que o número russelliano seria próprio.[26]

> Uma realização de nosso sistema de axiomas peaniano é, por exemplo, essa sequência de pontos do espaço físico: o canto direito desta mesa, depois o meio, entre esse canto e o canto esquerdo, depois o meio, entre este último ponto e o canto esquerdo etc. Casos de aplicação no domínio lógico (e aritmético) são, por exemplo: 1º a sequência de cardinais definidos ao modo de Russell; 2º a sequência de cardinais a partir de 5; 3º a sequência das funções: a, ax, ax^2 etc. O primeiro modelo – a sequência de cardinais russellianos – é aquele em vista do qual o sistema axiomático foi estabelecido; mas, conforme vemos, o sistema e, por conseguinte, a definição implícita que ele exprime correspondem não só a esse caso, mas a uma infinidade de outros, exatamente a todos aqueles cujas propriedades formais indicadas, a estrutura, estão de acordo com as suas.[27]

---

[24] Cf. *Idem*, Eigentliche und uneigentliche Begriffe. *Symposium*, 1927, 1(4), p. 355-374.

[25] *Ibidem*, p. 373.

[26] *Ibidem*, p. 359.

[27] *Ibidem*, p. 362.

42 FILOSOFIA, LINGUAGEM, CIÊNCIA

Mais tarde, Carnap não considerará mais esses modelos como essencialmente distintos, pois terá elaborado melhor a noção de "monomorfia" (cf. mais abaixo). Mas é de fato essa oposição do próprio ao impróprio que dissocia aquilo que conta autenticamente como objeto daquilo que não é mais que construção auxiliar, mais que a distinção do formal e do real. Com efeito, a abstração em si não contradiz de modo nenhum a "objetividade": no máximo se falará então de "quase-objetos impróprios" (mas de modo nenhum de objetos "impróprios"). Não é preciso confundir, com efeito, diz Carnap, a indeterminação de conceitos genéricos e a indeterminação radical dos conceitos impróprios: o conceito de "cavalo" deixa indeterminada a cor da pelagem, assim como o conceito de número peaniano deixa indeterminada a paridade; mas, enquanto a classe de objetos reais aos quais se aplica o conceito "cavalo" é univocamente determinada, há mais de uma única classe de objetos reais e formais "que pode ser concebida como realização da classe dos números".[28] Se alguns conceitos matemáticos podem ser definidos "monomorficamente", conforme pensa Carnap, há de fato, portanto, objetos lógico-matemáticos, e que devem por conseguinte ser "constituídos". Eles o foram de fato, segundo Carnap, pelos *Principia*, nos quais "um sistema completo de *Constituição* de conceitos formais é estabelecido".[29] Que tais objetos sejam autênticos, é o que confirma o § 181 da *Aufbau*, no qual Carnap quer mostrar que a ideia de conhecimento conceitual (*Erkenntnis*) é uma e se aplica do mesmo modo ao domínio das matemáticas. Ele observa então que um enunciado como: $3 + 2 = 5$ fornece uma informação efetiva, pois ele contradiz o enunciado empírico seguinte: "Eu tenho 3 maçãs, você tem 2 maçãs, e nós temos, juntos, 4 maçãs".[30]

De que modo, a partir disso, conciliar a existência de objetos matemáticos autênticos com as afirmações aparentemente nominalistas que terminam o parágrafo 107?

---

[28] *Ibidem*, p. 368.

[29] Cf. *Idem*, Eigentliche und uneigentliche Begriffe. *Symposium*, 1927, 1(4), p. 355-374; CARNAP, R. *Op. cit.* 1974, § 107.

[30] Cf. *Idem, op. cit.*, 1974, p. 257.

3. Logisch-philosophische abhandlung et Logischer aufbau der welt   43

Os objetos lógicos e matemáticos não são verdadeiros objetos no sentido de objetos reais (objetos das ciências da realidade). A lógica, nela compreendendo as matemáticas, consiste apenas em teses convencionais (*aus Konventionellen Festsetzungen*) sobre o uso da linguagem, com as tautologias que desta derivam. Os signos da lógica (e da matemática) não designam, portanto, objetos, mas servem para fixar essas convenções em símbolos.[31]

Tese que o *Abriss der Logistik* (1929), muito curiosamente, não formula explicitamente, pois nele se diz apenas que a logística

se oferece como própria para representar os sistemas de conceitos e as teorias de diferentes domínios: geometria, física, teoria de parentescos, teoria do conhecimento, análise da linguagem etc.[32]

Ao contrário, a *Symbolische Logik*, de 1954, expõe-a com rigor:

Tal sistema não é uma teoria, ou seja, um sistema de teses sobre certos objetos, mas uma linguagem, ou seja, um sistema de signos com suas regras de aplicação.[33]

É verdade, então, que o projeto de *Constituição* originária não está mais na ordem do dia.

A dificuldade aparecerá mais claramente ainda, quando, na *Logische Syntax der Sprache*, Carnap enunciará seu famoso princípio de tolerância: "*em lógica não existe moral*; cada um é livre para construir sua própria lógica, ou seja, sua própria forma de linguagem".[34] Tomada literalmente, essa afirmação arruinaria completamente o edifício de uma

---

[31] *Ibidem*, p. 150.

[32] *Idem, Abriss der Logistik*. Mit besonderer Berücksichtigung der Relationstheorie und ihrer Anwendungen. Wien: Springer, 1929, p. 2.

[33] *Idem, Symbolische Logik*. Wien: Springer, 1968, p. 1.

[34] *Idem, Logische Syntax der Sprache*. Wien: Springer, 1934, p. 52 § 17.

construção lógica do mundo e tornaria totalmente arbitrária a coincidência dos conceitos de objetos constituídos com a experiência. Do mesmo modo, o verdadeiro sentido me parece que deva ser procurado em uma distinção implícita, mas que já se revela em *Logische Syntax* e, mais claramente ainda, em *Introduction to semantics*, de 1942. Sem dúvida, os sistemas de expressão linguística podem ser livremente estabelecidos; mas uma *sintaxe geral* os governa. Há propriedades independentes de qualquer referência a uma língua particular, e Carnap esboça sua exposição em *Logische Syntax*, sob a forma de uma "sintaxe para as línguas em geral, ou seja, um sistema de definição dos termos sintáticos muito compreensivo para ser aplicado a todas as linguagens, sejam elas quais forem".[35] As C-regras e os C-termos (C para consequência) constituem seu fundo primitivo nessa obra. Posteriormente, quando a influência de Tarski tiver sido plenamente amadurecida, Carnap desenvolverá uma teoria de conceitos "radicais" e de conceitos "absolutos", que parece de fato corresponder à ideia de um fundo lógico de modo nenhum convencional, porque ela se refere essencialmente às propriedades formais das relações entre proposições, e não entre suas expressões particulares, "proposição" sendo então sinônimo de "estado de coisas".[36] Nessas condições, a lógica, embora enunciando regras de linguagem, pode de fato ser considerada como teoria de um tipo de objetos universais.

É permitido, portanto, interpretar a oposição dos objetos formais da *Aufbau* aos objetos reais não como uma redução dos primeiros às convenções contingentes de uma linguagem, mas como a expressão de uma concepção transcendental do lógico, entretanto conciliável com a tese de uma *teoria* lógica. A própria forma dos objetos seria subjacente a qualquer formulação simbólica, e as condições radicais da "objetividade" se confundiriam com as condições de possibilidade de expressão. Uma *teoria* lógica tematizaria essas condições como

---

[35] *Ibidem*, p. 167, § 36.

[36] Cf. *Idem*, *Introduction to Semantics*. Cambridge: Harvard University Press, 1942, p. 235.

3. *Logisch-philosophische abhandlung et Logischer aufbau der welt* 45

sistema de propriedades do objeto em geral, por meio de um simbolismo sem dúvida amplamente arbitrário, mas que não serviria simplesmente *para mostrar*.

Todavia, a construção estritamente lógica da forma dos objetos empíricos, a partir desses objetos condicionantes e fundamentais que são os objetos lógico-matemáticos, supõe que permaneça satisfeita a exigência, essencial, aos olhos de Carnap, de "monomorfia". É preciso que as formas de objetos aos quais se acaba chegando sejam aquelas e apenas aquelas que podem ser preenchidas pela empiria, pelas propriedades *erkenntnismässige* que os sujeitos concretos encontram em sua experiência. Voltemos brevemente a essa noção, já introduzida como característica determinante do objeto próprio em geral.

Em um longo manuscrito posterior a 1929[37] Carnap examina em detalhe a questão, a propósito da completitude de um sistema de axiomas. Ele distingue então diversos sentidos da *Vollständigkeit*, dos quais dois nos interessam aqui:

- a "não bifurcabilidade" (*nicht-Gabelbarkeit*): um sistema não é compatível ao mesmo tempo com um novo axioma (formal) e com sua negação;
- a "monomorfia": um sistema só é satisfeito por modelos isomorfos, sendo que a isomorfia é definida para cada tipo de variáveis que o sistema comporta.

Deixaremos de lado uma distinção, por outro lado importante, que ele introduz entre metapropriedades "absolutas" e "construtivas". Carnap se dedica a demonstrar que os dois sentidos da completitude são equivalentes, para disso tirar consequências a respeito da completitude da aritmética peaniana que não nos cabe examinar aqui. O que nos interessa é a importância que ele atribui à definição precisa da unicidade de um modelo de sistema formal. Ele pensa ter

---

[37] Cf. *Idem*, *Untersuchungen zur allgemeinen Axiomatik*, cuja terceira parte é intitulada: "Monomorphie und Gabelbarkeit".

46 FILOSOFIA, LINGUAGEM, CIÊNCIA

chegado, nesse manuscrito, a determinar essas condições de mono-morfia de um sistema axiomático. Entretanto, o texto anterior da *Aufbau* renunciava a um processo de axiomatização, para construir formalmente os objetos do mundo, e se expressava como se a bifurca-bilidade e a polimorfia fossem, para um sistema axiomático, de direito comum. Por meio de uma definição axiomática, escreve ele, "não é, propriamente falando, um objeto determinado (conceito) que é defi-nido implicitamente por meio de axiomas, mas uma classe de objetos ou, se quisermos, um "objeto indeterminado" ou "impróprio".[38]

Ele pensa, em contrapartida, obter a monomorfia por meio do uso daquilo que ele chama de *strukturale Kennzeichnung*, caracteri-zação estrutural, capaz de "definir um objeto único", e precisamente um objeto de um domínio empírico, extralógico. "É preciso então que lhe correspondam estados de fato (*Tatbestände*), que no domínio em questão ao menos um objeto de espécie caracterizada, e apenas um, apresente-se; as proposições posteriores que se relacionam com o obje-to assim caracterizado não são então todas analíticas, ou seja, dedutíveis das proposições que o definem, assim como é o caso para o objeto definido implicitamente, mas parcialmente também sintéticos, expres-sando constatações empíricas no domínio considerado".[39] O método de caracterização estrutural, que procede por definições progressivas de conceitos cada vez mais complexos, é manifestamente herdado de Frege e de Russell. Ele prefigura muito exatamente, de resto, aquilo que será precisado, no domínio matemático, por Bourbaki, sob o nome de "construção escalonada" e de "espécies de estrutura".[40] Mas o texto que acabamos de citar levanta ao menos duas questões importantes:

a) Qual é a natureza do enriquecimento progressivo dos concei-tos obtidos por "caracterização estrutural"?

b) Qual papel desempenha a introdução da empiria na obtenção de uma monomorfia desses conceitos?

---

[38] Cf. *Idem, op. cit.*, 1974, § 15, p. 19.

[39] *Ibidem*, § 15, p. 20.

[40] Cf. BOURBAKI, N. *Théorie des ensembles*. Paris: Hermann, 1970.

3. *Logisch-philosophische abhandlung et Logischer aufbau der welt*   47

Quanto ao primeiro ponto, diversos textos da *Aufbau* (o § 37, por exemplo) mostram que, para Carnap, a passagem de um objeto para uma classe de objetos constitui uma modificação de função e um enriquecimento de *conteúdo*. Podemos dizer mais, e coisas diferentes, de uma classe, que não são ditas de seus elementos. Se, no nível primitivo, que é o lógico *stricto sensu*, reduzido ao cálculo clássico das proposições, encontrarmos, por assim dizer, apenas o lugar vazio para um conteúdo que virá, o manejamento de classes e de relações introduzirá aquilo que chamaremos de conteúdos formais.[41] Esse enriquecimento, característico da criação de objetos matemáticos, já se manifesta sem dúvida no nível de combinações finitas de objetos, que é o ponto de partida da *Aufbau*.[42] Ele é ainda mais evidente quando o conjunto de objetos constituídos no nível do campo visual (as cores, os "lugares") é completado pela adjunção de vivências virtuais, tornando "contínuas" as linhas do universo.[43] O princípio de *Vervollständigung*, que era destacado como princípio de passagem para a "realidade" no manuscrito *Vom Chaos* não aparece mais, é verdade, explicitamente na *Aufbau*, sob o nome de *Analogia*, a não ser nos níveis superiores da *Constituição* – o mundo da percepção e o mundo da física. Ele também já não é tacitamente necessário para dar seu pleno sentido ao sistema de qualidades e ao espaço visual;[44] e se, em uma passagem do manuscrito sobre a axiomática, ele notasse que "o essencial dos elementos individuais (*Einzelheiten*) do mundo tem a mais a potên-

---

[41] Cf. Granger, G.-G. The Notion of formal Content. *Social Research*, 1982, 49(2), p. 360-382.

[42] Carnap, numa resposta a uma recensão feita por Eino Kaila, reconhece implicitamente a finitude do conjunto dos vividos efetivos, como o supõe de resto, a exposição de conceitos por *construção fictícia*. Cf. Carnap, R. Der logistische Neupositivismus. *Erkenntnis*, 1931, 2, p. 75-77.

[43] Cf. Carnap, R. *Op. cit.*, 1974, § 126 e 127.

[44] A definição de uma dimensão não nula sobre um conjunto finito, ou até enumerável, por meio dos conceitos mengerianos introduzidos por Carnap, coloca um problema muito sério. Pensamos poder eliminar a dificuldade fazendo uso de uma definição da dimensão em termos de topologia algébrica, sugerida pelo artigo "Dreidimensionalität des Raumes und Kausalität" (1924), e do princípio de "analogia". Cf. Carnap, R. Dreidimensionalität des Raumes und Kausalität. *Annalen des Philosophie*, 1924, 4, p. 105-130.

48 FILOSOFIA, LINGUAGEM, CIÊNCIA

cia do contínuo",[45] seria preciso acrescentar que ele deve ter "a menos" uma potência não enumerável. Neste sentido, a *Constituição* é de fato propriamente *sintética*, conforme salienta o próprio Carnap:

> A quase-análise é uma síntese que usa a veste linguística da análise.[46]

E, embora ele recuse a ideia de julgamentos *a priori* sintéticos, vemos que, em seu uso transcendental de estabelecimento da forma de objetos do mundo, o "lógico" e seu prolongamento matemático introduzem conteúdos formais irredutíveis à analiticidade pura e simples.

O segundo ponto refere-se à introdução da empiria no tecido lógico-matemático da *Constituição*. O que chamamos de "empiria" aparece de início sob a forma latente nos "vivenciados", que são escolhidos como elementos de partida. O dado *"subjektlos"* e não estruturado está evidentemente já todo repleto da experiência; contudo, ficticiamente colocado como *caos*, suas propriedades são neutralizadas, exceto a de ser negociável em instâncias distintas, sobre o conjunto das quais é definida em extensão a relação fundamental de "semelhança memorial". Observaremos que essas amostras de "vivenciados" não são então os vivenciados de qualquer sujeito empírico; o "sujeito A", que estabelece as semelhanças e enumera os parceiros relacionais na "construção fictícia", só pode ser transcendental.

Entretanto, à medida que a *Constituição* avança, o empírico, por assim dizer, vem à superfície, introduzido no meio de axiomas – *Lehrsätze*. É assim que a relação originária é dada como assimétrica;[47] depois, quando a noção de "dimensão do espaço dos lugares visuais", ou "campo visual", é constituída relativamente a uma relação

---

[45] Cf. CARNAP, R. *Untersuchungen zur allgemeinen Axiomatik*, manuscrito (1929?), p. 144.

[46] Cf. *Idem, op. cit.*, 1974, § 74, p. 104.

[47] Cf. *Idem*. Lehrsätze 1. In: ____. *Op. cit.*, 1974, § 1.118, p. 151.

3. *Logisch-philosophische abhandlung et Logischer aufbau der welt*   49

de vizinhança, o axioma L. 5 lhe atribui empiricamente o valor 2.[48] É preciso observar que, em semelhante caso, o dado empírico vem apenas fixar um parâmetro, em uma estrutura cujo sentido formal foi constituído de outro modo, sem recurso à experiência: o número 2, de dimensões do campo visual, ou 3, do espaço das Cores,[49] é contingente; apenas a aplicação da noção de dimensão é transcendental. O mesmo não se dá, contudo, com uma cláusula que entra na definição de classes qualitativas,[50] em que certa condição intervém e segundo a qual uma classe de vivências deve estar contida em um círculo de semelhança "ao menos pela metade" (ou para mais da metade, se nos ativermos à versão formalizada). Por que a metade? Aqui não se trata nem de uma condição logicamente preparada (o essencial dos conjuntos de vivências não desempenha nenhum papel na *Constituição*), nem uma resposta da experiência a uma questão colocada e deixada livre pela teoria. Temos aí uma das dificuldades sérias sobre as quais tropeça o projeto de *Constituição* tal como é originariamente projetado, porque não é o empírico que se introduz assim, legitimamente, na construção lógica, e sim um elemento puramente pragmático, e em certo sentido inadmissível, ou seja, *convencional*.

Voltemos, porém, à introdução legítima do empírico, que deve garantir a monomorfia do sistema, dele fazer algo diverso de uma estrutura vazia para mundos possíveis, mas, ao contrário, estabelecê-lo como forma deste único mundo, que é o de nossa experiência, confirmada pela intersubjetividade. A relação primitiva de semelhança memorial, sendo caracterizada no ponto de partida apenas por sua propriedade formal de assimetria, permanece *a priori* indeterminada. Sem comprometer a sequência da construção, qualquer automorfismo do conjunto de vivenciados transforma a relação primitiva em uma relação isomorfa, mas não idêntica.

---

[48] Cf. *Idem, op. cit.*, 1974, § 117, p. 157.

[49] Cf. *Idem*, Lehrsätze 6. In: _____. *Op. cit.*, § 118.

[50] Cf. *Idem*, Qualitätklassen. In: _____. *Op. cit.*, § 112, p. 153.

50 FILOSOFIA, LINGUAGEM, CIÊNCIA

Todas as proposições do sistema de Constituição permanecem então válidas, pois elas se referem apenas a propriedades formais. Entretanto, as novas relações fundamentais então não têm mais sentido, mas são listas de pares de elementos fundamentais que não manifestam nenhuma propriedade que possa ser vivida (*erlebnismässig*).[51]

Em vista de evitar esse colapso da *Constituição* na insignificância, Carnap introduz para uma relação a propriedade de "ser fundada", de "corresponder a uma relação na vivência, a uma relação *natural*, cujos termos, por assim dizer, têm entre si alguma coisa de vivência".[52] Indefinível formalmente, essa propriedade de *Fundierheit* deve ser considerada como originária; ela é um *"conceito fundamental da lógica"*.[53] Basta, a partir disso, para garantir que o mundo real é o modelo único do sistema, definir a relação de semelhança memorial como "a única relação fundada a partir da qual podemos constituir um objeto arbitrariamente escolhido, de um nível bastante elevado, de tal modo que ele se comporte empiricamente de tal ou tal maneira".[54] Carnap toma como objeto constituído o "espaço das cores", com sua propriedade empírica de ter três dimensões. Graças a essa manobra, "todos os objetos e proposições do sistema de *Constituição* se expressam em termos puramente lógicos". Todavia, como justificar logicamente a distinção de uma relação "fundada"? Existe aí, reconhece Carnap, "um problema ainda não resolvido".[55]

Desse modo, a função transcendental do lógico que Carnap desejava estabelecer só pode ser plausível graças ao favor, de um lado, da assimilação completa do matemático ao lógico e de um abandono

---

[51] Cf. *Idem, op. cit.*, 1974, § 154, p. 206.

[52] *Ibidem.*

[53] *Ibidem*, p. 207.

[54] Cf. *Ibidem*, § 155, p. 208.

[55] *Ibidem*, p. 209.

3. Logisch-philosophische abhandlung et Logischer aufbau der welt 51

mais ou menos tácito da analiticidade; do outro lado, da admissão, no seio dos conceitos lógicos, da estranha e suspeita noção de relação fundada. É a esse enorme preço que a construção lógica do mundo alcança a empiria.

A lógica do *Tractatus*, como não tem as mesmas ambições, não encontra os mesmos problemas. Ela é, com efeito, de fato transcendental, no sentido que, se existe um mundo, o lógico é sua forma, e que existe lógica apenas de um mundo. "Ela é anterior ao como, não ao quê."[56] "Se houvesse uma lógica sem mundo, como poderia nela haver uma lógica quando há um mundo?"[57] Ela constitui a forma do mundo – ou, mais precisamente, contrariamente à *Aufbau*, de todos os mundos possíveis. Sua relação com a empiria é, a partir disso, completamente diferente, e de certo modo ela lhe é, enquanto tal, radicalmente estranha. O esboço lógico mostra as propriedades formais das coisas e dos estados formais de coisas em um sentido muito mais pobre que as propriedades estruturais construídas pela *Constituição* de Carnap. Ele é aplicado sobre o mundo, ao passo que os conceitos de Carnap *são*, de certo modo, os próprios objetos. Do mesmo modo, não existe, para Wittgenstein, nenhuma necessidade própria do mundo, porque "fora da lógica, tudo é acidental".[58] Ao passo que a *Gesetzmässigkeit*, para Carnap, penetra no próprio coração do mundo dos objetos. No *Tractatus*, é lógica a possibilidade de descrever a empiria por meio de uma rede conceitual; em contrapartida, que tal rede seja mais favorável, ou que possamos dela imaginar alguém que codifique completamente uma representação do mundo, eis que é contingente e nos mostra uma propriedade deste mundo e, por conseguinte, da empiria.[59] A lógica se refere, em suma, apenas às metapropriedades da linguagem, que são também as metapropriedades (as propriedades for-

---

[56] Cf. Wittgenstein, L. *Op. cit.*, 1961, 5.552.

[57] *Ibidem*, 5.5521.

[58] *Ibidem*, 6.3.

[59] *Ibidem*, 6.342.

mais) do mundo objetivo,[60] cujas propriedades lhe escapam em seu detalhe. Segundo a metáfora do instrumento de medida assimilado ao ato de pensamento lógico: "apenas as marcas de graduação tocam o objeto do qual é preciso tomar a medida".[61]

A função do simbolismo

Convém agora voltar à função do simbolismo na representação do mundo e à apresentação – ou formulação – do lógico.

Para o Wittgenstein do *Tractatus*, uma língua natural é "uma parte do organismo humano, e não é menos complicada que ele". Ela não tem como função apenas descrever os fatos, e é por isso que podemos dela fazer uso em filosofia, ou para sugerir julgamentos de valor. É também o motivo pelo qual "é humanamente impossível dela tirar imediatamente sua forma lógica".[62] O simbolismo artificial dos logicistas não é, portanto, nada mais que um meio, de início, de filtrar na linguagem aquilo que é propriamente *imagem* (*Bild*), representação de fatos; em seguida, de neutralizar na imagem aquilo que remete às propriedades "externas" dos fatos e das coisas. As metapropriedades dos fatos são mostradas no cálculo das proposições, e é em vista de mostrá-las mais explicitamente que Wittgenstein propõe, em suas *Notas sobre a lógica*, de setembro de 1913 (Apêndice aos *Cadernos*), e retoma no *Tractatus* um método de representação, muito incômodo, na verdade.[63] Figuraremos à direita e à esquerda de cada proposição seus dois polos de verdade e de falsidade, e a forma da ligação proposicional será materializada por linhas que reúnem os polos respectivos das proposições elementares que são associadas pela ligação, quando ela for verificada. Tendo assim insistido sobre a

---

[60] *Ibidem*, 6.12.

[61] *Ibidem*, 2.1521.

[62] *Ibidem*, 4.002.

[63] *Ibidem*, 6.1203-6.121.

3. *Logisch-philosophische abhandlung et Logischer aufbau der welt* 53

função de apresentação do lógico pelos símbolos, Wittgenstein volta todavia à *Begriffschrift* russelliana, não sem criticar certos aspectos dela. Mas sempre se trata, então, de mostrar apenas a forma do espaço dos fatos; e seria preciso também, uma vez que ela é lógica, mostrar em um simbolismo a "lógica das coisas". Em outras palavras, figurar a forma geral da proposição elementar e as regras que governam seu uso. Sem dúvida, o simbolismo do cálculo dos predicados parece um primeiro passo nesse sentido: "Escrevo as proposições elementares como funções de nomes, de tal modo que elas têm a forma '$f(x)$, $\Phi(x, y)$' etc.".[64] Seria preciso, entretanto, ir mais adiante, na figuração da "substância do mundo": mostrar, por exemplo, no simbolismo, que duas cores não podem coexistir em um mesmo lugar, no mesmo momento, ou que um objeto espacial deve ter uma cor,[65] o que é para Wittgenstein uma metapropriedade lógica, e de modo nenhum uma exigência contingente da empiria. O aforismo 5.555 não poderia dispensar o filósofo dessa pesquisa:

> É claro que temos um conceito de proposição elementar independentemente de sua forma lógica particular. Mas, quando podemos formar símbolos segundo um sistema, é o sistema que é logicamente importante, e não os símbolos individuais.[66]

Sem dúvida, mas onde está o sistema? Wittgenstein não dá nenhuma resposta verdadeiramente satisfatória ao dizer, em 5.557, que é a aplicação da lógica que decide se uma proposição é elementar e que a lógica não pode antecipar o que depende de sua aplicação. Que nenhum simbolismo pertinente tenha sido construído denuncia um fracasso profundo do *Tractatus*, e a consciência desse fracasso poderia ser, como adiantamos mais acima, uma das origens da passagem de uma filosofia da linguagem para uma filosofia dos jogos de linguagem.

---

[64] *Ibidem*, 4.24.

[65] *Ibidem*, 2.0131.

[66] *Ibidem*, 5.555.

Na *Aufbau*, a linguagem ocupa um lugar muito diferente. Logo de início, conforme lembramos, há objetos formais, lógico-matemáticos, que pertencem à linguagem e são imanentes a qualquer sistema simbólico, à medida ao menos que eles visam a descrever o mundo. Uma vez que elas são constituídas como objetos, podemos, portanto, descrever as próprias formas da linguagem, e a proibição de Wittgenstein contra qualquer metalinguagem é retirada. A lógica – a "logística" de 1929 – é a teoria desses objetos que, contrariamente "à pobreza, à inutilidade da antiga lógica", é um sistema de uma "grande riqueza de conteúdo": ela gera por si só a matemática. Wittgenstein concebia de modo completamente diferente sua relação. Sem dúvida, Carnap considera como ele que os conceitos matemáticos são auxiliares da descrição do mundo,[67] mas do artigo de 1928 à *Aufbau*, ele modulará sensivelmente sua posição. No artigo, ela coincide totalmente com a de Wittgenstein: "esses conceitos formais ajudam a falar da realidade, mas nada lhes corresponde, entretanto, nessa realidade; eles servem apenas para formar as proposições".[68] Na *Aufbau*, porém, eles pertencem à textura do mundo. Entretanto, tanto o *Tractatus* como a *Aufbau* identificam de modo semelhante a lógica e a matemática. A identificação em Wittgenstein é, a bem dizer, ainda mais manifesta: "A lógica do mundo, que é mostrada pelas proposições da lógica nas tautologias, é mostrada pela matemática nas equações":[69] a matemática é um aspecto operativo, um "método da lógica",[70] que procede à colocação em evidência da equivalência de duas sequências de operações. E esse procedimento não deve nada à experiência: é um "método lógico".[71] Seria errôneo, portanto, querer construir uma teoria matemática deduzindo-a de uma teoria lógica mais primitiva. Ora, é justamente desse modo que Carnap, interpretan-

---

[67] *Ibidem*, 6.211.

[68] Cf. CARNAP, R. Eigentliche und uneigentliche Begriffe. *Symposium*, 1927, 1(4), p. 358.

[69] Cf. WITTGENSTEIN, L. *Op. cit.*, 1961, 6.22.

[70] *Ibidem*, 6.234.

[71] *Ibidem*, 6.2.

3. *Logisch-philosophische abhandlung et Logischer aufbau der welt* 55

do Frege e Russel, concebe sua relação, e encontramos no *Abriss der Logistik* não só uma teoria dos objetos propriamente lógicos, mas ainda uma construção, a partir deles, dos objetos matemáticos primeiros: o número inteiro, as progressões, o contínuo.

Se o lógico, portanto, referir-se de fato à língua, ele não deixará de constituir um domínio de objeto próprio que uma metalinguagem deve, legitimamente, descrever e explorar.

Por outro lado, na *Aufbau*, Carnap considera e utiliza diversas espécies de linguagem, ao passo que o Wittgenstein do *Tractatus* considera tão somente uma linguagem única, a linguagem ordinária, com a esquematização elucidativa de sua forma, que é o simbolismo lógico. A *Constituição*, ao contrário, pode ser exposta paralelamente em diversos sistemas de expressão. Um deles é naturalmente a língua "realista", que é a língua usual, eventualmente precisada e melhorada, como acontece em seu uso científico. Ela fala de início de "coisas", de "qualidades sensíveis", de "lugares" e de "tempos", ou seja, de objetos a constituir, e sem separá-los das conotações empíricas, ou seja, "subjetivas", que eles comportam na experiência efetiva. Uma outra é a língua da "construção fictícia", que formula prescrições operativas, imaginadas para construir os conceitos definidos pela língua formal. "Se introduzirmos algumas ficções convenientes, que devem ser imediatamente precisadas, as constituições podem ser de certo modo expressas como processos compreensíveis".[72] De todas as definições constitutivas que apresentam classes ou relações, a linguagem da construção fictícia suporá seus elementos e seus termos – já anteriormente definidos – como efetivamente dados e enumeráveis,[73] e prescreverá as regras de combinação que terminam no conceito a ser produzido. Essa linguagem é, até certo ponto, a que corresponde melhor à ideia de Wittgenstein do lógico: ela descreve – ficticiamente, assim como o discurso do *Tractatus* – uma atividade, mais que uma teoria. Poderíamos dizer também, tomando de

---

[72] Cf. CARNAP, R. *Op. cit.*, 1974, § 99, p. 137.

[73] Para um "sujeito A", que só pode ser transcendental...

56 FILOSOFIA, LINGUAGEM, CIÊNCIA

empréstimo o vocabulário posterior, que se trata de diversos jogos de linguagem; mas seria essencial notar que eles se apoiam sobre a mesma experiência, e que eles se traduzem, por outro lado, mútua e integralmente. Temos aí um ponto fundamental da doutrina da *Aufbau*. Com efeito, a ideia de fundar o conhecimento do mundo, constituindo-o, repousa sobre o tema da tradução:

> Estabelecer uma regra geral que especifique de qual modo, em cada caso, devemos transformar (*umfornen*) uma proposição que repousa sobre o objeto *a* para obter uma proposição que repousa sobre os objetos *b* e *c*. Essa regra de tradução será chamada por nós de regra de Constituição.[74]

Tal regra desempenha [seu papel] no interior do sistema de *Constituição*, adotado para "ligar" as proposições da linguagem formal aos objetos escolhidos como primitivos, que são os vivenciados e a relação de semelhança memorial. Ela poderia, do mesmo modo, em princípio, *desempenhar [seu papel] em outra linguagem*, e para uma redução a *outros objetos primitivos*. Mas ela seria então menos clara. O privilégio da linguagem simbólica da logística é o de mostrar em sua nudez o encadeamento da construção, que arriscaria a mascarar, na língua natural e na, já depurada, portanto, da ciência, a evocação intempestiva de objetos da vida cotidiana ou dos objetos científicos, e de permitir duvidar que todas as espécies de objetos são de fato redutíveis – no sentido da *Constituição* – aos objetos primitivos.[75] Essa vantagem decisiva não pode, contudo, ser considerada como que desqualificando as outras linguagens, uma vez que Carnap tomou o cuidado de traduzir nelas cada uma das definições que ele formula em linguagem formal em sua exposição rigorosa. O que, de fato, confirma a ideia de que o lógico, na *Aufbau*, transcende as linguagens;

---

[74] Cf. CARNAP, R. *Op. cit.*, 1974, § 2, p. 2.

[75] *Ibidem*, § 96, p. 134.

3. *Logisch-philosophische abhandlung et Logischer aufbau der welt*   57

ele é forma transcendental deste mundo, embora uma linguagem – e existem diversas – seja necessária para manifestá-la.

Tais são as relações, nem sempre desprovidas de ambiguidade, que parecem manter na *Aufbau* a lógica e a língua. Claramente alimentada na leitura de Russell e de Frege (do qual Carnap foi aluno), a doutrina está abertamente sob a influência do *Tractatus*, da qual ela se destaca, no entanto, em profundidade.

Os pontos de coincidência e de oposição das duas interpretações do lógico que procuramos depreender podem, sem dúvida, fornecer ainda hoje um tema e um apoio para a meditação do filósofo. Acontece o mesmo com o exame das duas vias diferentes que Carnap e Wittgenstein seguiram pouco depois, em grande parte motivados, tanto um como outro, pelas dificuldades sobre as quais seu empreendimento tropeçava. Um, reconhecendo a inadequação de uma posição lógica do problema da forma geral da proposição elementar, desenvolve uma exploração dos "jogos de linguagem". O outro, consciente dos obstáculos encontrados por um projeto de *Constituição* lógica universal do mundo empírico, e mais consciente das aporias da linguagem formal, empenha-se de início na construção de uma semântica pura e depois na análise das condições precisas da *Gesetzmässigkeit* da empiria, tentando fundar uma lógica indutiva.

Tanto em um como no outro caso, parece-nos entrever, nas trajetórias seguidas por esses dois poderosos criadores de ideias, um movimento para o esclarecimento da profunda e irredutível dualidade da operação e do objeto, origem da misteriosa pregnância, em todo conhecimento, de "conteúdos formais".

4

Janus Bifrons[1]

"Conheci tarde demais a boa consciência no trabalho
que alternava imagens e conceitos."
Gaston Bachelard[2]

Este breve ensaio é uma homenagem à memória de meu mestre Gaston Bachelard.[3] Trata-se de um tributo de um discípulo pouco fiel, como seria de se esperar, e estas páginas não têm em mente, por isso, colocar em questão as páginas de suas teses que me pareçam as menos sólidas, nem dar aqui, de um modo ou de outro, uma aula. Quero, em vez disso, apresentar algumas reflexões sobre o enigma que não se pode deixar de apresentar ao leitor diligente que tenha lido toda a sua obra. Que pode muito bem ser o aparecimento, sob a mesma autoria, de *Le Matérialisme Rationnel* (*O Materialismo Racional*) e da *Psychanalyse du Feu* (*A Psicanálise do Fogo*), da *La Philosophie Du Non* (*A Filosofia do Não*) e da *La Poétique de la rêverie* (*A Poética do devaneio*)? Há aqui uma justaposição, uma contradição, uma unidade escondida? Deus me livre de me lançar nas vias de uma explicação

---

[1] N.T. Em latim, no original (As duas faces de Jano). Extraído da "Revue Internationale de Philosophie", n. 150, 1984, p. 257-271.

[2] Cf. BACHELARD, G. *La Poétique de la rêverie*. Paris: PUF, 1960, p. 47.

[3] Redação de uma aula de um curso dado na Universidade da Provence durante o primeiro semestre do ano escolar 1973-1974. Agradeço a Sérgio Moravia e à revista *Nuova Corrente,* na qual inicialmente apareceu este texto em 1974, que generosamente autorizou a sua reprodução aqui.

biográfica, psicológica, sociológica ou analítica. Minha ignorância dos fatos mais íntimos, minha inaptidão para lançar as bases de uma *intriga* condenaria tal empresa, que o cuidado extremo da Filosofia requer, em todos os casos, seja abandonada. É, pois, a obra tomada em si mesma que está aqui em questão, não o ser humano que ele foi. É necessário descrever também de um modo claro que aqui se coloca uma oposição entre dois planos de seu pensamento, tal como eles efetivamente se manifestam na elaboração progressiva de uma filosofia da razão e uma filosofia do devaneio. Relendo sua obra em sua totalidade, seguindo sua cronologia, creio que posso discernir ali um movimento que não se orienta em absoluto, falando mais propriamente, para um campo de síntese da razão e do devaneio, da poesia e da ciência, mas, ao contrário, que vai de um reconhecimento meio tímido ao reconhecimento triunfante de sua alternância necessária e de sua complementariedade. Ao falar da epistemologia de Bachelard, G. Canguilhem com propriedade a define como sendo "concordatária". De meu ponto de vista, é ao conjunto de sua filosofia que esse termo deveria ser aplicado. Pois o desdobramento de toda a sua obra pode ser apresentado segundo as peripécias, de início quase que secretas, da formulação de um acordo entre o império da imagem e o império dos conceitos, e cujo reconhecimento oficial libera por fim o filósofo de uma tensão vivenciada por um tempo até bastante longo: "Conheci tarde demais a boa consciência no trabalho que alternava imagens e conceitos". A filosofia de Gaston Bachelard é uma *antropologia* concordatária.

Que a aceitação pura e simples de tal acordo não me pareça uma solução plenamente satisfatória, pelo menos nos termos em que Gaston Bachelard a formulou, não é o caso de se lidar aqui. Proponho-me somente a compreender e não corrigir. E pode ser que isto não seja somente algo típico da obra da ciência, como o diz o nosso filósofo, que "se pode amar aquilo que se destrói, continuar o passado apesar de se negá-lo, venerar seu mestre contradizendo-o",[4] mas também, até certo ponto, típico da obra filosófica.

---

[4] Cf. BACHELARD, G. *La Formation de l'esprit scientifique*. Paris: Vrin, 1938, p. 252.

História de um amadurecimento

Do *Essai sur la connaissance approché* (*Ensaio sobre o conhecimento aproximado*) de 1928 à *La Flamme d'une chandelle* (*A Chama de uma Vela*) de 1961, vão-se 32 anos de vida meditativa ininterrupta que não podem ter deixado de apresentar num pensamento, por mais constante que possa ter sido seu projeto, modificações, alterações, deslocamentos em termos de pontos de vista. Não poderia compreender o dualismo bachelardiano independentemente desta cronologia, mesmo quando corretamente nos surpreendemos com a estabilidade de certos temas, e nos repugna o pressupor que uma filosofia digna deste nome *evolua*. Ainda assim, trata-se antes de mais dada de um amadurecimento ao longo do qual o pensamento de Gaston Bachelard explicita-se, afirma--se e encontra seus próprios problemas, e os coloca e recoloca em pauta. Proponho distinguir três etapas que marcam essa *involução* bachelardiana, que por comodidade podemos designar por algumas divisas: "O mundo é minha verificação" (expressão que pode ser lida a partir de duas retomadas, no *Essai sur la connaissance approché*[5] e *Le nouvel esprit scientifique* [*O novo espírito científico*] de 1934),[6] "O mundo é minha provocação",[7] *Animus e anima*.[8]

A primeira fase é a das *Thèses* (1928), do *Le Nouvel esprit scientifique* (1934), da *La formation de l'esprit scientifique* (*A formação da mentalidade científica*) de 1938, e pode-se concluir com *La Philosophie du Non*, que é publicado em 1940. Seu tema predominante é o da "psicanálise" do conhecimento objetivo. Trata-se aqui de denunciar o jogo de "interesses" da imaginação na própria obra do pensamento científico. A obra mais importante dessa época é sem dú-

---

[5] Cf. *Idem, Essai sur la connaissance approché*. Paris: Vrin, 1928, p. 273.

[6] Cf. *Idem, Le Nouvel esprit scientifique*. Paris: PUF, 1934, p. 12.

[7] Cf. *Idem, L'Eau et les rêves*. Paris: José Corti, 1943, p. 214. N.T. Na página 166, na tradução em português (*A Água e os Sonhos*. São Paulo: Martins Fontes, 1989).

[8] Cf. *Idem, op. cit.*, 1960, p. 15; 53 *passim*.

vida *La formation de l'esprit scientifique*, na qual Bachelard nos mostra como – ao custo de algumas dificuldades e de algumas renúncias – são excluídos do conhecimento objetivo todos os fantasmas espontâneos da imaginação. Estes são então descritos como obstáculos, um pouco ao estilo de Francis Bacon quando apresentava seus quatro "fantasmas" que sempre se interpunham entre o ser humano e a verdade das coisas. A noção de obstáculo epistemológico é aqui mais precisa, é verdade, que a dos *idola* em Bacon,[9] mais concreta, mais diretamente enraizada no íntimo do psiquismo. Bachelard não se sente menos seguro sobre este ponto, de ser herdeiro de uma grande tradição que poderia remontar até os Céticos e dos quais Malebranche, do livro II da *Recherche de la Vérité* (*Pesquisa da Verdade*), seria – e não tanto Descartes – o representante francês. O ingrediente propriamente psicanalítico é, neste caso, a ideia de uma espécie de sublimação dos interesses (motivos) em favor de um "amor pela ciência" que deveria vir a ser, depois de uma tomada de consciência laboriosa, voluntária e prescritiva, "um dinamismo psíquico autógeno".[10] Trata-se então de vencer e organizar, e não de compactuar e incluir: a imaginação, para a mentalidade científica, é o diabo.

A obra da ciência é, portanto, interpretada como "uma sequência de erros corrigidos",[11] e é por isso que o mundo delineado progressivamente pela ciência é a *minha* verificação. É interessante ver como, nessa mesma época, Bachelard introduz então o que virá a ser mais tarde uma descrição positiva do imaginário. *La Psychanalyse du Feu* é de 1938 e *Lautréamont* de 1939. Claro que se trata já de uma atividade paralela do filósofo, na qual, porém, podemos entrever seu embaraço e do qual ele se apressa a se desculpar. Se ele o anuncia discretamente em *La formation de l'esprit scientifique*, é para apresentá-lo como uma espécie de complemento ou de ilustração de sua defesa e como um exemplo do racionalismo científico: "a simples

---

[9] N.T. Em latim, no original (ídolos).

[10] Cf. BACHELARD G., *op. cit.*, 1938, p. 10.

[11] *Ibidem.*

4. *Janus Bifrons* 63

apresentação de um exercício literário paralelo realiza já uma psicanálise de uma consciência objetiva".[12] O título da obra sobre o Fogo é por outro lado significativo, e o autor nos adverte ao mesmo tempo em que ele quer abordar "um problema onde a atitude objetiva nunca pôde se realizar, onde a sedução primeira é tão definitiva que ela deforma os espíritos mais corretos e que ela permanece sendo um redil poético no qual os devaneios assumem o lugar do pensamento, onde os poemas escondem teoremas".[13] Na realidade sua prática já está se afastando de sua ideologia: se ele descreve e revela em sua profundidade os fantasmas da imaginação, não é mais somente para denunciar seu poder abusivo: é para destruir as "ambiguidades dolorosas" e para "resgatar as dialéticas alertas que dão ao devaneio sua verdadeira liberdade e sua função de psiquismo criativo".[14] Além do mais, ele quer insistir sempre sobre o que ele vê de irremediavelmente conflitivo na oposição imagem e conceito: "os eixos da ciência e da poesia são desde o início inversos. Tudo o que se pode esperar do filósofo é que ele faça com que a poesia e a ciência sejam complementares, que as una como dois contrários perfeitos".[15] Neste *desde o início* existe, portanto, uma promessa, isto é, a de *unir*, uma esperança: mas ela está ainda sob o signo da má consciência que justapõe uma *Psychanalyse du Feu* e uma *Psychanalyse de la pensée objective*.

Portanto, desde o início dos anos 1940, dá-se um passo decisivo. Gaston Bachelard publica gradualmente seus quatro *Essais* sobre a imaginação da matéria: *A água e o Ar*, em 1943, *a Terra*, em 1948. Ele trabalha paralelamente sobre sua grande trilogia sobre a Filosofia da Ciência: *Le Rationalisme appliqué*, *L'Activité rationaliste de la physique contemporaine*, *Le Materialisme rationel*, publicados entre 1949 e 1953. Nota-se que o conjunto de suas obras tem um tema comum que é a matéria: não há dúvidas de que Bachelard agora quis oferecer

---

[12] *Ibidem*, p. 43.

[13] *Idem, La Psychanalyse du Feu*. Paris: Gallimard, 1938, p. 10.

[14] *Ibidem*, p. 184.

[15] *Ibidem*, p. 10.

dois exames claramente paralelos, isto é, da atividade construtiva do espírito no universo do conceito e da atividade coordenante da poesia no universo da imagem. Já a "conclusão" de *La Psychanalyse du Feu* nos advertia: "as metáforas não são simples idealizações que partem como foguetes para explodir no céu, estalando sua insignificância [...] mas, ao contrário, as metáforas convocam e coordenam mais que as sensações".[16] Assim, a positividade bem particular das criações do pensamento divagante está então plenamente reconhecida, e está também aceito seu caminho para a realidade que ele nos sugere, em concorrência com a ciência. É necessário até mesmo dizer que – e é isto, parece-me, que faz a unidade profunda desse período bachelardiano, dessa estação – a ciência e o devaneio são duas atitudes de *provocação* a respeito do real que permitem ao ser humano, segundo os dois registros, constituir seu mundo: "O mundo é minha provocação".

No registro do conceito, *La Philosophie du Non*, obra-chave, já nos descrevia o pensador objetivo como o ser humano do "por que não?". A bela trilogia dos racionalismos mostra no detalhe esta provocação, que consiste em produzir esquemas cada vez mais abstratos, cada vez mais escandalosos do pensamento comum, mas também em suscitar *efeitos* dos mais inesperados, os menos previsíveis em termos imediatos. Assim, o mundo de uma Mecânica ondulatória, o mundo de uma Química quântica não teriam nascido sem as provocações insistentes e, por fim, sempre ordenadas que o químico, o físico não pararam de dirigir para o fenômeno, para a linguagem das matemáticas.

No registro da imagem, compreendemos que para Bachelard é a mesma coisa, quando relemos as páginas que abrem o capítulo sobre a Água Violenta. "*Minha realidade* – é a filosofia que sustenta – não pode ser verdadeiramente constituída aos olhos do ser humano senão quando a atividade humana for suficientemente ofensiva."[17] A agressividade *inteligente*, ele nos afirma, trata-se sem dúvida alguma

---

[16] *Ibidem*, p. 179.

[17] Cf. *Idem, op. cit.* 1943, p. 213.

então da provocação objetivante: mas também da atividade calorosa e violenta em que a meta não confessa é a "vitória orgulhosa infligida sobre um elemento adverso". Assim, "os quatro elementos materiais são os quatro tipos de provocação diferentes, quatro tipos de cólera", e do ponto de vista de um exercício, de uma higiene da imaginação, "quatro tipos terapêuticos".

Convém, por outro lado, assinalar qual o deslocamento correlativo de conceitos da psicanálise enseja essa nova visão sobre a poesia e sobre a ciência. Quando se trata antes de tudo de denunciar, de reconhecer e sublimar, a intenção visada do filósofo será a de "purificar o imaginário",[18] não mais para dominá-lo, mas antes, ao contrário, para deixar o campo livre para seu poder criativo e para sua força terapêutica. Assim o filósofo propõe aqui uma "contrapsicanálise que deveria destruir o consciente em proveito de um *onirismo constituído*, que seria a única maneira de restituir ao devaneio sua continuidade repositora".[19] Assim seria reconquistado esse "direito de sonhar", chegado o grande dia da reivindicação de "tornar a imaginação feliz". É o que temos presente em 1953, numa obra, portanto, estritamente epistemológica e racionalista como é a *Le matérialisme rationnel*: "Podemos então esperar – o que foi o objetivo de nossos estudos sistemáticos sobre a imaginação material – poder tornar a imaginação feliz ou, em outros termos, podemos dar uma boa consciência à imaginação, concordando com ela plenamente quanto a seus meios de expressão".[20]

A terceira e última etapa deste caminho localiza-se sob o signo junguiano e claudeliano do *Anima*. Mais precisamente, Gaston Bachelard, depois de ter aceitado a dualidade da imaginação e da vida do conceito, enxerga para o *compreender enfim o sentido*, que seria o da oposição polar entre um elemento feminino e um elemento masculino. Preparado já em *Le materialisme rationnel* por uma breve alu-

---

[18] Cf. *Idem, L'Air et les Songes*. Paris: José Corti, 1943, p. 204.

[19] *Ibidem*, p. 203.

[20] Cf. *Idem, Le matérialisme rationnel*. Paris: PUF, 1963, p. 18.

são a Jung,[21] esta interpretação desabrocha em 1960 em *La poétique de la rêverie* em termos que, sob a máscara de um pudor divertido, têm traços até de certa conversão. O filósofo, depois de fazer uma revisão de toda uma carreira que ele mesmo diz que foi "irregular e laboriosa", julga que "o melhor seria colocá-la sob os signos contraditórios, masculino e feminino, do conceito e da imagem". Ele define assim seu pensamento: "Entre o conceito e a imagem não há síntese. Nem mesmo de filiação: especialmente não esta filiação sempre dita, jamais vivenciada, pela qual os psicólogos fazem surgir o conceito da pluralidade de imagens. Quem se entrega totalmente ao conceito, com toda a sua alma à imagem, sabe muito bem que os conceitos e as imagens se desenvolvem sobre duas linhas divergentes da vida espiritual". A alternância entre as duas vias, a noturna e a diurna, como ele gostava de designar, descoberta de início com algum embaraço e praticada sob o revestimento de uma "psicanálise", depois sem reticência alguma aceita, encontra-se assim justificada: "*É necessário* amar – sou eu que desta vez realço – as potências psíquicas de dois amores diversos, assim como se ama os conceitos e as imagens, os polos masculino e feminino da Psique. Compreendi isto muito tarde...".[22]

É somente então que Gaston Bachelard pensa ver descobrir-se sob seus olhos a significação constantemente buscada por ele do tema quase obsessivo da Alquimia, símbolo de uma esperança de uma "compreensão mista" à qual ele buscava recentemente, querendo acolher ao mesmo tempo as imagens e os pensamentos. Ele sabe agora o que foi o grande erro, pleno de ensinamento, do Alquimista, que quis fazer de seus devaneios pensamentos, realizar uma "união falsa do conceito com a imagem". O que o Alquimista não soube fazer foi a partilha alternada da vida diurna e noturna, do masculino e do feminino, do trabalho e do lazer. Vemos, por meio de parênteses, tudo o que a qualificação de "último alquimista" revela de ignorante desenvoltura junto aos que lha queria impor.

---

[21] p. 56.

[22] Cf. BACHELARD, G. *Op. cit.* 1960, p. 47.

Vemos também que agora a imagem não é mais pensada como um obstáculo, contanto que se reconheça que seu reino não tem comunicação com o do conceito. Ela é ao contrário uma fonte, uma das duas fontes de onde a atividade humana – atividade do trabalho e do lazer – faz jorrar a realidade.

Psicanálise e fenomenologia

Gostaria agora de retomar a história deste amadurecimento de outro ponto de vista, que podemos chamar, se pudermos ousar arriscar essa palavra no que diz respeito à filosofia, o ponto de vista do método. Gaston Bachelard explicitamente reconheceu dois guias sucessivos. O primeiro é, já o vimos, a psicanálise, e temos mostras claras da aplicação do "método" umas vezes às imagens – *La Psychanalyse du Feu* – e às vezes ao conceito. A segunda é a fenomenologia muito claramente invocada e aplicada nas *Poétiques* (1957-1960), mas cuja aparição podemos datar com um início discreto já desde *Le matérialisme rationnel* (1953). Neste caso, ainda que seja verdade que podemos ler desde as primeiras páginas da *L'activité rationaliste* um apelo a uma "fenomenologia de ponta",[23] não podemos considerar realmente nenhum dos volumes da trilogia como um exemplo epistemológico efetivo do método que ao contrário se apresenta na nova análise do imaginário. Que o projeto tenha existido no pensamento do filósofo, é o que vem confirmado duas vezes por uma comovente confidência de um homem já ancião, mas ainda tão vibrante, tão vivo, sentindo talvez um fim que sabemos agora que estava bem próximo: "seria necessário que eu escrevesse ainda dois livros: um livro sobre o racionalismo aplicado e um livro sobre a imaginação ativa".[24]

---

[23] Cf. *Idem, L'activité rationaliste et la physique contemporaine*. Paris: PUF, 1951, p. 1.

[24] *Idem, op. cit.*, 1960, p. 47.

E, lá pelo fim desta mesma *Poétique*, ele escreve: "Mas de qualquer modo, para que não se diga que a *anima* é o ser todo de nossa vida, nós gostaríamos de escrever ainda outro livro que, desta vez, seria a obra do *animus*".[25] Assim, a "fenomenologia" da consciência criativa de imagens teria como contraponto uma "fenomenologia" da consciência da racionalidade.

A palavra *psicanálise* aparece como sabemos, no subtítulo do livro sobre a formação da mentalidade científica e no título mesmo do livro sobre o fogo. Sabemos qual era sua intenção, originalmente, conforme a ideia de uma disciplina do exorcismo. Mas se nos interrogamos sobre o conteúdo preciso dessas contribuições que então trazia Bachelard à psicanálise, o resultado da pesquisa poderia resumir-se, ao que me parece, a algumas palavras. De uma parte, "o ser humano é a criação do desejo, não da necessidade", como ele o diz soberbamente em *La Psychanalyse du Feu*.[26] Psicanalisar o conhecimento objetivo será, antes de tudo, como já se disse, discernir, denunciar os interesses mascarados do Ego na construção de pseudoconceitos.

Por outro lado, "a imaginação é deformação de imagens, não formação",[27] e, tal como ela aparece em seu uso poético um tanto quanto estilizada, ela é um sistema de encadeamentos não formais cuja natureza se compara a da linguagem, ela seria uma "sintaxe de metáforas".[28] Eis, portanto, salvo engano, tudo o que o filósofo reteve da psicanálise. É verdade que aos olhos de um leigo insensível às delícias das teologias e dos comentários canônicos – falo do autor do presente ensaio – não falta ali nada do que seja essencial, ou falta muito pouco, em todo o caso.

Mesmo paradoxalmente, é pela crítica que ele fez à doutrina de Freud que Gaston Bachelard estabelece melhor sua influência. Ele

---

[25] *Ibidem*, p. 183.

[26] *Idem, op. cit.*, 1938, p. 34.

[27] *Idem, op. cit.*, 1943, p. 7.

[28] *Idem, op. cit.*, 1938, p. 179.

4. *Janus Bifrons*

constantemente recusou-se, por exemplo, a tomar como texto de análise o *sonho* que "caminha linearmente, esquecendo seu caminho ao percorrê-lo". O devaneio lida na forma de estrela, afirma ele em *La Psychanalyse du Feu*.[29] Mais tarde, antes mesmo de tomar consciência do novo método de pesquisa que ele chama de fenomenologia, ele recrimina a psicanálise por ela não se ocupar das instâncias sociais do caráter. "A psicanálise, nascida no meio burguês, negligencia muitas vezes o aspecto realista, o aspecto materialista da vontade humana."[30] Critica a tonalidade marxista, que é, por um lado, mais aparente que real, uma vez que repousa, como o contexto o faz ver, sobre uma psicologia do *homo faber*.[31]

Na mesma época, em *Le rationalisme appliqué*, ele elaboraria com mais detalhes suas objeções à psicanálise clássica, enquanto meio de interpretar as funções de vigilância de Ego, nas quais ele via um dos aspectos essenciais da cultura. O Superego freudiano é então denunciado como se identificando com um "primitivismo social" – o que o é, sem dúvida, nas neuroses, diz ele –, identificação na qual a psicanálise projetaria "as alegrias sádicas do observador" que ela quer ser. Ao contrário, a psicanálise que Gaston Bachelard quer desenvolver tende a "despersonalizar as potências do Superego ou, o que seria a mesma coisa, intelectualizar as regras da cultura".[32] A função de vigilância será então interiorizada e distinta da função de censura; ela será menos repressão que abertura, exercendo-se no sujeito da ciência que "goza intelectualmente da alegria de se vigiar".[33]

Já no fim de sua carreira, quando para ele a "fenomenologia" terá substituído decisivamente a "psicanálise", ele levantará uma acusação totalmente diferente, e talvez até mais grave, bem como

---

[29] N.T. *Idem, op. cit.*, 1938, p. 32. *En etoile*, de forma multifacetada, de forma radial.

[30] *Idem, La Terre et les rêveries de la volonté*. Paris: José Corti, 1948, p. 30.

[31] N.T. Em latim, no original (homem construtor, fabricante).

[32] Cf. BACHELARD, G. *Le Rationalisme appliqué*. Paris: PUF, 1949, p. 71.

[33] *Ibidem*, p, 73.

70 FILOSOFIA, LINGUAGEM, CIÊNCIA

menos fundamentada: a psicanálise intelectualiza a imagem, ela vê em todo canto explicações causais e quer "explicar a flor pelo adubo".[34] É então que Bachelard pensa poder delinear uma graduação segundo a impregnância e a profundidade dos instrumentos de um exame da imaginação – e, sem dúvida, também da consciência racional – indo da "psicologia" à psicanálise e da psicanálise à fenomenologia.

O recurso à fenomenologia é então apresentado pelo filósofo como resultado da insuficiência reconhecida, então, do método da psicanálise. Este não é mais visto por ele como "uma recusa a obedecer à dinâmica imediata da imagem".[35] Mas o que ele entende então por essa "fenomenologia" que quer substituir? Certamente, não o que ele viu ou acreditou ver nos fenomenólogos "contemporâneos".[36] Esta fenomenologia que lhe parece afastar-se, por outro lado, do espírito do fundador está sendo criticada desde os tempos da *L'activité rationaliste* (1951) do ponto de vista de uma análise do pensamento objetivo. Ela deixa de lado totalmente a "consciência instrumental", consagrando-se para o "primitivo".[37] Voltará assim as costas ao que há de específico na consciência racional, para a qual o fundamental é construído. A fenomenologia clássica vê-se encerrada no "empirismo do instante do ser", enquanto o pensamento científico em ato, como ele diz no fim do livro, "requer [...] a constituição de novas intuições instruídas",[38] e trabalha incessantemente pela reforma das instituições, uma vez que de preferência ela não se preocupa em fundar sua objetividade nas intuições primitivas. Não sei se é necessário encontrar aqui o eco de um grande pensamento no qual

---

[34] Cf. Idem, *La Poétique de l'espace*. Paris: PUF, 1957, p. 12.

[35] *Ibidem*, p. 3.

[36] Max Scheler, sem dúvida, e alguns comentadores franceses de Husserl que escreverem nos anos 50.

[37] Cf. BACHELARD, G. *Op. cit.*, 1957, p. 2.

[38] *Ibidem*, p. 180.

4. *Janus Bifrons*   71

Bachelard, por outro lado, celebrou o reencontro, isto é, o de Jean Cavaillès.[39] Em todos os casos, agrada-me reconhecer – confesso – esta sobreposição de ideias de meus mestres, dos quais gostaria de me sentir mais próximo. Gaston Bachelard tinha, portanto, antes mesmo de se aventurar no domínio do imaginário, esquematizado isto que ele queria tornar o seu novo método de pesquisa da razão.

Quanto à imaginação, as duas *Poétiques* vão mostrar-nos por sua vez o que é sua teoria e sua prática. Essa mesma ideia domina, que é a de se preservar aqui o momento dinâmico da imagem, a "consideração da partida da imagem na consciência individual".[40] "Colocar no presente, num tempo de extrema tensão, a tomada de consciência",[41] tal é a meta de toda a fenomenologia no sentido bacharelardiano, e o devaneio "nos coloca num estado de alma nascente".[42] Pois os materiais de análise até agora mudaram pouco no que diz respeito ao método. Para o filósofo, ainda psicanalisante da imaginação das matérias, a poesia era de algum modo uma mitologia, uma coleta de imagens ainda que organizadas e motivadas com alguma profundidade, mas essencialmente centradas em torno de temas objetiváveis e significativos do mundo. Para o fenomenólogo do espaço e do devaneio, as imagens exprimem o ser em ato do devaneador, e não mais somente o que ele poderia ser, permitem denominar seus *estados de inconsciência*. O mundo é então pensado não mais como *minha provocação*: ele é – e ele não é mais que – "o reflexo do imaginado".[43] Tal seria, complementando uma ontologia do conceito, ao qual ela é irredutível, a ontologia da imagem, "ontologia direta". Assim, a poesia é percebida como "metafísica instantânea", que deve dar "uma visão do universo e o segredo de uma alma, de um ser e dos objetos, e de tudo ao mes-

---

[39] Ver a *L'Œuvre de Jean Cavaillès,* artigo de 1950 anexado no *L'engagement rationaliste* de 1972.

[40] Cf. BACHELARD, G. *Op. cit.,* 1957, p. 3.

[41] *Idem, op. cit.,* 1960, p. 4.

[42] *Ibidem,* p. 14.

[43] *Ibidem,* p. 172.

mo tempo". Este último texto, coletado no *Le Droit de rêver*, é de 1939.[44] É, portanto, um dos que melhor exprimem o que o "método fenomenológico" virá, mais tarde de um modo mais consciente, trazer à luz; tanto isso é verdade que não existe, propriamente falando, evolução para um filósofo, mas involução como arriscarei dizer um pouco mais adiante. O resultado da apropriação do método conduz Gaston Bachelard em seus últimos livros a pesquisar a passagem "da expressão poética a uma consciência de criador".[45]

No limite, a filosofia torna-se aqui poesia, ou pelo menos pura consciência de poesia. Que teria sido o livro "fenomenológico" sobre o racionalismo? A menos que existam manuscritos inéditos, não poderemos jamais saber, e a segunda voz deste canto alternado acabou morrendo muito cedo.

Um estilo filosófico

Tentamos delinear de forma bastante simplificada os traços que fazem ver a unidade orgânica desse filósofo bipolar. Por fim, gostaria de concluir este ensaio com algumas indicações no que diz respeito ao estilo. Entendo aqui por estilo não somente a maneira pela qual os pensamentos são expressos pela linguagem, mas também e em um nível mais profundo, tudo o que diga respeito à organização desse sistema simbólico particular que se constitui em si mesmo como uma filosofia. Singularmente, o modo pelo qual o filósofo lança mão para obter os efeitos filosoficamente significativos é, em primeira instância, filosoficamente não pertinente em seu sistema de símbolos.

Uma primeira observação dá conta da natureza do duplo *corpus*[46] sobre os quais Bachelard se baseia, um poético e outro científico. Ambos

---

[44] *Idem. Le Droit de rever*. Paris: PUF, 1970, p. 224.

[45] *Idem, op. cit.*, 1960, p. 15.

[46] N.T. Em latim, no original.

4. Janus Bifrons

têm o mesmo caráter de extensão heterogênea. Há, claro, até muitas vezes, grandes poetas cujos textos servem de base para uma análise, mas encontramos muito mais poetas menos renomados dos quais Bachelard não cessa de acumular leituras, ávido por encontrar por todos os lugares e tempos, qualquer que seja o grau com que se apresentem, os mesmos desejos e os mesmos poderes de imaginação. A quem o teria criticado, não sem alguma razão, de citar algumas vezes platitudes, Bachelard poderia ter contraposto a resposta do grego a quem se espantava de vê-lo instalado em sua cozinha: "É que ali também estão os deuses".

Para o *corpus* científico, o mesmo ecletismo preside sua composição. Dever-se-ia até mesmo sublinhar aqui a ausência quase que constante dos grandes nomes da ciência ou, mais precisamente, das grandes obras, que não aparecem na maior parte do tempo – exceção feita para a tese sobre as teorias do calor – senão através de manuais ou tratados. Seja porque o filósofo queira tornar clara a luta do grande pensamento racional contra os obstáculos que a imaginação lhe opõe, seja porque ele se preocupa em demonstrar o radicalismo de uma concepção nova, ou seja, dentro da grande armada da ciência, é a infantaria que ele convoca e não o estado-maior. Legítima ou não, essa escolha me parece intencional, ou pelo menos significativa. É que Gaston Bachelard vê o movimento da ciência essencialmente como um avanço coletivo da "cidade científica", e que ele não separa jamais o progresso da razão de uma relação pedagógica na qual cada um é, ao mesmo tempo e em seu turno, professor e aprendiz. Eis por que, apesar de sua insistência no caráter dinâmico do conhecimento científico, ele prefere tomar como fonte os difusores do saber em vez de seus iniciadores.

Minha segunda nota levará mais em conta o uso das imagens como utensílios filosóficos. A teoria de Bachelard distingue aqui a "metáfora" da "imagem". A primeira é uma transposição para o concreto de uma "impressão difícil de ser expressa": ela é "fabricada" e não têm raízes profundas, significando, em resumo, uma incapacidade de expressar-se.[47] Totalmente ao contrário, a "imagem" é "um

---

[47] *Idem, op. cit.*, 1960, p. 79.

74 FILOSOFIA, LINGUAGEM, CIÊNCIA

fenômeno do ser". Não voltaremos ao que foi dito sobre o método, sobre a "fenomenologia" da imagem. Para Gaston Bachelard, as imagens mesmas, que *são* exatamente porque elas não *expressam*, não se situam, propriamente falando, no nível dos utensílios da reflexão. São as metáforas que expressam, ainda que o façam mal. Apreciamos, por isso, o valor polêmico da pequena frase de Bergson que chama a atenção sobre a raridade de *imagens* e a superabundância de *metáforas*.

É que se o Bachelard noturno espreita infatigavelmente o nascimento das imagens, o Bachelard diurno nunca deixa de desconfiar das imagens mortas tomadas como meio de expressão. Em *Le Matérialisme rationnel*, ele não as nomeia ainda "metáforas", mas simplesmente as chama de "comparações" e as denuncia como "germes de mitologia".[48] Elas tendem, diz ele, "a explicar através de luzes falsas do conhecimento comum que deveria ser discursivamente esclarecido". Podemos ainda ver aqui nesta atitude estilística a significação de algum modo transcendental que ele concorda existir no dualismo da imagem e do conceito. Para o pensador solitário, à escuta do ser íntimo, a imagem é o objeto de um conhecimento ontológico legítimo, objeto que, por uma inversão bastante schopenhaueriana dos termos, o real não é mais que o reflexo. Mas para o demiurgo social do conhecimento racional, ela não seria outra coisa que um travesti cujo objeto real deve ser progressivamente desvestido. E se lhe fosse permitido engajar-se na irresistível ladeira da "metáfora", diria que para um racionalista "vulgar" o baile mascarado das imagens noturnas não parece algo diverso de um bando de fantasmas que dissipa a luz do dia: enquanto que para Gaston Bachelard, homem duplo, é necessário aceitar ao mesmo tempo as verdades laboriosamente revisadas da consciência diurna e as verdades da noite, sem, entretanto, jamais confrontá-las ou confundi-las.

Em sua prática de escritor-filósofo, Bachelard foi fiel a esse interdito? Sim, sem dúvida. Ele aparentemente reserva as imagens poéticas

---

[48] Idem, *op. cit.*, 1963, p. 29.

4. *Janus Bifrons* 75

para sua exploração de "psicólogo da intimidade", e podemos sem muita dificuldade aplicar então a seus escritos seu próprio método, comentar "o armário é uma amêndoa bem branca" ou "qual concha que a palavra rumor!"... Em seus escritos epistemológicos, o impenitente "sonhador de palavras" se contém, e não se trai, a não ser pelo gosto bastante pronunciado pelos neologismos. Ele usa, claro que apenas ocasionalmente, a metáfora, mas no mais das vezes trata-se de metáforas *matemáticas*, e ele fala preferentemente de "diferencial da consciência", do hábito como "ex-inscrito no ser". É que a metáfora matemática, apoiando-se sobre uma substância por definição despojada de quase todo o conteúdo sensível que aqui interessaria ao conhecimento comum, traz em si um risco menor que todas as outras de ensejar a presença do pensamento devaneante: o matemático, como nota o autor do *Lautrémont*, só o pode ser legitimamente quando o for ao mesmo tempo severo e justo.

Nós temos até agora uma vez mais encontrado a palavra *dicursividade*, a propósito da oposição entre a luz verdadeira do pensamento objetivo e o falso aclaramento do conhecimento comum. Convém considerar a discursividade como um traço do estilo e de assinalar que o seu sentido bachelardiano está muito longe de coincidir de fato com o sentido usual. Proceder discursivamente, para Gaston Bachelard, é antes de tudo dissolver as evidências primeiras, descrevendo, por exemplo, as contra-hipóteses, as variantes e as recusas escondidas. Compreende-se a partir disso que a oposição do discursivo e do não discursivo não açambarca a do conceito e imagem. De um modo mais preciso, é um dos aspectos do amadurecimento descrito acima que é a tomada de consciência de falta de equivalência. Já no *Le nouvel esprit scientifique* Bachelard nos fala de "metafísicas discursivas" e ele proclama em *La Poétique de l'espace*: "a metafísica deve ser decididamente discursiva...",[49] num contexto em que ele critica a aceitação imediata das evidências. Assim, o filósofo da imagem é, ao

---

[49] Idem, *op. cit.*, 1957, p. 194.

mesmo tempo, um tanto bem diverso do filósofo do conceito, um pensador que se via e queria como discursivo. Ele precisou para isto, tanto para um como para o outro, lutar contra os prestígios do pensamento comum, antítese autêntica do pensamento discursivo.

Não se precisa crer, entretanto, que a discursividade se identifique simplesmente com o caráter *demonstrativo* de um procedimento do pensamento. Uma caminhada, se ela deve ser descrita como linear, não seria senão uma das formas da discursividade. Muito mais significativa parece ser para Gaston Bachelard uma organização de análise na forma de "estrela", uma organização centrada que se estende dos diversos lados de seu ponto de partida para em seguida a ele voltar. Pode-se verificar em diversos lugares da obra do filósofo que esta é a ordem exata que ele simpatiza, tanto em sua análise dos conceitos científicos, como em suas sondagens empreendidas no reino da imagem. Uma tal arquitetônica é pouco favorável à apresentação de um pensamento como sistema, e toda a exposição da filosofia bachelardiana me parece voltada ao insucesso que não a fará constantemente ressurgir. Bachelard mesmo sinaliza sua tomada de consciência ao reconhecer sua filosofia como uma "filosofia do detalhe".[50] Uma filosofia da *miniatura*, mais propriamente.

Em consequência desse estilo que ele mesmo tem de se movimentar, o tratamento dado por Bachelard de seus empréstimos dos filósofos é sintomático. Ele reclama abertamente, como sabemos, o direito de se servir "de elementos filosóficos descartados dos sistemas nos quais eles surgiram".[51] Ele pratica um ecletismo extremado de meios, ele não hesita em dispersar radialmente as "funções filosóficas" em torno de um conceito. Disso resulta, muitas vezes, é claro, um uso de forma aproximativa e frouxa dos termos que ele assim emprestou. Mas, por fim, é sua maneira, diz-se, e o sabemos: ele dispôs do patrimônio filosófico como se fosse um sortimento de reagentes destinados a fazer aparecer comodamente a *dispersão* dos conceitos, o que mascara a aparente coerência de seu uso.

---

[50] *Ibidem*, p. 200.

[51] *Idem, La Philosophie du Non.* Paris: PUF, 1940, p. 11.

4. *Janus Bifrons*

O último traço do estilo bachelardiano, que seria deplorável se fosse esquecido: o humor. Mais precisamente, a malícia camponesa, como ele mesmo diz. Quem, lendo Bachelard, não mantiver a mente sempre alerta, suspeitando de vez em quando de uma simples olhadela e a pálpebra abaixada, corre o risco de errar na compreensão do pensamento de seu autor. Gaston Bachelard joga e mimetiza sua filosofia no entusiasmo, mas reservando sempre uma parte para esta "ironia autocrítica" que ele diz ser necessária ao conhecimento objetivo, e não menos necessária ainda – e sem dúvida alguma – à análise filosófica que se presta tão facilmente a ser uma caricatura do saber. Também é necessário crer na palavra quando ele declara, na abertura de sua *La Psychanalyse du Feu*: "Sem querer instruir o leitor, seríamos dispensados de nossas penas, se nós pudermos convencer de praticar um exercício em que somos mestres: rir de si mesmos". Esse gozo tem, claro, seu preço, mesmo se for necessário entender em toda a sua obra, como creio eu, que ele circula assim através das obras "instrutivas" em que o filósofo nos expõe as propostas mais sérias que a perseguição de nossos devaneios. Ele colore com uma nuance de não dogmatismo e de uma abertura afável um pensamento que ainda é fogoso e apaixonado. Gostaria de evitar o máximo de evocar aqui o homem, uma vez que minha proposta não fora outra que a de reconhecer por meio dos livros a coerência e as incertezas de um pensamento. Não resisto, entretanto, ao prazer de citar nesta ocasião o afetuoso juízo que Gaston Bachelard fez sobre seu amigo Roupnel, e que proponho que o leitor o aplique a ele mesmo, com a exceção, talvez, de somente a palavra *amarga*: "Nesta obra amarga e tenra, com efeito, a alegria é sempre uma conquista: a bondade ultrapassa pelo sistema a consciência do mal, uma vez que a consciência do mal já é o desejo de redenção. O otimismo é vontade exatamente quando o pessimismo é conhecimento claro...".[52]

---

[52] *Idem, L'intuition de l'instant*. Paris: Stock, 1932, p. 100.

Janus Bifrons, Gaston Bachelard não cessou, como ele mesmo poderia ter dito, de progredir. Não é necessário buscar uma filosofia do detalhe para delinear os quadros de uma síntese; muita gente boa com direito se lamentará dizendo que a simples alternância de animus e *anima* terá parecido metafisicamente bem frágil. Poderíamos responder a eles então que se trata de se tomar em tudo uma solução ética: mas é isto, os meios para discutir, portanto, que Bachelard não nos deixou a partir de sua obra. Resta pelo menos, como vimos, que a verdadeira unidade desta filosofia bipolar é a de seu estilo. Não é seguro, a bem da verdade, que isto seja para uma obra humana o mais profundo e o mais essencial.[53]

---

[53] Extrato da *Revue internationale de philosophie*, 1984, 150, p. 257-271.

Parte II

Filosofia e história

5
A história das ciências é uma história?[1]

O tema deste estudo foi inspirado por uma expressão de Jean Cavaillès que, falando com profundidade da historicidade da ciência, diz: esta história "que não é uma história".[2] Nosso propósito será precisar em que sentido, entretanto, a história das ciências é também uma história.

Entendemos aqui por "a ciência" uma obra científica, como produto concreto de um *trabalho*, isto é, de uma criação de uma relação forma-matéria a partir da percepção mais ou menos distinta de um *objeto* de pensamento. Tal obra é necessariamente um objeto singular, mas essa *singularidade* deve ser entendida num sentido bastante amplo. Esta pode ser uma produção individual no sentido estrito (um trabalho: a *Geometria* de Descartes; uma experiência: os ensaios para medir a velocidade da luz realizados por Michelson; uma "descoberta": a circulação do sangue de Harvey, a constante de Hubble), mas também pode ser uma produção relativamente homogênea de um período (a álgebra no século XVI no Ocidente, a física quântica entre 1905 e 1928).

Enquanto produto de trabalho, a obra científica tem uma *significação*, que a análise filosófica deve colocar em evidência e articular; enquanto objeto singular, ela tem uma *história*. Nossa tese é que, de certa maneira, sua significação é inseparável de sua história, portanto

---

[1] Texto inédito.

[2] Afirmação de Jean Cavaillès num artigo póstumo *Mathematiques et formalisme*, publicado em 1949, na *Revue internationale de philosophie* (In: J. Cavaillès, *Œevres completes*. Paris: Herman, 1994, p. 664).

todo o filósofo das ciências é tributário do historiador das ciências, mas essa história deve ser considerada como portadora de diversos níveis, donde sua importância para a filosofia difere consideravelmente da que possa vir a ter para um historiador.

Os três níveis da história de uma obra

Distinguimos três níveis da história de uma obra: o dos eventos, o dos conceitos e o das categorias.

Os *eventos* datados e as circunstâncias que compõem a história de uma ciência dependem evidentemente da pessoa dos sábios e dos *contextos* sociais, nos quais o estudo se ancora numa psicologia, numa psicanálise, numa sociologia, na medida em que essas disciplinas possam dar descrições e explicações científicas. Mas que papel detêm esses contextos para o desenvolvimento dos *conteúdos* científicos?

Eles podem modificar o *tempo*[3] de seu desenvolvimento, facilitando ou freando o funcionamento favorável das condições materiais nas quais se desenvolve o saber ou a possibilidade do surgimento de um gênio. Eles podem opor ditatorialmente interditos ideológicos ao estudo de certos temas ou à aplicação de certos métodos. Tivemos exemplos disso na Alemanha nazista e na Rússia soviética quando, por um tempo, a teoria da relatividade foi rejeitada como uma disciplina judia ou a teoria dos conjuntos e a genérica como doutrinas burguesas. Mas essas coerções foram sempre passageiras e não puderam bloquear de um modo duradouro o curso da ciência. Os contextos podem ocasionar, por razões de oportunidades econômicas ou bélicas, o incentivo de algumas pesquisas pelo fornecimento de meios apropriados aos pesquisadores.

Podem também orientar provisoriamente a ciência em algumas direções devido às modas sociais, às dificuldades um tanto quanto

---

[3] N.T. Em italiano no original; termo técnico da música que indica a maior ou menor aceleração da execução.

5. A história das ciências é uma história?

momentâneas para uma dada disciplina, como acontece muitas vezes nas ciências do ser humano.

Mas a influência desses contextos designa, ao fim e ao cabo, as condições até *necessárias*, jamais *suficientes*, do desenvolvimento científico. Um caso particular e significativo, a correlação, por exemplo, entre as invenções e as práticas *técnicas* e o desenvolvimento científico, não foi realmente importante senão nos tempos modernos, depois do século XVIII. Por isso, a *dedução* da evolução de uma ciência, da produção de obras, partir de uma descrição socioeconômica ou ideológica do contexto é sempre ilusória, mesmo sendo verdade que se podem assim explicar com ele certas peripécias dessa evolução.

Outro nível seria o da história interna da sucessão dos *conceitos*. Essa história "não é uma história", como disse Jean Cavaillès, porque ela expressa fundamentalmente um encadeamento racional. A introdução de um conceito é, a propósito, sempre correlativa à de uma teoria, isto é, de um sistema mais ou menos complexo de relações. No mais das vezes, é o resultado da solução de uma dificuldade interna de um sistema anterior. Se o filósofo das ciências é também um historiador, ele o é no sentido de que ele deve interessar-se pelos detalhes da introdução desse conceito novo, e o historiador será então filósofo no sentido de que ele quer compreender o porquê dessa sucessão.

As matemáticas fornecem exemplos privilegiados dessa história dos conceitos, uma vez que o encadeamento ali se apresenta com clareza e o novo conceito e a nova teoria respondem de um modo óbvio a uma falta ou dificuldade da teoria anterior.

Um caso bastante claro e simples seria o da história da noção de integral.[4] Ainda muito tributária de Arquimedes, no século XVIII ela foi redefinida por Riemann sobre a base de uma teoria dos conjuntos e de uma topologia que acabavam de surgir, o que deu um sentido rigoroso à integração de funções anteriormente aberrantes; Lebesque eliminará

---

[4] Veja-se, sobre este assunto, para um período recente, a tese de MICHEL, Alain. *Constituition de la théoria moderne de l'intégration*. Paris: Vrin, 1992.

essa proposta e precisará as condições dessa aplicação pela da transformação da noção de integral e de medida. O progresso consiste sempre em apreender e superar as dificuldades, os obstáculos encontrados que se opõem a efetivação das operações admitidas dentro da teoria anterior.

O nível que chamo aqui *das categorias* dá conta da determinação do objeto fundamental de um conhecimento científico, bem como dos utensílios conceituais decisivos. Por exemplo, objeto de uma mecânica como a variação espácio-temporal da posição de um corpo, independentemente de toda a qualidade dos movimentos (Galileu, Descartes, Newton); ou na análise da noção de *distribuição*, que torna legítimas certas "pseudofunções" e seu tratamento analítico. Ou ainda, por exemplo, o objeto primeiro da genética, como combinatória de elementos de início puramente ideais portadores de caracteres transmissíveis. A constituição de uma categoria é evidentemente correlativa à modificação ou à introdução de conceitos.

O problema epistemológico colocado pelo vir a ser histórico das ciências apresenta-se então como um dilema: *continuidade* ou *descontinuidade*. A consideração dos eventos faz, certamente, aparecer um aspecto descontínuo, *conceitualmente* contingente, pelo menos imprevisível *enquanto produção exógena* a um domínio científico. O mesmo acontece, num sentido totalmente diverso, quando da consideração das categorias, no sentido de que elas se apresentam mais ou menos à primeira vista, como rupturas; a consideração do encadeamento de conceitos fará antes ressurgir, ao contrário, um aspecto de continuidade deste vir a ser. Mas é a análise propriamente filosófica que pode resolver essa ambiguidade e lhe dar algum sentido.

Filosofia e análise estrutural

Uma análise filosófica da significação de uma obra e do vir a ser de uma ciência fará necessariamente aparecer essa significação, ordenando os conteúdos, as organizações, as hierarquias, as ligações demonstrativas. É neste sentido que a chamamos de estrutural.

5. A história das ciências é uma história?

Indicamos aqui, a título de exemplo e em relação com o seu aspecto histórico, algumas questões nas quais é tratada essa análise filosófica.

Uma de suas metas é precisar o lugar e o papel da determinação *categorial* do objeto numa obra. Por exemplo, examinando os *Elementos* de Euclides, verificamos aí *os objetos* que são essencialmente as retas, o círculo e o número inteiro. Mostramos que a *medida das grandezas* é o *problema dominador* que comanda o desenvolvimento dos teoremas. E este é *o aspecto tomado como axiomático* que ali regula o movimento. Outro exemplo: para a teoria da relatividade restrita, os dois temas geradores são uma nova conceituação de medida que toma em conjunto o espaço e o tempo por um observador, e o princípio da covariância de tais medidas deixando imutáveis as leis da mecânica para diferentes observadores. A análise da estrutura de tal sistema levará a reconhecer o sentido do postulado da invariância da velocidade da luz.

Uma questão crucial do ponto de vista da historicidade da ciência é então a da interpretação da *ruptura com uma determinação categorial anterior*.

Essa ruptura apresenta-se muitas vezes como uma *ampliação do campo dos objetos,* como resolução de uma inadequação aparecida entre os objetos antigos e as operações que lhes são correlativas. Na matemática, é o caso exemplar da descoberta helênica dos "irracionais", isto é, da impossibilidade de se medir por pares inteiros a relação de duas grandezas, e sua solução parcial pela teoria eudoxiana dos *logoi*.[5] A solução completa não surgirá senão no século XIX pela extensão do campo dos números inteiros e racionais para o campo dos "números reais", por meios dos quais todas as grandezas são mensuráveis. Algo semelhante é o problema apresentado no século XVI para a formulação de soluções para certas equações cúbicas que exigiam a extração impossível da raiz quadrada de números negativos. O campo

---

[5] N.T. *Logoi*, em grego, no original. De Eudóxio de Cnido (390-338 a.C.). Trata-se da *teoria da exaustão*, em que se busca eliminar a diferença que resta na comparação entre grandezas diversas, utilizando-se medidas cada vez menores.

dos números "reais" foi então estendido para o campo dos "números complexos", em que os reais e os imaginários aparecem como uma especificação.

A ruptura apresenta-se ainda como *um novo passo* na direção da *abstração* que, em matemática, por exemplo, distancia os objetos de sua apresentação "natural", isto é, como objetos providos sinteticamente de propriedades não dissociadas que os tornam próprios para se estruturarem diretamente como objetos da percepção. É o caso da passagem dos sistemas de números e das figuras geométricas para uma teoria dos conjuntos e para uma topologia, conjuntiva[6] ou combinatória.

Nos dois casos temos uma ruptura, mas a teoria antiga aparece, pelo menos em matemática, como aproximação ou especificação da teoria do novo objeto. Observa-se que, ao contrário, nas ciências humanas, quando há um remanejamento do sistema de objetos de uma disciplina, a acomodação de uma determinação categorial do objeto para a seguinte geralmente não acontece de um modo realmente satisfatório. Poderíamos, infelizmente, dar aqui inúmeros exemplos. Um dos mais evidentes, uma vez que se relaciona com uma disciplina cuja elaboração científica é a propósito a mais clara, seria a relação entre os tipos de objeto considerados sucessivamente pelas economias pré-clássicas, clássica e marginalista. Não sabemos dizer em que sentido preciso a renovação das categorias do objeto "fenômeno econômico" constitui-se numa extensão ou numa formulação mais abstrata. Ou, ainda, se esta insuficiência está ligada a um traço profundo dos objetos das ciências do homem, cuja determinação permanece muitas vezes ainda incerta.

Sempre do ponto de vista da historicidade do conhecimento científico, uma terceira tarefa da análise filosófica estrutural das obras seria a de trazer à luz o *encadeamento e a hierarquização* dos conceitos. Esse encadeamento depende muitas vezes da pesquisa das *condi-*

---

[6] N.T. *Ensembliste*, da teoria dos conjuntos.

5. A história das ciências é uma história?   87

ções suficientes dos fenômenos, conduzindo à dissociação das noções e a sua reintegração num sistema mais completo de relações. Um exemplo matemático poderia ser a reformulação da continuidade dos elementos de uma série convergente de funções: percebe-se que a continuidade simples não é condição suficiente para a convergência da série, mas que seria necessário definir uma continuidade mais exigente dita *uniforme*. Algo semelhante acontece com a termodinâmica, com a história do conceito de entropia e os conceitos correlativos de entalpia,[7] de função de Helmholtz e de Gibbs,[8] que se encontravam então ligados a um sistema matemático simples, permitindo definir as condições de troca de energias.

Esse fenômeno epistemológico essencial, constituído pelas rupturas categoriais, apresenta pelo menos duas questões de ordem geral relacionadas à história da ciência. De um lado, essas rupturas categoriais ensejam, elas mesmas, uma *incomunicabilidade* entre as teorias sucessivas, como sustentaram alguns filósofos – como é o caso de Kuhn? – por outro lado, qual seria o *papel das descobertas empíricas* – essencialmente eventuais – na reestruturação categorial das teorias?

Sobre o primeiro ponto, parece-me que a história real das ciências mostra que a resposta deve ser negativa. Claro, os conceitos, mesmo homônimos, mudam de conteúdo e sobretudo assumem outro sentido num outro sistema. Mas a tradução permanece possível quando se coloca em correspondência os dois sistemas. Quando as leis deduzidas e enunciadas na teoria tornam-se caducas, elas continuam ainda sendo verdadeiras por aproximação ou passam a ser um caso particular na nova teoria. O exemplo, muitas vezes apresentado pelos que defendem a "incomunicabilidade", é o da passagem da mecânica newtoniana à relatividade. O conceito de massa não é

---

[7] N.T. Entalpia – H – quantidade de energia de um sistema e as suas variações intra e inter-sistêmicas.

[8] As cinco variáveis U (energia total), P (pressão), V (volume), T (temperatura absoluta) e S (entropia) ligam-se à entalpia e às funções de Helmholtz e de Gibbs pelas relações: H=U+PV, A=U-TS, G=U+PV-TS. Estas são as funções do estado de um sistema.

mais, é verdade, uma grandeza constante, mas ele remete sempre ao quociente de uma energia pelo quadrado da velocidade. A novidade fundamental está *no sistema de relações definidoras* entre as variáveis fundamentais, posição, tempo, velocidades, e o papel exercido por uma constante nova, a velocidade c da luz, que dá um sentido novo à relação das variáveis espaço e tempo, tornando, em resumo, o tempo "imaginariamente" homogêneo ao espaço: em ds^2 expressando os "intervalos" espácio-temporais, o termo temporal na forma $icdt^2$. É claro que a intertradução de uma proposição newtoniana e de uma proposição relativista não apresenta problema algum quando se tem em conta a eliminação do parâmetro c. Quanto ao mais, os cálculos efetivos da astrodinâmica – em que as velocidades são muito inferiores a c – são efetuados dentro da dinâmica newtoniana sem que seja de modo algum abandonada e substituída por uma cosmologia relativista.

Quanto à segunda questão relativa ao papel das descobertas empíricas no futuro da ciência, seria um evidente absurdo negar sua importância. Entretanto é necessário ter em mente que uma descoberta empírica não tem sentido algum sem uma interpretação dentro de um sistema conceitual ou pelo menos de categorias. E que a agitação ou a iluminação trazida por tal descoberta não se produzem na realidade se não pela integração de seu conteúdo num sistema, seja ele antigo ou novo, de representação conceitual.

Filosofia, história e análise estilística

As teorias e os conceitos científicos apresentam-se não somente com mudanças no tempo, mas também com diferenças *estilísticas*. Chamo de diferenças estilísticas as diferenças manifestas no surgimento e na apresentação de uma teoria e de um conceito, no que diz respeito a seu *pressuposto intuitivo*, a sua *inserção* no conjunto do conhecimento, à natureza do *sistema simbólico* no qual eles se exprimem. De maneira geral, uma obra humana é sempre uma expressão simbólica, seja em

5. A história das ciências é uma história? 89

um sistema de símbolos oficial, como uma língua, dada *a parte ante*,[9] seja em um sistema simbólico implícito. Uma obra significa então, a dois planos: de início, em primeiro grau, os símbolos têm um sentido direto, mas também, *num segundo grau*, eles veiculam um sentido não estruturado *a parte ante*, sem uma "gramática" dada. É a utilização, consciente ou não, deste segundo sentido e aberto que constitui o que, numa acepção mais geral, se chama de estilo. Pode-se revelá-lo tanto nas obras das ciências como nas obras estéticas.

Devemos, entretanto, evitar confundir as variantes estilísticas e as *teorias* diversas. É necessário, para se comparar estilisticamente duas obras científicas, que sua significação primeira seja fundamentalmente a de uma mesma teoria, por exemplo, a álgebra linear de Grassmann e a de Hamilton. Se não houver uma teoria comum (categorias e conceitos instrumentais), não se pode falar de estilos diversos. É isso que acontece, por exemplo, no mais das vezes, no caso de sucessão das economias políticas ou com as sociologias. Mais que diferenças de estilo, trata-se aí então de categorizações diferentes e, no mais, incompatíveis e mais ou menos imprecisas do objeto. Ao contrário, na história das ciências matemáticas e das ciências da natureza, constata--se às vezes o aparecimento quase simultâneo, sob formas estilísticas diferentes, de uma mesma teoria e de um mesmo conceito, cuja identidade fica de início pelo menos dissimulada pela diferença de estilo. A análise estilística tem por objetivo resgatar os traços e a contribuição desse sentido segundo superposto ao sentido primeiro, muitas vezes ainda encoberto.

Do ponto de vista que nos interessa aqui, o que ganhamos com a análise estilística? Essencialmente, a *pluralidade* das evoluções e dos nascimentos possíveis de conceitos e teorias. A historicidade dos produtos do trabalho científico revela então claramente seu duplo aspecto específico. De uma parte, a unicidade profunda de seu *progresso*, isto é, do encadeamento racional, de seus estados sucessivos, motiva-

---

[9] N.T. Em latim, no original.

da pelo desenvolvimento de um *trabalho* e pelos obstáculos encontrados. Assim é que as questões postas pela mecânica cósmica galileu--coperniciana justificam a mecânica newtoniana; que as insuficiências da protoanálise de Fermat e de Pascal justificam o cálculo diferencial de Leibnitz. Mas, por outro lado, a análise estilística revela e explica que tal historicidade se desdobra muitas vezes segundo um leque de possibilidades paralelas, no mais das vezes igualmente fecundas (é o caso citado das álgebras lineares de Grassmann e de Hamilton), outras vezes tais que algumas ficam sem posteridade, ao menos por um tempo. Claro que esse estudo do estilo do pensamento científico é inseparável e complementar de uma análise estrutural das obras, em sua coerência e em suas incoerências internas.

Sem pretender substituir uma explicação psicológica das diferenças individuais, a análise estilística pode então reintroduzir um elemento de individuação característica da história, claramente deixado de lado pela análise estrutural. Assim ela contribui para tentar esclarecer *o detalhe da produção no tempo* das obras científicas.

Conclusão

Respondendo à questão que nos fizemos, de início quisemos demarcar uma distinção essencial entre o ponto de vista filosófico e o ponto de vista da história em relação à ciência. Mas a conjunção dos dois pontos de vista nos pareceu como inevitável, de tal modo que uma história das ciências não pode reduzir-se a uma crônica dos estados sucessivos da ciência, nem uma filosofia das ciências a uma análise estrutural indiferente aos encadeamentos e às peripécias de sua história.

6

Análise de obras, análise de ideias[1]

Não nos propomos confrontar duas concepções de *história da filosofia*, mas apresentar dois modos de *alimentar uma reflexão filosófica* pelo conhecimento do passado da filosofia. Sem dúvida, uma estará mais próxima das práticas dos filósofos ditos analíticos, e a outra mais dos filósofos ditos continentais; mas nem de longe pretendo distingui-los desse modo. E se eu não procuro dissimular para onde se inclina minha preferência, minha proposta não é, portanto, depreciar nem recuar uma dessas atitudes em benefício da outra.

A preocupação por reconhecer

A primeira caracteriza-se pelo cuidado em reconhecer no passado filosófico os *problemas atuais*, ou seja, pessoais do filósofo que os comenta. Levantamos aqui três traços dessa utilização da história.

O relativo *isolamento dos conceitos* atribuídos ao passado, que são então tomados de modo totalmente independente de um sistema, em que outros elementos não interessam ao que os utilizam. Eles são, no mais das vezes, neste caso, integrados num outro sistema, que é o do autor ou sua época. Podemos ver nessa dissociação e reintegração uma renovação e uma espécie de fidelidade de segunda ordem em

---

[1] Extrato de *Philosophie analytique et histoire de la philosophie*. Atas de um colóquio acontecido na Universidade de Nantes (1991). Paris: Librarie Philosophique J. Vrin, 1997, p. 121-125.

relação ao passado filosófico. Mas, por outro lado, nada garante contra o perigo da traição, e o filósofo utilizador tira de qualquer modo vantagens de uma bandeira prestigiosa para cobrir mercadorias de qualidade duvidosa.

O caso privilegiado das transposições de raciocínios e de análises antigas por meios de instrumentos da lógica simbólica moderna é o que vemos *na tradução de problemas em termos contemporâneos,* sem muito receio de importar do autor (antigo) do qual se utiliza os temas, os instrumentos anacrônicos de pensamento. Não sou de modo algum um desprezador desse método, uma vez que eu mesmo busquei fazer isso a propósito da lógica de Aristóteles. O interesse é, de um lado – e como sendo uma espécie de contrapartida –, o de fazer aparecer as noções contemporâneas sob uma luz nova e, por fim, assinalar o caráter formal simplificador. Por outro lado, busca-se desalojar do pensamento antigo as confusões ou as incertezas, ou descobrir a origem de problemas que ela colocava sem poder encontrar a fonte dos mesmos. Entretanto, convém sempre então demarcar onde termina a interpretação histórica e onde começa o comentário mais livre.

O desejo maior de *argumentar.* O estabelecimento de posições filosóficas assim traduzidas é discutido, colocado à prova, por uma contra-argumentação e, dependendo do caso, restituído e melhorado. Essa atitude, claro, dá uma vida nova aos temas antigos. O filósofo contemporâneo supre com objeções, nuances, argumentos formulados de seu próprio ponto de vista, claro que tende algumas vezes a uma polêmica mal fundamentada, mais comum que o elogio, mas a posição crítica pode certamente ser muito fecunda. O texto histórico é então, sem dúvida alguma, um pretexto legítimo para uma discussão contemporânea. Ele permite lhe dar um primeiro pano de fundo de uma profundidade ou perspectiva. Entretanto, o perigo é de derrapar para uma sofística e construir debates artificiais.

Essa primeira atitude não se incomoda, geralmente, com um respeito literal pelo passado filosófico; ela pode conduzir-se com uma grande desenvoltura que, se não for sustentada por uma firmeza conceitual real, isto depreciará a produção aos olhos de alguns, entre os quais estou eu. Mas é justo, por outro lado, que ela consista em *levar a sério* esse passado e, por isso, neste sentido, render-lhe a mais autêntica homenagem. Eu a designei como "análise de idéias", em oposição à análise de obras, na medida em que ela visa extrair das obras do passado os conceitos, os problemas e as soluções de um modo mais ou menos expresso, independentemente de seus contextos.

O desejo de compreender

A segunda atitude define-se pelo desejo de *compreender uma obra do passado* para tirar daí alguma vantagem. Entendemos por obra uma *criação singular e autônoma* cuja escala pode ser a de uma publicação, mas também o conjunto da obra de um autor, e mesmo de uma época bem definida. Assim tomada como uma totalidade, a obra, uma grande obra concluída, impacta-nos e toca-nos do mesmo modo que uma obra-prima de um artista, como o exprime tão bem Malebranche que, em sua primeira leitura de Descartes, sentia os "batimentos cardíacos"... Entretanto, não se trata para o filósofo enquanto tal de colocar-se na posição de esteta diante de uma obra, nem a atitude de tirar vantagem das circunstâncias históricas concretas de sua criação e da vida de seu autor. Mas ele toma a obra nela mesma como formando um todo significante. Diversas variantes dessa atitude podem ser opostas ou, ao contrário, combinarem-se.

Uma variante dessa concepção da obra consiste em lançar sobre ela um ponto de vista *orgânico*, ao modo de Bergson, e retraçar aqui o desenvolvimento de uma ideia geradora, não para lhe restituir historicamente como momento do passado filosófico, mas para descobrir ali uma ideia seminal e desenvolver a partir desse germe um encadeamento de pensamentos, tomando-o como modelo de unidade de um ser vivo. Esse método de utilização da história é sedutor nas mãos de um artista tão hábil como Bergson, mas essa mesma sedução pode mascarar um perigo, que está na falta de clareza na noção de ligação orgânica. Substitui-se então, até com certa facilidade, a opacidade dos encadeamentos dos afetos e das imagens a rigor menos evidente e mais difícil de formular por conceitos.

É o que se esforça, ao contrário, por evitar o ponto de vista *estrutural*, segundo o qual se luta para resgatar os conceitos fundamentais da obra e seu *sentido relativo induzido por sua arquitetura*, assim como as dificuldades internas que ali podem revelar-se. Tal reintegração de noções numa totalidade mais ou menos harmoniosa – uma vez que as lacunas, mesmo as contradições, são tão instrutivas quanto o sucesso – sugere ao filósofo uma reflexão crítica sobre suas próprias construções intelectuais. Para tomar um exemplo pessoal, parece-me que o exame feito dessa perspectiva estrutural arquitetônica do sistema de conhecimento e do lugar, que ali tem a ideia de ciência de Aristóteles, deveria conduzir à consideração de aspectos que doutro modo ficariam escondidos numa concepção moderna de conhecimento científico.

De qualquer modo, uma interpretação radical dessa atitude consistiria buscar formular os sistemas de conceitos sugeridos por uma obra como se fossem estruturas *puramente formais*. Salvo localmente, por alguns fragmentos nos quais a construção lógica tem visivelmente uma significação dominante, essa transcrição me parece ilusória. O encadeamento dos conceitos num sistema filosófico não pode ser expresso nem sobre o modelo de uma intuição orgânica do ser vivente, nem sobre o modelo matemático. E isto é certamente um dos nós duros da problemática filosófica que é a de apresentar, formular e até resolver a questão da natureza desse encadeamento. Tentamos fazer isso numa publicação recente, sem entretanto pretender que a empresa fosse coroada de sucesso.

O ponto de vista "estilístico", complementar ao precedente, consistiria em colocar em evidência uma *significação segunda* ou de "segunda intenção" do arranjo estrutural dos conceitos, bem como uma homologia das funções dos conceitos *homônimos* em sistemas diferentes. É muitas vezes nessa estruturação latente e de segundo grau que se manifesta com mais clareza a singularidade da obra. Não se trata, então, de fazer aparecer essa individuação, de se recorrer aos dados psicológicos, sociológicos, biográficos. É da análise da obra mesmo que se

6. Análise de obras, análise de ideias

trata, enquanto expressão de uma atividade de criação de conceito, sob um duplo registro, o de formulações manifestas e implicações – alguns diriam aqui *implicaturas* – que se resgata aquilo que chamo de um estilo. O reconhecimento desse estilo da obra que inspira o filósofo pode desdobrar então a seu leitor – ou se preferirmos a seu intérprete, no sentido de que um pianista é o intérprete do compositor – horizontes novos a ser explorados. Um exemplo, sem dúvida, é o fornecido pelo conceito de filosofia em Wittgenstein, cuja análise puramente estrutural não seria suficiente para resgatar seu alcance.

Em todos os casos, voltando-nos para essa segunda atitude que acaba de ser delineada, notamos como traço característico que o juízo sobre os conteúdos de uma obra é deslocado, por assim, dizer *do interior*. Do mesmo modo, a noção de interpretação "correta" que responderia, inicialmente, pela primeira atitude em busca de uma fecundidade responde pela segunda atitude da apreciação de uma coerência relativa.

Conclusão

Existe, apesar de uma clara oposição, algo em comum nas duas atitudes de utilização do passado filosófico? Creio que sim, e dois traços podem ser sublinhados:

• as questões de gênese, de influência e de evolução são, nos dois casos, relegadas a um segundo plano, deixadas para o historiador profissional da filosofia;

• os conceitos filosóficos, e nesse caso da segunda atitude dos próprios sistemas, são abordados dentro de um espírito de análise, de decomposição controlável dos temas e das razões. Em um e em outro caso, a filosofia está implicitamente considerada, ainda que em sentidos bastante diversos, como um *conhecimento*.

É por essa via que é possível ao filósofo "analítico" e ao filósofo "continental" até certo ponto de se compreenderem e, até certo ponto, de se encontrarem.

7

Jean Cavaillès e a história[1]

availlès é um historiador das matemáticas? Sim, sem dúvida, se o julgarmos por suas teses, e especialmente a complementar: *Remarques sur la formation de la théorie abstraite des ensembles (Notas sobre a formação da teoria abstrata dos conjuntos).* As outras obras que seu destino trágico permitiu-lhe concluir, no entanto, mostram que tal não era sua vocação principal ou, mais exatamente, que ele concebia a história das ciências como indissoluvelmente associada a uma filosofia da ciência.[2] Não que a primeira possa aparecer como uma simples auxiliar da segunda e nem que a segunda como um comentário ou um apêndice da primeira. Sua associação, tal como Cavaillès a concebeu, parece-me ser essencial e caracteriza devidamente tanto uma como a outra enquanto participante de uma interpretação verdadeiramente filosófica das obras da ciência.

É dentro dessa hipótese que buscaremos precisar a concepção e a elaboração de seu trabalho histórico, bem como sua teoria do vir a ser do conhecimento matemático.

---

[1] Extrato da *Philosophia Scientiae*, 1998, 3(1), p. 65-77.

[2] N.T. Jean Cavaillès (1903-1944), professor e matemático francês, foi preso em 28 de agosto de 1943 e, depois de ser torturado pela Gestapo, foi fuzilado em 17 de fevereiro de 1944 e enterrado sob o nome de *Desconhecido n. 5.*

O método histórico

Assinalamos, de início, lidando com seu método, que ele alterna muitas vezes uma análise da produção e fatos matemáticos com uma análise das doutrinas filosóficas. Tanto no *Méthode exiomatique et formalisme (Método axiomático e formalismo)*,[3] em que ele retoma e comenta, a propósito do "empirismo" de Borel, as ideias de Descartes, Leibnitz e Kant, como no *Sur la logique et la théoria de la science (Sobre a lógica e a teoria da ciência)*, em que Port-Royal, Kant, Bolzano, Husserl formam uma espécie de pano de fundo filosófico para suas considerações sobre a criação matemática. É que a "história mostra a ligação estreita entre semelhantes conflitos técnicos e os sistemas edificados pelos filósofos".[4]

Assim, é natural que tais problemas conduzam a "cavar para além da matemática propriamente dita um solo comum de todas as atividades racionais".[5]

Nesta fórmula se revela, seguramente, o que sempre me pareceu ser a visão central de Cavaillès, que permaneceu latente, mas resgatável através de seus estudos da criação de conceitos matemáticos, a saber, um esforço para determinar o racional em seu sentido e em sua contribuição mais amplamente. Dali vem, sem dúvida, a atração que ele manifestava pelo spinozismo em seu ensino oral, que não aparece, é verdade, explicitamente senão muito pouco em seus escritos. Pode ser que isso tivesse sido explicado nos textos se sua vida não tivesse sido assim tão curta. Em todos os casos, lembro-me de uma aula sobre o tempo, dada em 20 de maio de 1942, como avaliação de uma de nossas exposições para a entrada na *École Normale Supérieure*, onde ele insistia sobre a especificidade e irredutibilidade de um "tem-

---

[3] Cf. CAVAILLÈS, J. *Méthode exiomatique et formalisme:* Essai sur le problème du fondament des mathématiques (Thèse pour le doctorat ès lettres). Paris: Hermann, 1981, 2. ed., 6,21ss.

[4] *Ibidem*, p. 21.

[5] *Ibibidem*.

7. Jean Cavaillès e a história

po matemático", de um "antes e um depois" impossível de ser suprimido no processo operatório, e por isso o reconhecimento seria "um modo de pensar a eternidade de Spinoza".

Se tal deveria ser a orientação de um pensamento do tempo próprio ao vir a ser dos matemáticos, compreende-se que Cavaillès tenha criticado e recusado explicitamente dois métodos históricos. Foi, logo de início, a assimilação da história das ciências aos "encadeamentos psicológicos e sociais". Certo, "o ponto de partida é difícil de ser feito com a necessidade matemática",[6] entendemos: com a necessidade do encadeamento dos estados sucessivos dos conceitos. Entretanto, é exatamente essa necessidade que o historiador filósofo da ciência deve trazer à luz. Exprimindo certamente suas próprias ideias, Cavaillès louva Bolzano por ter cumprido essa condição específica do objeto de uma história das ciências. Uma ciência não é, propriamente falando, um objeto de cultura, uma vez que, contrariamente aos objetos de cultura, "seu modo de atualização lhe é extrínseco e não tão estreitamente ligado ao valor – de tal modo que este seja de sua essência – como o é para a obra de arte, isto é, em que se misturam a exterioridade acidental com um sistema sensível".[7]

O desenvolvimento histórico, como veremos, das matemáticas é essencialmente racional, e uma das formas, e até pode ser a mais radical das formas do racional, num sentido que Cavaillès quer explicitar. De tal modo que podemos ler, no fim do texto póstumo, que "essa história não é uma história", isto é, que ela não deve ser confundida de algum modo com uma crônica dos eventos psicológicos e sociais.[8]

Mas existe outra ideia de história que Cavaillès recusa. Lá pelo fim do *Sur la logique et la théoria de la science*, ele rejeita a análise fenomenológica "que não poderá jamais se mover a não ser dentro do mundo dos atos", e para nas "realidades da consciência que não remete a nada de

---

[6] Cf. *Idem, Remarques sur la formation de la théorie abstraite des ensembles* (Thèse complémentaire pour le doctorat ès lettres). Paris: Hermann, 1937, p. 8.

[7] *Ibidem*, 1947, p. 22.

[8] Cf. *Idem*, Mathématiques et formalisme. *Revue internationale de philosophie*, 1949, p.164.

100 FILOSOFIA, LINGUAGEM, CIÊNCIA

outro". Para ela, a importância da pesquisa histórica está em "encontrar os vínculos perdidos e relançar automatismos e sedimentações" na atualidade consciente. Tal arqueologia dos atos da consciência não saberia explicar o progresso. E se "a história do empirismo for utilizada como reveladora de encadeamentos essenciais, ela o será pelo reverso, não como um movimento para frente, mas pelo mito do retorno ao passado".[9]

Cavaillès, quanto a ele mesmo, não confunde o que ele chamará de "história representada e história representante", como parece fazer em diversos casos Husserl.[10]

O funcionamento do método, como podemos convencer-nos pela leitura dos dois textos, consiste, em um primeiro momento, em uma leitura atenta dessas obras. Podemos dizer – *avant la lettre* –, no sentido de Martial Guéroult e não de alguns "estruturalistas" dos anos 1950, que essa leitura é *estrutural*.[11] O problema central de cada obra é formulado, seja a de Dedekind, de Cantor ou de Hilbert. A arquitetura dos conceitos e os sistemas de raciocínio são trazidos à luz, o encadeamento histórico é resgatado como uma sucessão de ensaios de resposta às dificuldades e aos obstáculos, aos fracassos da estrutura.

Tomemos, no mais, um exemplo, do início do *Méthode axiomatique et formalisme*, do estudo das origens de uma posição moderna do problema dos fundamentos das matemáticas. Ele expõe de início e comenta os "profundos trabalhos da Escola Borel-Lebesgue", a partir dos paradoxos da teoria dos conjuntos descobertos entre 1890 e 1904.[12] Ele recupera, então, na obra de Borel, a noção de "efetivamente enu-

---

[9] Cf. *Idem, Sur la logique et la théoria de la science*. Paris: PUF, 1947, p. 77.

[10] Numa avaliação de uma exposição sobre o tempo e a tragédia, na ENS (École Normale Supérieure), em 22 de abril de 1942. Nem preciso dizer que minhas notas são muito gerais e breves, e muito pouco seguras, e se não fosse isso teria procurado a publicação das mesmas.

[11] N.T. *Avant la lettre* – procedimento que acontece antes de *oficialmente* existir. Assim, se as leituras estruturalistas passam a existir nos anos 1950, e alguém usa esse procedimento nas décadas anteriores, chamamos esse procedimento de *avant la lettre*.

[12] Cf. CAVAILLÈS, J. *Op. cit.*, 1981, p. 21.

7. Jean Cavaillès e a história

101

merável", que permite *definir* os conjuntos "mensuráveis" e as funções "calculáveis". Depois disso, ele reconhece o modo de raciocínio que autoriza um desenvolvimento de objetos assim definidos de início: um processo de *indução*, capaz de garantir a passagem de um nível de determinação dos objetos para o seguinte. Mas todas as propriedades dos conjuntos mensuráveis não são indutivas, não servem para essa extensão. Daí a necessidade de ultrapassar esse novo obstáculo, e então são as tentativas de Lebesgue úteis para limitar mais rigorosamente a ideia de definição dos objetos. Cavaillès, depois do exame dessas dificuldades técnicas, passa à interpretação da motivação originária, profunda, filosófica de Borel, que ele qualificou, desde o início, de "intuicionista". Muitas páginas são então consagradas à prefiguração, sobre o plano filosófico, da dificuldade técnica, examinada em Descartes, Leibnitz e Kant. E o exame do estatuto da intuição em Kant esclarece a problemática técnica e filosófica, do intuicionismo brouweriano.

Vemos aqui de que maneira estão imbricadas – sem jamais serem confundidas, uma vez que compete ao matemático, não ao filósofo, resolver, ainda que provisoriamente, seus próprios problemas – o encadeamento de questões e de respostas técnicas e o aclaramento filosófico dos conceitos. Tal método, no qual a aplicação correta e eficaz exige ao mesmo tempo um conhecimento de primeira mão das Memórias e dos Tratados originais da matemática e uma relação íntima com as obras dos filósofos invocados, pareceu-me sempre a única maneira de filosofar validamente sobre essa ciência; e podemos alegrar-nos disso porque na França apareceram recentemente alguns jovens discípulos de Cavaillès que não puderam receber, portanto, diretamente dele o ensinamento do mestre.

As modalidades de progresso matemático

Uma questão que não poderia deixar de ser colocada para Cavaillès é a do dilema continuidade-descontinuidade do vir a ser das matemáticas. Comentando uma palavra de Bernays, que negava em 1934 que houvesse uma crise na matemática, ele parece querer adotar essa tese da inexistência de crises no que se refere ao sentido propriamente matemático dos conceitos. Ele não teria aqui "exagerado demais as dificuldades da teoria dos conjuntos" que ele acabara de analisar em seu dinamismo.[13] E essas dificuldades provinham "da mistura da especulação filosófica e do raciocínio matemático", além das "normais que provocam as insuficiências técnicas".[14]

Claro que o vir a ser das teorias e dos conceitos progridem pela emergência de novidades, e se essas novidades não se apresentam na forma de simples confusão crítica, elas transformam e até mesmo transmutam, pelo menos, o estado anterior de uma teoria ou de um conceito. Ou o progresso não existe pelo "aumento do volume por justaposição, a anterior subsistindo com a nova, mas com a revisão perpétua dos conteúdos pelo aprofundamento e correção. O que vem depois é mais do que era antes, e não porque ele o contém ou mesmo porque ele o prolonga, mas porque ele o dispensa necessariamente e traz em seu conteúdo a marca sempre singular de sua superioridade".[15]

Sublinhamos neste texto dois temas bastante essenciais aos olhos de nosso autor. O primeiro, em certo sentido descontinuista, é o da revisão "pelo aprofundamento e correção". Assim, por exemplo, no domínio explorado por Cavaillès, da passagem do conceito boreliano de conjunto mensurável ao conceito de Lebesgue. O antigo não subsiste como tal no novo, mas passa a ser representado por uma imagem adequada, como o número real no novo universo dos complexos, em que uma parte não é, falando apropriadamente, idêntica ao, mas biunivocamente aplicável ao universo antigo dos reais. Ou o novo objeto, neste caso, apesar dessa correspondência, é claramente mais que o antigo; o número complexo é "mais que o par dos números reais que ele substitui", uma vez que ele "é por sua vez ponto de aplicação concreta para os raciocínios da teoria das funções analíticas".[16]

---

[13] *Ibidem*, p. 182.

[14] *Ibidem*.

[15] Cf. Idem, *op. cit.*, 1947, p. 781.

[16] Cf. Idem, *op. cit.*, 1981, p. 171.

7. Jean Cavaillès e a história

O segundo tema, num sentido *continuista*, expressa-se na repetição da palavra "conteúdo". Os novos conteúdos brotam necessariamente dos antigos, de tal modo que o progresso pode ser também descrito como um engendramento contínuo; ele é "material ou entre essências singulares".[17] Que nos seja permitido sinalizar aqui a ressonância spinoziana neste vocabulário. O real em matemática, como na *Éthique* toda a realidade em geral, é feito de "essências singulares"; o adjetivo "material" deve ser entendido aqui como relativo aos conteúdos. Se as coisas forem assim, entende-se que uma história filosófica das matemáticas deve voltar-se, inicialmente, ao exame das dificuldades que Cavaillès qualificou em outra publicação como "técnicas". Com efeito, são elas que revelam ao historiador atento o modo de engendramento dos conteúdos. A oposição de uma continuidade a uma descontinuidade de esse vir a ser não é, portanto, apresentado, na obra de Cavaillès, como um verdadeiro dilema.

Um ponto capital de sua concepção de esse vir a ser assemelha-se diretamente com a ideia de um progresso por engendramento de essências singulares: é a importância atribuída à noção de "trabalho" matemático, tema este que aparece no fim da tese complementar, quando Cavaillès diz que são essas "considerações pragmáticas de um matemático militante que têm a palavra final" e conclui com a necessidade de uma "definição do trabalho matemático em geral".[18] Promessa repetida na tese principal[19] em que ele assinala que "a reflexão crítica sobre a essência mesma do trabalho matemático e a noção de objeto são uma condição prévia necessária" para uma interpretação do progresso matemático. Trata-se então de opor essa reflexão a uma consideração do primeiro grau sobre os próprios objetos.

---

[17] Cf. *Idem, op. cit.*, 1947, p. 78.

[18] Cf. *Idem, op. cit.*, 1937, p. 141.

[19] Cf. *Idem, op. cit.*, 1981, p. 21.

104 FILOSOFIA, LINGUAGEM, CIÊNCIA

Aqui se aclara bem explicitamente o papel possível da visão filosófica, mas não confundida com a própria matemática, confusão que é para ele, como vimos, uma das causas principais das crises aparentes. A reflexão sobre o trabalho matemático deve nascer desse mesmo trabalho, que se direciona para o singular e para os conteúdos "o imprevisto de um problema, o desvio de uma aplicação".[20] É esse mesmo trabalho, a propósito, cujo traço é essencial para a aparição de uma renovação. Como diz Cavaillès no *Remarques sur la formation de la théorie abstraite des ensembles:* "Só passa a existir uma teoria dos conjuntos, não a partir das noções, mas de um modo de raciocinar original".[21]

Trata-se então de tipos bem particulares de raciocínios, por exemplo, aqui "a interação transfinita". Mas o trabalho matemático é normalmente descrito no célebre texto *Sur la logique de la théoria de la science* no qual estão explicitados os dois movimentos do paradigma e da tematização.[22] Vemos então que esse trabalho consiste, antes de tudo, em criar as condições de uma relação do conteúdo com a forma; depois, em pensar como conteúdo o que foi criado como forma. Assim, pode ele ser qualificado de trabalho de abstração, mas sob a condição de não esquecer o que ele traz consigo sempre sob as "essências singulares", reveladas nas situações concretas de produção dos conceitos pelo matemático "militante" ou, se preferirmos, praticante.

Não retomaremos aqui o comentário desse duplo movimento, um "horizontal", em que coloca em evidência uma estrutura formal – como a do sistema operatório do anel a partir desse objeto singular que é o conjunto dos inteiros racionais –, e o outro "vertical", que mobiliza um sistema operatório particular para constituir um novo objeto, a um nível superior de abstração como na passagem da ideia de uma estrutura algébrica definida por operações quaisquer, especificamente, somente pelas

---

[20] *Ibidem.*

[21] Cf. *Idem, op. cit.*, 1937, p. 39.

[22] Cf. *Idem, op. cit.*, 1947, p. 27-33.

7. Jean Cavaillès e a história

propriedades formais.[23] Gostaríamos, em vez disso, de insistir sobre a aposta de Cavaillès relacionada, a propósito, ao advento de uma "filosofia do conceito" oposta a uma "filosofia da consciência",[24] uma vez que esta proposta está estreitamente associada com o conhecimento do papel cardeal do "trabalho" matemático. Já vimos como Cavaillès recusou a concepção husserliana de uma história da ciência. Ora, não poderíamos interpretar corretamente essa recusa como decorrente da constatação da ausência desta noção de trabalho na concepção de progresso matemático segundo uma "filosofia da consciência"? Em tal filosofia, para Cavaillès, o "depois" suscita somente os estudos arqueológicos da forma originária de um "antes" na consciência, sem que o foco seja colocado sobre as transformações dos sistemas de operações correlativas dos objetos. De outro modo, podemos dizer que então, para um filósofo da consciência, as noções são apresentadas como isoladas, somente relacionadas às condições de possibilidades "arqueológicas" de seu pensamento. Para um filósofo do conceito, ao contrário, são as constituições sucessivas de sistemas operatórios que importam, nas quais os objetos são corretivamente criados. Assim, o ponto de vista de uma filosofia do conceito consistiria em mostrar essas correlações de operações e de objetos que são o próprio trabalho do matemático criador. Importa, então, observar que as palavras "operações" e "operatório" não remetem aqui aos atos de um sujeito como tal, a uma consciência, mas a regras de combinações de símbolos que representam as realidades matemáticas. Não é entre os diferentes momentos da consciência que se nota o progresso, mas pelos "vínculos internos das ideias".[25] Eis por que Cavaillès pode concluir bastante enigmaticamente seu livro afirmando que: "a necessidade geradora não é a de uma atividade (atividade do sujeito de uma consciência), mas de uma dialética".[26]

---

[23] Para um comentário mais amplo, cf. GRANGER, G.-G. *Pour La connaissance philosophique*. Paris: Odile Jacob, 1988, capítulos 3, 2.1-2.7.

[24] Cf. CAVAILLÈS, J. *Op. cit.*, 1947.

[25] *Ibidem.*

[26] *Ibidem.*

106 FILOSOFIA, LINGUAGEM, CIÊNCIA

Resta ainda elucidar o sentido exato deste último termo, sentido original em Cavaillès, e em todos os casos irredutível ao que encontramos em Platão ou em Hegel, ainda que esteja menos distanciado do primeiro que do segundo.

O necessário e o imprevisível

Tal será o tema desta terceira seção, cujo título invoca o paradoxo do vir a ser da matemática como Cavaillès formulou e expôs concretamente em seus estudos históricos.

A formação de novos conceitos a partir de antigos procede de uma "necessidade natural" de onde ele toma, por exemplo, o nascimento da teoria dos conjuntos a partir de um "tronco comum".[27] Uma das tarefas do historiador é mostrar, em outros termos, fazer ver, que ele aqui tem "uma objetividade, fundada matematicamente, do vir a ser da matemática".[28] A história dos conceitos e das teorias matemáticas não deve nada, senão apenas aparentemente à contingência, apesar das "sinuosidades do processo de revelação".[29] Observar-se-á então o vínculo implícito suposto por nosso autor entre "objetividade" e necessidade, traço em que podemos ainda verificar o pano de fundo spinoziano de seu pensamento. Uma anotação feita em uma carta a Lautman, de 13 de junho de 1936, reforça essa conjetura. Ele escreveu então, tendo em mente "as espantosas mudanças no universo" que mostra a história detalhada dos conceitos, que "se houver uma necessidade entre eles, isto não pode ser outra senão a única que está em nós e fora de nós".[30]

---

[27] Cf. *Idem, op. cit.*, 1981, p. 5.

[28] Cf. *Idem, op. cit.*, 1937, p. 8.

[29] *Ibidem.*

[30] Cf. Lettres inédites de Jean Cavaillès à Albert Lautman (Présentation et notes de Hourya Benis-Sinaceur). *Revue d'Histoire des sciences.* 1987, 40(1), p. 121.

7. Jean Cavaillès e a história

Por onde quer que vamos, parece-me que para Cavaillès a necessidade matemática subjacente às peripécias de ser futuro é a *única* necessidade. É igualmente o mesmo que proclamava o Wittgenstein do *Tractatus*, outro fio secreto de Spinoza.[31]

O *nexus* de entidades matemáticas se revela, evidentemente, nas sucessões históricas, e o tempo, já notamos, não pode ser, em certo sentido, expulso de sua racionalidade, como vimos acima. Mas seu encadeamento é de ordem interna: ele é da essência e não do acidente, de sorte que as peripécias efetivamente constatadas e descritas por um historiador não deveriam mascarar uma "necessidade dialética".[32] A palavra "dialética" remete, portanto, aqui, de um lado, à necessidade e à unicidade de um encadeamento e, por outro lado, a uma determinação desse encadeamento pelos conteúdos. Este último ponto é realçado em muitas retomadas.[33] Claro que, como sinalizamos a propósito, nos dois movimentos do trabalho matemático – paradigma e tema – forma e conteúdo estão fundamentalmente correlacionados para Cavaillès. Insistir como ele o fez criticando a posição de Kant por um "empirismo total, radicalmente heterogêneo ao conceito",[34] por um "encadeamento inteligível dos conteúdos"[35] é exatamente reconhecer que em matemática forma e conteúdo estão indissoluvelmente associados, e até mesmo pela tematização eles são mutuamente conversíveis.

Essa "dialética" manifesta-se na história detalhada dos conceitos por uma necessidade de ampliação das teorias que, sendo "homogeneidades operatórias que descrevem a apresentação axiomática", estão então submetidas a uma "explosão". O fechamento sobre si, suposto de modo equivocado por Husserl como completo e essencial, pode ser desafiado pelo surgimento de "resultados e por um sistema inteli-

---

[31] Cf. WITTGENSTEIN, L. *Tractatus logico-philosophicus*, 1961, 6;37.

[32] Cf. CAVAILLÈS, J. *Op. cit.*, 1981, p. 183 (*in fine*)

[33] Ele foi mais uma vez formulado em uma carta de 6 de dezembro de 1938, a Lautman: "a necessidade interna de um futuro singular" (realce meu). Cf. Lettres inédites de Jean Cavaillès à Albert Lautman. *Revue d'Histoire des sciences*, op. cit., 124.

[34] Cf. CAVAILLÈS, J. *Op. cit.*, 1947, p. 3.

[35] *Ibidem*, p. 4.

108 FILOSOFIA, LINGUAGEM, CIÊNCIA

gível de conteúdos impossíveis de ser dominados", de sorte que uma "necessidade interna obriga a teoria a se superar por uma ampliação, por outro lado, imprevisível e que não aparece como um alargamento senão depois de concluída".[36]

Existe, claro, essa necessidade, uma vez que o *status quo* é racionalmente insustentável. E o progresso é, então, uma "explosão e uma superação" que caracterizam toda a geração inovadora de sistemas formais, uma vez que, por natureza, esses sistemas são fechados. É isto que não permite a concepção carnapeana de uma sintaxe geral na *Logische Syntax der Sprache e*,[37] a qual, segundo Cavaillès, supõe uma "posição simultânea de todos os possíveis"[38] e não um vazio interno de uma forma universal de discurso sobre os objetos possíveis. É nesse contexto que tem sentido a frase muitas vezes citada: "que tudo não passe a existir num golpe só não tem nada a ver com a história, mas é a característica do inteligível".[39]

É necessário entender, parece-me, que é essencial para a racionalidade matemática esse desenvolvimento dos conceitos por explosão interna: é das próprias falhas de suas estruturas que nasce, de um modo imprevisível e antes mesmo que seja reconhecida, sua transmutação, que é ampliação e progresso. Aos processos dessa "dialética" – "os diferentes tipos de generalização, de formalização às quais é acrescida a tematização propriamente dita"[40] – já fizemos alusão a propósito das modalidades de progresso da matemática. Mas o que nos interessa aqui de modo mais particular é a natureza dessa necessidade. Essa necessidade, afirma Cavaillès, nunca é, a propósito, "controlável senão por meio da constatação de um êxito positivo. A existência de um campo temático (objetos recém-criados) não tem sentido senão correlacionada a uma ação efetiva... A questão do sentido de uma operação tal como a

---

[36] Cf. *Ibidem*, p. 74.

[37] Cf. CARNAP. R. *Logische Syntax der Sprache*. 1947. N.T. Em alemão, no original (Sintaxe lógica da linguagem).

[38] Cf. CAVAILLÈS, J. *Op. cit.*, 1947, p. 35.

[39] *Ibidem*.

[40] Cf. *Idem, op. cit.*, 1981, p. 177.

7. Jean Cavaillès e a história

apresentam os intuicionistas emana do pré-juízo – ontologia não crítica –, segundo o qual o objeto deva ser definido anteriormente à operação, assim que ele passa a ser inseparável".[41]

Esse engendramento necessário, no qual encontramos de novo a correlação, a operação e o objeto, faz com que "não haja nada tão pouco histórico – no sentido de um vir a ser opaco dominável somente na intuição artística – que a história matemática".[42]

Não podemos visar o todo da matemática "como um sistema arbitrário de teorias justapostas e não há definição e justificação dos seres matemáticos que não sejam as matemáticas mesmas".[43]

E, portanto, numa teoria como a teoria dos conjuntos "suas noções, qualquer um de seus resultados essenciais, foram encontradas como que involuntariamente ao longo de uma pesquisa sobre o fundamento da aritmética".[44] Assim, o vir a ser matemático, ainda que necessário no sentido que acabamos de dizer, é imprevisível, uma vez que a racionalidade dos engendramentos não é controlável senão em sua própria produção, *in actu*.[45] Claro que é tarefa do historiador restaurar, *a parte post*,[46] esta presença da necessidade e com isto do inteligível. O matemático praticante, quanto a ele, "não tem necessidade de conhecer o passado, uma vez que é sua vocação recusá-lo". Ele é então "revelador de necessidade", mas pode sê-lo plenamente sem sabê-lo.[47] É neste sentido que a "obra negadora da história" – diríamos, emprestando a distinção feita por Cavaillès acima apresentada, da história representante – realiza-se na história (diríamos, representada).[48]

---

[41] *Ibidem*, p. 178.

[42] *Ibidem*, p. 176.

[43] *Ibidem*, p. 177.

[44] Cf. *Idem, op. cit.*, 1937, p. 99.

[45] N.T. Em latim, no original.

[46] *Ibidem*.

[47] Cf. CAVAILLÈS, J. *Op. cit.*, 1937, p. 8.

[48] *Ibidem*.

110 FILOSOFIA, LINGUAGEM, CIÊNCIA

Como compreender a obra "negadora" da história? Creio que Cavaillès se refira aqui ao trabalho do historiador que, por sua interpretação representante do vir a ser encadeado dos conceitos, põe à luz do dia a inteligibilidade de sua sucessão. Ele dissipa, portanto, a aparente contingência histórica. Mas, por outro lado, é o trabalho do matemático mesmo que instaura a racionalidade no próprio curso do tempo histórico *representado*. O progresso dos conceitos, amplamente exógeno quanto a seu *tempo*[49] e a suas datas, nega portanto essa contingência para a racionalidade endógena do encadeamento de seus *conteúdos*. Tal é sem dúvida o paradoxo fascinante da história da matemática, imprevisível, ainda que racional.

Conclusão

Fascinante esse paradoxo, ele o foi, sem dúvida, para Jean Cavaillès, cujo projeto latente me parece ter sido, para além do estudo de um vir a ser privilegiado de uma ciência, a determinação mais geral do racional.

Este privilégio das matemáticas é certamente patente e deriva do fato de que sua racionalidade se manifesta em dois níveis. O primeiro, por assim dizer, trivial, uma vez que é constitutivo dessa mesma ciência, é o da demonstrabilidade necessária de suas asserções. O segundo, mais surpreendente, é justamente o do encadeamento dos conteúdos que constituem os objetos na sucessão efetiva de suas descobertas ou apresentações. Sobre este segundo plano que o historiador filósofo explora e interpreta, a racionalidade não é sinônimo de previsibilidade.

Talvez fosse necessário dizer que Cavaillès viu a fonte originária dessa dualidade na descoberta gödeliana sobre a qual ele refletiu longamente em suas teses. Em um vocabulário e em uma perspecti-

---

[49] N.T. Em italiano, no original.

7. Jean Cavaillès e a história

va que efetivamente não são mais as nossas, ele fala de "saturação" (*Erfüllbarkeit*) em vez de completude, definida em um sentido forte, como demonstrabilidade, em uma teoria, de toda a proposição bem formulada ou de sua negação, em um sentido débil, como incompatibilidade de axiomas de uma teoria com uma proposição qualquer e simultaneamente com sua negação.[50] Ele compreende, portanto, que a "não saturação" limita a dominação demonstrativa dos objetos de um domínio formalmente definido por seus axiomas; ele notou em um curso que ele "estava muito feliz", que o cálculo dos predicados e, em consequência, a aritmética não são teorias "saturadas".[51]

Mas seu ponto de vista sobre a *Erfüllbarkeit*[52] o leva a insistir sobre uma segunda espécie de "fechamento" de um sistema, que é a categoricidade, o isomorfismo, e por isso a identificação possível de todos os sistemas de objetos que satisfazem aos axiomas de uma teoria. São as relações entre essas duas formas de fechamento que parecem tê-lo interessado sobremaneira.[53] Dito de outro modo, a determinação completa dos objetos matemáticos pelos procedimentos operatórios demonstrativos não está garantida no geral, os objetos matemáticos têm, neste sentido, *conteúdos*. E essa dissociação da sintaxe e da semântica não aparece de um modo verdadeiramente significativo senão até o momento em que interfere o infinito: também "com infinito começa a verdadeira matemática";[54] o que vem expresso de um modo diverso e mais amplo, ainda que de um modo menos claro, num texto anterior: "com a relação com os objetos começa a matemática".[55] Estes são, a propósito, os encadeamentos de conteúdo, imprevisíveis *a parte ante*, que constituem, portanto, a trama do futuro racional das matemáticas.

---

[50] Cf. Cavaillès, J. *Op. cit.*, 1981, p. 83.

[51] Aula de 25 de fevereiro de 1942, num curso na Sorbonne.

[52] N.T. Em alemão, no original.

[53] Ele propôs isto um dia, como assunto de exame oral de licença: Saturação e categoricidade.

[54] Cf. Cavaillès, J. *Op. cit.*, 1947, p. 73.

[55] Idem, *op. cit.*, 1981, p. 105.

Não seria permitido pensar que essa historicidade racional, ainda que escape à predição, tenha sido assumida por Cavaillès como um modelo único de racionalidade aplicável tanto as coisas na natureza, bem como aos afazeres humanos? Vimos que, para ele, não existe senão uma única espécie de necessidade, isto é, de racionalidade, "em nós e fora de nós", e disso o futuro da matemática nos daria a imagem. Se nos fosse possível uma hipótese fictícia, diríamos que poderíamos ter esperado e aguardado, de Jean Cavaillès, o desenvolvimento paralelo de novos trabalhos de epistemologia e da história dessa ideia bastante spinoziana da necessidade, uma profunda renovação da ideia de uma ética racional.

Parte III

A Linguagem

8
Observações sobre o uso da língua na filosofia[1]

Consequências de um truísmo

Não existe filosofia sem uma expressão linguística. Insistiremos, inicialmente, sobre as consequências desse truísmo.

Uma filosofia apresenta-se como um sistema de conceitos de uma natureza específica, em que a *linguagem natural* é necessariamente seu veículo, com a exclusão de todos os demais modos de expressão. Dizemos "necessariamente", porque pensamos que podemos mostrar que a natureza da filosofia o exige; mas é suficiente, sem dúvida, ao linguista constatar a universalidade do fato.

A menos que entendamos irracionalmente a acepção do termo, reconhecemos que não existe filosofia alguma em ações e nem em espetáculos. Se nos for concedido dizer que tal comportamento "exprime" uma filosofia, é porque supomos, com ou sem razão, que certo comentário pode ser-lhe associado, e a filosofia não é expressa de modo algum pelo ato mesmo, que não seria outra coisa que uma resposta à questão ou reação a um estímulo, assunto, geralmente, bastante ambíguo de enunciados interpretativos quando tomados somente por filosóficos. Uma filosofia não é um álbum de imagens: é certamente isso que Wittgenstein quer fazer-nos entender quando nos afirma que a filosofia não pode dizer, uma vez que para ele não

---

[1] Extrato de *Langages,* 1974, 35, p. 22-26.

116 FILOSOFIA, LINGUAGEM, CIÊNCIA

são ditos expressamente senão os fatos, uma vez que são representáveis em imagens. É isso que significa o caráter inelutavelmente teórico que se vincula à filosofia como tal.

Mas, por outro lado, os discursos da filosofia não se deixam jamais transcrever num sistema simbólico formal; por isso, o código e os modos de expressão são inteiramente da mesma natureza que os das matemáticas. Se não fosse assim, poderíamos, em filosofia, realizar o sonho leibnitziano de uma característica universal e colocar no lugar de discussões, de explicações e de disputas simplesmente um *Calculemus*. O obstáculo fundamental aqui é que os conceitos filosóficos, aparentemente, pelo menos, não podem reduzir-se a relações, não pondo em jogo senão aquelas do conjunto para o elemento, do todo para a parte. O mesmo se aplica para um bom número de noções expressas pela linguagem em seu uso corrente como instrumento de comunicação. Mas o uso filosófico se distingue, portanto, desse último, no sentido de que ele não pode se acomodar e invocar imagens, suscitar emoções: é ao raciocínio ou ao entendimento que a filosofia se volta em última instância e se sua linguagem não veicula conceitos que funcionam como os da ciência, ela nem mesmo veicula conceitos.

Uma filosofia como sistema de signos

Uma filosofia é um sistema simbólico, isto é, as publicações que ela apresenta se constituem por associação de signos. Acabamos de realçar que a substância dessa expressão é de natureza linguística, ou seja, que os segmentos elementares de uma discussão filosófica são eles mesmos compostos de segmentos construídos segundo as regras da língua e, por isso, são já significantes conforme ao uso ordinário. Dizer aqui que a palavra desempenha o papel de uma substância é afirmar, como já notamos, por um lado, a decomposição em unidades de "sentido filosófico" que não coincide necessariamente com o seccionamento em unidades de sentido comandado pela língua; de outro lado, o "sentido filosófico" se sobrepõe eventualmente a um sentido imediato. Não é

8. Observações sobre o uso da língua na filosofia 117

muito equivocado ver, pela própria língua, como a substância fonética de sua expressão se distingue de seu conteúdo, uma vez que a primeira, não sendo significante, joga com um sentido equívoco o papel de substrato portador de informação que é o da substância. Não acontece a mesma coisa com os sistemas simbólicos de ordem superior, nos quais o substrato portador é ele mesmo significante no primeiro degrau. Dali decorre que o uso da linguagem filosófica da língua se aparente em certos traços a uma criptografia, e que o conhecimento de uma língua não é suficiente necessariamente para compreender de imediato um fragmento destacado. O signo filosófico será, portanto, em geral, uma constelação de enunciados da língua; muitas vezes, isto será uma oposição artificialmente instituída entre dois ou mais segmentos da língua, explorando mais ou menos livremente os conteúdos dela. Não é raro, também, como sabemos, que o filósofo decida introduzir, no nível mesmo da língua natural, neologismos ou que ele viole ou requeira que a gramática dissocie elementos de uma palavra ou construa sequências à revelia da sintaxe. Trata-se, no mais das vezes, então, de abreviar expressões de um sentido introduzido por meio de segmentos complexos da língua e de tornar mais manipulável o conceito. O alcance desses termos técnicos muitas vezes é mal compreendido. Alguns veem aqui o reflexo de um amor latente pelo jargão clerical e pelo esoterismo, e outros, a garantia de um rigor do pensamento que dependeria de suas capacidades combinatórias. Na realidade, se o uso de temos técnicos é legítimo e até mesmo necessário, dentro do limite do bom gosto, ele não autoriza de modo algum tratar a filosofia como uma álgebra, e não deveria ser confundido com um simbolismo autônomo e fecundo que cria para si o matemático.

Se os signos filosóficos não se identificam com os signos linguísticos de quem são a substância necessária, a que eles se referem? Parece bastante evidente, para começar, que em um texto filosófico nem tudo é constituído por signos filosóficos. O tecido intersticial do discurso pertence, claro, ao uso ordinário da língua, com a complexidade e a ambiguidade de seus modos de dar conta da comunicação. Facilmente nos convencemos por um rápido olhar em algumas publicações da moda ou de divulgação que a dimensão escatológica e pornográfica da língua tem um papel retórico de primeiro plano (mas um leitor mais benevolente não deixaria de dizer que essas mesmas conotações são signos filosóficos). Compreender um texto é, portanto, recuperar desse tecido conjuntivo os elementos filosoficamente significantes. Entre os signos assim dissociados, alguns remetem diretamente a vivências, outros eles mesmos remetem a signos. Mas as "vivências" que designa a filosofia raramente são visadas como momentos ou fragmentos de experiência diretamente elaborados em vista de comunicar, quando isto é possível, seus conteúdos. São, por assim dizer, "vivências citadas" em vez de vivência que podemos usar. Dito de outro modo, elas são colocadas elas mesmas como signos possíveis, diante dos quais o filósofo tem a tarefa de explorar ou de lhes constituir a significação. No fim das contas, seria bastante justo dizer que os signos filosóficos não referem jamais a algo senão a signos; seria mesmo bom acrescentar que o vivenciado filosófico, se ele se fundamentar em definitivo sobre o vivenciado cotidiano ingênuo, coloca-o sempre em presença da linguagem, e o coloca como virtualidade de captação por este.

Não é necessário concluir, por isso, que a filosofia não seja outra coisa que um discurso sobre a linguagem e que ela, neste caso, cairia aqui facilmente sob os golpes da crítica carnapeana do *material mode of speech* (modo material do discurso).[2] É verdade, sem dúvida, que não se filosofa jamais senão a partir da linguagem e que os problemas filosóficos não aparecem senão a partir da transcrição linguística daquilo que é vivido como signo de algo. Mas a filosofia não é simplesmente uma glosa gramatical. Ela usa a língua para explorar e sistematizar os diferentes níveis de simbolização introduzidos pelo pensamento humano. Ela é metassimbólica neste sentido, mas não simplesmente gramatical.

O signo filosófico tem sintaxe própria ou, dito de outro modo, como ele pode revelar-nos em um texto filosófico determinado, em que tais signos foram distinguidos, as regras de combinação que lhes

---

[2] N.T. Em inglês, no original.

8. Observações sobre o uso da língua na filosofia 119

são próprias? Não se pode esperar aqui descobrir uma espécie de gramática geral dos signos filosóficos, à qual um autor se conformaria conscientemente ou não. A organização dos signos filosóficos é um caso de estilo. Isto é, não se trata em absoluto de regras formuláveis *a parte ante*,[3] mas de constantes do uso que se estabelecem na composição mesma do discurso, reveláveis a parte post[4] e, portanto, sobre os aspectos de substância – aqui os segmentos da língua natural – que são deixados livres para a codificação constitutiva desta. Para cada filosofia, a combinação de signos parece, portanto, obedecer a certas regras, mais ou menos estritas e precisas, que constituem de algum modo a forma da expressão filosófica desejada. Sem dúvida não encontraremos ali nada que lembre as regras de uma sintaxe natural. Realçamos, especialmente, uma tópica, uma seção de signos em classes de função *sui gêneris* que normalmente se confundem, mas somente na aparência, com certas funções gramaticais. Descobrimos também padrões de encadeamento cujos relacionamentos com cânones lógicos são inegáveis, mas muitas vezes bastantes sutis. A análise e a restituição conjetural de tal organização constituem a nosso ver a tarefa essencial do historiador da filosofia, na medida em que ele tem por meta compreender e explicar os textos por eles mesmos.

O uso filosófico da língua natural

Propriamente falando, não existe língua filosófica alguma, mas somente um uso filosófico da língua. É por isso que não nos admiramos por encontrar pedaços autênticos de filosofia inseridos em obras, cujo objetivo primeiro é totalmente outro. Portanto, admite-se que a filosofia seja, de certo modo, uma arte de execução. Queremos dizer que não existem obras filosóficas, ideias filosóficas, somente virtuais, independentes de sua elaboração efetiva numa expressão determinada. O mesmo podemos dizer

---

[3] N.T. Em latim, no original (*a parte ante*, de antemão).

[4] N.T. Em latim, no original (*a parte post*, posteriormente).

120 FILOSOFIA, LINGUAGEM, CIÊNCIA

que não existem ideias científicas, inclusive as matemáticas, que possam ser reais e operantes antes de um desenvolvimento efetivo. É nesse sentido que seria necessário compreender a natureza do vínculo que associa uma filosofia a uma língua na qual ela se expressa. Vínculo, na verdade, que não enseja, de modo algum, uma impossibilidade de traduzi-la – uma vez que a língua não desempenha aqui um papel de substância – mas que é, entretanto, essencial, uma vez que uma filosofia exige em todos os casos o suporte de uma língua natural e não existe uma realidade no universo de símbolos universais supostamente a ser transcendida.

Em seu uso filosófico, para que serve uma língua natural? Ela serve antes de mais nada para *descrever*. Mas a ideia de descrição nesse domínio é especialmente ambígua. Descrever significa aqui dissociar o vivenciado em componentes, cuja natureza específica varia, e define assim diferentes modos de descrição. Mencionaremos aqui três sentidos, claramente distintos. O primeiro poderia ser vinculado ao "psicologismo". Descrevemos então os *fatos da consciência*, e os signos filosóficos remetem a uma experiência para a qual reivindicamos a imediaticidade e a profundidade. Compreendemos que o uso da língua pode aproximar-se então àquela do romancista ou do poeta, sobre a qual voltaremos mais adiante. Um bom exemplo é aquele de Bergson.

O segundo sentido é exemplarmente representado pela fenomenologia husserliana, que pretende descrever as essências, como armaduras intencionais de todos os objetos do pensamento. O signo filosófico remete aqui ainda às vivências, mas neutralizadas ou, por assim dizer, separadas dos fatos, reduzidas a condições de experiência possíveis. A língua usual é, então, muitas vezes enriquecida por termos técnicos ou desarticulada, a fim de colocar em evidência essa distância, que deve ser indicada entre o vivenciado e o que ele significa.

O terceiro sentido, enfim, é a descrição que podemos reconhecer nos escritos de Wittgenstein no *Recherches*.[5] O que vem aí descrito

---

[5] N.T. Provavelmente se trata do *Philosophische Untersuchungen* (Investigações filosóficas).

8. Observações sobre o uso da língua na filosofia   121

são as regras do uso dos símbolos que constituem, a seus olhos, o pensamento. Descrever é então, especialmente, suscitar experiências do pensamento para manifestar a complexidade extrema e sutil de nossos modos de expressão. Por isso o uso mais metafórico, mas cuidadosamente controlado e direcionado, da língua e a ausência quase que completa de neologismos técnicos.

Mas a língua serve também para a filosofia *construir* um sistema de significações em que ela descreve os índices e as figuras. Esses sistemas não têm a mesma natureza das estruturas estabelecidas pela ciência para representar a experiência e não podem, uma vez que se trata de fatos humanos, senão transpor para o domínio abstrato os conceitos portadores de certos traços de significações vivenciadas. Podemos admitir então, cremos, como assinalamos acima, que uma filosofia está essencialmente em oposição à ciência, a uma obra de arte. É necessário dissipar esse mal-entendido. O artista da linguagem usa a linguagem para criar objetos concretos, cuja matéria é composta por representações sensíveis e por ideias que evocam a mensagem linguística tomada em sua totalidade. Isto quer dizer que aqui entram em ação não somente os aspectos oficialmente codificados da expressão, mas, além disso, os aspectos livres de sua substância e de sua forma, cuja organização singular é o estilo. O produto último do ato criador é para a obra de arte uma *experiência* do leitor ou de um ouvinte; experiência vivenciada como tal e degustada à distância, o que lhe confere a conotação contemplativa da mensagem.

A obra do filósofo pode muito bem, sem dúvida, ser também de algum modo recebida como um objeto de arte e apreciada efetivamente enquanto experiência intelectual particular, com "palpitações do coração", como nos conta o jovem Malebranche quando de sua primeira leitura de Descartes. Mas se a filosofia existe no que lhe é próprio, esse não deveria ser seu primeiro e verdadeiro desígnio. Os sistemas que explicitamente ou não ela constrói são sistemas de conceitos. A língua não poderia aqui, essencialmente, servir de indutor para a evocação de sentimentos e imagens. Ela não serve para imitar uma natureza, nem mesmo um poder criador suposto na natureza. Assim, não é a linguagem em seu florescimento histórico como produto de sociedades humanas que os seres humanos deveriam usar como se fosse uma matéria ricamente colorida; é necessário, ao contrário, para expressar-se, rarear a substância para apurar as conotações,[6] sem poder, entretanto, sob pena de perder sua meta, lançar mão do recurso ao simbolismo totalmente controlado de uma "língua artificial".

Mas cada filosofia realiza a sua maneira o que podemos muito bem chamar de estilização da língua e a cada filosofia corresponde assim, essencialmente, um modo de utilização de uma língua natural. A filosofia não é por isso uma arte da linguagem, nem mesmo uma técnica de exegese de textos. Não podendo, entretanto, passar do espaço da opacidade particular ao simbolismo das línguas, simplesmente buscando por meio de opiniões formular conceitos, os filósofos devem resignar-se a continuar rebeldes diante das transcrições seguras das álgebras e estar indefinidamente expostos às falsificações capciosas dos sofistas.[7]

---

[6] Damos aqui dois sentidos a essa palavra: 1. Um sentido "metassimbólico" – a conotação de uma frase escrita em francês pode ser, entre outros, um "fragmento de um emprego convencional ou argótico da língua francesa". 2. Um sentido "parassimbólico" – tudo o que pode expressar os aspectos livres, não estritamente pertinentes da mensagem e cuja manipulação desconsidera o estilo.

[7] N.T. O termo mais preciso para *rhéteur* seria "orador de discurso vazio".

9

Língua[1] e sistemas formais[2]

1.1. O desenvolvimento atual de uma linguística matemática contribui para se admitir como natural a assimilação de uma língua a um sistema formal, bem como para identificar as línguas a sistemas, tais como a lógica ou as matemáticas. Tanto um como o outro procedimento são abusivos e úteis para se enganar o linguista, fazendo-o assumir metonimicamente um dos modos de estruturação de seu objeto pelo todo de seu próprio objeto. Vemos, por outro lado, em diversos domínios das ciências do homem, uma espécie de inflação panlinguística; apela-se de qualquer jeito a estruturas da "língua", dando a essa palavra um sentido ou intuição comum e vaga que se mistura com traços de definição saussuriana. Esse engasgamento nasceu de uma ideia correta que corre o risco, entretanto, de se embaralhar no meio das ondas de uma logomaquia pedante e impressionantemente vazia.

Buscaremos propor aqui uma delimitação rigorosa da língua enquanto que categoria de um objeto científico, isto é, como conceito regulador que define um domínio de conhecimento. Estaremos atentos a não interpretar essa tentativa de constituição crítica como desvelamento de uma forma *ne varietur*,[3] que projetaria sobre a expe-

---

[1] N.T. "Língua é um sistema de signos cujo funcionamento repousa sobre certo número de regras, de coerções (limites)" (cf. DUBOIS, Jean et al. *Dicionário de Linguística*. São Paulo: Cultrix, 2006, p. 383). "Linguagem é a capacidade específica à espécie humana de comunicar por meio de um sistema de signos vocais, que coloca em jogo uma técnica corporal complexa e supõe a existência de uma função simbólica e de centro nervoso geneticamente especializados" (*Idem*, p. 387).

[2] Extrato de *Langages,* n. 11, março de 1971, p. 71-87.

[3] N.T. Em latim, no original (para que nada seja mudado).

124 FILOSOFIA, LINGUAGEM, CIÊNCIA

riência um pretenso sujeito transcendental. Trata-se, segundo nosso modo de pensar, da explicação dessa figura provisória do objeto científico que o desenvolvimento da ciência tem construído – algumas vezes até sem o saber. Essa determinação do objeto científico guia mais ou menos obscuramente o trabalho de uma ciência cujos sucessos recentes são impressionantes, e até podemos muito bem pensar que ela estaria nos dias de hoje em seu período galileano, sem que seja de modo algum ilógico crer que ela possa esperar por muito tempo ainda pela aparição de seu Newton.

1.2. Procederemos sistematicamente, começando por formular premissas. Decorre, portanto, que tal modo de exposição dissimula um intercâmbio bastante longo e de algum modo empírico com obras de linguistas e lógicos. A forma quase axiomática que cremos dever dar ao todo das proposições iniciais deve, portanto, ser considerada uma expressão da necessidade de ver aqui um pouco mais claro a massa de pressupostos e de noções comuns, uma vez que é somente assim que, cremos, uma análise filosófica pode legitimamente empreender sua caminhada.

2. Indefinições e pressupostos

2.1. Nosso propósito é caracterizar o conceito de língua como um objeto da ciência, em sua relação com o sistema formal, escolhemos como indefiníveis as noções que nos parecem mais radicais e as que causam mais dificuldades, até de serem substituídas por construções que combinem outros termos primitivos. Seu sentido intuitivo é bastante claro, mas traz em si toda sorte de ambiguidades, de sobredeterminações e fragilidade que pertencem necessariamente a todo fragmento de nossa experiência dos fatos humanos. Indeterminação que, por outro lado, nos casos não humanos, tem sido progressiva e, cada vez mais, estritamente superada pelos métodos operatórios próprios de cada uma das ciências da natureza. De tal modo que a cada uma dos elementos abstratos indefiníveis de onde elas partem, pode-

9. Língua e sistemas formais

-se comodamente associar uma experiência controlável e definida. O trabalho científico que empreendemos não será, portanto, jamais terminado e a definição operatória dos pressupostos é, mesmo nesse último caso, provisória e relativa. Para as ciências do ser humano, a complexidade dos indefiníveis é, certamente, maior que em todas as demais áreas, mas o enunciado de "axiomas" terá por objetivo, pela exposição das relações entre os termos, delimitar em seu sistema de pertinência os elementos intuitivos.

Escolhemos como indefiníveis termos como: **relação abstrata, referência (referir a), vivência, indivíduo** e **signo**.[4]

O primeiro não é indefinível senão no nível onde nós nos localizamos, uma vez que a análise dos lógicos dá a entender facilmente em termos de conjuntos; o último corresponde justamente à noção que os axiomas visam definir explicitamente, do mesmo modo que o termo "número" é definido pelos axiomas de Peano que o introduziram. Quanto à **referência**, ela dá conta da relação intuitiva do signo com o que ele significa, relação esta que precisará construtivamente o conjunto dos axiomas; a **vivência** é um fragmento qualquer da experiência; o **indivíduo** é uma **vivência** considerada em sua singularidade. Esses comentários são, evidentemente, heurísticos e não interferem em nada na construção que se segue.

2.2. Os "axiomas" que apresentaremos a seguir têm por função fornecer uma construção recursiva do signo.

A.1. Um elemento da **vivência** que **se refere a** um **signo** tomado com essa **referência** é um **signo**.

A.2. Um elemento da **vivência** que **se refere a** uma **vivência** tomada com essa **referência** é um **signo**.

A.3. Um elemento da **vivência** que **se refere a** uma **relação abstrata** tomada com essa **referência** é um **signo**.

---

[4] Compreende-se bem que a língua deste artigo é metalíngua não somente em relação aos sistemas que ele descreve, mas também em relação à metalíngua estritamente falando, que nós propomos descrever estes últimos. Quando um termo é tomado como pertencente a essa metalíngua no sentido estrito, vêm impresso em negrito.

126   FILOSOFIA, LINGUAGEM, CIÊNCIA

Vemos que a palavra "signo" aplica-se aqui originariamente à **vivência** significante enquanto munida de sua **referência** e conjuntamente com ela. Quando houve espaço de isolar essa **vivência** mesma, então falamos da **matéria** do **signo** (ver D 3).

O caráter recursivo, e por consequência imbricado, que A.3. assegura à construção foi, cremos, exigido pela multiplicidade dos níveis de significação. A oposição simples de Frege entre *Sinn* e *Bedeutung*,[5] precisada ainda mais por Wittgenstein no *Tractatus* – que identifica então estritamente com a oposição de "nome" e de "signo proposicional", não poderia dar conta sozinha da complexidade da referência. A análise husserliana da *Première Recherche Logique (Primeiro Estudo sobre Lógica)* é mais elaborada; ela distingue o *anzeichen*[6] (que é mais próximo de σημεῖον[7] de Aristóteles, a qual é sintoma mais que propriamente um símbolo) de *ausdrücken*,[8] que por sua vez dissocia de *Kundgabe*,[9] notificação de vivências psíquicas do sujeito significante, de *Nennung*,[10] denotação de um objeto, e ainda de *Bedeutung*, referência ou reenvio de um conteúdo eventualmente conotativo da expressão (O "vencedor de Iena" difere do "vencido em Waterloo", ainda que tenham o mesmo nome "Napoleão".).[11] Mas essa análise faz intervir modalidades de consciência que transpiram, no final das contas, psicologismo, o que queremos aqui deixar de lado. E a cons-

---

[5] N.T. Em alemão, no original; ainda que no geral possam ser compreendidos como sinônimos, são termos técnicos de Frege (significação, sentido). Prezado leitor: as traduções no texto são simples orientações sobre o sentido dos termos em alemão e não têm em mente o sentido técnico que os autores em questão associam aos mesmos.

[6] N.T. Em alemão, no original, e significa sinal.

[7] N.T. Em grego, no original [*semeion*]=sinal.

[8] N.T. Em alemão, no original, e significa expressão.

[9] N.T. Em alemão, no original, e significa manifestação.

[10] N.T. Em alemão, no original, e significa denominação.

[11] Cf. FREGE, G. Sinn und Bedeutung. In: *Kleine Schriften*. Darmstadt: Wissenschaftliche. Buchgesellschaft, 1967, II L.; WITTGENSTEIN, L. *Tratactus logico-philosophicus*. London: Kegan Paul, 1961; HUSSERL, E. *Logische Untersuchungen*. Halle, 1913, 2. ed., v. I (Ausdruck e Bedeutung); HUSSERL, E. Erste Philosophie. In: *Husserliana*. La Haye, 1956, Tomo VII, 4ª lição, p. 27.

9. *Língua e sistemas formais*

trução proposta permite encontrar todas as formas arquitetônicas do signo, tomado como obra do pensamento, sem entrar pelos caminhos de explorações da subjetividade.

2.3. As definições a seguir explicitam uma determinação não ambígua de noções semiológicas correntes e fornecem abreviações para o discurso.

D.1. O **sentido** de um **signo** é aquele ao qual ele se **refere**.

D.2. Se o **sentido** de um **signo** é um **indivíduo**, nós o chamaremos de **referência**.

D.3. Em um **signo**, a **vivência** de que é munida de **referência** é a **matéria do signo**.

D.4. Chamamos de **propriedades sintáticas** de um **signo** as propriedades que se relacionam com a sua **referência** eventual a uma relação entre **signos**.

D.5. Chamamos de **propriedades semânticas** de um **signo** as propriedades que se relacionam com sua **referência** eventual a um **indivíduo**.

2.4. Algumas consequências decorrem imediatamente desses pressupostos, que mostrarão mais claramente o sentido de seu alcance. Uma classificação de signos, em particular, pode ser concebida de duas maneiras. De início, segundo o objeto da **referência**. Distinguimos nesse ponto de vista o "símbolo concreto", cuja referência é uma vivência assumida em sua complexidade, até mesmo em sua própria indeterminação. Assim, a bandeira da França é um "símbolo concreto" da França, o leão é o da noção de bravura indomável e leal. Podemos chamar de "sinal" o **signo** cuja **referência** é ainda uma **vivência**, mas tomada explicitamente como **individual**: o nome próprio de uma pessoa é desse tipo, mas também o círculo vermelho com a faixa azul de "proibido estacionar": por isso vemos que permanecemos aqui aquém da consideração da **vivência** em relação à atitude de um receptor (que distinguiria radicalmente esses dois exemplos, um do outro). O "símbolo abstrato", enfim, seria um **signo** que remete a outro **signo,** uma a uma **relação abstrata**. Por

128 FILOSOFIA, LINGUAGEM, CIÊNCIA

exemplo, os três pontos "…" do código Morse formam um símbolo abstrato que refere ao **signo** S do alfabeto latino; a cruz "+" da aritmética é um símbolo abstrato da operação da adição, que não é outra coisa que uma relação ternária entre dois fatores e sua soma. Uma distinção semelhante não é somente didática, uma vez que é claro que os símbolos são abstratos, o símbolo concreto e o sinal devem funcionar diferentemente em um sistema.

Um segundo ponto de vista apresenta-se ainda à classificação dos signos: é o do mundo da *referência*. Vamos nos dar ao luxo de tomar como exemplo tal distribuição das formas do sentido na distinção de Peirce entre *ícone, índice* e *símbolo*.[12] O *ícone* é uma imagem daquilo ao que ela nos refere, e o vínculo entre o significante e o significado é a semelhança; o *índice* está vinculado ao significado por uma "conexão dinâmica (às vezes espacial) entre, de um lado, o objeto individual ao qual ele remete e, por outro lado, os sentidos e a memória da pessoa que o utiliza como signo"; o *símbolo*, por fim, é uma regra convencional de evocação do significado. Não manteremos nem essa distinção e nem esse vocabulário que nos trazem, como veremos, uma fenomenologia, e mesmo sem dúvida até uma psicologia do ato da significação. Percebe-se, pelo menos, nesse exemplo como a diversificação do modo da **referência** constitui claramente outra dimensão possível da ordenação das espécies de *signos.*

Outro ponto de vista merece ainda consideração, e esse consiste em distinguir os signos em tipos, segundo os quais a **matéria do signo** é ou não um signo (*signo* de *signo*…). Essa distinção depende, evidentemente, de um contexto de uso, de uma "pragmática", independentemente de que maior parte das noções semiológicas permaneceria ambígua. Se, portanto, nessas condições pragmáticas dadas, o vermelho do **signo** "sentido proibido" é percebido sem **referência** como pura cor, como uma vivência inerte, o sinal "sentido proibido" será considerado como do *primeiro tipo*. No caso no sinal "Atenção!

---

[12] Cf. Peirce, Ch. S. *Collected Papers.* Cambridge: Harvard University Press, 1931-1935, p. 2.304 et seq.

Escola", a **matéria do signo** é a imagem de um estudante; ela é, enquanto matéria, um signo, e o sinal será do *segundo tipo*. Não se deve confundir essa distinção e essa hierarquia com a distinção previamente apresentada segundo a natureza e os graus de complexidade da referência.

Mas não são essas classificações que agora nos interessam e não utilizaremos os axiomas e as definições precedentes senão para chegar à definição de sistemas simbólicos.

3. Que é um sistema simbólico?

3.1. O sentido intuitivo da palavra "língua" certamente nos inclina a recusar a aplicação a um uso isolado do **signo.** Buscaremos, então, caracterizar os *sistemas* de **signos,** de tal modo que possamos tentar depois disso determinar quais os que nos parecem legítimos de merecer a consideração de línguas. Chamaremos de **sistema simbólico** um *conjunto de signos efetivamente dados e efetivamente construtíveis.*[13]

Essa definição insiste, como veremos, no caráter de fechamento do conjunto dos **signos** do sistema. Uma coleção, dada por uma enumeração pura e simples e cuja lista seria explicitamente posta como aberta, não seria, propriamente falando, um **sistema simbólico**, mas somente uma coleção de **signos**. Observaremos que essa cláusula não exclui por si mesma certa abertura do sistema, como acontece com a língua que se enriquece com neologismos, uma vez que o dado nos novos **signos** não é então uma simples enumeração: ele obedece a certas regras de construção que, por mais liberais que possam ser, nos remetem à segunda condição de efetiva construtibilidade. Vemos que não precisamos entender isto num sentido excessivamente estrito e

---

[13] A palavra "conjunto" é um indefinível emprestado das matemáticas que lhe dão definições implícitas por meio de diferentes sistemas de axiomas que, como sabemos, não são de modo algum equivalentes. Mas, claro, não temos interesse algum de entrar aqui nessas nuances. O mesmo vale para as noções, efetivamente.

supor que ele reduz todo o **sistema simbólico** a nada mais que um conjunto mecanicamente engendrado. O fechamento de tal sistema de **signos** pode ser, portanto, atual – neste caso, trivial, por exemplo, o caso de um alfabeto ou de um repertório oficial de sinais rodoviários – ou virtual. E nesta última hipótese, a virtualidade deve ser entendida seja como uma possibilidade indefinida de engendramento de novos **signos** ou pelo menos de uma regra unívoca – como se chega através de cifras a um sistema de numeração –, seja como possibilidade de engendramento de novos signos a partir de certas limitações que deixam pelo menos sua realização parcialmente arbitrária. No mais, não seria de modo algum inútil observar a partir de agora que uma mesma realidade simbólica – como uma língua, por exemplo – pode ser considerada como um sistema simbólico com diferentes níveis e tendo para cada um deles um modo de fechamento diferente: fechamento estrito da enumeração exaustiva no nível fonético, fechamento do engendramento recursivo no nível dos sintagmas das frases e fechamento do engendramento semilivre no nível do vocabulário.

Essa exigência de fechamento, assim entendida, dá certa consistência externa à noção que queremos constituir e fornece um primeiro critério global dos **sistemas simbólicos**.

3.2. Observamos que resulta desse fechamento que cada significante do sistema é complementar a todos os demais – reais ou virtuais – e que uma parte pelo menos de seu valor como tal é opositiva. Mas não poderíamos dizer, em geral, se ele recebe todo o seu valor dessa oposição. Dentro do sistema de sinais rodoviários, vemos com clareza que o "círculo vermelho" se opõe ao "círculo vermelho barrado de azul", ao "triângulo amarelo" e à "imagem do estudante"... Mas neste último caso, por exemplo, temos um valor próprio independente de sua oposição aos outros sinais; ele é até mesmo não somente um significante do sistema, mais ainda, um signo autônomo e isolável (tomado como **matéria** de um **signo** do sistema). Tais sistemas existem e até poderiam ser chamados de "não saussurianos" no sentido de que o valor dos signos não é ali somente negativo, relativo ou opositivo. Menos poderoso e menos preciso que os sistemas com limites

9. Língua e sistemas formais

131

mais estritos – como as línguas e os sistemas formais –, eles desempenham um papel considerável que mereceria ser estudado pelo sociólogo e psicólogo. Mas esses estudiosos têm hoje em dia o desagradável costume de assimilá-los em bloco às "linguagens", opondo-lhes então, de modo quase sempre ilegítimo, as propriedades de uma língua. Tais são os sistemas simbólicos que aparecem em certas neuroses e psicoses: as liturgias, as etiquetas e habilidades diversas que grassam em nossa sociedade. A dificuldade fundamental de tal estudo provém da estreita imbricação desses sistemas simples e da linguagem que em quase todos os casos os penetra e os traduz. Isto é de tal sorte que eles se apresentam como dificilmente isoláveis de seu *reflexo* nesta linguagem.[14] Portanto, somos até naturalmente arrastados a lhe conceder a forma de uma língua, uma vez que a língua desempenha a seu respeito o papel de instrumento de *recodificação*, do mesmo modo como o Morse codifica o francês ou o sistema binário codifica o decimal. Mas contrariamente ao uso ordinário, conforme o qual a estrutura do sistema codificador é mais frágil que a do sistema codificado, e apesar disso lhe é equivalente, é este o sistema codificado que tem a estrutura mais frágil e o sistema codificador que lhe é grande devedor em precisão e complexidade.

Disso resulta que tais sistemas simbólicos se apresentam, já de início, como fragmentos de um *corpus* linguístico e são estudados como tais. O caso do *Système de la mode (Sistema da moda)* de Roland Barthes (1967) é bastante representativo dessa dificuldade. Partindo da análise semântica da moda real, delimitada pelo vestuário usado, o autor nos diz em seu prefácio que ele teve de se ater à análise da "moda escrita" (presente nos jornais e revistas de moda), e tudo se passa antão como se o esteticista – ou o sociólogo das Belas Artes – resignasse-se a *substituir o estudo dos catálogos de exposição por aquele das obras expostas...* Foi então sobre um discurso que ele voltou seu trabalho. Ainda que consciente dessa dificuldade, Barthes afirma que não se preocupa "nem

---

[14] Empregamos aqui "linguagem" no sentido de realidade concreta do uso e da representação da língua numa prática social determinada.

com o vestuário, nem com a linguagem, mas com a *tradução* de uma na outra",[15] e que o problema poderia ser assim apresentado: "o que acontece quando um objeto, real ou imaginário, é convertido em linguagem?"[16] Excelente fórmula, mas contanto que se mantenha a tríplice distinção do traje-coisa, do traje-signo e do traje-discurso. O autor renuncia a descrição da estruturação do traje-signo, mas sua análise semântica do traje-discurso não deixa nem mesmo pairar uma ambiguidade que pudesse levar a crer que o sistema da moda seja já estruturado como uma linguagem, ainda que ele não se constitua de fato senão uma espécie muito gasta deste gênero que devemos tomar o cuidado de não identificar como seu reflexo linguístico. Não é de duvidar que essa transfiguração do sistema simbólico simples em linguagens tenha uma importância positiva para quem quer descrever e explicar os fatos humanos; mas uma determinação correta do objeto científico exige que a distinção seja feita e que reduzamos o "estruturalismo" metodológico a alguns engenhos e provocante arrebatamento do tipo: "tudo o que for humano está estruturado na forma de uma língua". Truísmo, se quisermos indicar com isso que a formulação linguística implica em todo o significado algo de sua estrutura; erro, se quisermos afirmar que todos os sistemas de símbolos dos quais são feitos o mundo humano não são mais que pequenas e obscuras linguagens, que uma espécie de panlinguística deveria tomá-los por objetos de estudo.

3.3. A definição acima proposta e comentada de um sistema simbólico destina-se a fornecer um conceito *mínimo*, cuja admissão deveria ter por efeito primeiro advertir o usuário contra a postulação muitas vezes ilegítima de propriedades bastante fortes. Propomo-nos agora de resgatar os traços bem particulares de um sistema simbólico que qualificaremos de **sistema** (simbólico) formal. Citemos três exemplos deles bem diversos, para deixar as ideias mais claras, e que sirvam para mostrar a extensão do conceito que buscaremos definir: a álgebra elementar clássica, o conjunto de fenômenos de uma língua e o código Morse.

---

[15] Cf. BARTHES, R. *Système de la mode*. Paris: Seuil, 1967, p. 8.

[16] *Idem*, p. 21.

9. Língua e sistemas formais

Escolheremos três características para determinar a classe de sistemas simbólicos formais.

a) Um sistema formal composto de regras – explícitas ou não – permitindo dissociar na matéria do signo os aspectos pertinentes, isto é, necessários para significar. Daqui decorre a definição:

D6 É **pertinente** na **matéria do signo** todo o aspecto do vivenciado necessário para a identificação desse signo e para sua distinção dos outros **signos** do **sistema simbólico**.

D7 O significante de um signo é o conjunto de todos os aspectos pertinentes de sua matéria, *necessária* e *suficiente*, para identificá-lo e distingui-lo dos outros **signos** do **sistema simbólico**.

Vemos assim que num sistema de espaço a ser definido, uma redução da **matéria do signo** é postulada, que transfere a função significante para elementos mais ou menos abstratos. Pelo abuso da linguagem, podemos nesse caso nomear "signo" o próprio significante (o **vivenciado** reduzido, misturado com sua **referência**).

Nossa definição faz aparecer, de início, uma característica "saussuriana" do **signo** no sistema formal que não exigirá nada, como vimos, do sistema simbólico em geral. O interesse que com justiça manifestamos pela linguagem tende a fazer crer que todos os signos devem possuir esse caráter, uma vez que num bom número de casos é excessivo postulá-lo. Essa distinção do **pertinente** na matéria do **signo** vincula-se, por outro lado, à oposição entre a *ocorrência* de um **signo** e esse **signo** mesmo. Nos **sistemas formais**, todas as ocorrências de um mesmo signo são identificáveis com esse signo reduzido a seu **significante**, que é uma abstração do **vivenciado** presente em cada ocorrência. O mesmo não ocorre necessariamente nos sistemas não formais, em que os caracteres não **pertinentes** da **matéria do signo** e mesmo as singularidades da execução que dependem de sua realização *hic et nunc*[17] podem não ser neutralizados. Tentamos,

---

[17] N.T. Em latim, no original (aqui e agora).

em outro lugar, descrever e analisar a partir dali os efeitos do estilo, e é isto que deixa escapar a redução de todo sistema simbólico a um simples sistema formal.[18]

b) A segunda característica de um **sistema formal**: o conjunto de seus **significantes** pode ser transferido por decomposição a um léxico finito de **significantes** elementares. Essa é uma exigência evidentemente distinta da que nos propomos para os **sistemas simbólicos** gerais, e mais forte. Ela poderia parecer muito forte se interpretássemos sem as devidas precauções a fecundidade dos sistemas matemáticos. Na realidade, essa produtividade indefinida de um sistema como a álgebra elementar não contradiz em nada à finitude do léxico. De uma parte, os signos novos que são introduzidos ao longo do desenvolvimento do sistema não são nunca senão abreviações de arquiteturas complexas, cujos elementos constituintes últimos são os do léxico primitivo; por outro lado, o indefinido desenvolvimento da série dos inteiros não é senão o equivalente na imaginação do poder das regras de construção simples, tanto é verdade que a atividade simbólica não opera senão no finito.

c) Existem regras cuja natureza constitui o terceiro caráter distintivo dos **sistemas formais**. Elas devem poder relacionar-se a simples condições de *concatenação* dos elementos do léxico, condições cujo respeito determina as "expressões bem formadas" do sistema. Vemos que, no caso de um sistema fonológico, essas regras descartam certos sintagmas "impossíveis" na língua ou obrigam a seguir de certa maneira as sequências determinadas ou, ainda, alteram regularmente tal sintagma sempre que outro estiver vizinho. No caso do código Morse, as regras de concatenação são impostas por assim dizer do exterior pela função de transliteração que ele preenche: tal sequência de pontos e traços é excluída, uma vez que ela não corresponde a sequência alguma de letras possíveis segundo a ortografia da língua transcrita. Essa "sintaxe" induzida não tem necessidade de ser explicitada, uma vez

---

[18] Cf. GRANGER, G.-G. *Essai d'une philosophie du style*. Paris: Odile Jacob, 1968.

9. Língua e sistemas formais

que as regras de engendramento das sequências ortográficas da língua transcrita são, evidentemente, conhecidas; tal "sintaxe" nem é mesmo, em seus efeitos e para uma dada língua, da mesma natureza de uma regulamentação autônoma de concatenação.

Qualquer que seja o caso, esses limites podem ser descritos e apresentados de diferentes maneiras. Falamos então de "reescritura" de um "algoritmo" ou de uma "máquina".[19] Podemos então ser levados a introduzir na descrição símbolos auxiliares que desaparecem das produções finais e representam no formalismo o equivalente a situações sintáticas intuitivas, nas quais têm igualmente lugar a noção de "estado" de uma máquina.

3.4. Num **sistema simbólico formal**, **sentido** e **referência** merecem algum comentário. Em primeiro lugar, é possível então definir com rigor o *não sentido* como pseudossigno, expressão mal formulada, não conforme as regras de concatenação. O não sentido não pode senão testemunhar uma falsa manobra de simbolização, e permanece radicalmente exterior ao sistema. Não é o que acontece necessariamente no caso de **sistemas simbólicos gerais**; a natureza menos estrita e mais heterogênea das regras de construção dos *signos* autoriza, logo de início, certa leveza na fronteira entre expressões bem e mal formuladas; em outros termos, a ausência de determinação *a priori* de aspectos

---

[19] A palavra "sistema formal" é empregada por Porte (1965) num sentido diferente. Trata-se então de monoides livres construídos sobre um léxico eventualmente infinito, munido de partes distinguíveis (fórmulas e teses) e de certas regras de dedução. O que o autor busca definir são as "estruturas matemáticas, nem mais nem menos, fundamentais que a classe das estruturas algébricas, por exemplo" (Cf. PORTE, J. *Recherches sur la théorie générale des systèmes formels*. Paris: Gauthier-Villars, 1965, p. 2.). E segundo as necessidades do lógico (de Porte), ele especifica essas estruturas em sistemas "logísticos", "deducional" e "téticos". Observaremos que tais sistemas postulam diretamente uma infinidade denominável de signos, quando colocamos o caráter finito do léxico de um "sistema formal". Mas todos os objetos matemáticos que introduzem o infinito são construídos e expressos em **sistemas simbólicos formais**, nos quais não manipulamos senão léxicos finitos. Nesse sentido nossa definição, que visa estabelecer uma utilidade simbólica mínima e não espécies determinadas de estruturas matemáticas, não é senão na aparência menos geral que o de Porte. (Cf. 3.3 2°, acima).

pertinentes do **signo** torna possível deslizamentos e transferências de **sentido**. Erraríamos em querer transportar em tal sistema as categorias da "gramaticalidade" que não têm valor estrito a não ser no caso de **sistemas formais**. Veremos o que isso seja logo adiante nas línguas, cuja situação é, a esse respeito, de algum modo intermediária.

Em segundo lugar, o estatuto da **referência** está nos **sistemas formais** bastante particulares. É claro, a propósito, que para os **sistemas simbólicos** gerais, a **referência** ao **vivenciado** é funcionalmente essencial: de um modo ou de outro, o simbolismo é feito para comunicar, e a prática corrente da comunicação conduz seguramente a uma designação das **vivências individuais**. O papel dos **signos da referência** efetiva é então capital. Ou a natureza dos **sistemas formais** é tal que essa preponderância funcional da **referência** aqui se atenua ou desaparece. A estruturação explícita do sistema e a fixação rigorosa das referências (graças à distinção dos aspectos pertinentes e à enumeração exaustiva do léxico) tornam possível uma concentração do trabalho simbólico na manipulação dos **signos** de **signos** e de **signos** de **relações**. O conteúdo das referências vivenciadas pode então ser colocado entre parênteses e as referências consideradas virtuais. O sentido, no interior de tal sistema, não é mais essencialmente constituído senão por devoluções entre signos, uma vez que as próprias relações são então introduzidas como complexos de signos (e não como extratos da vivência). Retomaremos mais adiante o exame dessa radical transformação da função simbólica a propósito dos sistemas lógico-matemáticos. No momento nos é suficiente ter sublinhado, para melhor poder discernir, as características desses sistemas simbólicos por excelência que são as línguas naturais.

4. O que é uma língua?

4.1. Sistemas simbólicos "por excelência", as línguas o são em razão de sua complexidade estrutural e funcional, e não pelo caráter fundamental e elementar dos traços do simbolismo que elas ilustram.

9. *Língua e sistemas formais*   137

Por isso é inexato seja reduzi-las pura e simplesmente a sistemas formais, seja tomá-las por protótipos de **sistemas simbólicos** em geral. Uma análise que se embasa, claro, em resultados obtidos por linguistas nos conduz às seguintes proposições.

a) Uma língua é um **sistema simbólico** de *articulação múltipla.* É importante compreender aqui *articulação* em seu sentido etimológico de recorte em segmentos, em que cada um se constitui num signo. O fato fundamental nos parece então ser a presença, em todas as línguas, de uma *articulação-suporte que é um* **sistema formal**. Que os signos sirvam como unidades nessa articulação e sejam realizações mínimais isoláveis não é nosso assunto aqui: não temos em mente a execução de simbolismo, mas seu esquema. A partir disso, basta dizer que existam **signos**, isto é, vivências.[20] Seu único caráter decisivo é o de constituir um sistema formal, no sentido que acabamos de elaborar, caráter que os distingue de um modo absoluto dos outros sistemas de **signos**, que é possível extrair da língua. Notemos que essa definição não exige nada que remeta a um critério de significação: se acontecer que os signos de articulação não tenham significação na linguagem, isto é uma consequência funcional, e não um traço estrutural da definição de **sistema formal**. Esses **signos** não têm, com efeito, necessidade para cumprir sua função, senão de remeter a **relações** com outros signos, que são então relações de diferença. Sua organização em séries e em correlações não é senão um dos meios possíveis de constituição de um sistema formal. E pode não ser o único. Ao linguista, em todos os casos, cabe discernir em cada língua o modo de organização do suporte que depende, sem dúvida alguma, de condições fisiológicas ou físicas oferecidas pela **matéria do signo**: vocal, visual, motora e assim por diante. Entretanto, o problema se coloca sempre nestes termos: sendo dada uma língua – reconhecida intuitivamente como tal e com o benefício

---

[20] De sorte que os "traços" fonológicos, não sendo mais que signos (uma vez que não são vivências naturais), não constituiriam uma articulação mais profunda, aquém do fenômeno. A teoria do fenômeno como conjunto de traços é, por outro lado, uma hipótese entre outras que não iremos discutir aqui.

138 FILOSOFIA, LINGUAGEM, CIÊNCIA

do inventário, como prática humana bem determinada – encontrar um recorte de signos que constitui um **sistema formal**. Adiantemos que toda e qualquer outra formulação é derivada ou acidental; por outro lado, a determinação da noção de **sistema formal** fornece se não uma técnica, pelo menos critérios suficientes para a execução do projeto.

b) Além dessa *articulação-suporte*, uma língua comporta outras articulações, isto é, outros recortes de signos. Parece-nos que reduzir a um único recorte de "monemas", como o faz M. Martinet, é um poço arbitrário. Claro que o que chamamos de monema é evidentemente um **signo** e este recorte em monemas é *funcionalmente* essencial, na medida em que, com esses **signos**, introduzimos referências que estão ausentes na articulação-suporte. Disso advém certo mal-estar, mas que já mostramos seu caráter ilusório: não é enquanto eles veiculam significações que os monemas se opõem às unidades fonemáticas de suporte; é enquanto eles não constituem, como o fazem as últimas, um **sistema formal**. Mas com isso não é menos verdade que a língua admita em geral outros recortes de **signos**, todos eles densos como os monemas e constituam, no sentido de § 3.1, **sistemas simbólicos**. É assim que acontece com certos agrupamentos de monemas, e de enunciados proposicionais, mas não se trata então de **sistemas formais** supostos no suporte, uma vez que nem o léxico, nem as regras de concatenação que os governam possuem caracteres adequados.[21] Mas não há dúvidas de que existam nas línguas unidades simbólicas mais volumosas que os monemas, e que têm também caracteres de signos, sendo eles mesmos organizados em *sistemas simbólicos* que não poderíamos reduzir à "primeira articulação" de M. Martinet.

---

[21] Objetaremos, sem dúvida, que o lógico faça aparecer uma organização de enunciados proposicionais num sistema formal, o cálculo das proposições. Mas esse cálculo das proposições não é a expressão de uma organização da língua, seus signos elementares não são recortados por esta segmentação: eles são nomes em classes de segmentos da língua – as proposições e seu sistema (formal) são um metassistema em relação à própria língua. Ele é imposto de cima à língua, de seu exterior: que as línguas possam ser assim investidas, por assim dizer, do alto, por *sistemas formais*, é evidentemente o que permite sua utilização como veículos científicos. Totalmente ao contrário dos sistemas lógicos, o sistema substrato é um *sistema formal* imanente à língua; diríamos em linguagem kantiana, que ele é constitutivo, e não regulador da linguagem.

9. Língua e sistemas formais

Nessas condições, uma língua aparece evidentemente como irredutível a um **sistema formal**. Com isso se quer dizer que todas as tentativas de construir modelos algorítmicos seriam vãs? De modo algum. Quem quereria condenar a Física newtoniana sob o pretexto de que o modelo que ela propôs é reconhecidamente incompatível com o conjunto dos fenômenos eletrodinâmicos? Os linguistas matemáticos buscam nos dar, por meio de **sistemas simbólicos** que funcionam para além do sistema de suporte, um modelo de abordagem do tipo dos **sistemas formais**. É o caminho de toda a ciência, e a adequação maior ou menor do modelo ao fenômeno não depende senão da engenhosidade ou do gênio de seu construtor. A única dificuldade específica advém aqui do fato de que o próprio fenômeno *já* é um **sistema simbólico**, e que a tentação é grande de identificá-lo então à imagem que pode dar aqui um **sistema formal**. Simplesmente devemos dizer então que tal sistema algorítmico gerador não é identificável com o fenômeno linguístico, que não é identificável com o arco-íris o modelo cartesiano da dupla refração.

A consequência metodológica dessa advertência seria a de que é necessário sempre recorrer à superposição e ao entrelaçamento dos **sistemas formais**. A combinação de diversas gramáticas, operando em diferentes níveis, realça a relatividade do modelo, e tende a flexibilizar a rigidez de cada uma delas. Um sistema formal privilegia necessariamente zonas de pertinência; ou a relatividade simbólica da língua não conhece, senão em seu suporte, esta determinação unívoca da **matéria do signo**: ela é, deste ponto de vista, sobredeterminada, e o pensamento formal não pode abordar essa sobredeterminação do fenômeno senão sobrepondo uma multiplicidade de sistemas.

4.2. Convém, entretanto, precisar de início as condições dessa concorrência de sistemas, refletindo sobre a oposição tradicional entre semântica e sintaxe. É **sintaxe**, dizemos nós, o que diz respeito à **referência** nas **relações** entre **signos**; **semântica** o que diz respeito à **referência** em relação aos **indivíduos**. Existe sintaxe em todas as ordens de articulação, evidentemente, mas o problema que interessa não se apresenta senão para a ordem dos **signos** para além do sistema-suporte. A sintaxe apresenta-se então como um conjunto de regras que governa os elementos de um sistema não formal – isto é, não advindo de um léxico finito e não necessariamente agrupado com critérios estritos de **pertinência**. Mas a gramática substitui essa sintaxe funcional por uma sintaxe abstrata, verdadeiramente um **sistema formal** em que os elementos não são **signos** da língua, mas *classes de equivalência* de signos, ou paradigmas que funcionam no metassistema assim construído como puros símbolos abstratos. Qualquer que seja a interpretação que dermos a essas estruturas latentes, deve-se ter em mente que elas não fazem outra coisa que descrever, por meio de um modelo, um dos aspectos da organização linguística. Elas não são de modo algum imanentes à língua, do mesmo modo que o **sistema formal** que lhe serve de suporte. E pode ser epistemologicamente perigoso – e mesmo inútil – transpor para o plano psicológico sob o nome de "competência". A língua como *obra elaborada*[22] humana é uma coisa; as condições psicossociais de sua produção são outra obra elaborada. É verdade que o modelo de "funcionamento" parcial de um **sistema simbólico** pode sugerir ao psicólogo modelos do funcionamento do psiquismo, mas essa adaptação requer observação e experiências no domínio da prática da linguagem.

Será útil assinalar aqui que o reconhecimento de **sistemas formais sintáxicos** não contradiz em nada o critério que apresentamos no § 4 para a determinação do sistema-suporte da língua. Este continua sendo o único **sistema formal** que governa diretamente os **signos *da língua***, uma vez que os sistemas sintáxicos, com efeito, não governam os signos de uma língua, mas os *signos* de uma metalíngua. Diremos então que o ou os sistemas formais sintáxicos fazem parte da língua tal como o linguista a objetiva, mas não no mesmo nível e nem a mesmo título que os **signos** efetivos que a constituem.

Quanto às propriedades **semânticas** dos ditos **signos** – deixando de lado os da articulação-suporte, para os quais, como dissemos, eles são nulos – elas as organizam também em sistemas que abordamos

---

[22] N.T. Traduzimos aqui *Œuvre* por *obra elaborada clássica* para distinguir de uma simples publicação.

com os **sistemas formais**. Apesar das dificuldades incomparavelmente maiores, o problema aqui é o mesmo em sua natureza profunda: como associar os signos da língua aos paradigmas (semânticos) entre os quais agem as **relações formais**. Mas quando foi aparentemente possível expor sobre um único nível, um sistema de paradigmas sintáxicos, não pareceu que a organização **semântica** de uma língua supõe necessariamente uma estrutura folheada:[23] um sistema **semântico** não poderia funcionar como uma aproximação formal adequada se ele comportasse diversos estágios, diversos pavimentos superpostos que não coincidissem, por assim dizer, num mesmo campo.[24] Estabelecer diferentes sistemas simples, formular regras de recortes que determinasse sua superposição, tal seria a tarefa de uma semântica estrutural.

4.3. Uma língua não é, portanto, assimilável a um **sistema formal** pelo fato de que diferentes **sistemas formais** podem descrever-lhe suas facetas e que um **sistema formal** imanente já lhe serve de suporte informativo. Mas é necessário assinalar ainda outra fonte de complexidade da realidade linguística.

O **signo** da língua comporta sempre um excesso de **matéria** não utilizada na codificação linguística. Para a articulação-suporte, esse excesso é definido quase que sem ambiguidade, na medida em que o pertinente fica claramente distinto no interior de um **sistema formal**; para as articulações superiores, a parte **pertinente** do **signo**, podendo ficar mais flexível, porta-se como um excedente que está fora do código. Em todos os casos, o **vivenciado** do **signo** linguístico apresenta uma considerável riqueza em que uma parte somente está imobilizada por sua associação com as referências. O resto é livre ou quase livre. Ora, utilizador da língua sobrepõe a esses elementos livres uma organização mais ou menos estrita e mais ou menos densa em que ele propõe ao receptor que descubra a chave de leitura. Foi o

---

[23] N.T. Aqui temos dois termos "feuilletée" e "pavage": o primeiro dá a ideia de "folha" no sentido de "duas páginas", já o segundo tanto pode trazer a ideia de "pavimento, andar" como de "calçada elaborada com enfeites e encaixes".

[24] Cf. Granger, G.-G. *Op. cit.*, 1968, capítulo 6.

que estudamos e definimos em outro estudo sob o nome de efeito de estilo.[25] Examinar como esse *jogo* é efetivado é o trabalho do psicolinguista; mas a importância, a amplitude e a precisão que podemos esperar dessas sobrecodificações móveis e extemporâneas são um traço profundo da estrutura de uma língua; ou de um modo mais exato, é associação deste importante registro de sobrecodificações e da múltipla articulação que faz das línguas instrumentos de comunicação bem explicitados e ao mesmo tempo aptos a uma criação perfeitamente individual de objetos de arte.

5. Lógica, matemática e linguagem

5.1. Se admitirmos nossas proposições em relação ao conceito de língua, veremos qual relação pode ser destilada entre língua e **sistemas formais**. A linguística matemática construiu sistemas que são "tangentes à língua" em diversos pontos – no sentido em que o geômetra e o analista falam de espaço euclidiano "tangente" ou de função linear "tangente" num espaço e numa função globalmente mais complexos. O papel e o alcance das "gramáticas formais" estão, nesta perspectiva, evidentemente claros. Sendo instrumentos até indispensáveis para uma pesquisa das estruturas linguísticas, elas não serviriam, quando tomadas separadamente, para determinar por si mesmas o objeto-língua. Resumimos aqui nosso ponto de vista segundo o qual os sistemas formais intervêm de duas maneiras distintas na objetivação científica do fenômeno língua. Primeiramente, como estrutura imanente à própria língua e que se constitui em sua articulação-suporte e, depois, como *utensílio de simulação* por meio do qual o linguista aborda os diferentes níveis da organização do fenômeno.

5.2. Outra questão está implicitamente posta, que seria como a recíproca da que precedeu. Se for verdade que a língua é irredutível

---

[25] *Idem.*

9. *Língua e sistemas formais*
143

a um sistema formal, a lógica e as matemáticas, que são tais sistemas, podem ser elas mesmas consideradas como tipos de língua? Só uma resposta negativa perece ser coerente com as observações precedentes. Examinemos, ainda que brevemente, esse ponto de vista das características de um sistema lógico-matemático.

a) Chamamos a atenção, de início, de que tais sistemas não comportam propriamente falando uma *articulação múltipla*. Não podemos, em efeito, dissociar aqui uma articulação-suporte que se oponha por suas características a outras articulações superpostas. Todo símbolo faz parte aqui de uma articulação única, em que as **referências** constituem *diretamente* o conteúdo da mensagem. Se existisse, por outro lado, uma articulação-suporte autônoma – *o que não é, em geral, incompatível com a natureza do conceito anteriormente apresentado de* **sistema formal** –, ela não poderia distinguir-se das outras articulações por seu caráter formal, de tal modo que a estratificação perderia aqui, de todos os modos, a importância toda particular que ela revestia na língua. Mas em matemática e em lógica, essa estratificação não existe, e a organização distinta de tal suporte está ausente. Claro que, em toda a expressão bem formada, podem, seguramente, efetuar-se diversos recortes de unidades superpostas. Veja-se, por exemplo, esta fórmula simples:

$$x + y = 3 - z$$

Podemos recortar, usando as próprias regras da linguista, as unidades de dois tipos: [x + y], [3 - z] de uma parte, e [x], [y], [+] etc. de outra parte. Dizemos então que as unidades minimais de segundo tipo pertencem – como os fonemas de uma língua – a uma articulação-suporte? De modo algum, uma vez que isto seria esquecer que tais símbolos [-], [3], [+] ou [x] não efetuam jamais suas referências para o interior de um subsistema autônomo, mas antes para o interior do próprio sistema, para as unidades mais volumosas ou amplas que são [x + y] e [3 - z]. Existem aqui, claro, organizações hierarquizadas que dão conta de distinções intuitivas entre "termos" e "enunciados", "teses" e "saída dedutiva"; mas sua oposição é da mesma natureza que a que separa, na língua, "palavras" e "frases", "períodos" e "discursos"; ela não é de modo algum do mesmo gênero daquela que distingue – radicalmente – um fenômeno de um monema ou de uma "palavra" e fundamenta, na língua, a existência própria da articulação-suporte.

Não deveríamos objetar a essa análise a presença nas matemáticas de signos incompletos como "f" que não significa senão que vem seguido de uma expressão de estrutura bem determinada. Uma vez que de esses signos incompletos não se constituem de modo algum subsistemas. Sua analogia com fenômenos é incongruente, uma vez que estes não são de modo algum "incompletos", e seu sentido está estritamente determinado no interior do **sistema formal** portador. Quanto aos signos incompletos das matemáticas, sua incompletude é o efeito de uma duplicação ou união sintáxica estreita e não difere quantitativamente da de certos monemas. "Vêm" sem pronome ou contexto é um signo incompleto da mesma forma que "f". Mas o caráter formal do sistema matemático autoriza a aparição de **signos** verdadeira e puramente sincategoremáticos, que não deveríamos confundir com elementos de uma organização-suporte, não-significantes no próprio sistema.

Em segundo lugar, as **referências** ao **vivenciado** que, em todos os **sistemas formais** não desempenham mais que um papel vicário, se encontram aqui radicalmente destacadas do funcionamento do sistema. Todos os **signos** lógico-matemáticos funcionam como símbolos abstratos. Alguns entre eles podem ter uma **referência**, mas é sempre como virtual que ela é representada. Nem o "ponto" e nem a "proposição" – que sabemos serem **referências** intuitivas – desempenham seu papel na geometria ou na lógica enquanto representantes de **referências** efetivas; elas são, na realidade, símbolos **referindo** às regras de combinação que explicitam as axiomáticas. Uma consequência importante dessa situação é o desenvolvimento de uma noção bastante específica de "semântica formal" que podemos intuitivamente designar como "semântica de um objeto qualquer". As **referências** não inter-

9. Língua e sistemas formais

vêm aqui senão como lugares vazios para uma **vivência** possível, as propriedades semânticas tornam-se **relações formais** e um conjunto de **devoluções individuais** não é mais que um modelo abstrato (no sentido dado pelos lógicos), e não um universo de experiências. Mas é essencial reconhecer que tal redução do **vivenciado** a seus traços constitui um passo fundamental de toda a ciência. A colocação em forma axiomática ilumina então esta tentativa por alocar a determinação do objeto nas regras de uma sintaxe, e Husserl tem razão em dizer que "toda forma de determinação coerente, entendam – toda a regra de construção de propriedades de um sistema formal – é ao mesmo tempo uma lei do objeto em geral".[26]

Nos **sistemas formais** da lógica e da matemática, certas regras da **sintaxe** definem um subconjunto distinto de expressões bem formadas que são as teses. Estas expressam as propriedades dos objetos abstratos que a semântica formal coordena nos ou aos **signos**. Husserl acreditou, é verdade, que tal determinação sintáxica das propriedades dos objetos esgotava estritamente o conjunto das propriedades de um modelo. Os teoremas da incompletude e da indecisibilidade nos mostraram que não era nada disso e que existiam aqui, no geral, muito mais coisas numa semântica formal que o poderiam estabelecer todas as teses da sintaxe dedutiva. Essa descoberta é técnica e filosoficamente espantosa e plena de consequências, uma vez que comanda toda a epistemologia dos **sistemas formais** como imagens do universo dos objetos. Entretanto, não é aqui o lugar para desenvolver essa análise nessa direção, e seja-nos suficiente indicá-la.

c) Antes, sublinharemos ainda um último caráter distintivo dos sistemas lógico-matemáticos que é a ausência do *embreante*.[27] Essa categoria de **signos** é, como sabemos, definida de modos diversos, segundo o ponto de vista dos autores. Para Jespersen (e o mesmo em

---

[26] Cf. HUSSERL, E. Erste Philosophie, *op. cit.*

[27] N.T. Em linguística, "embreante" seria um monema cujo sentido varia de acordo com a situação; não se usa diretamente estes termos em português, neste sentido, mas a ideia do "mecanismo de conexão" deixa claro o sentido.

Russel), são "palavras cujo sentido varia com a situação (do locutor)". Para A. W. Burks, os *símbolos-índice*, no sentido de Peirce, cujo sentido depende às vezes de uma regra de associação convencional (**símbolo**) e de uma ligação "dinâmica" que os associa "por sua vez ao objeto individual de um lado, ao sentido e à memória da pessoa para quem eles servem de signos, de outro lado. Benveniste e Jakobson exprimem no fundo a mesma ideia ao caracterizar os embreantes como **signos**, cujo sentido **referem** ou remetem ao sentido da própria mensagem; isto Jakobson formula elipticamente dizendo que o código remete à mensagem.[28] Os pronomes pessoais demarcados pela oposição *eu/tu*, o demonstrativo *este* e os *signos* temporais (bem como as formas verbais) constituem sem dúvida os três grandes espaços-embreantes das línguas naturais. Podemos, claro, construir **sistemas formais** que encerrem os embreantes.[29] Mas *sistema lógico-matemático algum faz uso de tais signos.* É que a "vacuidade" semântica anteriormente delineada é incompatível com o uso de embreantes. Um embreante não funcionaria como símbolo abstrato pura e simplesmente, porque isto à que ele se refere – *esta mensagem* – é necessariamente uma **vivência individual**. No mesmo momento em que se admitir qualquer embreante entre os **signos**, toda a economia de uma semântica de um objeto qualquer será alterada; aparecem mais "modelos" possíveis no sentido do lógico; a relação a um universo de objetos implicado pelo sistema não é mais a mesma e se aproxima daquilo que caracteriza as línguas naturais, nas quais nada, tenhamos em mente, parece poder passar-se por embreante. Desse traço fundamental dos sistemas lógico-

---

[28] Cf. Jespersen, O. *Language*. London: George Allen & Unwin, 1922, p. 122; R. Jakobson, *Essais de linguistique générale*. Paris: Minuit, 1963, p. 179; Benveniste, E. *Problèmes de linguistique générale*. Paris: Gallimard, 1966, p. 251; Peirce, Ch. S., *op. cit.*, 1963, p. 2.305.

[29] Contrariamente ao que diz Jakobson, lemos, com efeito no *Human Knowledge* (Conhecimento humano) de 1948, que os *egocentric particulars* são "palavras cuja significação varia com o locutor e sua posição no tempo e espaço". Veja-se, neste particular, também J. Vuillemin. Cf. Jakobson, R. *op. cit.*, 1963, capítulo 91; Vuillemin, J. Les indicateurs de subjectivité dans la dernière philosophie de Russel. *L'Âge de la Science*, 1968, n. 1-2.

9. Língua e sistemas formais

-matemáticos resulta uma consequência metodológica importante que confirma e completa as conclusões do § 4: é que a simulação de um aspecto de uma língua no âmbito de tais sistemas não pode ser bastante grosseira, e outros **sistemas formais** mais gerais devem ser utilizados para que introduzam embreagens.

Buscamos assim propor os traços de um conceito de língua que sinalizam com clareza suas relações com o do **sistema formal** em geral e com o do sistema lógico-matemático em particular, para assim aclarar sua natureza complexa. Entre todos os sistemas simbólicos conhecidos, as línguas são aparentemente as mais ricas e adaptadas como tais à expressão direta do *vivenciado* e da prática cotidiana; adaptadas também ao uso estético, e como criador de *objetos* simbólicos. Mas se a ciência é essencialmente, como acreditamos, construção de modelos abstratos de fenômenos, as línguas verdadeiras não são adaptadas a veicular senão *grosso modo* os conteúdos – e ao preço de inúmeras sobredeterminações e equívocos e de uma intolerável sobrecarga inútil das mensagens. Somente são adaptadas à criação e à transmissão de estruturas-modelo certos sistemas formais, entre os quais, e em primeiro lugar, os sistemas lógico-matemáticos. Mas estes não são os únicos, e não é proibido sonhar com uma extensão do pensamento formal desdobrando-se da lógica-matemática tal como definimos aqui e rompendo, por exemplo, o interdito que foi lançado sobre os embreantes. Em todos os casos, quando a ciência toma por objeto a própria língua que já é um sistema simbólico complexo, ela não pode esperar abordar a estrutura senão por meio da multiplicação dos pontos de vista, uma vez que o instrumento que ela usa, sendo um sistema simbólico, tem a mesma natureza que ela (a língua) e consideravelmente menos poderoso que o que ela usa para simular.

10

Para que servem os nomes próprios?[1]

O título deste artigo pode parecer, e até com razão, para os linguistas, claramente ambicioso.[2] E ele o seria se realmente se tratasse de descrever o funcionamento dos nomes próprios na língua, explicar-lhe as regras e até mesmo de construir um modelo formal. Mas o propósito do filósofo não pode visar, no máximo, senão esquematizar uma crítica à noção mesma de nome próprio e de seu estatuto como tipo específico de símbolo no interno de uma língua natural e, finalmente, de todo e qualquer gênero de sistema simbólico. Ora, tal tentativa de reflexão não pode na realidade ser evitada pelo próprio linguista por mais que considere irrelevante em seu ofício a tarefa de descobrir e descrever os universais da linguagem, mesmo sendo a longo prazo. A bem da verdade, parece-nos que o nome próprio pode ser um, e até pode ser um dos que tenha menos dificuldade para uma circunscrição empírica, sem ambiguidades, em todas as línguas conhecidas. Esse reconhecimento, se nos parece como razoavelmente simples na prática, não é por nada trivial quando nos propomos caracterizar por uma análise as condições de significação de um signo funcionando como nome próprio.

Antes de entrar em nosso ensaio, e para indicar com clareza sua orientação e limites, introduziremos brevemente, mas mesmo assim com a precisão possível, os conceitos filosóficos que nos servirão de instrumentos.

---

[1] Extrato de *Langages*, n. 66, junho de 1982, p. 21-36.

[2] Este artigo é a ampliação de uma exposição feita em 14 de fevereiro de 1980, no Seminário de Linguística e Semiologia na Universidade da Provence, e retomada em 1º de outubro de 1980, na Faculdade de Artes da Universidade de Sherbrooke (Quebec).

1. Uma ferramenta filosófica

1.1. Consideramos, inicialmente, como essencial, e de modo algum inválido, a distinção fregeana clássica de *Sinn* e *Bedeutung*,[3] sentido e denotação. Ela é introduzida justamente por Frege a propósito do que ele define um pouco sumariamente, a bem da verdade, como "nome próprio": "aquele cuja denotação é um objeto determinado".[4] A origem da distinção está no problema da identidade, que permanece justamente ainda hoje no coração de toda reflexão sobre nomes próprios. Se não pudermos resignar-nos em admitir que a identidade "a = b" se reduz a não ser outra coisa que a relação entre dois nomes, mas que conhecemos que ela nos diz também alguma coisa daquilo em que eles remetem aos signos, é necessário então distinguir duas funções do nome. Ele remete por um lado a um "objeto" que é sua "referência" ou "denotação"; por outro lado, ele efetua essa referência de certa maneira que é seu "sentido", "ou é seu conteúdo – como diz Frege – o modo de denotação do objeto". Nesse quadro, um nome em geral, e não somente um nome próprio, é um signo provido de denotação; mas nessa referência ao objeto não se esgota sua potencialidade simbólica: de definir com precisão a natureza deste excedente que é seu sentido, de reconhecer em que sentido serve, eventualmente, para determinar a denotação, eis algumas das questões que não podem ser deixadas de lado por uma filosofia do simbolismo. Neste caso particular do nome próprio, elas se apresentam sob uma forma exemplar, cuja dificuldade é ainda reforçada, uma vez que aqui é essencialmente pertinente o caráter individual do objeto.

1.2. Faremos uso, em segundo lugar, da teoria peirciana do signo. Pelo menos invocaremos certa interpretação dessa teoria, apresentada aqui a título hipotético, sem pretender que os textos hoje publicados de Peirce não possam ser compreendidos de outro modo. Ainda que não usemos sua teoria em seu todo, esquematizamos sua arquitetura.

---

[3] N.T. Em alemão, no original.

[4] Cf. IMBERT, C. (Ed.). *Gottlob Frege*: écrits logiques et philosophiques. Paris: Seuil, 1971 (com textos de Frege de 1891 a 1918).

10. Para que servem os nomes próprios?

Encontramos nos *Cellected Papers*[5] dois esquemas, à primeira vista muito difíceis de ser compatibilizados, de uma análise do signo, que nos parecem, entretanto, complementares um do outro. O primeiro introduz quatro termos e pode ser assim figurado:

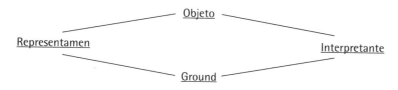

"Um signo ou *representamen* é qualquer coisa que representa algo (*stands for*) para alguém, sob algum aspecto (*respect*) ou capacidade. Ele se dirige a alguém, isto é, cria na mente dessa pessoa um signo equivalente ou até mais desenvolvido. Esse signo que ele cria eu chamo de *intérpretant* do primeiro. O signo representa qualquer coisa, seu objeto. Ele representa esse objeto não sob todos os aspectos, mas relativamente a um tipo de ideia que de algum modo chamei de *ground* do *representamen*."[6] Do mesmo modo as relações do signo com o "fundamento", o "objeto" e o "intérpretant" corresponderiam aos três ramos da semiótica: a "gramática pura" (em quais condições o signo se reporta a um fundamento de modo a poder ter um *sens-meaning*?); a lógica (em que condições um signo pode reportar-se aos objetos em geral, isto é, ser verdadeiro?); a "retórica pura" (em que condições o signo faz surgir *numa inteligência científica* as cadeias de interpretantes?).

O segundo esquema, mais citado que o primeiro, constitui o "triângulo de Peirce":

---

[5] Cf. PEIRCE, Ch. S. *Collected Papers.* Cambridge: Harvard University Press, 1931-1935.

[6] *Idem*, p. 2.229.

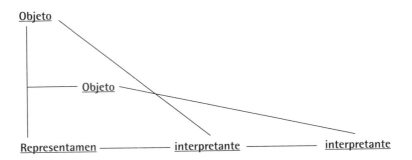

"Um signo ou *representamen* é um Primeiro que se relaciona a um Segundo chamado de seu *objeto*, numa relação triádica, de tal modo que ele tem a capacidade de determinar um Terceiro[7] chamado de seu interpretante, o qual assume a mesma relação triádica em relação a seu objeto que o signo com este mesmo objeto... O Terceiro deve ter efetivamente tal relação triádica em relação ao objeto e ao *representamen* e deve ser assim capaz de determinar ele mesmo um Terceiro que lhe seja próprio. Em outras palavras, ele deve ter uma segunda relação triádica, na qual o *representamen,* ou antes, a relação deste com seu objeto, será o próprio objeto deste Terceiro... E assim em seguida infinitamente..."[8] Tal é a exposição bastante confusa que o esquema acima deveria representar.

Como conciliar essas duas representações? Nossa hipótese é que a primeira é um esquema estático, uma espécie de "anatomia" do signo e que se propõe, sobretudo, mostrar o funcionamento da denotação. O *ground* ali seria então o quadro prévio de referência no interior do qual estão situados os aspectos do objeto ao qual o signo deve remeter. Ele fundamenta assim a escolha dos pontos de vista segundo

---

[7] Primeiro (*First, Firstness*), Segundo (*Second, Secondness*) e Terceiro (*Third, Thirdness*) são categorias "fenomenológicas" que comandam a filosofia de Peirce. Sem entrar em uma interpretação difícil, nós nos contentaremos em dizer que o Primeiro se reporta às qualidades dos fenômenos, o Segundo à atualidade dos fatos e o Terceiro às leis e ao pensamento.

[8] Cf. PEIRCE, Ch. S. *Op. cit.*, 1931-1935, p. 2.274.

10. Para que servem os nomes próprios? 153

os quais é representado esse objeto. A concepção que antecipa sem dúvida uma teoria moderna da informação, mas que Peirce não teria explorado, uma vez que, aparentemente, ele privilegia sua segunda representação ou esquema, que se preocupa, por assim dizer, com uma "fisiologia" do signo e visa o funcionamento do sentido fregeano em vez do da denotação. O signo é aqui o processo de significação, como o demarca bem a proliferação à direita dos interpretantes, mas não o processo psicológico, o encadeamento dos fatos mentais; os interpretantes têm claramente também uma realidade psicológica – e Peirce usa algumas vezes a palavra em relação ao próprio sujeito que recebe o signo – mas o que é descrito por ele é sua função transcendente enquanto condição de produção do sentido.

De suas análises, Peirce tira três classificações tricotômicas, sempre dominadas por suas três categorias fenomenológicas. A primeira, parece-nos, relaciona-se com a matéria pertinente do signo e distingue *"qualisign"*, *"sinsign"* e *"legisign"*, dependendo dessa matéria, portadora do sentido, é uma qualidade, uma existência ou uma lei.[9] A segunda diz respeito à relação do signo com o objeto e distingue-se em *ícone*, *índice* e símbolo,[10] tendo em mente se tal relação é de semelhança, de modificação efetiva ou de associação regradas. A terceira remete ao modo de interpretação do signo que é então um *"rhema"*, um *"dicent"* ou um *"argument"*, segundo o que, "para seu interpretante", ele remete a uma possibilidade, a uma existência ou a uma lei.[11]

Não faremos senão um uso prudente do emaranhado complexo e algumas vezes até obscuro das classificações peirceanas. Veremos, entretan-

---

[9] N.T. Mantivemos os termos em inglês ou na forma dos neologismos peirceanos, uma vez que acabaram por tornar-se, simplesmente, termos técnicos também para a língua portuguesa.

[10] N.T. No original: *icon, índex* e *symbol;* de um modo geral serão mantidos no original quando referidos aos conceitos originais dos autores, e o próprio autor assim julga conveniente.

[11] Nota-se aqui a ambiguidade da palavra por Peirce: ela designa o sujeito receptor do signo ou o signo de segunda ordem que "interpreta" o primeiro? De qualquer modo, não deixam de ser ações contingentes.

154   FILOSOFIA, LINGUAGEM, CIÊNCIA

to, que elas permitem aclarar os caracteres importantes do nome próprio, quando estiver em questão, sobretudo, a comparação com os dícticos.[12]

1.3. De uma terceira categoria de conceitos utilizaremos, por fim, de um instrumento indispensável para nossa análise. Por *pragmática* entendemos aqui tudo o que relaciona o enunciado às circunstâncias da enunciação. Não tanto as circunstâncias empíricas que seriam importantes numa psicolinguística e para uma sociolinguística, mas às formas gerais dessas condições, sem as quais a significação comunicável não poderia acontecer. Condições de qualquer modo transcendentais que delimitam a possibilidade de atos efetivos, e cujo conhecimento não parece indispensável para uma ordenação e para a interpretação do funcionamento das condições empíricas.

Faremos uso aqui, especialmente, do conceito de pragmática que em outro lugar buscamos precisar melhor sob o nome de *"encrage"*[13] ou coloração, como designando o traço, material ou virtual, do autor da enunciação enquanto tal no enunciado, na medida em que esse traço condiciona o sentido.

1.4. O quadro tecnológico de nossa análise poderá parecer bastante eclético. Na realidade, se quiséssemos homenagear os dois grandes epônimos das noções de sentido, de denotação, de *"symbol"*, de *"icon"* e de *"index"*, não nos atreveríamos aplicar estritamente esses conceitos tal como eles aparecem no âmbito dos sistemas de onde eles saíram. Uma vez que sua fecundidade continua, depois mesmo que os destacamos desses sistemas, e é natural, sem dúvida, das grandes realizações do pensamento filosófico, permitir paralelamente a uma exegese atenta e fiel à economia dos sistemas, uma retomada livre e uma reorganização do movimento conceitual em que se envolveram seus autores que imprimiram aqui seu estilo.

---

[12] N.T. Também se pode grafar como "dêitico", tendo-se em mente o aspecto da gênese grega do termo.

[13] N.T. Cf. GRANGER, G.-G. *Langages et Épistémologie*. Paris: Klincksieck, 1979, especialmente o Capítulo 8. Deixamos o termo no original por ter um sentido muito preciso e está de certo modo claro no texto. Trata-se do procedimento de colocar tinta nos tipos no momento da impressão; dar coloração.

10. Para que servem os nomes próprios? 155

Voltemos, portanto, a nossa proposta. Os filósofos analíticos, seguindo os traços dos grandes iniciadores Russel e Quine, ocuparam-se consistentemente dos nomes próprios e depois dos artigos "seminais" de Donnellan e Kripke; seguiu-se um maciço intercâmbio entre eles sobre esse tema.[14] A problemática que brota daqui parece voltar-se ou girar em torno de três questões:

- Quais são as relações entre o nome próprio e a descrição?
- Qual é o ato semiótico originário que institui o nome próprio?
- Que gênero de conhecimento engendra a nominação?

Não situaremos nossa reflexão diretamente em relação com esses eixos, ainda que alguns de seus temas não possam deixar de ser abordados. O centro de interesse em torno do qual queremos fazer gravitar nossas observações é a noção de individuação, que nos parece caracterizar o nome próprio no sentido estrito, noção esta que tem, sem dúvida, alguma chance de chamar a atenção de um modo particular dos linguistas. As análises anglo-saxônicas que acabamos de mencionar deixam, em geral, para um segundo plano, esse caráter da individuação. A diferença entre o nome próprio e nome comum encontra-se ali um tanto esmaecida, de tal modo que Kripke, por exemplo, pôde examinar *a propósito do nome próprio* a designação da palavra "ouro" e da palavra "calor", do mesmo modo que a de "Vênus". Parece-nos, portanto, ser indispensável dissociar os problemas gerais da nominação dos que se preocupam, em seu sentido mais estrito, com o nome próprio, e é isso que queremos tratar aqui. É necessário, então, distinguir duas interrogações, certamente muito estreitamente associadas, mas não redutíveis uma à outra. Uma relaciona-se à desig-

---

[14] Cf. RUSSEL, E. On Denotation. *Mind,* 1905, 14, p. 479-493; QUINE, W. O. *Word and Object.* Cambridge: The MIT Press, 1960; DONNELLAN, K. Reference and description. *The Philosophical Review.* 1966, 75, p. 281-304; KRIPKE, S. Naming and Necessity. In: DAVIDSON, D. – HARMAN, G. (Eds.). *Semantics and Natural Language.* New York: Garland, 1972.

156 FILOSOFIA, LINGUAGEM, CIÊNCIA

nação de um objeto em geral, na medida em que ele é, de certo modo *opaco*, uma vez que não poderíamos postular, mesmo no caso de objetos matemáticos, que todas as qualidades nos seriam conhecidas. A outra interrogação diz respeito à designação de um objeto enquanto que *indivíduo* e é a isto que visa, com efeito, o nome próprio *stricto sensu*. Para pensar nessa perspectiva os problemas do nome próprio, examinaremos, de início, o caso dos sistemas formais; depois, a função de designação em uma língua natural; e, por fim, interrogaremos sobre a noção de sentido do nome próprio.

2. Os nomes em um sistema formal

2.1. Existe, algumas vezes, certamente, a questão de indivíduos na lógica e na matemática, como, por exemplo, "o triângulo ABC", "o número π", aos quais anexamos nomes que parecem ser nomes próprios. Na realidade, "o triângulo ABC" designa um elemento qualquer dentro de um conjunto de elementos perfeitamente substituíveis, levando à conservação de certas propriedades. Esse pseudoindivíduo não é provido de um nome senão "fixar as ideias", sem de modo algum implicar que essa designação enseje levar em consideração propriedades não pertinentes que poderiam pertencer, por outro lado, a esse triângulo que designo, propriedades cuja constelação determina com efeito sua individualidade. Claro que seguindo o nível de discurso demonstrativo no qual se situa minha enunciação, o enunciado do nome envolve um sistema mais ou menos rico de limitações, *tendendo* para uma individuação do triângulo ABC, mas sem que seja jamais visado um objeto realmente singular, isto é, que seja levada em conta uma virtualidade indefinida de propriedades, não pertinentes no nível considerado. É enquanto *triângulo* ou como *triângulo isóceles*, ou ainda como *secção plana de uma pirâmide* etc., que se distingue o triângulo ABC. O pseudoindivíduo neste caso é um tipo, e o nome que lhe damos parece funcionar essencialmente como *index*, e é este sentido que o geômetra associa com o signo

10. Para que servem os nomes próprios?

ABC na presença de uma figuração material do objeto. Uma vez dado o nome, a ligação da figura apresentada com o signo torna-se rígida e imediata e não depende de uma semelhança, nem de um vínculo legal (além da convenção de nomeação mesma). O *index*, segundo a definição de Peirce, deve denotar um indivíduo; o que ele denota aqui imediatamente é, a propósito, tal figura do triângulo considerada, traçada ou imaginada, à qual são materialmente vinculadas as letras ABC; ou, e parece ser claro, que o raciocínio matemático não visa esse indivíduo, mas um conceito.

Convém, por outro lado, questionar-se sobre o segundo exemplo citado mais acima, "o número π". Aqui parece claro que o objeto designado seja autenticamente individual, uma vez que possui ao mesmo tempo unicidade absoluta e opacidade qualitativa. Se designo por "π" em geometria elementar a relação entre a circunferência e o diâmetro, não será senão posterior e mediatamente que me acontecerá de encontrá-lo no *Análise*, que, neste caso, deva também designar, por exemplo, o limite da série de Leibnitz: 4 (1-1/3+1/5-1/7...). Assim, devemos concluir que "π" é claramente um nome próprio *stricto sensu*. Apesar disso, manteremos que um objeto assim denominado não é um indivíduo de verdade. Poderíamos sustentar essa tese adotando o ponto de vista radical de Wittgenstein, segundo o qual o conceito geométrico designado por "π" não é por nada identificável ao conceito homônimo da *Análise*, uma vez que eles pertencem a dois jogos de linguagem distintos, e não poderíamos atribuir a cada uma as propriedades, para ele, desprovidas de sentido, que são, para o outro lado, traços essenciais. Assim, desapareceria um dos caracteres fundamentais do indivíduo. Mas é bem difícil aderir a essa tese que torna inexplicável a possibilidade manifesta – e fecunda – de uma intertradução de dois jogos ou sistemas de linguagem, o fato irrecusável que a definição analítica de "π" permite encontrar as propriedades geométricas do círculo. Parece-nos antes que a recusa de reconhecer como verdadeiro indivíduo tais objetos matemáticos deva ser legitimada, ao contrário, pela possibilidade de ligar todas as suas propriedades a uma mesma essência, ou, caso queiramos, que a não pertinência de certas propriedades do objeto designado de certo ponto de vista não seja outra coisa que uma aparência. Os objetos matemáticos, mesmo únicos em seu gênero, são visados idealmente como objetos "leibnitzianos", em que todas as propriedades são consequências de uma definição bem-feita (precisa). Sabemos que depois de Gödel este ideal comporta limitações teóricas sérias. Mas essas limitações não tornam diretamente o objeto matemático imperfeitamente penetrável para o pensamento demonstrativo, não estabelecendo, portanto, sua individualidade, uma vez que elas não têm sua fonte em nenhum dos próprios objetos, mas antes em seu sistema. Porque, se por acaso, as propriedades da distribuição decimal de "π" ou a dos primeiros números da série dos inteiros naturais se mostram decididamente inacessíveis à demonstração dos geômetras, não seria necessário prestigiar tal opacidade nos indivíduos concebidos à imagem de seres que nos cercam, mas antes nos voltarmos aos sistemas globais que constituem a Aritmética ou a Análise dos números reais.

O que nomeamos abusivamente de "indivíduos" em tais sistemas formais aos quais atribuímos ou chamamos de pseudonomes próprios, na realidade são *pontos fixos* abstratos nas transformações às quais eles serão submetidos por decreto do sistema. "A proposição p", "o ponto p" e mesmo "o nome e", "a constante de Euler" são desse tipo. E seus nomes não se distinguem em seu funcionamento dos de nomes comuns, porque sua individuação não é senão aparente.

2.2. É porque o caráter indexical desses nomes não é em última análise senão superficial. Ou porque não se prende ao objeto conceitual em si, mas a sua representação material, como mostraremos mais adiante, representação que é então ela mesma um *symbol* do conceito, mas em que o pseudonome próprio funciona a propósito como o *index*. Ou, então, pode ser em princípio eliminado com eficiência pelo método russeliano por meio de descrições definidas. Em um sistema formal, e por outro lado, somente aí, encontram-se efetivamente reunidas as condições de tal redução que substitui o nome por um jogo de uma variável vinculada. O objeto é descrito por meio de uma de suas propriedades, em que anexamos o enunciado a uma propriedade

10. Para que servem os nomes próprios? 159

totalmente outra que lhe queiramos atribuir, sem que seja necessário aparentemente designá-lo. Esse objeto não é, portanto, introduzido na linguagem senão através de uma variável, e por isso se postula que qualquer instância satisfaz a propriedade definidora e que todas as instâncias assim distintas são idênticas:

"Há um x tal que possui a propriedade P, e que se um objeto qualquer possui a propriedade P, somente então ele é idêntico a x e x possui a propriedade Q."

O nome "próprio" é eliminado da linguagem no mesmo instante em que a individuação de seu objeto se esvanece: ele não é mais aqui que uma instância da variável, um ponto fixo, como dizíamos mais acima. A dificuldade central à qual o lógico corre o risco de confrontar-se viria da noção de identidade, cuja manipulação pode muito bem ensejar raciocínios circulares ou contraditórios. Mas não é aqui o lugar de se evocar esta *crux logicorum*,[15] que é, segundo as palavras de Wittgenstein, "o diabo em pessoa".[16] Não vamos dar tanta importância ao reconhecimento do sucesso desta eliminação do pseudonome próprio, mas não a perderemos de vista, pois ela depende da possibilidade de reduzir os indivíduos aparentes a instâncias fixadas numa variável. Ela continua, é verdade, tentando explicar tal movimento em relação aos nomes da língua natural, e Russel, que é seu autor, destinou também muita dedicação nesse sentido. Veremos mais adiante como são delicadas as relações da descrição em relação ao verdadeiro nome próprio.

Por enquanto, o sucesso do procedimento da descrição definida nos permite precisar o estatuto desses pseudoindivíduos dos sistemas formais. Simples pontos fixos ou, por assim dizer, desprovidos de densidade, eles podem finalmente ser "descritos" pela indicação de sua "posição" num "espaço de propriedades"; "demarcados" seria aqui mais exato que "descritos", e a forma limite dessa situação é-nos apre-

---

[15] N.T. Em latim, no original (cruz ou impasse para os lógicos).

[16] N.T. Carta escrita a Russel em 29 de outubro de 1913. Cf. WITTGENSTEIN, L. *Carnets* (1914-1916). Paris: Gallimard, 1971, p. 223.

160   FILOSOFIA, LINGUAGEM, CIÊNCIA

sentada pelo caso particular, mas filosoficamente exemplar, dos elementos de um espaço vetorial, para os quais a descrição por meio de uma constelação de propriedades (a composição pela adição de vetores componentes segundo a "direção" dos vetores na base) identifica-se rigorosamente com a demarcação (dado um n-tuple[17] de escalares que define a posição do elemento na referencial). O resultado do conhecimento científico exige, cremos nós, que nos resignemos a essa redução e seu progresso não pode consistir senão no enriquecimento dos diferenciais e na precisão da demarcação. Do mesmo modo, sua linguagem não comporta jamais senão pseudonomes próprios e a passagem ao individual não poder ter lugar senão numa prática sobre a qual se desenvolva a ciência, mas que ela não pode dominar totalmente. É também o que mostraria, *a contrario*, o procedimento caricatural da designação de verdadeiros indivíduos por meio de números matriciais que permitem demarcar bem, denotar os indivíduos, mas até o limite em que traça um quadro abstrato de referência. Um ser humano percebe como uma injúria ser *interpelado* por seu número matricial. O sentido de um nome é então reduzido às dimensões desse quadro abstrato, e sua referência não é outra coisa que um lugar vazio.

3. A função designativa da língua natural

3.1. Tentamos mostrar que não há verdadeiros nomes próprios nos sistemas formais. Esta ausência não acompanha a indigência requerida desses simbolistas em elementos pragmáticos? A tese em direção à qual nos encaminhamos é justamente a caracterização do nome próprio que no sentido estrito não poderia ser senão pragmática.

Do ponto de vista estritamente semântico, com efeito, parece claro que os nomes da língua natural que são considerados nomes próprios não remetam, portanto, senão a indivíduos *genéricos* e não se

---

[17] N.T. Elemento do produto cartesiano de n conjuntos.

10. *Para que servem os nomes próprios?* 161

distingam, portanto, essencialmente dos nomes comuns. Isto é bastante *claro para os nomes da pessoa. O código, tal como ele se expressa nos* dicionários e nas gramáticas, não pode evidentemente defini-los como signos taxonômicos,[18] e não poderia explicar nem mesmo o conteúdo semântico: "João, nome de pessoa do sexo masculino...".[19] Em seu ensaio sobre os embreantes, Jakobson[20] caracteriza o nome próprio dizendo que ele não pode definir-se senão pela referência de código ao código "João", que significa: uma pessoa nomeada João; e ele chama a atenção para a circularidade de tal definição. Jakobson expressa com isso, sem dúvida, o fato essencial, a saber, não se pode definir o conteúdo semântico do nome próprio fora de seu uso numa enunciação. Mas sua maneira de formular, falando de um "código de referência com o código" parece-nos bastante enganosa. Os códigos que buscam descrever dicionários e gramáticas não referem de modo algum a eles mesmos para caracterizar o nome de pessoas, senão dizendo da palavra "baleia" que ela designa um "animal". Claro, a referência neste último caso é descritível no código, uma vez que independente das enunciações; se a referência da palavra "João" é indescritível, não é caso de que ela dependa circularmente do código, mas é porque ela depende da enunciação. Não é isso, no mais, o que revela e dissimula a própria expressão de Jakobson: "uma pessoa *que se nomeia* João". Uma vez que as circunstâncias de enunciação são suficientemente fixadas, a descrição torna-se possível: a função semântica da palavra é aqui governada e atualizada pelos elementos pragmáticos. Do mesmo modo, no caráter mais ou menos genérico das palavras utilizadas como nomes próprios não entra necessariamente

---

[18] N.T. Há uma variante, "taxinômico".

[19] Por outro lado, os dicionários, muitas vezes, nem os mencionam ou tratam somente de seu uso metafórico ou metonímico, que faz deles nomes comuns. É exatamente o caso do nome "João" em Robert e *Littré*. [N.T. Le Robert e Émile Maximilien Paul *Littré* (1801-1881) são dicionários franceses clássicos. No caso de "Jean" em francês designa o "jeans", tecido resistente e em geral azul.]

[20] Cf. JAKOBSON, R. *Essais de linguistique générale*. Paris: Minuit, 1963, p. 177.

162 FILOSOFIA, LINGUAGEM, CIÊNCIA

a sua função designadora de indivíduos. Em muitas línguas naturais, uma hierarquia convencional de designação ou de chamamento está proposta para os indivíduos de um grupo: nome de família, prenome, sobrenome – ou ainda, como entre os Wik Munkan do Cabo de York: o nome "umbilical" dado à criança ao sair da placenta da mãe e escolhido dentre os nomes das linhagens paterna ou materna, e o "grande nome" e um "pequeno nome" derivados do animal totêmico.[21]

3.2. Em todos os casos parece claro que a semântica desses nomes próprios, a constelação de propriedades atribuídas ao objeto ao qual ele remete, não constitui o instrumento de designação essencial. Nos dois capítulos do *La Pensée sauvage (O Pensamento Selvagem)*, nos quais ele trata da etnografia dos nomes próprios, Claude Lévi-Strauss insiste corretamente em seu caráter fundamentalmente classificatório e relacional: "O nome próprio é formado", diz ele, "pela destotalização da espécie e pelo realce de um aspecto parcial".[22] Ele classifica os indivíduos do grupo em um referencial totêmico e parental mais ou menos complexo, função classificatória em que uma forma extremada seria dada, sem dúvida, pelo uso de nomes "ordinais", estereotipados segundo a ordem de nascimento das sete primeiras filhas e dos seis primeiros filhos, por exemplo, entre os Dakota. Chega-se até o ponto em que o nome próprio varia no tempo segundo o nascimento e a morte de membros da parentela. Assim, mesmo quando a precisão do quadro classificatório assegura efetivamente em um grupo a unicidade do nome da pessoa, esse traço não é em absoluto geral, como o vemos, por exemplo, em nossas próprias línguas, e não é por seu aspecto semântico que se pode singularizar o funcionamento de uma palavra como nome próprio.

Parece o contrário, no próprio estudo de Lévi-Strauss, os elementos pragmáticos intervêm claramente em todos os casos em que o nome de pessoa funciona plenamente como designador individual. Isto assim quando o nome é inventado livremente por um determinado pa-

---

[21] Cf. LÉVI-STRAUSS, C. *La Pensée sauvage*. Paris: Plon, 1962, p. 243.

[22] *Idem*, p. 233.

10. Para que servem os nomes próprios?

rente no momento do nascimento e "traduz um estado de espírito" do doador do nome. "Estamos, portanto – diz Lévi-Strauss –, na presença de dois tipos extremos de nome próprio, entre os quais existe toda uma série de intermediários. Em um caso, o nome é uma marca de identificação que confirma, pela aplicação de uma regra, a pertença do indivíduo que se nomeia a uma classe pré-ordenada...; em outro caso, o nome é uma criação livre do indivíduo que nomeia e que exprime, por meio daquele que ele nomeia, um estado transitório de sua própria subjetividade."[23] O etnólogo crê poder concluir que "não se nomeia, que se classifica o outro ou que nos classificamos a nós mesmos". Por outro lado, não é o conteúdo classificatório do ato do doador do nome que nos parece característico, uma vez que isso aparece também no ato de doar um nome comum. O que é singular, aqui, é a forma desse ato mesmo. No segundo tipo de nomeação, por exemplo, não veremos tanto um ato de autoclassificação do doador, mas a manifestação de um ato de linguagem de relação de locutor a interlocutor (potencial). Que o locutor se expresse ocasionalmente, ele mesmo, em sua nomeação não nos parece aqui senão acessório: o essencial é que sua própria presença no ato de nomeação faça deste uma *interpelação*. Sem dúvida poderíamos apresentar formas intermediárias entre o nome comum e o nome próprio verdadeiro;[24] mas a hipótese que antecipamos é que isto não é assim, porque pode funcionar numa interpelação. Nessas condições, é provável que condição semântica ou sintática decisiva alguma deva delimitar a possibilidade, para que um signo qualquer que seja da língua, seja utilizado como nome próprio. Todo signo, a rigor, pode sem dúvida ser tomado para fazer a função de nome próprio, uma vez que ele é um meio de interpelação virtual. Permanecendo, em muitos casos, potencial e fictícia, a interpelação encontra, entretanto, menos obstáculos, uma vez que coloca entre parênteses, em princípio, todas

---

[23] *Idem*, p. 240.

[24] Poderíamos até formular hipóteses empíricas segundo as quais o ato de denominação – nomeação – entre as crianças com menos de dois anos aparece de início sob a forma interpelativa, e que o nome próprio precede o nome comum.

as determinações sintáxicas e semânticas do signo de que é o portador. Não negamos, naturalmente, que o funcionamento de uma palavra como o nome próprio não *permita* de vez em quando nas línguas algumas particularidades sintáxicas, como em francês, por exemplo, a ausência comum do artigo; mas o fato de essas regras não parecerem absolutamente delimitantes justificaria bastante bem que vejamos aqui somente efeitos corolários e nada de traços essenciais.

Diremos, sem dúvida, que muito dificilmente poderia aplicar-se essa tese aos nomes próprios além dos das pessoas. "A Lubéron"[25] "O mar de Iroise" são, portanto, também nomes próprios? Isso está correto na medida em que eles pretendem designar indivíduos. Mas essa designação poderia, certamente, ser completada, em qualquer circunstância, seja por uma descrição, seja por uma melhoria no espaço e no tempo, por meio de um referencial totalmente abstrato e universal, tais como os das coordenadas geográficas. De tal modo que o pretendido nome próprio seria suprido, sem prejuízo algum além do estilístico, por um acréscimo de nomes comuns e que ele funcionaria na linguagem, exatamente como um nome comum. Qual a diferença, a propósito, entre o tratamento sintáxico e semântico de tal nome e o da palavra "cavalo" ou da palavra "planeta"? O único traço distintivo e puramente semântico é a unicidade do referente; mas tal unicidade aparece igualmente aqui como em um caso limite, pela redução acidental à unidade da multiplicidade dos objetos aos quais o nome remete? Poderíamos chegar até a sustentar, negligenciando os efeitos estilísticos de halo que exerce, por assim dizer, o verdadeiro nome próprio, sobretudo o nome de um objeto único, que a unicidade empírica do objeto não intervém de outro modo aqui senão como a identidade específica, conceitual, do objeto do pensamento *cavalo* ou *planeta*. Sem dúvida, a singularidade do objeto empírico não é da mesma natureza nem da mesma dimensão que a unidade do objeto conceitual que admite evidentemente, em princípio, uma proliferação indefinida de encarnações empíricas. Não vemos, entretanto, que essa diferença enseje secção profunda na língua.

---

[25] N.T. Cadeia de montanhas no sul da França.

10. Para que servem os nomes próprios?

As possibilidades mais ou menos manifestas de tratar metaforicamente o objeto empírico realizada acidentalmente em um único exemplar, como é o caso de uma pessoa, aproximando seu pseudonome próprio de um nome próprio autêntico. Os nomes de lugar, por exemplo, são sujeitos, esporadicamente, em algumas línguas, a alguns dos efeitos sintáxicos secundários que acompanham o funcionamento do verdadeiro nome próprio.[26] É, portanto, pela possibilidade de funcionar como interpelador que propomos caracterizar o caso puro de nome próprio, mesmo se essa possibilidade não se efetiva a não ser com os nomes próprios de pessoas.

3.3. Se somente a especificidade radical do nome próprio é assim de natureza pragmática, fica claro que, diversamente do nome comum, não poderia ser senão ilusoriamente eliminado, em proveito de uma descrição definida, por meio de uma manobra ao estilo de Russel. Somente um sistema formal apresenta todas as condições favoráveis a tal redução, mas por uma excelente razão ele não comporta verdadeiros nomes próprios. Convém, entretanto, examinar mais de perto, em uma língua natural, as relações entre o verdadeiro nome próprio e a descrição.

Claro, a unicidade do referente é uma condição necessária, ainda que não suficiente, para o funcionamento do signo como nome próprio. Em que medida uma descrição pode servir de designador individual? A distinção introduzida por Donnellan, em 1966, entre o uso "distributivo" e o uso "referencial" de uma descrição a esse respeito é bastante esclarecedora, mas precisa ser mais afinada.[27] Em seu uso "atributivo", uma descrição é intencionalmente descritiva: ela vale na medida em que o objeto descrito possui as propriedades

---

[26] Por exemplo, o desaparecimento do artigo definido, normal em inglês, diante nos nomes dos países, é raro em português (*a França,* mais *Portugal*), faz parte do normal em francês, mas não diante do nome de cidades.

[27] Cf. DONNELLAN, K. Reference and Definite Description. *The Philosophical Review,* 1966, 75, p. 281-304. O mesmo texto estaria em SCHWARTZ S. P. (Ed.), *Naming, Necessity, and Natural Kinds.* Ithaca: Cornell University Press, 1977. O autor usa como sinônimos "atributivo" e "distributivo";

166 FILOSOFIA, LINGUAGEM, CIÊNCIA

que ela exibe. Em seu uso "referencial", ao contrário, a adequação não é essencial, uma vez que a descrição não é senão um meio para orientar o interlocutor em vista de um objeto designado. "O homem com o chapéu redondo" é uma expressão que pode ser suficiente para designar um indivíduo determinado, mesmo que ele não leve, não leve mais e mesmo que ele não tenha jamais levado tal protetor de cabeça. "No uso referencial, em oposição ao uso atributivo, há algo de correto que deve ser discernido pelo ouvinte, e a correção desta qualquer coisa se retém somente a sua adequação à descrição."[28] Assim, quando a descrição parece funcionar como um nome próprio, a unicidade do *designatum*[29] não é mais, no geral, determinada por um conteúdo semântico, uma vez que a adequação deste ao objeto não é essencial. O uso referencial introduz, portanto, com toda a evidência, um elemento pragmático, o que quer dizer que a enunciação da descrição não é um ato de designação senão em certas situações e sob certas condições que se relacionam ao vínculo entre o locutor e o auditor ou ouvinte. Por exemplo, no caso do "homem do chapéu redondo", alguns leram Dostoiévski, e o homem designado possui a seus olhos alguns traços do personagem. Ou ainda: o locutor e o ouvinte viram juntos, antes, um homem usando um chapéu redondo parecendo com o homem – sem chapéu – que se quer designar. Ou ainda, o locutor acreditou ter percebido a forma de um chapéu, quando o homem designado estava ainda na penumbra, diante de um vaso redondo colocado na altura de sua cabeça...

A descrição funciona aqui como um instrumento de *monstration*.[30] Mas é somente esse o papel do nome próprio? Parece-nos que convém distinguir dois níveis de funcionamento de um signo como nome próprio, cada um deles introduzindo, por outro lado, um elemento pragmático irredutível a seu conteúdo semântico.

---

[28] Cf. DONNELLAN, K. *Ibidem*, p. 65.

[29] N.T. Em latim, no original.

[30] N.T. Em inglês, no original (demonstração).

10. Para que servem os nomes próprios?

No primeiro nível, o signo serve parar *falar de um indivíduo*. É o caso de certos usos referenciais da descrição. A interpelação, de que apresentamos a característica decisiva do nome próprio, permanece então virtual, como se o locutor apresentasse a seu ouvinte um meio, mas um meio fictício, de interpelar o indivíduo designado. Podemos imaginar aqui um fenômeno da "empatia", no sentido linguístico de Kuno e Kaburaki.[31] O locutor transpôs sua *ancrage* ou coloração de tal modo que o indivíduo designado como "ele" seja um "tu" virtual. *A contrario*, não funciona do mesmo modo, uma vez que o signo que designa não é senão o nome comum de um objeto que é – acidentalmente – um objeto único. Vou referir-me a um determinado volume de minha biblioteca, cujo título em caracteres chineses é indecifrável para meu interlocutor; dou então uma demarcação do livro descrevendo sua localização ou fazendo uma descrição dele; é claro que o uso da descrição, ainda que tendo um efeito referencial, não vale portanto aqui se não por sua adequação aproximativa. Não se joga de modo algum com o papel de um nome próprio.

O segundo degrau que queremos distinguir e que corresponderia plenamente ao nome próprio não se efetiva senão quando a interpelação se realiza e que *falamos ao indivíduo*. Neste caso, o caráter semântico do signo pouco importa. Descritivo ou não descritivo, seu valor na linguagem oscila completamente do plano semântico para o plano pragmático, de tal modo que não saberíamos mais qualificar corretamente o uso do "referencial", uma vez que a referência não é mais o que é propriamente visado por sua função.

3.4. S. Kripke insistiu, seguindo a análise de Donnellan, na caracterização do nome próprio como "designador rígido". Isto é, que o nome próprio, independentemente dos predicados atribuídos ao objeto que ele designa, vincular-se-ia a esse objeto como um ponto arquimediano inabalável: "Não pergunteis: 'Posso identificar esta mesa

---

[31] Cf. Kuno, S. – Kaburaki, E. Empathy and Syntax. *Harvard Studies in Syntax and Semantics*. 1975, 1, p. 1-73. N.T. O mesmo texto pode ser encontrado em: *Linguistic Inquiry*, 1977, 8(4), p. 627-672.

168 FILOSOFIA, LINGUAGEM, CIÊNCIA

em um outro mundo possível de um modo diverso senão por suas propriedades?' Tenho esta mesa na mão, posso mostrar, e quando pergunto se *ela* poderia estar em outro quarto, estaria, por definição, em vias de falar *dela*... Certas propriedades podem muito bem ser essenciais ao objeto no sentido de que ele não teria podido não tê-las; mas estas propriedades não servem para identificar um objeto em um outro mundo, uma vez que tal identificação não é exigida".[32] Kripke considera certamente aqui o nome como nome próprio, na medida em que ele designa univocamente um indivíduo e afirma que essa designação não poderia depender senão na aparência de nossos modos de descrever. Sobre esse ponto, sim, cremos que é assim que funcionam as línguas naturais, contrariamente aos simbolismos formais das matemáticas e dos lógicos, e em virtude, sem dúvida, dos pressupostos ontológicos que fazem parte da "protológica" da linguagem.

Mas o caso fica mais obscuro com a intervenção dos "mundos possíveis". Se houver um sentido em se falar de tais mundos, é que eles são comparáveis ponto a ponto com o mundo real, dos quais seriam, por assim dizer, variantes. Essa noção de mundos possíveis é, certamente, muito esclarecedora para interpretar modalidades como as que são apresentadas em sistemas suficientemente formalizados. Mas se tomarmos em consideração os *indivíduos* – e não somente estes fantasmas de indivíduo que entram num cálculo –, seria ainda possível fingir mundos possíveis que não são de modo algum incomparáveis e incomunicáveis entre eles e com o mundo real? Se o indivíduo que posso nomear neste mundo difere sutilmente desse outro exemplar dele mesmo que suponho nos outros mundos, o nome pelo qual eu o designo não passa a ser um nome *comum*? Não podemos ter aqui, no sentido estrito, nomes próprios intermundanos. Por outro lado, a discussão de Kripke leva em grande parte a nomes como "vaca", "ouro", "calor", e leva a declarar que "os termos que designam espécies naturais (*natural kinds*) são muito mais próximos dos nomes próprios que podemos imaginar or-

---

[32] Cf. Donnellan, K. *Op. cit.*, 1977, p. 272-273.

10. Para que servem os nomes próprios? 169

dinariamente".[33] Afirmação que leva a esquivar do problema do nome próprio e substituindo-lhe o problema, colocado em termos claramente clássicos, do conceito e resolvido por um essencialismo bastante rudimentar. A um nome como o de "calor", fixa-se "um referente para o mundo real e *todos os mundos possíveis* (realce nosso) por meio de uma propriedade contingente, a saber, a capacidade de produzir tal ou tal sensação". Descobrimos, em seguida, que essa propriedade depende de um movimento molecular; "quando descobrimos isto, descobrimos uma identificação que nos dá uma propriedade essencial do fenômeno". Tal processo não se relaciona efetivamente em nada com o funcionamento do nome próprio. De mais a mais, como a propriedade que serve para fixar ao referente pode ela mesma ser dita *contingente* e, ao mesmo tempo, aplicar-se de direito em *todos* os mundos possíveis, se a definição kripkeana do contingente é justamente de não ser satisfeito senão dentro de certos mundos, e não em todos?

Retomemos a ideia de "designação rígida" aplicada ao verdadeiro nome próprio.[34] Tal designador deve remeter a um objeto singular, por assim dizer, através de espessura sempre parcialmente opaca de suas propriedades; visar, consequentemente, uma espécie de coisa-em-si inacessível à descrição, ainda que descrições incompletas possam designar aqui o fenômeno. Nesse sentido, o nome próprio será realmente um "designador rígido": mas na designação de um *indivíduo*, ele não designa mais um *objeto*, se compreendermos por isso uma entidade cognoscível por meio de esquemas conceituais. Aqui se demarca sua originalidade decisiva em relação ao nome comum, a qual está essencialmente situada no regime da descrição (mais ou menos explicativa), enquanto que o nome próprio se situa desde o início no

---

[33] Kripke, S. *Op. cit.*, 1972, p. 322.

[34] N.T. Kripke, em sua obra, para uma superação da teoria modal, distingue os *designadores rígidos* e os *designadores não rígidos;* os primeiros podem associar-se a nomes próprios, os segundos não. Não confundir com a terminologia da semântica de Morris em que o *designador* seria simplesmente o contexto em que o termo se encontra.

170 FILOSOFIA, LINGUAGEM, CIÊNCIA

regime pragmático da interpelação. O cerne de sua diferença não pode ser qualificado de essência, a não ser por um abuso da linguagem ou, em todos os casos, por uma alocação em um ponto de vista secundário relativamente ao uso do nome próprio. Tal cerne, ponto de impacto do "designador rígido", está colocado em seu princípio como um ator do discurso, uma segunda pessoa, mesmo se sua realização empírica seja um ser de razão ou uma coisa inanimada.

3.5. Nessas condições, a atribuição de um nome próprio não deveria ser confundida com a simples etiquetagem que corresponde somente a uma das funções do nome próprio: a designação de um objeto único. Essa atribuição é um "batismo", isto é, um ato de linguagem pelo qual o locutor se dirige a um *tu* virtual. Eis os curiosos desdobramentos aos quais foram dados espaços na literatura recente, isto é, a teoria dita "causal" (ou "histórica" segundo Donnellan) dos nomes próprios em que eles, no fundo, parecem expressar uma causa, mas de um modo inexato. O valor do nome próprio seria garantido por uma cadeia causal vinculando nosso conhecimento a um ato inicial de nomeação. "Nossa referência não depende somente do que pensamos nós mesmos, mas depende de outras pessoas na comunidade, da história da transmissão do nome até nós.[35] Não vemos muito em que uma cadeia causal de informações, cuja existência e modalidades de funcionamento seriam campo de interesse do psicólogo e do sociólogo da linguagem, caracterizaria de modo tão especial o nome próprio. Não seria necessário também supor a presença no caso do nome comum, e a diferença estaria em que então podemos condensar os elos num verbete de dicionário? É na origem da cadeia que se situa o problema de uma especificidade do modo de atribuição do nome próprio. Kripke parece reconhecer no final das contas quando ele resume assim o que ele chama de "teoria possível": "Um batismo inicial acontece. O objeto pode então ser nomeado por extensão, e pode-se fixar a referência por uma descrição".[36] Infelizmente, este

---

[35] *Idem*, p. 301.

[36] *Idem*, p. 302.

modo de apresentar o "batismo" inicial nos faz claramente cair no caso totalmente geral da atribuição de um nome comum a um objeto.

Ao menos que nos resignemos a uma redução do nome próprio no âmbito comum dos nomes, seria necessário aceitar, cremos, pesquisar a originalidade essencial somente sobre o plano pragmático, e o tipo de ato de linguagem que lhe seria necessário então ser associado, não podendo ser suficientemente determinado como uma espécie de designação, ainda que fosse designação de um objeto único, não seria outra coisa que o que qualificamos de interpelação.

4. O nome próprio tem sentido?

4.1. Dizer que o nome próprio é um "designador rígido" no sentido comentado precedentemente, é dizer que ele supõe a postulação de um ponto fixo na transferência do *encrage* ou colorido. No caso em que a interpelação não acontece de fato, com efeito, falo a um *tu* ao qual me dirijo de um *ele* que é nomeado, colocando a possibilidade para este *tu* de interpelar este *ele* como uma segunda pessoa, transportando minha função de *eu* para meu interlocutor. O que podemos representar figurativamente, pelo esquema abaixo, onde as flechas pontilhadas representam as interpelações virtuais, e as palavras entre parênteses, os agentes do *encrage* ou colorido transposto:

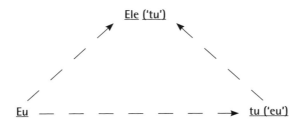

O nome próprio que consegue desempenhar seu papel, na medida em que o *ele* desnomeado pode continuar invariável na transposição, sem que seja necessário descrevê-lo. Dessa perspectiva, vemos que a interpelação tem uma função bastante comparável com a de um ato de "demonstração". O nome próprio é simplesmente um espaço de díctico, e é necessário dizer que como díctico ele denota somente, mas não teria sentido? Gostaríamos de deixar claro o que existe de correto nessa abordagem do nome próprio e dos indicadores da subjetividade, ao mesmo tempo em que buscamos expor o que impede de identificá-los.

Adiantaremos que o nome próprio é, no vocabulário de Peirce, ao mesmo tempo índice e *symbol*. Isto é, que ele é uma regra de designação, ancorada dentro de uma enunciação, definido por nós como interpelativo.[37] Ora, como em Jakobson, Burks atribui estas duas propriedades de *índex* e de *symbos* aos embreantes.[38] Um embreante, por exemplo, o demonstrativo "este" é certamente um índice, no sentido em que ele "dirige a atenção para seu objeto por uma compulsão cega", segundo a expressão do próprio Peirce, que cita, por sua vez, o pronome demonstrativo como exemplo.[39] Ele seria um *symbol*, segundo Burks, "porque se associa a seu objeto por uma regra convencional". É muito duvidoso que Peirce tenha querido definir dessa maneira tão trivial o caráter do *symbol*, uma vez que todos ou quase todos os signos de uma língua seriam então *symbols*. O próprio dessa espécie de signo é, mais especificamente, ser "uma regra que determinará seu *intérpretant*".[40] Mas o díctico não determina seu *intérpretant*. Por outro lado, o próprio Peirce nos apresenta sua própria descrição de díctico que seria um *"rhematic, indexical legisign"*.[41] É

---

[37] N.T. Traduzimos uma vez "index" e outras vezes "índice", tendo em mente que, ao que parece, o autor uma vez lida, com o termo de Peirce (index) e outras vezes com o conceito geral do termo na linguística.

[38] Cf. Jakobson, R. *Op. cit.*, p. 179.

[39] Cf. Peirce, Ch. S. *Collected Papers, op. cit.*, 1931-1935, p. 2.306.

[40] *Idem*, p. 2.292.

[41] *Idem*, p. 2.251

10. Para que servem os nomes próprios? 173

um *legisign*, enquanto sua matéria não é nem uma qualidade, nem uma existência, mas uma regra; é um índice, na medida em que sua relação com o objeto é uma associação concreta nascida do ato de demonstrar (a *blind compulsion*[42] do texto citado mais acima); é um *rheme* quanto ao fato de que sua interpretação remete a um objeto possível. O díctico, diz ainda Peirce, é "uma lei que requer que cada uma de suas realizações sejam realmente afetadas por seu objeto de modo a simplesmente chamar a atenção sobre ele".[43]

Para o nome próprio, Peirce não nos deu senão uma indicação parcial qualificando-o de *"subindex"*[44] com a mesma classe, por outro lado, que os pronomes pessoais, os pronomes relativos ou as letras anexadas a um diagrama. Mais acima dissociamos esse último caso como o de um falso nome próprio. Os pronomes relativos, quanto a eles, têm um estatuto complexo que nasce de sua função essencial-mente sintáxica: estes são anafóricos que não desempenham o papel dos dícticos, a não ser por procuração. Quanto aos pronomes pessoais, se eles são claramente índices, parece-nos, entretanto, impossível de assimilá-los completamente aos nomes próprios, e expusemos mais acima a relação privilegiada que mantêm com esses últimos o pro-nome da segunda pessoa, sem, portanto, jamais os identificar. Sem dúvida o nome próprio se situa, na taxinomia peirciana, entre os *inde-xical legisigns*, se for verdade que o substrato do signo não intervém aqui nem como qualidade, nem como "existência", mas antes como regra instituída por ato de "batismo";[45] mas qual seria sua terceira dimensão? *Argument, Rheme* ou *Dicent?* Os dois primeiros termos devemos excluir, uma vez que a interpretação de um nome próprio não deveria ser nem uma possibilidade e nem uma necessidade. Resta,

---

[42] N.T. Em inglês, no original (compulsão cega).

[43] Cf. PEIRCE, Ch. S. *Op. cit.*, 1931-1935, p. 2.259.

[44] *Idem*, p. 2.284.

[45] A taxinomia de Peirce é sutil, complexa e algumas vezes até confusa, sobretudo na medida em que o intérpretant de um signo é ele mesmo um signo, cuja natureza pode muito bem diferir daquela do signo que ele interpreta. Não pretendendo fazer aqui uma exegese de Peirce, não levaremos em conta senão o primeiro nível da classificação.

174 FILOSOFIA, LINGUAGEM, CIÊNCIA

pois, o terceiro caráter: "Um *Dicent* é um signo que, para seu intérpretant, é signo da existência atual".[46] No sentido em que entende Peirce, essa existência atual que se opõe a uma simples possibilidade e a uma necessidade pertence claramente, com efeito, ao referente do nome próprio, esta existência atual mesmo que ela exista sob a forma de imaginário. Entretanto, entre as dez combinações efetivamente reconhecidas pelo lógico de Milford, um *dicent indexical legisign* está bem apresentado; somente que não se dá, por exemplo, nada de nome próprio, mas "um grito da rua". Devemos descartar totalmente essa caracterização dentro de nossa proposta? Chamamos a atenção, de início, que o "grito da rua" tem algo em comum com o nome próprio; ele é, por assim dizer, o instrumento de uma interpelação meio atropelada. Alguns de meus leitores mais jovens têm ainda, sem dúvida, como eu mesmo, nos ouvidos os sons dos "mercadores de roupas feitas, de panos de limpeza, sucata à venda!" de sua infância parisiense: isto é, "*eu* sou o comerciante de roupas e estou a *vosso serviço*". Mas se o *dicent indexical legisign* claramente se aplica ao "grito da rua", ele não o é sem dúvida, pelo nome próprio, senão por uma caracterização insuficiente. O nome próprio corresponde a três propriedades assim indicadas, mas escapa da classificação de Peirce no sentido de que ele funciona ao mesmo tempo como índice e como *symbol*. Ele é *symbol* com efeito, na medida em que, contrariamente ao díctico, ele é "uma regra que determina seu *intérpretant*". Não, certamente, pelo fornecimento de propriedades que o descrevam, mas pela pressuposição da possibilidade do ato de designação interpelativa que constitui sua referência.

Assim ele se distingue essencialmente do díctico, puro *índex*, do qual poderíamos dizer, com justiça, que ele não tem para si mesmo sentido algum. O nome próprio, ao contrário, comporta uma *pressuposição de sentido*, cujo realização mais ou menos rica é, a bem da verdade, *acessória*. Mas não interpelamos um objeto vazio de conteú-

---

[46] Cf. PEIRCE, Ch. S. *Op. cit.*, 1931-1935, p. 2.251.

10. *Para que servem os nomes próprios?* 175

do. Uma das marcas desse traço simbólico aparece, por exemplo, na presença, em diversos graus, de um quadro classificador imanente ao próprio nome, sobre o qual vimos insistir o etnólogo. Não seria preciso, necessariamente, insistir com todas as forças na redução do sentido que pode vincular um nome próprio à imanência de um tal referencial mais ou menos abstrato. Como portador de um sentido classificador, o nome próprio se distingue realmente do nome comum? Disso se pode duvidar. Por outro lado, ele parece que decorre da natureza essencialmente pragmática de sua função a possibilidade sempre aberta de *conotar* significações. É exatamente porque o nome próprio não tem originariamente dimensões semânticas que ele pode, por isso, mais livremente se cercar de um halo de conotações. Entendemos aqui por esta palavra dois efeitos, possivelmente conjugados. De uma parte, a conotação "metassimbólica" que se vincula a um signo de propriedades que dependem seja do subsistema da língua à qual ele pertence, seja de uso particular que fazem dele em certo discurso; por outro lado, a conotação "parassimbólica" que nasce do valor expressivo admitido nos aspectos não estritamente pertinentes do signo. É certo que o jogo dessas conotações, quase totalmente liberado de todo entrave, confere ao nome próprio uma potência poética excepcional. A literatura está repleta de exemplos desse uso, mas mais importante, talvez, as criações da linguagem infantil.

É dessa maneira que o nome próprio, ainda que se afastando de sua função essencialmente pragmática de todo o ponto de vista semântico, pode vir a ter sentido. Por outro lado, na medida em que certas realizações de nomes próprios se avizinham de uma descrição ou de uma definição de objeto, pela aquisição de um sentido primeiro, não conotativo, eles perdem gradualmente seu estatuto de nome próprio para tender para o funcionamento fundamentalmente descritivo de nome comum.

4.2. Enquanto tal, o nome próprio não tem senão um sentido, por assim dizer, oblíquo. Os filósofos e os lógicos da linguagem natural se interessaram muito com os fenômenos paradoxais ditos da "opacidade referencial" à qual pode dar lugar esse sentido, assim que for introduzido em seu interior atitudes proposicionais – expressas por fórmulas como: "crer que" – ou julgamentos modais, portanto, sobre as proposições que contêm um nome próprio. Claro que "Cícero" e "Túlio" são nomes de um mesmo objeto, eles denotam segundo dois sentido diversos, que o locutor da proposição não poderia associar. De sorte que: "X crê que Cícero acusou Catilina" não é necessariamente equivalente, na comunicação que "X crê que Túlio acusou Catilina". Observa-se, de início, que o fenômeno não depende de uma ignorância empírica do locutor, como poderia fazer crer a presença da atitude proposicional, uma vez que ela aparece assim com operadores de modalidade. Mas a opacidade da referência não é por nada privilégio do nome próprio. Ela pode interferir todas as vezes em que diversos nomes – próprios ou comuns – designam um mesmo objeto "não leibnitziano", isto é, onde todas as propriedades não resultam de um núcleo substancial que seria, no caso, a definição suficiente. É verdade que os referentes dos nomes próprios, sendo sempre tomados como indivíduos, não são jamais objetos "leibnitzianos", e são por isso submetidos por natureza ao risco da opacidade referencial. Mas nos parece que o fenômeno deva ser analisado em todos os casos que intervenha a especificidade do nome próprio:

a) O nome N tem por referência o objeto a, individual ou genérico.

b) O nome N' funciona então como *propriedade* contingente do objeto a e pertence a sua descrição.

c) Não poderíamos substituir sem mais o nome N em todo o discurso pelo pseudonome descritivo N', salvo se soubermos que a propriedade N' está necessariamente vinculada ao objeto a.

Se admitirmos que "Cícero" é o nome de Cícero, "Túlio" torna--se uma propriedade de Cícero entre outras, e ela não é de modo algum necessariamente vinculada a esse objeto que tem o nome "Cícero". Se o "grau de temperatura" é o nome de um fenômeno sensível comumente reconhecido, "energia cinética molecular média" é uma propriedade atribuída a esse fenômeno, por meio de certa esquematização teórica, e não em virtude de uma relação *a priori* necessária com o fenômeno sensível. Não é, portanto, a maneira particular em que um nome próprio tem sentido que dá conta de sua opacidade: de modo bastante mais geral, é necessário dizer que ela decorre da diferença de status entre a descrição e a referência.

Existem ainda outras aparências paradoxais no uso de nomes próprios que se voltam claramente para sua natureza significativa particular. Às vezes *index* e *symbols* podem, portanto, veicular um sentido conotativo de forma *icônica* capaz de suscitar paradoxos da linguagem, mascarando a verdadeira natureza de seu funcionamento. O exemplo quineano, bem conhecido do apelido do pintor Giorgio Barbarelli de Castelfranco, parece-nos que deva ser interpretado dessa maneira. "Giorgione era assim chamado por causa de sua corpulência" é uma proposição verdadeira. Substituindo-se "Giorgione" pelo nome de "Barbarelli", que designa a mesma pessoa, obtém-se uma proposição falsa. É que a palavra "Giorgione", sem se reduzir absolutamente a uma descrição, transpôs uma função de nome próprio a um nome em que o *interprétant* é um signo icônico – isto é, assemelhando-se de algum modo a seu objeto – sinalizado pelo aumentativo italiano. *Enquanto nome próprio*, a palavra deve neutralizar essa carga icônica acrescentada, como neutralizaria, por outro lado, todo o sentido que ele pode conotar. Se jogarmos, ao contrário, com esse valor semântico agindo de tal modo como se ela pertencesse também ao sentido de não importa qual seja o objeto – uma vez que ela pertence ao próprio objeto –, o funcionamento do nome próprio fica perturbado. Assim a função de portador de sentido não aparece para o nome próprio senão como uma função vicária, qualquer que ela seja, no uso da língua, a importância de seu valor estilístico.

Para terminar, resumiremos as observações que nos propusemos formular e justificar:

a) O nome próprio, no sentido estrito, é um tipo de signo que não aparece senão na língua natural. Sua substituição por descrições, que chega a suprimir radicalmente os efeitos originais em um sistema

178 FILOSOFIA, LINGUAGEM, CIÊNCIA

simbólico, caracteriza a empresa científica de aproximação indefinidamente diferenciada do individual.

b) O nome próprio não poderia ser completamente determinado nem por traços sintáxicos, nem por traços semânticos, mas por um traço pragmático. Nós não concluímos, entretanto, como o fez H. N. Castañeda,[47] que "o papel dos nomes próprios, especialmente na *oratio recta*,[48] não é semântico, mas causal psicofísico e que ele pertence à mecânica da comunicação dos pensamentos, não às estruturas linguísticas que articulam o conteúdo dos pensamentos. Na terminologia de Ferdinand de Saussure, os nomes próprios pertencem exclusivamente à palavra, não à língua". O aspecto pragmático de um signo, se é que ele tem uma face "causal, psicofísica", pertence portanto à língua enquanto condição de possibilidade de sua função de comunicação. Para o nome próprio, sua condição fundamental de funcionamento é de poder ser empregado como instrumento de uma interpelação virtual.

c) A análise que tentamos elaborar da função linguística do nome próprio realça sua originalidade. Ela constitui um exemplo particularmente claro, a nossos olhos, do que podemos conceber como *universais da linguagem*. Se a figura que esquematizamos estiver correta, restaria ainda explorar as realizações nas línguas as mais diversas. Exploração que exigiria certamente uma descrição etnográfica das circunstâncias empíricas, psicológicas e sociológicas do uso da língua, mas ao curso da qual não se deveria jamais perder de vista que não se trata aí senão de um comentário auxiliar à análise interna de seu funcionamento.

---

[47] Cf. CASTAÑEDA, H. N. On the philosophical foundations of the Theory of Communication: Reference. *Midwest Studies in Philosophy*. 1977, 11, p. 173.

[48] N.T. Em latim, no original (frase correta).

11
O conceito de regulação em linguística[1]

1. Regulação, finalidade e estruturas linguísticas

1.1. Propomo-nos examinar o uso, manifesto e latente, do conceito de regulação em linguística teórica. Parece-nos, a propósito possível, ser deste ponto de vista a melhor maneira de fazer aparecer a pluralidade essencial dos planos de organização da língua. E cremos poder, por outro lado, por esse viés, interpretar em uma perspectiva positiva o conflito atual entre duas grandes concepções de ciência que opõem uma linguística estrutural a uma linguística gerativa.

1.2. "Assegurar o funcionamento correto de um sistema complexo" – em que consiste uma regulação, como o diz de modo excelente, mas de modo muito breve, um bom dicionário. Essa definição coloca bem em relevo dois pontos sobre os quais a reflexão do filósofo não deixar de ser feita: que se deve entender por funcionamento *correto* e o que é, afinal, um *sistema* complexo?

Sobre o primeiro ponto, que já de início sugere um debate sobre a finalidade, nós nos contentaremos com uma sinalização. Sabemos que, depois de Fermat, sem dúvida, que os teoremas fundamentais da mecânica podem ser formulados como consequências de princípios de *extremum*.[2] Entre dois instantes dados, o movimento se efetuaria segundo uma trajetória e uma lei das velocidades tais que sejam

---

[1] Extrato de *Hommage à François Perroux*. Grenoble: Presses Universitaires de Grenoble, 1978, p. 73-88.

[2] N.T. Em latim, no original.

extrema certa função – a lagrangiana[3] – de parâmetros considerados como suficientes para descrever um estado. Pode-se, com certeza, visar de início tal determinação do movimento como a operação de uma causa final e como uma regulação que se efetuam, de tal modo que cada fragmento do processo seja a cada instante dependente de um resultado global, não ainda obtido, e onde ele está tentando conceber a presença como sendo a de um projeto, de uma sabedoria, de uma Providência. Desse ponto de vista, que em linhas gerais é o de Leibnitz, seria permitido dizer que a totalidade da natureza constitui um sistema regulado e que a tarefa da ciência seria descobrir e formular o sentido da *correção* de seu funcionamento. Se for assim, a ideia mesma de regulação perde toda a sua especificidade, e, correlativamente, a ideia de um sistema *mecânico* cessa de desempenhar seu papel na base de uma hierarquia dos sistemas. Vamos tentar, portanto, rejeitar, de início, como ilusória essa redução de um limite variacional para a finalidade e esta neutralização de uma ideia de regulação que se assimile indiferentemente a toda e qualquer espécie de codeterminação dos elementos de um sistema.

Com efeito, à margem de toda posição metafísica antifinalista, é possível ancorar bastante radicalmente essa rejeição de uma interpretação puramente matemática da formulação variacional dos teoremas da mecânica. Sabe-se que o uso do princípio variacional sob a forma que lhe foi dada por Lagrange e Hamilton pode levar a estudar o que os matemáticos chamam de "integrais primeiras", isto é, as funções coordenadas no espaço das fases que permanecem constantes ao longo de um movimento: encontra-se assim, no final do cálculo, a determinação não finalista de grandezas instantâneas que definem o processo. Ou um resultado clássico de Emmy Noether nos ensina que nas condições que supõe a mecânica analítica, tal redução é essencial e de modo algum contingente. A condição determinante da equivalência entre uma formulação variacional e a fixação de constantes do movimento é a existência de

---

[3] N.T. Uma *lagrangiana* é uma função matemática utilizada para se obter a evolução temporal, as leis de conservação e outras propriedades do sistema físico.

11. O conceito de regulação em linguística   181

um grupo contínuo de transformações em operação sobre o conjunto de movimentos possíveis, que deixe em certo sentido invariante a [função] lagrangiana. É então que para cada uma dessas "simetrias" do sistema encontra-se associada a constância de certa função que determina a evolução das grandezas de estado. Cabe ao matemático estimar a importância técnica de tal teorema. Mas é importante para nós constatar que ele deve permitir ao filósofo evitar confundir a formulação variacional das propriedades de um sistema mecânico e o recurso à finalidade. Ele nos autorizaria assim conceber a regulação propriamente dita como um fenômeno mais específico que tentaremos definir.

Diremos que há regulação quando um sistema comporta dois estágios de organização. Um, que serve de suporte, é um transformador de *energia*, em um sentido mais geral; o outro é uma rede na qual uma *informação* circula. Superamos, definindo assim, a oposição energia/informação. Observamos somente que essas duas noções não se distinguem como duas espécies de coisas, mas como dois modos de estruturação do fenômeno e duas escalas de grandezas: um mesmo conjunto de vibrações sonoras, por exemplo, pode funcionar em duas máquinas diferentes, seja no nível de energias, seja no nível de informações. Mas no interior do sistema regulado, o jogo dos elementos informativos é tal que eles podem fornecer uma imagem homomorfa do conjunto do sistema e, finalmente, de seu meio. Imagem que pode eventualmente desencadear uma modificação estrutural do sistema. O caráter decisivo da regulação é, então, finalmente a *determinação de um sistema por sua própria imagem*. Vemos então que se a noção de finalidade deve intervir aqui, é somente sob a forma perfeitamente operatória da presença dessa imagem no sistema, acompanhada de uma imagem-padrão à qual ela seria eventualmente comparada. Essa inovação no que diz respeito aos sistemas mecânicos repousa, portanto, unicamente no processo de *representação* de um fenômeno por outro fenômeno, isto é, sobre a mais simples forma de simbolização. Nessa hipótese, entendemos que o domínio mesmo das construções simbólicas em geral e em particular das línguas possa ser um lugar privilegiado para um estudo fundamental da regulação.

1.3. Mas é aqui que deve intervir nossa segunda observação preliminar, no que tange à noção de *sistema*. A ideia de regulação lhe é bem estreitamente associada, no sentido em que se fala hoje de uma "teoria geral de sistemas". Aprendemos, depois de Saussure, a considerar as línguas como sistemas, mas em um sentido um pouco diferente. O sistema saussuriano da língua não é uma *máquina*, mas um conjunto de relações abstratas entre elementos que elas determinam. Podemos, certamente, considerar assim uma língua – mas diríamos, então, linguagem – como um sistema concreto funcionando no sentido em que funciona uma máquina ou uma instituição. Neste caso, seria necessário definir as variáveis de entrada e de saída, que parece adequado que sejam, ao menos parcialmente, de natureza não propriamente linguística, mas psicológica e sociológica, e em relação às quais a língua faz a figura de intermediária e de conversor. Desse ponto de vista, o trabalho do linguista deve, sem dúvida, coordenar-se – e até mesmo subordinar-se – ao trabalho que podemos esperar do sociólogo e do psicólogo. Sem lhe pretender impor um programa, podemos dizer que temos o direito de interrogar então a esses, por exemplo, sobre o funcionamento da língua em sua fase ontogenética – que se ancora, ao que tudo indica, numa teoria da aprendizagem – ou sobre o funcionamento da linguagem na manutenção de relações econômicas, políticas, religiosas. Podemos, por certo, duvidar que a linguagem, matéria e instrumento de relações sociais, possa então ser considerada ela mesmo como um sistema concreto regulado.

1.4. Não será, de qualquer modo, esta sociolinguística magnífica e global, mas ainda em sua infância, que será objeto de nossas observações. Tomaremos a língua em sua realidade ficticiamente autônoma de *sistema abstrato* e nos interessaremos pelo que podemos chamar de seus fenômenos de regulação interna. Enquanto sistema de elementos correlacionados, independentemente de seu uso efetivo nos atos de comunicação, de dominação e de intercâmbio, um língua se constitui, claramente, numa totalidade estável, tão estável que até estudos complexos feitos pelo químico ou pelo biólogo são efetivados, contanto que escolha convenientemente a escala espácio-temporal de

11. O conceito de regulação em linguística

observação do fenômeno. É, portanto, bastante legítimo falar a seu propósito de fatos de regulações, isto é, de certa estabilização do sistema por uma imagem global dela mesma que, de certa maneira, o inclui. Tomaremos cuidado, entretanto, que uma tal regulação de um sistema abstrato, em vista de algo que é comparável a uma estrutura lógico-matemática, não venha a ser descrita em geral, em termos de estímulos e respostas ou de instrumento de aprisionamento. É que não temos aqui casos com *processos* como acontece ao contrário para os sistemas concretos, nos quais podemos colocar como vedete um parâmetro cujos valores totalmente ordenados (ou pelo menos localmente) fazem o papel de um tempo, de tal modo que a questão essencial é então a da *evolução* do sistema.

Buscaremos, portanto, fazer aparecer a significação de um conceito de regulação em linguística do ponto de vista deliberadamente mais parcial que indicamos. Pelo menos podemos esperar assim, em razão mesmo desse partido assumido a partir da abstração, encontrar algumas indicações sobre seu sentido mais radical, que correm o risco exatamente de mascarar, nos sistemas concretos, as analogias finalistas bastante vagas que brotam de nossa experiência imediata. As analogias cujas solicitações se fazem menos pressionantes quando se abandona com conhecimento de causa o ponto de vista do funcionamento psicossocial da linguagem em favor de uma consideração dessas estruturas. Entretanto, por mais severa que seja essa redução do fato linguístico, ela não dispensa de reconhecer aqui vários níveis de organização. Pareceu-nos que os trabalhos linguísticos permitem distinguir em uma língua como sistema abstrato pelo menos três estágios de regulação aparente ou real, cujos modos de realização e seu alcance não deveriam ser confundidos. Nossa proposta aqui é de descrever sumariamente e de considerar a função epistemológica, eventualmente prolongável, *mutatis mutandis,* para outros domínios das ciências humanas.

2. A pseudorregulação informacional

2.1. Podemos considerar uma língua, sob seu aspecto mais despojado e menos específico, como uma parte de um monoide livre L^* engendrado por um conjunto finito L de símbolos que constituem seu alfabeto. Os elementos de L^* que fazem parte da língua são as "palavras". Cada símbolo do alfabeto, da realidade somente o que é distinto de todos os outros, veicula uma informação que depende de seu número total e de uma probabilidade de aparição em uma palavra qualquer, eventualmente diferente para cada um dos signos do alfabeto. Definiremos, como já é sabido, a informação veiculada por uma palavra em função de seus símbolos constituintes de maneira a satisfazer a todas as exigências intuitivas e a dar lugar aos cálculos os mais simples.

Desse ponto de vista, o fato da regulação fundamental de uma língua aparece com a restrição do monoide L^* somente às palavras permitidas. Por exemplo, colocaremos uma marca superior em sua extensão, em que determinaremos por um símbolo a classe de seus sucessores possíveis. Voltaremos a esses tipos de delimitação quando falarmos da regulação sintáxica. Mas uma outra consideração agora se apresenta.

2.2. Tenhamos em mente, com efeito, o conjunto das palavras de uma língua como certo meio de veicular uma quantidade determinada de informação. Podemos, se desejarmos, certificar-nos com um plano de fundo mais intuitivo, considerar que essa língua expresse as propriedades de um mundo dado e que lhe é exterior. É então lícito propor-se a comparação de tal *codificação* com a de um outro sistema, veiculando a mesma informação e usando o mesmo alfabeto, mas construindo as palavras de modo diverso. Se admitirmos que o uso de uma palavra rara corresponde, tanto para o receptor como para o emissor, a um custo mais elevado que a de uma palavra mais frequente, podemos perguntar-nos se a regulação não aconteceu de tal modo que fixou a distribuição efetiva das frequências de modo a minimizar, na informação constante, o custo médio da codificação. Ora, certa regularidade de distribuição parece ser até bem estabelecida pelo exame do *corpus* emprestado das línguas naturais. A lei de

11. O conceito de regulação em linguística 185

Estoup-Zipf (1936) afirma que se classificarmos as palavras de um *corpus* pelo índice de frequência crescente, o grau de cada um deles é inversamente proporcional a sua frequência ou – o que expressa o mesmo fato matemático – o número das ocorrências de uma palavra é inversamente proporcional ao quadrado de sua frequência. A questão posta é, então, explicar o sentido dessa lei empírica e interpretá-la eventualmente, como minimização de um custo.

O interesse epistemológico de tal questão vincula-se ao fato de que, partindo da constatação de uma *regularidade* de um sistema, ela postula uma regulação e que ela conduz finalmente a propor um esquema no qual o caráter da regulação propriamente dito desapareceu completamente. O processo de B. Mandelbrot nesse aspecto é exemplar.[4]

2.2.1. Sua hipótese de partida é que a constância das distribuições de frequência exposta na Lei de Zipf é claramente o resultado de uma regulação, podendo ser descrita por um esquema de *jogo de estratégia* levado a efeito contra a probabilidade aleatória do código de uma massa de informações dada. A norma[5] das perdas e ganhos vem aqui definida como dizíamos mais acima, por um "custo" de codificação devido à informação constante.

2.2.2. Apresentando um trabalho de Schutzberger, ele estabelece que uma distribuição satisfatória de frequências de palavras em função de seu custo deve obedecer a uma lei da forma:

$$p_n = P.M^{-b}_{jn}$$

---

[4] Cf. MANDELBROT, B. *Contribution à la théorie mathématique des jeux de communication.* Paris: Publications de l'Institut de Statistique de l'Université de Paris, 1953. B. MANDELBROT, On the Theory of the Word Frequencies and on Related Markovian Models of Discourse. In: JAKOBSON, R. (Ed.). *Structure of Language and its mathematics aspects.* Proceedings of the Twelfth Symposium on Applied Mathematics. Providence: American Mathematical Society, 1961, p. 190-219.

[5] N.T. Tenha em mente o leitor que o termo "norma" aqui tem sua acepção estatística.

em que p_n é a frequência de n⁰ palavra (por ordem de frequência crescente), j_n seu custo, P e M são constantes da codificação dependente dos custos individuais atribuídos após signos do alfabeto de base. B é uma outra constante que caracterizaria de modo interessante ou significativo a dispersão do vocabulário, $B < 1$ correspondendo a um vocabulário concentrado, com palavras bastante mais frequentes que as outras.

2.2.3. Ele assinala que essa distribuição, então, é formalmente análoga à lei de Boltzmann em termodinâmica. O custo j_n desempenha o papel de uma variação de energia parcial e o fator $1/B$ o da temperatura. A lei de Zipf aparece então como uma consequência aproximada dessa lei bolzmaniana através de certos valores dos parâmetros. Levando mais adiante a analogia termodinâmica, Mandelbrot propôs até mesmo uma decomposição do custo paralelo relacionada às decomposições clássicas da energia interna.

$$\mathrm{dE} = T\mathrm{d}S - P\mathrm{d}V$$

S sendo neste caso a entropia, P a pressão, V o volume de um gás perfeito. Ele conduz então o processo de tal modo a fazer aparecer uma nova grandeza, análoga a uma pressão, e a encontrar naturalmente para a qualidade de informação o papel de uma entropia.

Finalmente, o esquema informacional de uma língua, considerada do ponto de vista da distribuição das palavras segundo o custo, não tem outro modelo que o do gás perfeito, cuja estrutura é dedutível a partir de considerações puramente estatísticas. O projeto inicial de uma estrutura de jogo de estratégia parece-nos, portanto, ter se alterado totalmente ao ponto de perder toda a especificidade, e a entrada em forma de fenômenos levou a considerá-los nesse nível como o apoderamento de uma "regulação" que não é senão aparente, se quisermos conceder a essa palavra um valor próprio. O que a tentativa de Mandelbrot nos ensina é que a organização da língua como veículo de informação, longe de exigir a intervenção de esquemas de regulação, pode ser bastante convenientemente bem descrita na perspectiva de uma mecânica estatística pura e simples. Tal colapso da hipótese inicial de regulação não

11. O conceito de regulação em linguística

deveria nem escandalizar e nem alegrar. Na medida em que a empresa é levada adiante de um modo correto, podemos simplesmente tirar daí a constatação de que as ciências dos fatos humanos não devem negligenciar já de saída os instrumentos antigos que o sucesso das ciências da natureza sugere que sejam postos à prova.[6] A especificidade dos modelos adequados às primeiras não exclui por nada um uso bem equilibrado daqueles que pareceram adequados para a segunda. Concluiremos de boa vontade, ao contrário, que a postulação de um sistema regulado enseja lançar, de início o mais longe possível, um ensaio de determinação de ser estágio "energético", antes de fazer intervir relações de uma outra ordem. É verdade que a própria definição dos elementos desse estágio supõe resolvidos os problemas não raro difíceis da redução do fenômeno, que não é dado aqui para uma primeira inspeção, senão dentro de uma vivência complexa portadora de significações.[7] Mas uma vez obtida a redução, é de bom alvitre metodológico pesquisar uma determinação desse subsistema energético por meio de instrumentos que nos fornecem quatro séculos de progresso da ciência geral do movimento. Essa determinação será, sem dúvida, insuficiente para uma explicação completa. Mas seria, por outro lado, imprudente desdenhar em considerá-la, ao contrário ver como um limite para os fatos humanos o horizonte de todo o conhecimento científico.

3. A regulação sintáxica

3.1. Examinaremos agora o uso da ideia de regulação no segundo nível que qualificamos de "sintáxico". Entendemos, entretanto, esse

---

[6] Seria interessante comparar os passos de Mandelbrot com um ensaio recente de um modelo termodinâmico das trocas econômicas. Cf. LICHNEROWICZ, M.– A. LICHNEROWICZ, Économie et thérmodynamique: un modèle d'échange économique. *Économies et Societés.* 1971, 10, p. 1.641-1.686. As observações feitas acima aplicam--se aí do mesmo modo.

[7] Cf. GRANGER, G.-G. Sobre el trato de los hechos humanos como objetos. *Dianoia,* 1973, 19, p. 1-23.

adjetivo em um sentido que ultrapassa sua acepção ordinária entre os linguistas: aqui o aplicaremos a tudo o que diz respeito às regras de concatenação dos elementos de uma língua, qualquer que seja o plano de articulação em que se coloque, contanto que essas regras se relacionem bem com esses elementos mesmos e não sejam de modo algum fundamentadas essencialmente sobre a natureza dos objetos de um mundo aos quais eles remetam. Podemos ter aqui a sintaxe *lato sensu* tanto sob o plano dos fenômenos quanto sobre o das unidades significantes a seus diferentes níveis. Do ponto de vista informacional, o fato sintáxico se apresenta então, assim como o vimos mais acima, como um limite reduzindo o monoide livre das "palavras" virtuais do subconjunto das "palavras" corretas. Podemos assim definir uma língua sob dois aspectos correlativos: seja extensivamente como *a totalidade de seus enunciados corretos* (ou semicorretos, em um sentido a ser definido), seja como *o sistema de suas regras sintáxicas.* Afirmar a equivalência dessas duas perspectivas parece trivial: na realidade, é pressupor que as regras possam ser elas mesmas efetivamente enunciadas, e o exame desse postulado vai parecer-nos como efetivamente central.

Observemos, para começar, em que sentido a própria noção de regra introduz com clareza, conforme de resto a sua etimologia, uma diferença entre sistema simples e sistema regulado. No primeiro tipo, o encadeamento dos elementos pode muito bem, com efeito, ser também descrito por meio das delimitações (estas estarão, por exemplo, nos modelos mecânicos, nas integrais primeiras do sistema que enunciam relações constantes). Mas essas delimitações agem então, por assim dizer, pela fixação de variáveis cada vez mais estreitas. Em um sistema regulado os sistemas agem por *paradigmas,* isto é, que eles consistem da introdução de uma imagem mais ou menos detalhada do conjunto. Pode até parecer que chegamos a imitar tal determinação tornando simplesmente aleatória, dentro de certos limites, a fixação passo a passo de variáveis de um sistema não regulado, criando assim a ilusão de uma produtividade comparável, por exemplo, à da língua. Mas essa imitação permanece ineficaz quando se considera produções complexas. A indeterminação relativa, comum

11. O conceito de regulação em linguística 189

aos dois modos de encadeamento, não é aqui um traço de superfície. A característica do sistema regulado não está nessa determinação, mas na flexibilidade dos meios pelos quais uma forma se realiza, e esta forma é imanente ao sistema em um sentido ainda mais obscuro que seria necessário buscar-se uma precisão maior se quiséssemos reabilitar como conceito operatório a noção – claramente vivenciada mas pensada de um modo indistinto – da finalidade.

3.2. Partiremos de sinalizações breves relacionadas a casos extremos de sistemas simbólicos formais construídos pelos lógicos. Essa construção consiste, evidentemente, já de início de uma explicitação, de um conjunto finito de regras, que constitui claramente uma imagem homomorfa do sistema total, o que é então concebido como um conjunto de "produções"[8] segundo essas regras. O sistema de regras é formado de enunciados pertencentes a uma metalíngua, uma vez que eles designam as propriedades de expressões do sistema formal a ser construído. Parece-nos, portanto, ser bastante natural *definir simplesmente a regulação, neste nível de extrema abstração, como a presença de um metassistema, no âmbito interno mesmo do sistema.*

Nessa perspectiva, podemos interpretar como desenvolvimento de uma conjetura de regulação total de sistemas formais toda a história da lógica moderna de Leibnitz a Russel, de Hilbert a Husserl. Foi este último, sem dúvida, que com mais audácia expressou esta proposta de fechamento do pensamento formal, definindo exclusivamente os sistemas lógico-matemáticos como aqueles para os quais o dado dos axiomas e das regras busca a dominação exaustiva de todas as suas produções, garantindo em particular a unicidade do conjunto dos objetos formais assim construídos. A grande revolução dos anos 1930, da qual podemos fazer partir o início da era contemporânea da lógica, consistiu exatamente da descoberta da falsidade dessa conjetura. Sabemos que depois de Gödel e de Tarski, segundo dois senti-

---

[8] A palavra "produções" não deve, certamente, conservar aqui a conotação temporal que legitimamente restauraria o ponto de vista do psicólogo sobre o funcionamento do pensamento lógico ou da linguagem.

dos que se afastam, a formulação de regras não nos fornece a matriz completa dos sistemas formais. Na versão gödeliana, os teoremas de limitações nos ensinam que não existem produções indecisíveis (uma vez que a razão mesma de ser do sistema de regras seria de fornecer *demonstrações*); na versão de Tarski, eles nos dizem que da noção de verdade de um enunciado não há formulação no próprio sistema. Um sistema formal como o das matemáticas clássicas não comporta em si mesmo meios de constituir sua própria metalíngua: muito rica para ser decidível. Ele não é suficientemente rico para poder definir por si mesmo a verdade de seus enunciados. Para além dos aspectos técnicos complexos de uma descoberta, parece-nos que podemos ver aqui o resultado profundo relativo ao pensamento formal. Na perspectiva que é aqui a nossa, ele significa que um sistema formal não poderia incluir uma imagem suficiente de si mesmo, isto é, no sentido proposto mais acima, que ele não poderia ser regulado senão de modo parcial.

3.3. Não podemos transportar sem o devido cuidado tal resultado para as línguas naturais, que, cremos nós, elas não poderiam ser pura e simplesmente reduzidas a sistemas formais. Pelo menos seria então permitido agora considerar aqui o problema da regulação sob uma forma mais precisa: quais são, nas línguas naturais, a natureza e os limites da organização metalinguística imanente? Essa formulação nos conduz a apresentar sob uma nova luz a oposição dos grandes tipos atualmente em concorrência na teoria da língua, o estruturalismo pós-saussuriano e o gerativismo.

Para o estruturalismo, no nível da organização da língua onde nos localizamos, o metassistema consiste essencialmente em um quadro para uma combinatória. A teoria linguística teria por função primeira explicitar esse quadro e, por decorrência, descrever as categorias dos elementos definidos por suas correlações mútuas. Daí, deduzir a importância vinculada, nessa perspectiva, dada às taxionomias, e o caráter originário propriamente estático de tal linguística. Caráter estático que permanece, de nosso ponto de vista, exemplar, uma vez que ele é muito menos o signo de uma impotência em descrever os processos que uma tomada de partido metodológica, em si bastante

11. O conceito de regulação em linguística

legítima, de assumir já de início uma língua como organização puramente abstrata de símbolos. A regulação tem em mente isto, que cada elemento de um enunciado é, de algum modo, portador de um referencial em relação ao qual se situam não somente os elementos que o acompanham de fato, mas ainda outros elementos virtuais que poderiam acompanhá-lo. Uma das descobertas centrais de Saussure é que esse referencial é duplo; que ele se desempenha, de um lado, como classificador ao longo da cadeia sintagmática, delimitando as categorias concatenáveis no âmbito dos elementos; de outra parte, separado, por assim dizer, perpendicularmente em relação a essa cadeia, um conjunto de substituições possíveis para o dito elemento. Nesses dois casos, o fato da regulação permanece essencialmente classificatório no sentido em que as regras metalinguísticas podem, no fim das contas, expressar-se por meio de um quadro no qual são trazidos à luz os cruzamentos de oposições que definem as categorias gramaticais (no sentido amplo). Estaríamos enganados, sem dúvida, de vincular aqui um sentido pejorativo à palavra "classificatória", uma vez que tais classificações são funcionais e poderiam muito bem representar, em certos casos, o único caminho aberto para o conhecimento objetivo. É, para todos os efeitos, para domínio dos fatos humanos, onde a frequência e a complexidade das significações espontâneas nos confundem em nossa pesquisa do objeto, um primeiro passo decisivo.

O ponto de vista gerativista, considerado como ponto de vista de um modo de regulação linguística, não aparece, por outro lado, como se opondo tão radicalmente ao precedente que se poderia pensar em querelas entre escolas. Ele consiste igualmente em considerar o conteúdo metalinguístico do sistema de uma língua como uma espécie de referencial, em que cada elemento de um enunciado seria portador do mesmo. Mas em vez de descrever esse referencial como classificador, ele o considera como um objeto abstrato mais rico, que é uma *árvore*[9] parcial, onde os ápices são as categorias funcionais abs-

---

[9] N.T. Termo técnico da linguística (representação da estrutura de constituintes na frase).

192 FILOSOFIA, LINGUAGEM, CIÊNCIA

tratas e os arcos terminais conduzem a elementos efetivos da língua. Cada elemento de um enunciado é assim o ápice terminal visível de uma árvore virtual escondida; a regulação sintáxica se manifestaria pela exigência de ajustamento das árvores parciais em uma árvore única, galhada analítica de um modelo de enunciado correto. Pode-se buscar tal estrutura com um outro objetivo, começando pela raiz da árvore supostamente dada e "engendrando" o enunciado por uma determinação sucessiva de suas diferentes ramificações autorizadas. Não nos colocamos aqui o problema de saber se e como a experiência permitiria assimilar essa gênese matemática a uma gênese psicológica, e se os modelos que definem a gramática de uma língua são conceitos estritamente teóricos ou correspondem, ao contrário, a esquema concretos de ações. Tais modelos podem ser considerados independentemente de toda a metáfora temporal, sem uma tomada de posição psicológica, exatamente como em geometria se fala de um grupo desses "movimentos". Nossa proposta é simplesmente examinar o modo de descrição descoberto pelos gerativistas para formular os fatos da regulação em um sistema abstrato. A *metalinguística* assim introduz, devemos completar, como propôs Chomsky, através de regras de organização uma graduação superior, operando sobre os grafos mesmos. Uma gramática gerativa simples – "de constituintes" – não permite tomar consciência de uma classe limitada de enunciados. As regras de transformação operam sobre árvores-modelo dessas frases núcleo, permitindo então construções que de outro modo seriam inacessíveis. A formulação de tais regras é complexa e por certos problemas originais no que diz respeito à concepção gerativista primitiva; apesar disso, a ideia fundamental continua idêntica no que diz respeito ao nosso propósito.

3.4. Se adotarmos o ponto de vista do parágrafo 3.2. sobre a regulação de um sistema abstrato, veremos que projetos tecnicamente divergentes de duas grandes escolas contemporâneas da linguística geral voltam-se para a pesquisa de uma formulação de metalinguística imanente a uma língua, conduzem ambas a definir modos de regulação de sistema estático abstrato. E a ideia mais ampla que acre-

11. O conceito de regulação em linguística 193

ditávamos poder tirar desse exame é que o esquema fundamental da regulação neste domínio é a associação, a cada elemento, de uma imagem do próprio sistema, sobre a forma de um referencial em relação ao qual todos os elementos podem ser virtualmente situados.[10] Claro que a formulação gerativista desse referencial pode com justiça parecer mais rica; observamos, porém, que ela supõe implicitamente uma taxionomia, determinando antecipadamente ao menos alguns dos elementos funcionais não terminais dos grafos, e que ela permanece assim mais ou menos tributária de uma análise prévia de um tipo simplesmente estrutural.

Queremos aqui, em vez de realçar seus méritos comparados no detalhe, caracterizar de modo geral as duas posições epistemológicas complementares que elas representam chamando a atenção para uma distinção hoje bastante conhecida pelos filósofos e inicialmente introduzida por Jean Cavaillès. Falando da evolução das matemáticas, ele demonstrou que ali se manifestam duas espécies de formulação. Uma consiste em esvaziar as figuras e os cálculos de seus conteúdos particulares para fazer aparecer aí uma estrutura na qual os elementos inicialmente especificados não são mais representados como variáveis: o exemplo mais simples nos é dado pela história da álgebra, que mostra como se passou de igualdades numéricas às equações e destas às identidades, em que os símbolos numéricos não figuram mais senão como números quaisquer e onde se encontram em evidência operações e relações. Ele designa esse momento da abstração pela palavra "paradigma".[11] A outra espécie de formalização não aparece senão

---

[10] Não é um acaso, sem dúvida, se Leibnitz, o filósofo por excelência dos sistemas regulados, concebeu a sua ontologia sobre um modelo semelhante, cada mundo levando em si a imagem de tudo, se que interação alguma seja por ela exercida ou sofrida.

[11] Infelizmente esta palavra hoje em dia, para os filósofos tem pelo menos cinco sentidos diversos: 1. O sentido normal de modelo (que se imita); 2. No sentido linguístico de família de elementos substituíveis num ponto da cadeia sintagmática; 3. No sentido forjado pelo historiador das ciências Kuhn; 4. No sentido aristotélico de Analitiques Premiers. 23 p. 38; 5. No sentido, ainda que raramente utilizado, dado por Cavaillès.

mais tarde na história das matemáticas. Ela consiste, no processo pelo qual se parte dos "paradigmas" já formalizados, em considerar aí como variáveis as relações e as operações em si mesmas que a primeira abstração havia posto em evidência, e que se tornam então por sua vez objetos de uma teoria, cujo grau de abstração é – pelo que diz Cavaillès – de segunda ordem. "O pensamento, diz ele, não vai à direção de um termo criado, mas parte do modo de criar para lhe doar o princípio por uma abstração da mesma natureza que o outro, mas dirigido transversalmente." É essa "tematização" que aparece, por exemplo, com a teoria das propriedades mais gerais das operações algébricas, constitutivas de estruturas abstratas, em que a álgebra dos números reais ou complexos é uma realização particular.

Tal distinção nos parece adequada a nos fazer ver, sob uma luz nova, as relações do gerativismo e do estruturalismo. Este descreve a regulação de um sistema linguístico, colocando-se do ponto de vista do "paradigma" (no sentido de Cavaillès), e aquele, colocando-se do ponto de vista da "tematização". O estruturalismo esquematiza de início os contornos da forma metalinguística; o referencial vinculado a cada elemento como imagem do sistema é obtido pela simples abstração, pela eliminação dos elementos não pertinentes e pelo desnudamento das relações entre os traços pertinentes dos símbolos, um pouco como a equação algébrica despoja de seus acidentes numéricos uma igualdade entre grandezas ou entre funções. O gerativismo quer ir mais longe e controlar a "maneira de criar" essas relações que definem em cada ponto da cadeia a forma metalinguística reguladora. Este momento já aparece no nível de uma gramática simples de constituintes: a árvore parcial associada a cada elemento terminal é um produto da tematização; isto é evidente de um modo mais claro ainda quando se introduz transformações que são operações sobre as árvores. Se for mesmo assim, do estruturalismo ao gerativismo, há um verdadeiro progresso. Mas em contrapartida é importante ver então que, sem o primeiro, o segundo não poderia nascer, do mesmo modo que as teorias dos grupos, dos anéis e dos corpos não poderiam constituir-se antes da teoria elementar das equações algébricas.

11. O conceito de regulação em linguística

3.5. Tanto um como o outro ponto de vista, colocado numa perspectiva pela ideia da regulação de um sistema simbólico, contribui então para precisar o sentido de uma "regra gramatical". Repitamos uma vez mais ainda que o campo de validade das repostas assim propostas à questão "o que é uma regra?" é originalmente limitada aos sistemas simbólicos estatisticamente considerados; a passagem direta às línguas como sistemas evolutivos concretos, a assimilação de regras estruturalistas ou gerativas às regras de comportamento, se aparece, pelo menos no segundo caso, bastante natural não pode ser senão objeto, inicialmente, de uma suspeita legítima. Transpor a linguística formal, saussuriana ou transformista, em uma psicolinguística é uma operação, seguramente, necessária, *no fim das contas,* mas difícil. Os riscos nos são já bastante conhecidos pelas ressacas análogas da economia walrassiana. Resta ainda que deveríamos saber hoje que a definição de um sistema regulado abstrato – que no caso de fatos humanos é sempre, como uma língua, em alguma medida simbólico – não é senão uma primeira etapa para a definição dos sistemas evolutivos concretos que visa, em última análise, nossa ciência. Nunca estaríamos insistindo, portanto, demais chamando a atenção sobre o caráter muito preliminar, ainda que ele seja o verdadeiro fundamento, de construções teóricas às quais se aplicam essas observações aqui apresentadas. É, portanto, nessa perspectiva limitada que tratamos aqui das "regras da gramática".

Por mais restritivas que sejam as condições, parece, entretanto, que podemos perceber já um traço realmente dominante da "gramaticalidade", cujas consequências devem necessariamente se estender a uma dinâmica da regulação concreta nestes domínios. Ziff assinala, no início de um trabalho sobre a análise semântica,[12] que o caráter mais importante de uma língua poderia muito bem ser que "ali podemos geralmente, de fato, desviar das regularidades sintáxicas e semânticas" sem por isso cessar de veicular a informação visada. É bastante claro, a propósito, que a regulação de que falamos distingue-se por este traço da *Gesetzmässigkeit,*[13] buscada nas ciências da natureza. Não só

---

[12] Cf. ZIFF, P. *Semantic Analysis.* Ithaca: Cornell University Press, 1960, p. 25.

[13] N.T. Em alemão, no original (legalidade, rigidez, regularidade).

196   FILOSOFIA, LINGUAGEM, CIÊNCIA

essa regulação por modelos metalinguísticos admite, por sua própria natureza, um conjunto de variantes intragramaticais, cuja presença virtual torna o sistema apto a veicular informações, mas constatamos, por outro lado, que ela admite sempre com algum grau variantes paragramaticais: a regulação não exclui enunciados capazes de transmitir a mensagem através de ruído sintáxico. Tudo acontece como se o referencial associado a cada elemento simbólico fosse uma espécie de molusco deformável e não uma configuração rígida. Podemos conceber essa maleabilidade como expressável e codificável por si mesma por meio de "regras de transferência", associadas às regras da gramática e controlando sua plasticidade.[14] O ideal do matemático seria, evidentemente, poder descrever um grupo de transformações do referencial (seja de árvores gerativas, seja de classes estruturalistas) que definisse então uma invariante da mensagem. Mas a existência da linguagem nos mostra em todos os casos que as considerações sintáxicas, mesmo entendidas em um sentido bem amplo como fizemos, não é suficiente para dar conta dessa invariância. O conteúdo mesmo da referência desempenha aqui um papel importante. Dito de outro modo, em termos de informação, o enfraquecimento da gramaticalidade é possibilitado, às vezes, por uma redundância sintáxica e por uma redundância semântica do sistema, na qual é aparentemente difícil de separar o jogo.

A ideia de regulação sintáxica encontra aqui seus limites. Assim – mesmo no quadro de uma abstração bastante estrita para eliminar todos os fatos dinâmicos da linguagem – a descrição completa de uma língua como sistema exigiria uma conceituação satisfatória de seus aspectos propriamente semânticos, o que os linguistas e lógicos estão simplesmente no início de seu emprego.

---

[14] Cf. KATZ, J. Semi Sentences. In: KATZ, J. J. – FODOR, J. A. (Eds.), *The Structure of Language*: Readings in Philosophy of Language. Englewoods Cliffs: Prentice Hall, 1964, p. 400-416.

4. A regulação estilística

4.1. Para terminar, introduziremos um terceiro nível de organização linguística, que é a do estilo. O fato de onde se deve partir é aqui a unidade mais ou menos clara de um discurso, unidade bastante forte para ser singularizada em relação a outros discursos usando uma mesma língua e veiculando a mesma informação, devido à harmonia dessa mesma especificidade. A sensação dessa unidade coloca um problema que a simples palavra unidade não estaria em condições de resolver. Constatamos que existe, no uso de uma língua, modo de unificação e de individualização da mensagem que não são resultados pura e simplesmente de uma efetivação de regras constitutivas de sua gramática. É necessário então buscar definir essa organização que superpõe à da língua, sem que seja confundida com a do conteúdo da mensagem. O ouvinte pode assim reconhecer em um discurso três fontes de seu sentimento ou sensação de unidade: a organização da língua, a organização do tema de que se fala, e essa organização estilística que seria agora importante que fosse isolada, e em relação à qual tudo o mais é infraestrutura. Nossa proposta é precisar a natureza dessa "sobrerregulação" da linguagem para que seja proposta como um conceito instrumental no domínio geral de uma ciência dos fatos humanos.

4.2. Comparemos uma mensagem marcada estilisticamente com uma mensagem julgada neutra, em que possamos ter uma ideia, por exemplo, partindo de um texto literário que traduziremos, esforçando-nos para levar sua expressão a seu grau máximo de platitude. Esta platitude que visamos parece, inicialmente, não consistir em nada além de uma conformidade às regras mais gerais adotadas para o uso, uma vez que elas já são fixadas pela gramática. Do mesmo modo, cremos poder designar como *desvio* todos os fatos de estilo, tomando assim o efeito pela causa. Um exame mais atento, e a partir de considerações que foram desenvolvidas alhures,[15] conduzindo, cremos nós, a apresentar este tema de um modo diverso. O sistema simbólico da língua deve ser, nes-

---

[15] Cf. GRANGER, G.-G. *Essai d'une philosophie du style*. Paris: Odile Jacob, 1968, especialmente o capítulo 1, 5 e 7.

te nível, tomado em seu conjunto como o *hardware*[16] de um organismo cujo *software*[17] ser-nos-ia desconhecido. Mas no material que é então a língua, a gramática *lato sensu* distingue os elementos pertinentes – tomados como portadores de informação no plano semântico ou sintáxico *sticto sensu* – dos elementos não pertinentes que acidentalmente lhes são associados. A organização dos elementos pertinentes dá lugar a dois modos de regulação que vimos acima; ela permite a produção de sentidos das mensagens cujos sentidos são em princípio manifestos, mesmo sendo enigmáticos em uma graduação variável. Mas o emprego de elementos não pertinentes gramaticalmente do material não é, em geral, rigidamente fixado por regras da língua. Em termos linguísticos, eles comportam variantes livres, e não somente variantes combinatórias. Dizemos que o fato do estilo consiste em uma organização dessas variantes livres no não pertinente. O conteúdo estilístico da mensagem é então latente, em oposição a seu conteúdo primário manifesto. Há de certa maneira uma sobredeterminação do discurso para recuperação – parcial – do não pertinente. É necessário, então, para que haja estilo, que toda a capacidade de informação do *hardware* linguístico não seja utilizado no nível da organização da língua. Num sistema simbólico em que o *hardware* não comportaria estritamente senão os elementos pertinentes, nenhum efeito de estilo seria possível. Consideremos, por exemplo, o código Morse, não tomado como um código para a transcrição de uma língua, mas sim visto como um sistema simbólico cujo alfabeto se compõe de ponto e traço, e não temdo por sintaxe senão as regras de formação de "palavras" escolhidas ou convencionadas para transcrever as letras do alfabeto latino. O "enunciado" – uma sequência de traços e pontos conforme a um dos modelos de palavras – tomado abstratamente não comporta aqui redundância alguma, nem autoriza nenhuma variante, nem sugere alguma individuação. Ele não muda em nada se o tomarmos por um *hardware* de pontos e traços materiais

---

[16] N.T. Em inglês, no original.

[17] N.T. Em inglês, no original.

11. O conceito de regulação em linguística

traçados por um estilete sobre uma faixa. A extensão e a intensidade do toque abrem um registro contínuo de variantes livres, sempre redundantes em relação à informação bruta – a figura de uma "palavra" –, mas manifestamente suscetível de uma organização que sobredetermina e individualiza a mensagem ao ponto de às vezes assiná-la.

4.3. Se a organização estilística consiste em certa organização de elementos não pertinentes de um enunciado na língua, não poderíamos, entretanto, reconhecer-lhe aqui o estatuto da pseudorregulação aleatória que descrevemos no nível puramente informacional, nem o estatuto da regulação sintática. A especificidade da regulação estilística parece estar marcada essencialmente sobre dois pontos.

4.3.1. As regras de organização gramatical *lato sensu* da língua independente de toda hipótese psicológica têm uma existência *a parte ante*. Queremos dizer com isso que elas formam um sistema constitutivo de enunciados, que são em si a condição necessária, um enunciado da língua não sendo tal, senão pelas regras da gramática. Não é a mesma coisa, seguramente, para a organização dos elementos não pertinentes que ensejam a presença dos efeitos do estilo. As regras que permitem delimitá-la não seriam prescrições prévias à construção do enunciado. Nós as chamaríamos de *a parte post*, no sentido de que não podem ser formuladas senão depois do acontecimento. Ainda de modo mais exato, contrariamente às regras gramaticais que são, de um modo ou de outro, um bem comum do locutor e do ouvinte, as regras estilísticas não podem ser senão adivinhadas por este último, não somente, claro, em sua formação explícita – que seria a tarefa do linguista –, mas em sua própria operação. Também se verificaria *a contrario* o fundamento claro dessa caracterização comparando-se o "academismo" do estilo. Chamamos aqui academismo a regulação pseudoestilística do discurso para sua conformação intencional a regras, formuladas ou tácitas, mas em todos os casos extraídas *a posteriori* de discursos originais estilisticamente elaborados. A história da literatura e das artes nos oferece muitos exemplos, de épocas em que a produtividade de um estilo parece ter-se exaurido. É aqui então que o estilo torna-se, por assim dizer, uma forma gramatical, e

200 FILOSOFIA, LINGUAGEM, CIÊNCIA

podemos vê-lo em certos casos em que a própria língua torna-se por um espaço razoável de tempo modificada: a regulação estilística se "degradou" em regulação gramatical.

4.3.2. Esse mesmo exemplo serve para realçar igualmente o segundo caráter da regulação estilística que é sua abertura. As regras não formam aqui um sistema no sentido muito rigoroso da regulação gramatical, na medida em que o não pertinente que ela explora tem fronteiras indeterminadas. Sem dúvida, não é impossível, a partir de um *corpus* suposto finalizado, resgatar por um estudo atento os aspectos da língua que se distinguem pela organização estilística. Mas as regras elaboradas a partir do exame de um *corpus* parcial permitiriam reconstruir validamente aquelas que não pertenceriam senão na parte inexplorada? Não cremos muito nisso. Parece-nos que na organização estilística o metassistema escape à dominação de um sentido muito mais forte que nos sistemas formais aos quais nos referimos acima (3.2.), a organização ainda não é, falando de modo estrito, axiomatizável, isto é, suas produções não podem ser todas engendradas por um número delimitado de regras.[18]

Se os recursos atuais da imaginação formalizante nos fornecem muitos meios para construir até modelos interessantes, tanto da pseudorregulação estatística em nível informacional, como da regulação sintáxica, essas fontes são aparentemente insuficientes ainda para contribuir de modo convincente para a descrição da regulação estilística.[19] Podemos esperar que esta empresa seja favorecida algum dia pelo emprego de instrumentos matemáticos novos; mas é ilusão crer cegamente aqui no poder das matemáticas, que não começam a pensar por si mesmas, por assim dizer, senão quando do aparecimen-

---

[18] Substituímos *delimitada até o fim* da definição clássica de axiomabilidade. O infinito não tem mesmo sentido aqui, e *finito* é, portanto, uma condição muito fraca, preenchida trivialmente.

[19] Tentamos nós mesmos ainda recentemente sem sucesso propor um delineamento de um modelo, qualificado então como pseudojogo de estratégia. Cf. GRANGER, G.-G. *Essai d'une philosophie du style, op. cit.*, p. 19-21.

11. O conceito de regulação em linguística 201

to de uma conceituação judiciosa do problema que possa vir a ser formulado. Estamos, a bem da verdade, muito longe. Ou, na maior parte dos casos, em ciências humanas, e isto é justo que se reconheça, *temos a matemática que merecemos*, a menos que – e pior ainda – não desperdicemos as matemáticas de luxo achando que não valem nada.

4.4. Parece por outro lado que as dificuldades de uma formulação da regulação estilística de um sistema simbólico abstrato sejam também de natureza menos geral e dependentes essencialmente do fato de que a regulação é aqui diretamente vinculada a um sistema evolutivo concreto. Para além de certo grau de individualização, os enunciados não podem mais ser considerados somente no nível da língua, nem relacionados a um uso teórico. São produções no sentido forte do termo, no tempo e em situações determinadas, exteriores ao sistema simbólico da língua. Nesse ponto a individualidade estilística não pode mais ser focada somente como regulação de fatos da língua, não podemos mais indefinidamente neutralizar a informação própria veiculada pelo efeito do estilo. Trata-se antes da utilização de elementos originariamente não codificados na língua, não podemos mais ignorar que este reemprego, esta sobrecodificação estilística tem por função codificar alguma coisa do mundo do locutor. Situações emocionais, pulsões inconscientes, humor, caráter, ponto de vista criativo de objetos de arte são imediatamente rejeitados das margens comparativamente abrigadas e seguras da linguística formal para o alto-mar dos sistemas concretos do comportamento.

Aqui queremos parar nossa proposta. Limitamo-nos deliberadamente à consideração de sistemas simbólicos abstratos; mostramos a necessidade de um encontro com situações mais complexas e mais próximas da experiência. A evolução da ciência nos dá razão, portanto, de crer que é muitas vezes pela exploração sempre mais de universos da abstração que se descobre a passagem para modelos menos crus e menos vazios. Assim, o físico dos quanta se une eficazmente com o químico e o teórico da molécula com o biólogo celular. Em hipótese alguma é vão esperar que a imaginação formalizante dos linguistas, pelo esforço de dar consistência e precisão às diferentes espécies de regulações interiores a essa abstração estática que é a língua, contribui para preparar a passagem para uma dinâmica realista de sistemas integrados do comportamento humano.

Parte IV

O conhecimento científico

12

Podemos estabelecer limites para o conhecimento científico?[1]

1. Um problema preliminar: uma epistemologia pode ela ser normativa?

1.1. Uma filosofia da ciência não deve ser confundida nem com uma ciência da ciência, nem como uma ideologia da ciência. A primeira se limitaria a descrever a ciência como um fato psicológico e social de quem se deveria descobrir eventualmente as leis; a segunda consiste em apresentar, de modo explícito ou latente, uma imagem e um mito voluntarista da ciência. Um filósofo da ciência se esforça por descrever e organizar conceitualmente a significação da ciência; ele não pode deixar de lado a dimensão normativa, mas de um modo digamos, frágil. Ele não prescreve, mas resgata uma ideia da ciência a partir daquilo que ela é e também daquilo que pretende. Sem dúvida ele não pode em absoluto recusar as modificações e os deslocamentos dessa perspectiva ao longo da história; deve precaver-se de lhe fixar *a priori* uma figura imutável e imaginária. Ele, pelo menos, situará o trabalho científico no quadro de um projeto, no qual terá por tarefa examinar a continuidade, as revisões, as condições de execução não imediatamente percebidas.

1.2. Desse ponto de vista, as ciências efetivas, em seu desenvolvimento orientado, apresentam ao filósofo modelos de conhecimento que para ele seria vão considerar somente como produtos históricos,

---

[1] Extrato de *Fundamenta Scientiae*, 1982, v. 3, n. 1, p. 9-19.

essencialmente contingentes, de condições gerais de desenvolvimento da cultura. Uma vez que essa evolução manifesta uma dialética interna por meio de avatares históricos, e compete ao filósofo discerni-la. Os "paradigmas" nos quais se projeta, em diferentes épocas, o ideal científico não se mantêm somente sob a pressão das circunstâncias sociológicas, que não são senão as "condições limites", para emprestar uma expressão dos matemáticos. Seu mérito, sua fecundidade – mas também os limites que eles impõe à inovação – vêm do fato de que eles expressam parcialmente, e sob condições dadas, uma significação da cientificidade. Mas se o filósofo visa resgatar esta virtude normativa, isto não é porque ele queira conferir a tal paradigma ou a tal "arquiparadigma" o valor de uma figura definitiva e coercitiva para a ciência.

1.3. A partir disso é permitido lamentar o adoçamento neopositivista da epistemologia, que consiste de início em colocar o problema nestes termos: "um enunciado é científico ou não?" – e em fazer depender a decisão de uma redução desse enunciado a enunciados elementares ou, pelo menos, à possibilidade de traduzi-la por meio de tais enunciados supostamente embasados em experiência e suscetíveis de ser estabelecidos como verdadeiros ou como falsos. Popper quer com razão relativizar esse critério, mas ainda assim permanecendo fiel ao projeto de "traçar uma linha demarcatória precisa entre as ciências e as ideias metafísicas".[2] Mas o enunciado científico dotado de sentido não será então o enunciado em que podemos eventualmente estabelecer a verdade: exige-se tão somente de se poder por fim estabelecer sua falsidade.

Esse critério de demarcação permanece, portanto, um critério de sentido, mas o sentido não se recusa mais à validade atual do enunciado, a sua verificabilidade. A profundidade do critério popperiano e sua novidade me parecem justamente residir no fato de que ele não requer mais uma validade virtual, exigindo somente condições de não validade virtual. Daí decorrem duas consequências importantes:

---

[2] Cf. POPPER, K. *Logique de la découverte scientifique*. Paris: Payot, [1935] 1973, p. 35.

12. Podemos estabelecer limites para o conhecimento científico   207

a) Tal critério não pode funcionar senão vinculado a um sistema de enunciados.

b) O veredicto da não validade está sujeito à revisão, uma vez que forem reformuladas as condições da comprovação: não é, por assim dizer, absoluto senão em relação às condições.

Uma epistemologia que aceita o critério de sentido do tipo popperiano é, portanto, claramente normativa no sentido em que ela explicita um princípio de demarcação distinguindo – de certa maneira privilegiando – um modo de conhecimento capaz de nos doar uma informação sobre os resultados empíricos de nossas ações. Veremos, por outro lado, que podemos estender um critério desse tipo a atos cujos resultados não deveriam ser considerados como empíricos, no caso do conhecimento matemático. Em todos os casos, importa aqui distinguir duas direções possíveis da aplicação de tal princípio. Uma conduz a uma epistemologia negativa (como se diz "teologia negativa"), visando denunciar os simulacros da ciência. Não se trata então de separar as ciências "normais" das ciências "heterodoxas", mas de reconhecer se e como um corpo de conhecimentos dado efetivamente assume o critério em questão. A outra direção nos orienta para uma epistemologia positiva e consiste em diagnosticar *a parte ante* o que parece atualmente aberto a um conhecimento científico.

É esse segundo ponto de vista que nos reterá de um modo especial; e para examinar em que sentido podemos estabelecer fronteiras à ciência, nós nos alocaremos sucessivamente em dois planos, cuja confusão tornaria o problema inextrincável. Perguntar-nos-emos, de uma parte, se é necessário conceber uma limitação de campos abertos ao conhecimento científico e, por outra parte, se e como se deveria admitir uma limitação a esse ponto de vista.

2. Os campos abertos ao conhecimento científico

2.1. Estabelecer uma limitação aos campos tidos como abertos à ciência é seguramente abraçar a ideia de uma epistemologia normativa sob sua forma mais radical, dizendo *a priori* o que escaparia ao conhecimento científico. Qual seria o sentido do problema assim posto? Parece-nos que ele pode ser esquematizado da seguinte maneira. A noção de "experiência" apresenta-se como um indefinível (não necessariamente reduzida à experiência sensível), e nos perguntamos se tudo o que cai sob esse conhecimento direto pode ser também conhecido cientificamente. Tal definição requer duas assinalações. Primeiramente, a noção de "experiência" tomada como indefinível levanta naturalmente alguns problemas e supõe uma investigação; mas nos colocaremos a jusante desse obstáculo do qual veremos o exame em uma parte fundamental da teoria do conhecimento. A segunda questão, tal como a formulei, não pode ser dissociada da questão simétrica: existem objetos do conhecimento científico que não caem, direta ou indiretamente, sob esse conhecimento empírico, e como?

Uma resposta positiva à questão originariamente posta enseja, ao que me parece, a necessidade de se distinguir entre conhecimento teórico e conhecimento prático. Essa necessidade reconhecida entre outros por Aristóteles e por Kant leva a desenvolver uma tópica dos campos científicos, e na falta da mesma, pode-se recear a presença de confusões inextrincáveis que misturam a ciência e a ideologia.

2.2. Sem querer desenvolver um questionamento sobre a possibilidade de uma ciência prática, precisemos, ainda que brevemente, o que entendemos por essa palavra. Chamaremos de ciência prática um sistema de regras que permite estabelecer juízos coerentes sobre atos humanos eventualmente incoerentes. O problema da demarcação é então duplo: trata-se, de um lado, de construir uma língua não ambígua, munida de uma gramática explícita para expressar tais juízos e, de outro lado, de apresentar o meio de ligar as noções abstratas relacionadas a essas ações, a fatos controláveis de uma experiência. Essas condições técnicas supostamente preenchidas e cujo estudo nos parece naturalmente se ancorar em uma epistemologia, a questão da significação de tal ciência não diz mais respeito à epistemologia, mas sim a uma filosofia da ação. Deixamos, portanto, de lado aqui, o que diz respeito às ciências práticas, para lidar somente com o campo das ciências teóricas.

12. Podemos estabelecer limites para o conhecimento científico 209

2.3. Nessa perspectiva, nos perguntamos como uma ciência teórica pode desdobrar-se no domínio da experiência sensível, mas também como a cientificidade pode conservar um sentido no campo não empírico, isto é, em um campo onde a experiência sensível não fornece o critério para a leitura dos enunciados. Reconhecemos então, neste sentido, o não empírico como objeto da ciência? Sim, seguramente, uma vez que os sistemas simbólicos tomados em si mesmos, em sua organização e em seu desenvolvimento, não poderiam sem uma atitude paradoxal ser excluídos do domínio da ciência. Entretanto, na medida mesmo em que um sistema formal pode ser construído por meio de regras e de axiomas a partir de um estoque determinado de símbolos, podemos recusar considerar como um verdadeiro conhecimento o que aparece como inteiramente determinado por esses dados prévios? Nessa recusa consiste a ilusão tautológica que nos faz levar ao pé da letra a expressão infeliz de Wittgenstein: em matemática (e na lógica) não há surpresa... Ilusão que é tão difícil de admitir como de refutar. O teorema de Stokes em geometria diferencial ou, na teoria dos números, os resultados sobre a repetição dos números primos[3] são naturalmente deduzidos de axiomas; nenhum matemático, entretanto – sou capaz de apostar –, admitiria ver aqui puras e simples tautologias. A elucidação desse paradoxo não pode ser empreendida senão pela análise detalhada do modo do estabelecimento dos enunciados lógico-matemáticos. Limitar-nos-emos aqui a indicar que a carga de conhecimento autêntico de tais enunciados provém da aparição de um conteúdo formal. Esquematizamos em outro lugar o desenvolvimento dessa noção aparentemente contraditória.[4] Diremos simplesmente que a elaboração explícita da noção intuitiva dos obstáculos

---

[3] O teorema de Stokes (1819-1903) pode ser formulado assim: $\int_v w = \int_v dw$, em que w é uma forma diferencial, dw sua derivada exterior, v uma variedade diferencial e v' sua borda ou tangente. No espaço de três dimensões, e eis um caso particular enunciado numa linguagem um tanto intuitiva: "o fluxo de um campo de forças através de uma superfície delimitada é igual à integral de sua divergência tomada no interior do volume desta superfície limitada". Como exemplo de propriedade manifestamente não trivial de números naturais, pode-se citar o teorema da repartição dos números primos: "O número de números primos inferiores a x é um infinitamente grande equivalente a $x/\log x$".

[4] Cf. GRANGER, G.-G. *The Notion of Formal Consent*. New York: 1982.

intrínsecos, encontrados no estabelecimento de uma construção formal a partir de premissas, e que a consistência e a espessura desses obstáculos tornam-se confiáveis sistematicamente à medida que se passa das partes mais elementares da lógica às teorias mais elaboradas das matemáticas *lato sensu*. É assim que o cálculo dos enunciados, em que não aparece, por assim dizer, senão a sombra de um conteúdo formal, permanece inteiramente transparente e, falando apropriadamente, tautológico, o que se traduz mais precisamente pelas metapropriedades da não contradição, da completude e da decisibilidade do sistema. Ao contrário, à medida que um conteúdo formal esquematiza um objeto, estas "boas" propriedades desaparecem uma a uma, e pode-se, na realidade, com a presença deste conteúdo, portanto, não empírico, reconhecer não mais somente a forma de uma ciência, mas uma ciência em seu todo, completa.

Quais seriam, então, os critérios de sentido aos quais satisfazer no enunciado formal que merecem plenamente o título de científicos? Observamos que na falta de tais critérios, toda a construção formal, por mais arbitrária que ela seja, deveria ser contradita nesse sentido. Não posso de minha parte me resignar a essa conclusão que conduz a um ceticismo radical. Se tomarmos, por exemplo, a matemática tal como ela apresenta de fato, segundo seus estilos os mais diversos, não podemos deixar de notar que ela se conforma sempre às exigências, que constituem a expressão dos critérios específicos da cientificidade. Critérios "externos" de início. Existe ciência somente na medida em que a aplicação de regras formais não leva a resultados senão pela invenção de uma estratégia: um autômato não pode construir conhecimento científico a menos que suas operações sejam um momento e um instrumentos de uma tal estratégia – ou que se chegue a integrar uma estratégia em seu próprio desenvolvimento, hipótese crucial cuja possibilidade não é aqui o lugar de discussão. É necessário, por outro lado, que esses resultados apresentem uma informação, exigência que, na perspectiva aqui apresentada, situa a lógica *stricto sensu* (o cálculo dos enunciados) como forma limite vazia do conhecimento científico. As condições "internas", por outro lado, das quais nos limitaremos a indicar brevemente como elas se nos aparecem:

12. Podemos estabelecer limites para o conhecimento científico   211

a) As regras operatórias devem ser não ambíguas, e efetivamente explicitáveis, mesmo se elas não foram realmente formuladas.

b) A coerência do sistema deve ser garantida no nível das próprias regras. Dito de outro modo, se é impossível exigir que se possa estabelecer a impossibilidade de demonstrar um enunciado e sua contradição, como o desejaria Hilbert, pelo menos deve ser possível poder mostrar que a execução das regras não conduza a incompatibilidades; tal é, parece-me, o sentido mais amplo das tentativas de se estabelecer um fundamento de um estilo finalista, intuicionista, construtivista.

c) A exibição de modelos menos abstratos que o próprio sistema deve ser possível, em que as operações são imediatas e os objetos mais ricos em propriedades.

Por outro lado, tais exigências não devem ser consideradas como limites estáticos, que se opõem a todo e qualquer desenvolvimento de um sistema formal uma vez constituído. Elas servem, antes, de guias para a transformação e a extensão de um formalismo assim que se apresentem os obstáculos. Por exemplo, logo que o engenheiro Heaviside percebeu que era possível estender as regras operatórias de análise para objetos introduzidos por estudos teóricos dos circuitos elétricos, mas cujo estatuto matemático era inconsistente, ele não fez por menos e criou o "cálculo simbólico", cujo sucesso chegou a deixar perplexo o matemático. Sucesso que se confirma, portanto, quando alguém se apercebe que tudo se passa como se a pseudofunção $\delta(x)$ que seria nula para tudo, salvo para $x = 0$ e infinita no ponto 0, de tal modo que $\int + \infty - \infty\, \delta(x)\, dx = 1$ seria a derivada da função igual a 0 para $x < 0$ até $1 > 0$... A solução do paradoxo seria dada quando se criou a noção nova de "distribuição" que, de certa maneira, generaliza a de função e torna, em todos os casos, legítima a operação redefinida de derivação no caso em que ela não tinha mais sentido.[5]

2.4. A ideia de delimitação do campo de conhecimento científico formal teria sido, assim, esquematizada; resta ainda examinar o caso, sem

---

[5] Cf. Schwartz, L. *Théorie des distributions*. Paris: Hermann, 1950.

dúvida bem mais litigioso, dos campos empíricos da ciência. Aceitamos a "experiência" como noção indefinível, no nível da análise na qual nos colocamos. Em consequência disso, devemos admitir que nada pode ser rejeitado *a priori* do que for designado por um sujeito como experiência. Assim, a atitude científica nos obriga a receber indistintamente como tal o que a prática da vida nos ensina ao contrário, com justiça, a propósito, a rejeitar como ilusão, imaginação ou delírio. E a questão "toda experiência é susceptível de conhecimento científico?" não vemos sobre o que fundamentar, ao menos provisoriamente, uma resposta que não seja afirmativa. Tudo o que acontece ao sujeito como experiência é, portanto, passível de ser conhecimento científico, contudo, é necessária a restrição ou a precisão essencial, na medida em que sua expressão (do conhecimento científico) numa linguagem determina os fatos. Não existe conhecimento científico, com efeito, senão o que for exprimível em um sistema simbólico, transmissível pela linguagem, em oposição a certos conhecimentos essencialmente imitativos e que se ancoram, em um sentido amplo, na arte. Ainda, é necessário que o saber expresso determine fatos. De certa maneira, podemos mesmo dizer que a principal tarefa de uma filosofia da ciência consiste justamente em interpretar a noção de fato, e algumas das observações do parágrafo precedente que tocam à ideia de "conteúdo formal" não visam senão introduzir e esquematizar a noção que, em matemática, corresponderia a um conceito de fato.

No campo empírico que no momento nos ocupa, parece que o conceito possa ser caracterizado por meio de abstrações escalonadas a partir daquilo que no nível concreto da experiência será designado como evento. Essa hierarquia de abstração deve ser refletida por expressões de linguagem e é por esse ângulo que tentarei indicar o princípio. Chamarei de "evento próprio" uma experiência relatada por um sujeito em seu mundo como modificação deste; sua expressão comporta indicadores de subjetividade e de ostentação, que é importante assinalar que eles serão eliminados dos enunciados científicos. Chamarei de "evento referenciado" uma experiência relacionada a um quadro espácio-temporal abstrato, acessível a todos os "eu"; um evento pode ser descrito por meio de um index de localização espácio-temporal segundo a fórmula geral: $R\ (a,$

12. Podemos estabelecer limites para o conhecimento científico   213

$b,...i$), em que a, b, ... são símbolos do indivíduo e i é o símbolo da localização no sistema de referência adotado. O evento é claramente, então, de certa maneira singularizado, mas por sua alocação em um sistema de reconhecimento posto na ocorrência como universal. Chamarei enfim de "evento genérico" um evento em uma fórmula descritiva do que o índice de localização figura como variável e, mais precisamente, como variável livre: R $(s, y, ...u)$, em qie u representa esta localização variável e x, y, ... são eles mesmos, eventualmente, as variáveis do indivíduo nos domínios fixados alhures. A localização efetuada do evento e a especificação dos indivíduos são então considerados como dependentes de parâmetros que foram dissociados como não pertinentes para estudo do evento tal como eles o foram – provisoriamente – recortados. Uma lei empírica se distingue assim de um evento genérico no sentido de que ela faz figurar o índice de localização como variável ligada, seja por um significador universal, seja ainda por um quantificador existencial: (u) R (x, y, ... u) ou: ($\exists$ u) R (x, y, ..., u) – este último caso não deve em hipótese alguma ser confundido com a expressão de um evento referenciado, uma vez que se trata aqui de afirmar a existência de uma localização que, por outro lado, é indeterminada.[6] Uma ciência empírica enuncia sistemas de ligação entre eventos genéricos, apresentando, finalmente, o meio de coordenador certos eventos genéricos a eventos referenciados.

Essa distinção permite precisar o alcance dos critérios aos quais se exigirá que estejam submetidos os enunciados científicos. Sem nos envolver em uma análise mais detalhada, propomos três critérios: ser verificável, ser refutável e ser operatório, e nos perguntaremos qual é em relação a ele mesmo o estatuto dos enunciados do evento, tais como acabamos de diferenciar.

a) Um enunciado de evento diferenciado é ao mesmo tempo refutável e verificável, na medida em que todos os pontos do sistema de referência são acessíveis diretamente.

---

[6] Cf. GRANGER, G.-G. Logique et pragmatique de la causalité. In: *Systèmes symboliques, science et philosophie*. Marseille, CNRS, 1978.

214 FILOSOFIA, LINGUAGEM, CIÊNCIA

b) Um enunciado de evento genérico existencial é verificável, mas não refutável, pelo menos se o conjunto dos eventos em consideração não é finito. É suficiente, com efeito, para verificar, descobrir um ponto do sistema de referência em que ele é satisfatório.

c) Um enunciado de evento genérico universal é, nas mesmas condições, refutável, mas não verificável.

d) É necessário, por fim, exigir de todo o enunciado científico que ele seja no mínimo operatório, isto quer dizer, que ele permita, tendo em conta as relações nas quais ele se insere, a qualquer dedução conforme as regras lógicas aceitas.

Vemos que esse exame conduz à precisão da concepção popperiana estrita e a dar cidadania ou reconhecer, sob certas condições, enunciados não refutáveis. Isto nos conduz, em especial, a examinar sob uma nova luz o caso particular dos axiomas e o das teorias enquanto conjunções complexas de enunciados.

Não podemos exigir disso que chamamos axioma em uma ciência empírica nem a refutabilidade e nem a verificabilidade tomadas em seu sentido estrito. Os eventos genéricos enunciados por esses axiomas sendo considerados como constitutivos do sistema de referência, a própria noção de verificação ou de refutação perde aqui seu sentido. E se é verdade que a revisão dos axiomas pode muito bem ser a consequência do sucesso ou do insucesso das refutações ou das verificações, apresentando aos enunciados outros fatos, esta revisão significa menos a rejeição do evento anteriormente afirmado que a modificação do sistema de referência. Parece que o único critério intrínseco do axioma seja aqui a operacionalidade; mas é verdade que a história das ciências nos mostra que são algumas vezes apresentados como princípios de enunciados que combinam uma descrição de evento genérico em si comum e um axioma verdadeiro, regra constitutiva cujo valor não depende diretamente nem de uma verificação, nem de uma refutação de evento, e que o progresso da ciência contribui geralmente para dissociar.

O caso das "teorias" é mais complexo e não lhe devemos atribuir um estatuto unívoco do ponto de vista dos critérios que foram propostos. Seu ponto de partida comporta, além dos axiomas, enun-

12. Podemos estabelecer limites para o conhecimento científico   215

ciados de eventos referenciais que devem ser, por isso, verificáveis e refutáveis. As consequências empíricas que elas implicam, uma vez que têm forma de enunciados referenciais, estão naturalmente no mesmo caso; quando elas são somente verificáveis elas se apresentam como enunciados genéricos existenciais e somente refutáveis quando são enunciados genéricos universais. Não podemos dizer, sem correr o risco de confusão, que verificamos ou refutamos uma teoria; ou a aceitamos, ou a rejeitamos, a partir de certo nível de exigência; parece-me que a exigência mínima possa ser assim esquematizada: exige-se um ponto de partida empírico verificado, as consequências genéricas universais não refutadas e as consequências genéricas existenciais verificadas em um número suficiente de casos... A relatividade dessas exigências não deveria levar a concluir com um pragmatismo e nem com um convencionalismo; ela marca simplesmente o lugar e o jogo deixados por outro lado livres para uma evolução e para um progresso. Elas, as exigências, não constituem um "paradigma" ocasional entre outros; elas nos parece ser o resultado da tomada de consciência, ao longo de sua história, do que seja verificável do ponto de vista do pensamento científico.

3. O objetivo do conhecimento científico

3.1. O que chamamos de objetivo pode prestar-se a confusões que convém já de início dissipar. Propomos distinguir, portanto, que é possível a ciência como fato antropológico, cuja significação pode ser diversamente percebida segundo as civilizações e cujo desenvolvimento nesta ou naquela direção dependeu em parte de condições extrínsecas – a ciência como projeto transcendental. Sem dúvida, é exatamente através das obras científicas concretas que esse projeto se manifesta (e tal é o sentido da palavra "transcendental"); mas essa manifestação não é forçosa e claramente percebida pelos protagonistas da prática da ciência, nem diretamente apresentada pelos avatares por que ela passa. É tarefa do filósofo descobrir esse projeto, correndo o risco naturalmente de interpretá-lo mal e deslizar de uma filosofia para uma ideologia da ciência, risco este que não pretendo, claro, deixar de correr.

3.2. Em todos os casos, o primeiro ponto que devemos abordar, de meu ponto de vista, é a questão da "supremacia" da ciência relativamente aos outros modos de conhecimento. Tomada ao pé da letra e sem reservas, a tese da supremacia constitui-se em um credo fundamental do cientismo que é até bastante fácil de criticar para atacar as formas menos ingênuas do racionalismo. Mas a ciência não poderia ser colocada em concorrência com outros tipos de saber, a não ser que eles não compartilhem do mesmo objetivo. Concordaremos, facilmente, que a ciência do fisiologista não deva ser substituída no sentido clínico pela do massagista;[7] não concluiremos que a fisiologia seja uma forma inferior de conhecimento. Admitiremos de boa vontade que o faro do mecânico não seja suficiente, de modo algum, por outro lado, para elaborar plantas de uma turbina; mas estaríamos errados em deduzir que a ciência termodinâmica e a mecânica dos fluidos se permitam dispensar os conhecimentos das pessoas ligadas à prática. A supremacia da ciência é entretanto muito real, mas no interior de seu próprio objetivo ou ponto de vista, e é deste ângulo que devemos delinear a forma dessa supremacia. O relativismo da ciência, um racionalismo consequente deve sem dúvida reconhecê-lo, mas isto não deveria implicar sobre a natureza do conhecimento científico; isto seria julgar em causa própria e é natural de uma filosofia racionalista mostrar o interesse da ciência sem de modo algum se obrigar a desconhecer interesses de outras formas de conhecimento que têm em mente outros objetivos; contanto que se mantenham dentro da perspectiva de seu objetivo próprio, a ciência é insubstituível e soberana.

---

[7] N.T. Sentido original um tanto confuso: "praticien", tanto pode ser o que tem conhecimento prático e neste caso pode também ser o fisiologista do ponto de vista de sua ação, como pode ser também "advogado". Usei o termo "massagista", exatamente para contrapor com clareza a ideia que o autor quer apresentar.

12. Podemos estabelecer limites para o conhecimento científico 217

A esse respeito o "dadaísmo" lúdico de Feyerabend me parece uma espécie de impostura, porque com o objetivo de estabelecer o caráter arbitrário do conhecimento científico e dentro desse objetivo, ademais até louvável, de subverter a ideologia científica totalitária, ele afirma sem prova alguma consistente que os resultados obtidos pela ciência podem ser obtidos por outros caminhos. Limitamo-nos aqui a citar esta estranha passagem de *Against Method* (Contra o método): "Havia na Idade de Pedra uma astronomia altamente desenvolvida e conhecida internacionalmente, astronomia esta que era adequada aos fatos e emocionalmente satisfatória, que resolvia tanto os problemas físicos como os sociais...".[8]

O relativismo sociológico de Thomas Kuhn é evidentemente muito mais ponderado e digno de consideração. Mas, por outro lado, insistindo unilateralmente sobre o fato de que as exigências do método científico são formuladas a cada época em cânones aceitos majoritariamente por um grupo social, ele foi levado a declarar que as teorias sucessivamente formuladas por uma ciência isolam-se em universos de pensamentos incomunicáveis. Ora, ainda que seja verdade que o conhecimento científico tenda a se organizar em sistemas provisoriamente fechados em seus quadros constantemente revisáveis, como recusar admitir que alguma coisa em comum permaneça, para além mesmo das variações dos conteúdos e da formas, e que é a condição radical do progresso cumulativo da ciência? Essa coisa qualquer se fundamenta exatamente na natureza do objetivo da ciência.

3.3. Seu caráter essencial não consiste no fato de que ela delimitaria um campo, mas que ela determina uma relação com a experiência e não somente com a experiência sensível, mas também com essa experiência operatória que podemos, paradoxalmente, classificar de abstrata, onde estão as questões mais complexas. A ciência visa

---

[8] Provavelmente o autor se refira a FEYERABEND, P. *Against Method*. London: Verso, 1975. Veja-se também a polêmica entre Gellner e Feyerbend na British Journal for the Philosophy of Science. 1975, 26; 1976, 26.

218 FILOSOFIA, LINGUAGEM, CIÊNCIA

constituir objetos. E o que é então um objeto? Dou a essa palavra, carregada de sobredeterminações múltiplas pela língua do cotidiano e por século do emprego da mesma pelos filósofos, o sentido técnico seguinte: chamo objeto este ponto onde se podem construir modelos abstratos, manipuláveis segundo regras explícitas e coordenáveis com provas especificamente definidas e codificadas.

A adoção de um ponto de vista científico está correlacionada, ao longo da história, a essa constituição de objetos. Sem dúvida, o progresso dessa constituição não foi em absoluto linear como o declara a lei da evolução de Augusto Comte; por outro lado, sem dúvida, é necessário discernir os níveis particulares sobre os quais a organização de um objeto parece finalizada, mas que será reconsiderada e reformulada em outro nível, e este é o sentido positivo da ideia de paradigma de Kuhn. Mas não podemos deixar de reconhecer que esses são, inicialmente, objetos matemáticos, depois objetos astronômicos que foram sendo constituídos e por fim objetos mecânicos. A aparição desses últimos parece ter jogado em plena luz as condições de aplicação do ponto de vista científico, e esta tomada de consciência consiste em seu essencial, a revolução que marca o nascimento da ciência moderna. Esquecemos facilmente as peripécias desse reconhecimento e as dificuldades quando houve a confusão e as incertezas que caracterizam ainda hoje os ensaios de uma ciência dos assuntos humanos. A dificuldade de constituir objetos é certamente aqui muito maior e a redução à operacionalidade muito mais delicada e complexa; além do mais, ela nem é da mesma natureza. Assim, a limitação de um conhecimento científico não me parece relativa a seu campo, mas vinculada ao fato de que a experiência inicial do objeto que acabamos de definir. A meta da ciência é clara, e nada do que esteja dentro de uma experiência deveria, em si, fugir de seu alcance. Entretanto, a própria natureza dessa meta ou perspectiva delimita a forma dos resultados por ela obtidos. Busquei em outro ensaio precisar essa limitação propondo um conceito de individuação, com o objetivo de estabelecer por que não há ciência teórica do individual, em que o indivíduo – tanto no mundo físico

12. Podemos estabelecer limites para o conhecimento científico 219

como humano – não pode ser objetivado enquanto tal.[9] Que seja suficiente a sugestão deste caminho de reflexão que não é aqui o lugar de explorá-lo.

3.4. Mas se a meta do conhecimento científico é constituir objetos que devem ser conhecidos, a questão que gostaria de colocar para terminar é a seguinte: existe conhecimento sem objetos? Entendemos aqui a palavra "objeto" no sentido restritivo que demos no parágrafo acima. Sob essa última condição, uma resposta negativa significaria que não há outro conhecimento que o científico. A resposta positiva que proponho, ao contrário, consistiria em distinguir duas outras metas ou perspectivas principais, das quais indicarei brevemente os traços principais.

A primeira é a meta da técnica, que erraríamos se assimilássemos como se faz às vezes de modo tácito, seja como uma forma auxiliar, seja como uma forma enfraquecida da perspectiva científica. Quaisquer que sejam as relações estreitas que ela estabeleça com esta, a perspectiva técnica se distingue de um modo radical: é técnica uma prática que visa encadear atos para obter um resultado e não se interessa pelo conhecimento de objetos, a não ser na medida em que esse conhecimento possa servir para essa meta. Claro que os seres humanos descobriram, ao mesmo tempo em que eles tomavam consciência da natureza da ciência, que um conhecimento – científico – de objetos multiplicaria os poderes da técnica, e se advertiram, até mesmo muito mais tarde, que o desenvolvimento do conhecimento objetivo exigia o concurso de técnicas sempre mais complexas e mais controladas. Mas não podemos esquecer que técnicas muitas vezes muito sutis e eficazes subsistiram por longo tempo independentemente de todo o conhecimento científico, e nem se pode deixar de reconhecer que sob nossos próprios olhos, no domínio da medicina, por exemplo, procedimentos organizados por técnicos são utilizados com certo sucesso sem que estejamos em condições de fornecer a interpretação explicativa que somente a ciência pode propor. Não é o

---

[9] Cf. GRANGER, G.-G. *Essai d'une philosophie du style*. Paris: 1968, primeiro capítulo.

220 FILOSOFIA, LINGUAGEM, CIÊNCIA

caso, certamente, de negar ou mesmo de subestimar a complementaridade das duas perspectivas, mas antes de advertir para a confusão, cujos efeitos é importante que sejam denunciados. Um se traduz, no geral, por uma redução burocrática da ciência a projetos técnicos avaliados a partir de sucessos imediatos; o outro leva a uma tecnocracia, que se apoia na impostura que tenta fazer passar por conhecimento científico dogmaticamente estabelecido alguns resultados técnicos dos quais, entretanto, se ignoram seu alcance e valor.

A segunda perspectiva corresponde ao conhecimento sem objeto que anima a pesquisa filosófica. A filosofia não pode pretender conhecer e descrever objetos no sentido que propomos aqui; ela quer formular conceitos da significação global da experiência. Aqui ainda o perigo de uma confusão merece ser denunciado, uma vez que ele parece ser igualmente ilusório e de um ou de outro modo é perigoso, isto é, apresentar uma reflexão filosófica como capaz de produzir ciência ou de apresentar a ciência como substituta da filosofia.

Se mantivermos a distinção dessas diferentes metas e perspectivas, é possível propor um critério que permite desqualificar as "falsas" ciências sem de modo algum limitar o domínio aberto para a cientificidade. Em vez de ser mau uso da ciência, os tais pretensos conhecimentos não seriam antes pseudotécnicos ou pseudofilosofias? Um pensamento crítico realmente racional, se a suspeição despertar, não deveria recusar, de início, o campo da experiência que o saber em litígio pretendeu cobrir, mas buscar examinar a perspectiva para aí denunciar os falsos semblantes eventuais.

Entretanto, a existência de relações perversas aqui denunciadas entre perspectivas essencialmente distintas do conhecimento não impede de modo algum que em certo sentido uma comunicação legítima e fecunda que possa ser constantemente estabelecida. É assim que uma reflexão sobre os procedimentos técnicos conduz muitas vezes a construir objetos; ainda é necessário que este vaivém da operação--objeto – que me parece caracterizar muito profundamente a dialética da descoberta matemática –efetue-se em uma clareza conceitual. Sob a mesma condição, a análise filosófica das significações pode conduzir

12. Podemos estabelecer limites para o conhecimento científico 221

à constituição de objetos de um conhecimento científico ulterior. A dificuldade aqui é não confundir a organização das significações em um sistema que continua a meta do filósofo, com a passagem para uma organização formal produzindo um modelo abstrato, objeto da ciência. Os exemplos menos ambíguos são encontrados ainda na matemática, e o caso da matemática leibnitziana, em grande parte criada a partir de uma metafísica, serve como um exemplo.[10]

Assim à questão "podemos estabelecer limites para o conhecimento científico?", uma filosofia da ciência tem o direito de responder afirmativamente, sem, portanto, se arrogar ridiculamente o poder de impedir o movimento da ciência. É necessário, então, entender essa afirmação, com base em uma interpretação do significado da ciência de duas maneiras. E primeiro lugar, a ciência em uma dada época encontra provisoriamente, mas inquestionavelmente, limites que nascem de insuficiências de seus processos atuais de objetivação. Reconhecer essas insuficiências, mas submeter a uma crítica precisa as tentativas precipitadas e enganadoras de amadores abobalhados é uma tarefa ingrata em um tempo em que a fuga para os mistérios fáceis confunde-se com a abertura laboriosa do conhecimento. Em segundo lugar, ao contrário, essa resposta afirmativa significa que se admite um limite intrínseco à meta da perspectiva científica. Não que algumas regiões da experiência não possam jamais ser fechadas, mas a expressão que ela lhe propõe exige que seja dissociada com o rigor dos aspectos pertinentes e não pertinentes, a fim de que sua linguagem continue sendo explicativa e eficaz em sua aplicação. Assim, essa perspectiva não atinge sua meta senão ao preço de uma cristalização de sua vivência em objetos. Um racionalista lúcido, tomando consciência dessa limitação deliberada, admirará ainda mais na ciência o prodigioso trabalho realizado pelo engenho humano.

---

[10] Cf. GRANGER, G.-G. Philosophie et mathématique leibnitziennes. *Revue de Métaphysique et de Morale*, 1981, 1, p. 1-38.

13

Simular e compreender[1]

A palavra "simular" em francês muito dificilmente pode ser dissociada da ideia de enganação.[2] Simular é, antes de tudo, produzir ou apresentar um falso semblante. É necessário ainda, partindo de Platão, denunciar em toda μίμησις[3] a intenção de colocar a aparência no lugar do real e desviar as mentes da verdade? Parece, ao contrário, que a palavra simulação e a coisa já tenham adquirido direito de cidadania no próprio domínio do conhecimento científico. O químico "simula" uma reação em seu computador; o economista, os efeitos de uma taxação na gasolina; o técnico em informática que cria um metaprograma que simularia – *emulate* dizem os anglófonos – uma máquina dentro de outra máquina. Seria necessário definir o sentido atual desse método e interrogar-se sobre a natureza disso, que seria assim empregado para a compreensão do mundo em que vivemos. Precisamos, portanto, tentar reconhecer o que significa "compreender" ao mesmo tempo em que se busca descrever os meios e os fins da simulação.

---

[1] Conferência apresentada *in absentia* no Congresso do Instituto Internacional de Filosofia, em Brighton, em agosto de 1988.

[2] N.T. A propósito do termo "simular" penso que o mesmo possamos dizer para a língua portuguesa.

[3] N.T. Em grego, no original (mímesis, imitação).

224 FILOSOFIA, LINGUAGEM, CIÊNCIA

Os tipos de simulação
Uma simulação "técnica"

Propomos, por exemplo, reproduzir os *efeitos* de um organismo natural (o voo, o deslocamento horizontal), sem nos preocuparmos em reproduzir ou imitar os meios que são os próprios. Esse percurso é fecundo, uma vez que desloca a perspectiva do conhecimento, mas não anula nem a análise, nem a busca por relações "causais", visadas como relações fins--meios, mas em um contexto determinado, por assim dizer "local". Em linguística, onde fazemos distinção entre performance-competência, focar na performance pura e simples, para procurar imitar, realçaria a simulação.

Uma simulação "clínica"

Trata-se de penetrar um *estado individual*. O caso prototípico está presente pela imitação, interna ao sujeito conhecedor, de uma atitude, de uma situação ou reação afetiva de outrem. O caráter da globalidade é aqui predominante, e se privilegiam as relações de significação em vez das determinações do tipo causal.

O conceito pode, entretanto, estender-se para além do mundo dos fatos humanos: a representação que o mecânico faz para si do motor que ele deve consertar poderia muito bem ser uma transposição de uma simulação clínica. Isto seria então a *Gedankenexperiment*[4] de um caso particular, "experimentado" graças às experiências efetivas anteriores.

Uma simulação estética

Ela visa produzir efeitos concretos – suscitar a *presença* de objetos – pela transposição ou reorganização de materiais propriamente

---

[4] N.T. Em alemão, no original (experimento mental ou em pensamento).

concretos. A "metáfora", o modo estético de representação por excelência é diversa do "modelo" abstrato, característico do conhecimento científico: na metáfora, a materialidade da representação,
a forma e o conteúdo de sua substância (no sentido de Hjelmslev)
estão sob um mesmo plano da realidade que o "simula" e desempenha um papel essencial.

Em que "simular" pode ser "compreender"?

Se houver o aporte de diferentes espécies de simulação para a
compreensão, isso irá depender do domínio que se tem em mente.
Podemos, então, distinguir:

• o caso de objetos concretos, fenômenos do mundo material
ou fenômenos humanos, representados por meios da língua natural;
• a simulação comporta então uma *esquematização mínima*,
eventualmente uma simples decomposição em partes ou em elementos, mas com hipóteses elementares vinculadas às relações mútuas.
Nesta medida, ela constitui pelo menos um esboço de compreensão;
• para os fatos humanos, individuais ou coletivos, a própria palavra "compreensão" é muitas vezes empregada como sinônimo do
que definimos por "simulação clínica". O conhecimento puramente
histórico (como forma limite, jamais realizado em estado puro, da
história) seria uma espécie mais elaborada de "simulação-compreensão" clínica. Ela visa, a propósito, como tal, *reproduzir* o objeto
histórico enquanto experiência vivenciada. Mas na realidade ela está
sempre associada aos modos de *representação nomológicos* que não
apelam à simulação. O conhecimento psicológico ou sociológico,
ou econômico ou linguístico... orienta-se claramente no sentido
dessa representação nomológica e é a realização desse ideal que permitiria então dizer que se compreende (cientificamente) os fatos.
Ela tem, entretanto, recorrido à simulação técnica como uma etapa
intermediária ou modo provisório de saber.

Para os fatos não humanos, é essa simulação técnica que entra em ação. Observamos que não se recorre a ela senão nos casos seguintes:

a) o fenômeno é convenientemente representado por um modelo abstrato, mas os cálculos ali são muito complexos e longos ou, ainda, apresentam problemas matemáticos ainda não resolvidos;

b) não temos um modelo satisfatório, mas somente funções de entrada e saída de uma "caixa-preta";

c) a representação – satisfatória ou não – comporta em si o aleatório como essencial, que se faz então objeto de uma "simulação" específica, apresentando, além do mais, um problema, que se não for técnico, pelo menos é conceitual: pode-se realmente imitar o acaso?

A simulação consiste aqui reproduzir mentalmente ou por meio de uma figuração materialmente realizada o *resultado de um encadeamento de eventos*. Em se tratando de um mecanismo propriamente dito, imaginam-se ou percebem-se posições das peças em movimento e estados de conjuntos, ou ainda sabe-se imaginar as causas de um bloqueio ou de um mau funcionamento. Não se sabe "explicar" o que aconteceu, mas podemos dizer que já temos uma compreensão, no sentido débil, desse mecanismo?

Se a simulação põe a caminho a compreensão, é *na medida em que ela sugere problemas, e não porque ela fornece soluções.*

O caso dos objetos abstratos da matemática

Claro que esse caso se apresenta já em um nível bastante desenvolvido do conhecimento de objetos "concretos". Mas sua especificidade é mais clara nas matemáticas. A simulação intervém aqui sob a forma-limite de produção de modelos (no sentido dado pelos

13. Simular e compreender

lógicos)[5] para certa estrutura; é neste sentido, na realidade, bem diverso do sentido usual que diríamos, por exemplo, que o conjuntos dos resíduos do módulo 3 de inteiros, munido de operações aritméticas convenientemente definidas, é uma "simulação" de uma estrutura de corpo finito.

Existe, claro, simulação: quando há produção de objeto (concreto em relação à estrutura) e quando o funcionamento desse objeto é diretamente reconhecido sobre um caso particular, e não relacionado a propriedades gerais do corpo finito. É assim que uma propriedade como a de ser comutativo aparece aqui como particular desse corpo, enquanto que uma teoria geral revela que ela é necessariamente associada à propriedade de ser finito. Certamente, a distinção aqui assinalada não tem a rigidez e nem o vigor que ela tinha nos casos precedentes, e o conhecimento que nos proporciona essa "simulação" é fundamentalmente da mesma natureza daquela que seria dedutível de uma teoria geral dos corpos finitos. Entretanto, ela nos permite com justiça melhor discernir os graus de um conhecimento em que a simulação do objeto não se constituiria senão num ponto de partido.

Simular, compreender, explicar

Para se conhecer o que falta ao conhecimento obtido pela simulação para que seja compreensivo e dar ao "compreender" uma determinação mais precisa, propomos distinguir "compreender" e "explicar", sendo que os dois vocábulos foram escritos de um modo relativamente arbitrário. Faremos, antes de tudo, duas observações preliminares:

---

[5] Que é, de certo modo, o inverso daquele que utilizo no geral, segundo o qual o "modelo" dos fenômenos é uma esquematização *mais abstrata*. Para o lógico, ao contrário, o "modelo" é uma encarnação (*relativamente concreta*) de certa estrutura. Mas o que importa nos dois casos é a relação abstrato-concreto e da representação com o representado, que invertem então seus correspondentes.

a) Os conceitos filosóficos que queremos definir aqui se aplicam às *representações simbólicas* do vivenciado, não ao vivenciado em si mesmo, se é que podemos destacar completamente esses dois aspectos. O que chamamos de "simulação-compreensão clínica" sob sua forma extremada – como *imitação* direta do vivenciado pelo vivenciado – é então colocado fora de questão.

b) Não falaremos aqui senão de conhecimentos do tipo e com a perspectiva "objetivantes", tais como os que a ciência nos apresenta como realizações mais ou menos perfeitas. Essa observação, naturalmente, está ligada à primeira e à completa.

Diremos que *compreender* a representação de um fenômeno em um sistema simbólico (língua natural ou em um conjunto de fórmulas) é discernir um sistema de relações entre partes, relações aceitas como contingentes, por assim dizer, isto é, não dependente de um sistema que as envolva e as fundamente.

Explicar consistiria em estabelecer tal sistema que possa fornecer os princípios às relações que a compreensão trouxe à luz. Claro, essa distinção de dois níveis não é absoluta, mas relativa.

Nesse vocabulário, a ciência visa evidentemente não somente compreender, mas também explicar, e se a simulação pode muito bem, nos casos que lhe são mais favoráveis, aproximar-se de uma "compreensão", ela não será jamais como tal, "explicativa". Entretanto, gostaria de mostrar, para além da distinção entre simular, compreender, explicar, um aparentado profundo, uma *categoria* comum, condição de toda manipulação de símbolos e de todas as formas de conhecimento objetivo. Tentei em outro lugar introduzir e definir isso como o *princípio de dualidade operação-objeto*. Toda a tentativa para conhecer objetos supõe uma correlação manifesta ou suposta entre um sistema de operações e um sistema de objeto sobre os quais elas se dirigem. Não existem objetos de pensamento sem um sistema operatório – por mais reduzido que seja – que os determina; não temos operações que não suscitem correlativamente os objetos; e a adequação maior ou menor de um a outro sistema é um dos motores do conhecimento objetivo.

Conclusões

Nessa perspectiva, a simulação apareceria como o degrau mais baixo de uma escada em que os degraus superiores seriam a compreensão e a explicação. No domínio científico, claro, simular não é compreender: no entanto, já é explicitar praticamente uma relação operacional em relação ao objeto que será teorizado, e podendo chegar a ser totalmente modificado, por uma elaboração compreensiva e explicativa.

O uso da simulação pelas ciências contemporâneas é, sem dúvida alguma, positivo. A simulação constitui-se em um poderoso instrumento de comprovação de hipóteses, na condição de esquematização ainda bastante grosseira dos fenômenos que correspondem muito bem à etapa em que eles são formulados.

Mas convém, entretanto, insistir sobre o perigo que representa, para as disciplinas nas quais a conceituação de seu objeto é ainda incerta, o desprezo do alcance epistemológico dos resultados da simulação. A tentação é, com efeito, muito grande de confundir o conhecimento que ela nos proporciona – de natureza essencialmente técnica – com um conhecimento científico no qual ela não pode ser outra coisa que um momento preparatório. A econometria, a inteligência artificial e a robótica nos prometem e já nos apresentam importantes sucessos nesse sentido. Mas quem ousar assimilar de modo enganoso esses resultados aos produtos de uma inteligência teórica do mundo econômico, ao funcionamento de nosso entendimento ou a nossas percepções, perderá totalmente a perspectiva do sentido do verdadeiro progresso científico. Uma vez que é o compreender e o explicar que, no estado atual da civilização humana, podem dar à simulação um impulso para ir mais longe.

14
Definir, descrever, mostrar[1]

Vamos examinar aqui um problema semântico mais amplo, isto é, o da relação de um mundo a um sistema simbólico, do duplo ponto de vista das línguas naturais e dos sistemas formais artificialmente construídos com o objetivo de expressar diversos tipos de conhecimento. Ao que parece, podemos distingui-los, para todos os efeitos, três modos, ou se preferirmos, três graus, que designaremos mais ou menos de modo arbitrário pelas palavras definir, descrever e mostrar.

Buscaremos precisar esses três modos e, reconhecendo os problemas distintos que eles apresentam segundo as duas espécies de simbolização, realçar sob uma luz nova a especificidade das línguas naturais.

Convém, primeiro, que justifiquemos por uma caracterização sumária a distinção entre as três modalidades de referência do símbolo ao mundo. Seguiremos uma ordem, por assim dizer, indo do mais concreto ao mais abstrato, do contato mais direto e de menor carga simbólica ao da referência a mais midiatizada.

"Mostrar" constitui, sem dúvida, a modalidade mais imediata dessa referência. Entretanto, tomamos a precaução de falar de preferência dos simbolismos a um mundo, e não, de modo mais determinado e mais restritivo, ao mundo, isto é, ao mundo presente, o mais diretamente experimentado e construído a partir da experiência sensí-

---

[1] *Symposium* de Dalhousie, 4-5 de outubro de 1990. Redigido em Cassiopé, em 20 de setembro de 1990.

vel. Podemos então nos perguntar se o "mostrar" se aplica ainda, por exemplo, ao âmbito interno dos mundos que se apresentam como imaginários. Tal é certamente o caso, em certo sentido, dos mundos aos quais referem os símbolos formais (tal como o das matemáticas) e nós nos perguntamos então o que se torna, nestes casos, o "mostrar". Mas as línguas naturais também, em outro sentido, fazem certamente referência a mundos irreais, e o "mostrar" deve então ali assumir uma função e revestir-se de formas totalmente particulares.

"Descrever", nas línguas naturais, funciona aparentemente como um substituto de "mostrar". Ele permite escapar exatamente dessa oposição, que ele anula, do mundo com os mundos imaginários. Descrever é tornar presente, pela assinalação das propriedades, a palavra que deve ser assumida no sentido de caracteres próprios, vinculadas por uma relação estreita, se não exclusiva, ao que é descrito. Pouco importa se o objeto, o evento descrito se insere no mundo efetivamente presente ou em um mundo imaginário. A descrição bem-feita lhe confere por sua efetividade uma presença de um novo gênero, que transcende finalmente a presença "natural", apesar de lhe conservar a impregnância e às vezes até a eficácia. Daí a importância das descrições como meio de criação estética. Mas o que é mesmo "descrever" nos sistemas formais? Ele não precisa aqui suscitar uma presença; veremos que nesse caso o que corresponde à presença é uma espécie de início de inserção do objeto descrito em um sistema operatório que lhe prepara a manipulação formal. Determinação esta ainda preliminar e, por assim dizer, exterior, que não se realiza e torna-se verdadeiramente eficaz senão quando soubermos "definir".

"Definir", com efeito, é o grau mais abstrato na relação de um sistema simbólico com suas referências a um mundo. É o ato por excelência da referência dos sistemas formais. O "definir" nem o demonstra e nem o descreve. Ele consiste, em vez disso, em apresentar um signo distintivo, mas este signo deve ser de algum modo interno; ele deve associar ao definido, que por outro lado demonstramos e descrevemos como uma estrutura conceitual. É mesmo a propósito desse fraco rendimento do "definir" que diremos mais adiante uma palavra

14. Definir, descrever, mostrar

sobre a metáfora, verdadeiro *meio-termo* entre o definir e o descrever, instrumento valioso para relacionar símbolos com um mundo para as línguas naturais, mas auxiliares provisórios e perigosos para as línguas formais. Tendo assim brevemente caracterizado nossos três termos, gostaríamos de considerar com um pouco mais de detalhes as questões epistemológicas que faz surgir cada uma dessas modalidades de relação de uma linguagem a um mundo. E, neste caso, seguiremos a ordem inversa, que colocará de início em evidência a singularidade dos sistemas formais.

1. A definição

1.1. No uso comum das línguas naturais, e mesmo quando elas servem de auxiliares para a expressão de certas ciências empíricas, a definição é essencialmente classificatória. "Jean é o segundo filho da família X e Jacques é o filho mais novo"; ou ainda, "o leão é um mamífero carnívoro". Vemos que ela já é uma redução abstrata, na medida em que consiste em situar um objeto do mundo em uma grade preparada previamente. Ela o torna assim pensamento manipulável, mas por assim dizer, a partir do exterior, sem que seja explicitamente formulada uma estrutura interna do objeto. É aí somente, nos sistemas formais, que a função definitória desempenha plenamente seu papel, mas também deixa aparecer as dificuldades que ela pode suscitar.

1.2. Nas matemáticas, por exemplo, definir um objeto consiste antes de tudo, essencialmente, introduzi-lo explicitamente em um sistema operatório, seja lhe doando um procedimento de construção, seja formulando enunciados e regras nos quais entram o nome e o objeto a definir. Nesse último caso, que é o da axiomatização, o objeto se acha mediadamente definido, no sentido em que temos meios de manipulá-lo e combinar todos os enunciados bem construídos nos quais entra seu nome. Tal é o caso das definições "implícitas" ou "pelo uso" do ponto, da reta e do plano na axiomática euclidiana de Hilbert. Ali vemos que o ato de definir não se expressa necessariamente aqui sob a forma predicativa e, até mesmo, que esta forma predicativa não é então senão ilusória, mascarando a função verdadeira da definição sob a aparência descritiva. Percebemos, *a contrario,* quando comparamos certas definições de Euclides, aparentemente predicativas, com as que funcionam eficazmente em suas demonstrações. Tal é a célebre definição de ponto como "o que não pode ser divido" no Livro I, dos *Elementos,* e no Livro V, a definição 3, da relação entre duas grandezas homogêneas como "sua situação relativa segundo o tamanho". Percebemos então que no curso das demonstrações as diversas "definições" não desempenham papel algum, e que as definições verdadeiras e eficazes são fornecidas pelos postulados, por sinal, incompletos do Livro I, e pelas definições auxiliares 4, 5 e 7 do Livro V, que inserem a noção de *logos* em um leque de operações, dando assim o meio de decidir a existência, a igualdade e a ordem das relações. Podemos convencer-nos ainda mais claramente desse sentido operatório da definição evocando as definições genéticas, por exemplo, aquela que podemos dar à elipse no meio de uma equação cartesiana que permite, em um referencial dado, construir seus pontos e que a distingue estruturalmente de outras cônicas, fazendo assim aparecer seu aparentamento: todas são representáveis – definíveis – por uma equação quadrática. De um ponto de vista mais abstrato ainda, uma vez que não supõe a fixação de nenhum referencial de medida, uma das definições projetivas[2] revela igualmente o caráter operatório da unidade do sistema determinante das cônicas, e as razões de sua diferenciação morfológica. Compararemos essas definições verdadeiras com definições simplesmente classificatórias, já bastante instrutivas, mas de algum modo opacas, nas quais temos a elipse (cônica formada pela excentricidade <1) opondo-se a outros tipos (hipérbole: cônica não formada pela excentricidade >1).

---

[2] Lugar dos pontos de intersecção de raios homólogos de dois feixes homográficos em um plano.

14. Definir, descrever, mostrar

1.3. No caso das definições verdadeiras e em um sistema formal, o ponto crucial é o da "existência" do objeto definido, isto é, na interpretação que nos propomos, da possibilidade de efetuar operações que lhe são associadas. As filosofias clássicas distinguem do ponto de vista das definições as "nominais", que não exigem demonstração alguma da existência, uma vez que consistiam na criação de um nome, e as definições "reais". Mas uma definição propriamente nominal não diz respeito senão a um processo interior, a uma linguagem, e não corresponderia em nada à ideia geral de definição de onde partimos, como modalidade de referência do simbolismo com o mundo. Entretanto, esse aspecto aparentemente aberrante, puramente intralinguístico, do "definir" levanta problemas lógicos magistralmente expostos e resolvidos por Tarski,[3] os quais resumiremos pelo menos o essencial. Tarski se propõe estabelecer em que condições e até a que ponto é possível enriquecer com termos novos um sistema operatório, comportando termos puramente lógicos e termos extralógicos, determinando o conteúdo de uma teoria. Diremos que um novo termo extralógico foi definido com base nos antigos e de um conjunto A de enunciados admitidos no sistema, se pudermos formular um enunciado $F(x, b, b'...)$ relacionando uma variável x às constantes lógicas b, $b'...$ que sejam logicamente equivalentes à identidade x = a. Tarski demonstra que tal definição é possível se e somente se certo enunciado for derivado de um conjunto A tomado por base. Ele então reduziu a indefinibilidade interna a uma metapropriedade de derivabilidade no sistema. Ele introduz então a noção de "completude semântica" como impossibilidade de construir a partir de constantes extralógicas de um sistema e de enunciados desses sistemas, um sistema mais rico em termos e do qual todas as realizações sejam, entretanto, isomorfas. Trata-se, então, de se saber se, a uma língua formal, podemos ajuntar novos termos não definíveis na língua primitiva. Ainda que o pro-

---

[3] Cf. TARSKI, A. Quelques recherches méthodologiques sur la définissabilité des concepts. In: TARSKI, A. *Logique, sémantique, méthamathématique*. Paris: Armand Colin, 1934-1937, v. 2, p. 25-36.

blema posto esteja no interior da própria linguagem, vemos que ele está implicado em uma extensão dessa linguagem refletindo ou não uma ampliação do sistema de operações e de objetos, constituindo o mundo abstrato ao que originalmente ele refere. Os exemplos dados aclaram a penetração de uma noção tão formal. Consideremos uma geometria com uma dimensão na qual os objetos não são correlativos e em que a única relação operatória – único termo extralógico – seja "entre". Tal sistema é semanticamente incompleto, uma vez que podemos introduzir aí uma nova relação como a da "congruência" (entre dois pares de pontos), indefinível a partir de um "entre". O novo sistema enriquecido será ainda assim incompleto, uma vez que não podemos definir aí intrinsecamente nenhum ponto individual; se introduzirmos extrinsecamente dois pontos distintos chamados 0 e 1, $0 \neq 1$, o sistema obtido, isomórfico à aritmética dos reais, será agora completo, todo o termo novo introduzido, conservando a isonomia, aqui será definível no sistema. O "definir" é aqui relacionado aos recursos mesmos de uma linguagem formal, e são determinados os limites de suas possibilidades de se interiorizar, por meio de termos outros que os lógicos (conectores, quantificadores...), os conteúdos do mundo abstrato ao que ele refere. E, de certa maneira, o próprio sistema simbólico, no caso da completude semântica, determina inteiramente, por meio de definições internas, o que podemos *dizer* do mundo ao qual ele refere.

2. A descrição

2.1. As línguas normais, em sua prática corrente, não se prestam muito, como vimos, para a definição, e ainda elas recorrem, na mais das vezes, a uma forma classificatória primitiva do "definir". É que, nos mundos aos quais elas referem, os eventos e os objetos não são senão muito raramente definíveis, e o que não pode ser definido é descrito. O não definível é o que não pode ser levado à observância de anunciado algum e à utilização de regra alguma, isto é, que o não de-

14. Definir, descrever, mostrar — 237

finível é essencialmente individual. O individual enquanto irredutível a uma determinação por uma estrutura abstrata é o âmbito por excelência da descrição. O simbolismo no qual se expressa então a experiência de um mundo selecionado de propriedades em um conjunto virtualmente inesgotável. Convenientemente escolhidas, essas visões sobre o objeto suscitam, como vimos acima, uma imagem presente, mesmo se o mundo ao qual ele pertence não seja o da experiência sensível imediata do locutor ou do receptor da mensagem.

2.2. Mas contrariamente à definição, de quem poderíamos dizer em termos aristotélicos que visa uma "essência", a descrição visa os "acidentes" – ainda que sejam os que Aristóteles chama de acidentes "em si". Em termos mais intuitivos, a descrição exprime o que aparece, o fenômeno e, por assim dizer, representa os conteúdos do que ela refere. Não podendo inserir em uma rede de operações que reflitam a estrutura interna e onde ela seria manipulável em termos de pensamento, a descrição recorta o objeto sobre um fundo sobredeterminado de uma experiência; o produto de uma definição é um conceito, o produto de uma descrição é uma imagem. No entanto, essa metáfora do "recorte" poderia levar a dizer que a descrição expressa formas, de tal modo que seria muito mais exato dizer que ela figura os conteúdos, sem exprimir o vínculo que lhe serviria de forma. Por outro lado, descrever é um ato de significação dependente das condições essencialmente pragmáticas, tanto do lado do locutor como do receptor. Resulta daí que cada enunciado descritivo é suscetível de comportar sobredeterminações ricas não imediatamente pertinentes, cuja organização *a parte post* engendra os efeitos de estilo. Daí brota seu poder de evocação e de criação estética.

2.3. Nessas condições podemos compreender o lugar extremamente reduzido que tem a descrição na linguagem formal das matemáticas. A propósito, é que não há em hipótese alguma indivíduo em matemática no sentido estrito. Isto é, que todo o objeto aqui pode – e até deve – ser definido. Objetaremos, sem dúvida, que o número ϖ, por exemplo, parece ter todos os traços de individualidade no conjunto dos números reais. É verdade que ele é único e que a totalidade de suas propriedades é inexaurível (assim também a ordem de aparição, impre-

238 FILOSOFIA, LINGUAGEM, CIÊNCIA

visível, dos inteiros em seu desenvolvimento decimal...). Entretanto o introduzimos por uma – ou melhor por várias – definição que revela a estrutura interna sob diferentes pontos de vista, em diferentes sistemas operatórios,[4] e permitindo trazer à luz, progressivamente, a inesgotável riqueza de seus conteúdos formais. A menos que se adote, em um sentido radical, uma filosofia inspirada em Leibnitz, admitiremos que os indivíduos verdadeiros escapam exatamente à toda definição *stricto sensu* e que tal é o traço decisivo que os diferencia dos pseudoindivíduos introduzidos em um sistema formal. Se, portanto, o simbolismo matemático é utilizado algumas vezes simplesmente para descrever os objetos ou as operações de uma teoria, isto não acontece senão a título provisório e heurístico. O mesmo vemos em algumas linguagens da informática "evoluídas", como a Algol ou a Pascal,[5] em que a função descritiva não aparece senão nas "declarações": tal símbolo representará uma variável ou uma constante, um inteiro, um real, uma cadeia de caracteres... Mas trata-se então de um grau classificatório de descrição. Podemos mesmo dizer que, em vez de descrever, define-se, uma vez que determinar a classe de um símbolo torna-se um referir, à memória da máquina, o conjunto das operações que se aplicam a esse símbolo e, portanto, de certa maneira o definindo.

2.4. A palavra descrição tem, entretanto, sido utilizada por Russel em um plano estritamente lógico, colocando a ênfase sobre o poder discriminatório do "descrever", e chama "descrição definida" uma expressão de seu simbolismo formal que apresenta o objeto como caracterizado pela posse de um predicado: *(1) F (x), "o x* tal que seja uma propriedade de F".[6] O problema que ele apresenta em

---

[4] Por exemplo, como relação da extensão da circunferência e do diâmetro ou como limite de numerosas séries infinitas, ou ainda como meio-período de funções trigonométricas.

[5] N.T. Famílias de linguagens de informáticas específicas para as ciências.

[6] Cf. RUSSEL, B. On denoting.*Mind,* 1905, 14(56), p. 479-493; RUSSEL, B. De la denotation. *L'Âge de la science,* 1970, 3(3), p. 171-185. Veja-se também o mesmo tema em RUSSEL, B. *My philosophical development.* London: Routledge, 1950, capítulo VII; em Francês: *Histoire de mes idées philosophiques.* Paris: Gallimard, 1961.

14. Definir, descrever, mostrar

seu artigo *"On denoting"*[7] é o do funcionamento distinto de um nome, como "Scott", e de uma descrição definida se relacionando a um mesmo objeto, como "o autor de Waverley". Ele chama a atenção, de um lado, que um não é sempre substituível pelo outro em um enunciado sem que o sentido seja alterado e, por outro lado, que o nome não pode ter sentido em um enunciado se ele não tem "alguma coisa que ele nomeia", enquanto que a descrição definida não está submetida a essa limitação. Ele conclui aí então "que uma expressão pode contribuir no sentido de uma frase sem ter sentido algum quando ela está isolada",[8] o que acontece com as descrições definidas: "Porque se o 'autor de Waverley' significar outra coisa que 'Scott', 'Scott é o autor de Waverley', seria falso, o que não é verdade. Se 'o autor de Waverley' significar 'Scott', 'Scott é o autor de Waverley' seria uma tautologia, o que também não é verdade. Portanto, 'o autor de Waverley' não significa nem 'Scott', nem outra coisa, isto é, 'o autor de Waverley' não significa nada". Ele propõe, então, eliminar do simbolismo as "descrições definidas", substituindo seu uso pelo equivalente lógico de uma função proposicional e de uma identificação da variável a um nome: "(x) (x escreveu Waverley) ≡ (x é Scott)".[9] Podemos ver, nessa manobra célebre, aparecer a desconfiança e a rejeição em relação ao "descrever", própria do uso dos simbolismos formais. Notamos também aqui a aparição da função designativa do nome, que examinaremos logo adiante a propósito do "mostrar". Convém, entretanto, antes considerar este modo de referência dos simbolismos aos mundos, que parece ser intermediário entre o "definir" e o "descrever" e que propusemos já assimilar à metáfora.

---

[7] N.T. Em inglês, no original (sobre a denotação).

[8] Cf. Russel, B. *Histoire de mes idées philosophiques, op. cit.*, 1961, p. 104.

[9] N.T. O sinal ≡ significa: idêntico a.

3. A metáfora como meio-termo entre definir e descrever

3.1. "A metáfora", diz Dumarsais, "é uma figura pela qual se transporta, por assim dizer, a significação própria de um nome a outra significação que não lhe convém senão em virtude de uma comparação que está na mente".[10] Em que sentido seria permitido considerar sua função, relativamente à representação de um mundo, como meio-termo entre "descrever" e "definir"? É que a metáfora descreve um objeto ou um evento, ou pelo menos o resume e evoca a descrição concreta, ainda que não seja a ele que efetivamente ela refira. Mas por outro lado ela sugere uma "forma" obtida pela abstração a partir de um conteúdo descritivo, e esta forma esboça uma definição do verdadeiro objeto ao qual a metáfora refere. Ela revela, a propósito, um aspecto de sua estrutura interna; é o que traduz finalmente a noção de similitude ou de semelhança sempre associada à metáfora. Wittgenstein fala, então, não de metáfora, mas de *Gleichnis*,[11] faz dela um instrumento privilegiado da análise filosófica, opondo-a à simples imagem ou *Bild* que reforçaria o que nomeamos como descrição.[12] No *Gleichnis* wittgensteiniano, o foco é posto sobre o controle do movimento ou sobre um "ar de família". O *Gleichnis* tem em vista expressar o que rotulamos como uma "essência" e que, por isso, através de uma representação de uma imagem, ele definiria, é o que nos indica este trecho das *Remarques mêlées* (notas misturadas): "A imagem (*Bild*) mais exata de uma macieira toda inteira tem, em certo

---

[10] N.T. Cf. DUMARSAIS, C. Ch. (Dumarsais, 1676-1756), *Les Tropes*. Ou des diférens sens dans lesquels on peut prendre un même mot dans une même langue. [Paris: Berlin-le-Prieur, 1818]. Paris: Flamarion, 1995, Parte II, art. 10.

[11] N.T. Em alemão, no original (imagem, parábola, alegoria).

[12] Notemos que esta palavra descrição (*Breschreibung* [feminino em alemão]) também se aplica em Wittgenstein a um ato de pensamento e de linguagem diferentes de nosso simples "descrever", e que o *Gleichnis* [neutro em alemão] é, no que diz respeito ao funcionamento do pensamento, um instrumento de descrição no sentido wittgensteiniano. Quanto a isso veja GRANGER, G.-G. Bild et Gleichnis: Remarques sur le style philosophique de Wittgenstein. *Sud*, p. 122-134 (número especial sobre L. Wittgenstein).

14. *Definir, descrever, mostrar*   241

sentido, menos de semelhança (Ähnlichkeit) com ela que tem uma pequena margarida".[13] A margarida é assim, uma vez que ela sugere o movimento da vida vegetal sob uma morfologia – sob uma imagem – diferente, como a "metáfora" é da macieira.

3.2. É verdade que a metáfora comporta, do ponto de vista que estamos considerando, uma grande multiplicidade de graduações e de registros, segundo os pesos relativos que damos aqui ao "descrever" ou ao "definir". É dessa perspectiva que poderíamos tentar julgar o poder cognitivo do uso metafórico dos simbolismos. Nas ciências, parece-nos que seu uso aparece como produtivo sob duas formas. Primeiramente, no sentido heurístico e didático, quando empregamos modelos mecânicos para tornar intuitivamente mais perceptíveis as relações entre fatores de um fenômeno de uma outra natureza. É então que a identidade estrita do sistema abstrato das relações que torna legítima e eficaz a transposição de um domínio para outro. Assim, por exemplo, quando apresentamos como imagem das oscilações elétricas em um circuito sob tensão comportando resistência, capacidade e estabilidade,[14] as oscilações espaciais de um corpo pesado suspenso em uma mola em um meio resistente. A massa corresponde então ao coeficiente de estabilidade; o coeficiente de elasticidade da mola à capacidade; a resistência do meio, à resistência elétrica. Mas a metáfora não funciona senão para uma mesma equação diferencial linear e de segunda ordem com coeficientes constantes e destinados a reger os dois fenômenos, isto é, em virtude do controle manifesto do elemento definidor. Outra forma de intervenção da metáfora, estética dessa vez ou mais exatamente lúdica, aprece na escolha pelo estudioso de nomes sob os quais ele apresenta novos conceitos. Nas matemáticas, por exemplo, depois de Desargues até os contemporâneos, os conceitos mais abstratos

---

[13] Cf. WITTGENSTEIN, L. *Vermischte Bemerkungen*. Frankfurt: Suhrkamp [c. 1932-1934], 1995, p. 45. WITTGENSTEIN, L. *Remarques melées*. Paris: TER, 1984.

[14] N.T. *Self* no original: autoestabilidade. Propriedade de uma corrente elétrica de se opor à variação de sua intensidade.

e os mais artificiais são às vezes designados por meio de palavras muito concretas; tais são as metáforas vegetarianas de Desargues inventando a geometria projetiva ou arquiteturais (os "apartamentos" e suas "peças" de Tits) na teoria dos grupos ou agrupamentos. Parece-nos então que o matemático se compraz com a desculpa das analogias formais muitas vezes muito vagas para despertar com uma brincadeira, a imaginação, e descansar um pouco o intelecto, sabendo muito bem que não há perigo algum para seu leitor de perder o fio dos conceitos na busca de elementos não pertinentes que as imagens lhe sugerem. Não é a mesma coisa, claro, para o conhecimento filosófico. Vimos que Wittgenstein propunha como instrumento essencial certo grau de metáfora chamado por ele de *Gleichnis*. Nesse caso, ainda é, seguramente, o aspecto definidor da metáfora que é ampliado, e na falta do mesmo, o discurso filosófico se mudaria em uma evocação poética e para uma comunicação de estados da alma. Mas a natureza definidora da metáfora, em razão do estatuto particular dos conceitos filosóficos, é então singularmente mais sutil, mais elusiva, que nos usos científicos indicados precedentemente de tal modo que uma linguagem deliberadamente muito metafórica em filosofia poderia fazer constantemente correr o risco grave de substituir o conceito pela imagem.

4. Mostrar

4.1. A terceira função da referência que distinguíamos parece ser mais primitiva e mais próxima dos comportamentos pré-simbólicos, os quais não põem em jogo senão associações no gênero dos reflexos condicionados. É necessário, entretanto, examiná-la ainda que brevemente, na medida em que o estatuto do "mostrar" diferencia de modo evidente os sistemas simbólicos formais das línguas naturais. Observamos, de início, que nos simbolismos usados pelas ciências, a função de "mostrar" propriamente desapareceu. O simbolismo formal do matemático não comporta símbolo algum

14. Definir, descrever, mostrar

díctico que permite designar tal objeto situado *hic et nunc*[15] em relação à enunciação. O mesmo pode-se dizer da linguagem das ciências empíricas, uma vez que não são tratados aí senão fatos e objetos genéricos, ou se quisermos, virtuais, cuja atualização relativamente ao ato de enunciação não é de modo algum pertinente. Se um físico e/ou um biólogo quiserem descrever historicamente uma experiência pessoal, eles recorrem então à linguagem ordinária que lhes serve de algum modo de linguagem auxiliar, como é o caso também para o matemático quando comenta uma exposição árida e rigorosa, mas formal dos fatos matemáticos.

Pode acontecer, seguramente, que em um discurso estritamente formal, ele não consiga referir-se a um enunciado formulado anteriormente neste mesmo discurso. Pareceria então que se trate, com efeito, de mostrar. Mas nos percebemos então, na realidade, que tal referência a um objeto singular do mundo (e, claro, exterior ao simbolismo mesmo, uma vez que ele é de qualquer modo uma espécie de um traço material, solidificado, enquanto que um simples objeto inerte) consiste menos em mostrar indicar em um referencial interior ao próprio discurso, e por nada indexado, sobre um ato de enunciação. Uma simples enumeração de fórmulas, de linhas ou de páginas, por exemplo, é suficiente para essa referência interna. E é exatamente assim, ademais, que se efetuam tais referências no caso exemplar das linguagens da informática, em que as ordens de tratamento dizem respeito frequentemente a fragmentos não presentes no discurso. Não poderíamos aqui falar de um "mostrar" senão em um sentido bastante remoto. É que o "mostrar" verdadeiro supõe uma coloração do discurso pelo ato de presença do locutor e, em consequência de um *eu*, mesmo sendo este despojado de toda realidade a não ser aquela, bem abstrata de enunciador, o que supõe que o simbolismo possua um ou mais signos que indicam ou demarcam essa coloração.

---

[15] N.T. Em latim, no original (aqui e agora).

4.2. As línguas naturais – e não podemos deixar de arriscar esta conjetura: todas as línguas naturais? – possuem tais signos dícticos, cuja função é essencialmente pragmática e cujo caráter semântico depende de sua relação com o locutor fictício ou real, ele mesmo apresentado no simbolismo por um signo que como o nosso "eu" e as diversas marcas de flexão que se relacionam com ele. Ao linguista e a título vicário ao filósofo da linguagem, cabe recensear, descrever e interpretar os diferentes sistemas dícticos efetivamente realizados nas línguas. A imbricação dos aspectos pragmáticos, semânticos e sintáxicos manifestam-se aqui, sem dúvida, de modo particularmente instrutivo, justificando a conjetura que pude adiantar do caráter fundamental da função díctica (ou mais geralmente da função de "coloração") considerada desde então como um universal da linguagem, funcionalmente anterior às especializações pragmáticas, semânticas e sintáxicas dos elementos de uma língua natural.

4.3. Não mencionaremos três questões particulares colocadas classicamente hoje ao filósofo da linguagem e ao linguista para o "mostrar" nas línguas naturais. A primeira diz respeito às ambiguidades devidas às interferências da função "mostrar" com a função "descrever". Para designar um objeto do mundo concreto do locutor, este pode usar um díctico (acompanhado virtualmente do gesto indicador); ele pode também descrevê-lo por um traço distintivo perceptível pelo interlocutor. Mas esse uso "referencial" da descrição pode tornar a descrição ambígua, na medida em que o caráter descritor estiver associado efetivamente para o interlocutor a diversas constelações de propriedades, singularizando um outro objeto diverso do objeto designado.

Outra questão relaciona-se às dificuldades que decorrem da pluralidade de mundos, reais ou fictícios, em relação aos quais pode ser feita a referência. Para os filósofos que definem o possível para a realização em um "outro mundo", isto é, em um exemplar que seria, para o efeito desta concretização mesma, ligeira e parcialmente diferente do mundo atual do locutor, a designação de um mesmo objeto neste mundo e no outro levanta o problema do sentido de identidade ou, como se diz às vezes, da "rigidez" dos designadores. Trata-se, então,

14. Definir, descrever, mostrar

principalmente, da relação desta função "mostrar" e da função "definir": a possibilidade aparentemente natural de designar o objeto em diferentes mundos como um mesmo objeto deve ela ensejar ou não uma unicidade essencial, da ordem da definição?

A última questão, enfim, seria a do status do nome próprio. Designador por excelência de um objeto enquanto singularizado, o nome próprio comportaria ele um elemento descritivo? Evitarei aqui resumir a conclusão de uma análise apresentada recentemente.[16] Todo símbolo de uma língua normal pode servir de nome próprio, e nenhum traço semântico ou sintáxico constante, ao que parece, não deve distinguir-se com a função nome próprio. Conjeturamos, a partir disso, que esta função, primeiramente, é um universal da linguagem anterior à dissociação explícita da semântica e do sintáxico enquanto que separadas do pragmatismo. E, em segundo lugar, que esta função seria, portanto, originariamente da dominante pragmática e se caracterizaria pela interpelação, real ou virtual; o nome próprio seria essencialmente o que na linguagem pode servir para interpelar, os componentes sintáxicos e semânticos dos nomes próprios nas línguas apareceriam então como facultativos e subsidiários.

Assim, não se deve perder de vista que a relação dos simbolismos com o que eles visam é altamente diversificado e que a palavra "significar" não seria unívoca. A distinção que propusemos de três formas principais, ainda que mais ou menos estreitamente amarradas, particularmente nas línguas naturais, deveria ter permitido ter uma consciência melhor da profunda divergência de dois caminhos da representação. Um, o das línguas ordinárias, é orientado, de início, para a comunicação de uma experiência efetiva e é até mesmo pela manutenção dos caracteres do concreto que ela chega à representação do fictício, do virtual, do imaginário. A outra está ordenada já de início

---

[16] Nesta obra mesmo, nas páginas (p. 149-178) e em GRANGER, G.-G. Á quoi servent les noms propres? *Langages,* 1982, n. 66, p. 21-26; PARIENTE, J.-C. Le nom propre et la prédication dans les langues naturelles. *Langages,* 1982, n. 66, p. 37-65.

para a formulação do genérico e do virtual, para a apresentação e para a criação de formas em vez de representação de conteúdos. Mas uma é inseparável da outra, à qual ela é, portanto, irredutível. Pode ser que seja tarefa do filósofo lembrar sem cessar o lógico e o linguista que uma linguagem natural não é um sistema formal e que uma estrutura de expressão formalizada não poderia ser um instrumento suficiente hábil para a comunicação de nossa experiência.

15
Sobre a unidade da ciência[1]

Dois temas maiores dominam hoje o problema da unidade da ciência: o da relação das matemáticas com as demais ciências e o da cientificidade contestada das ciências do homem. A ideia de ciência tal como se constituiu a partir da metade do século XVII não exclui, evidentemente, a diversidade de "paradigmas" sucessivos: discutiremos, entretanto, certos aspectos muito relativistas da noção proposta por Kuhn. Examinaremos, depois, os traços da cientificidade que são aparentemente específicos das matemáticas, das ciências da natureza e das ciências do homem.

Para as matemáticas, seu caráter de ciência por excelência está associado a uma tendência à delimitação da intuição com vantagem para o conceito, para a pesquisa do rigor – noção, por outro lado, relativa a um contexto e a um projeto – enfim, paradoxalmente, para a liberdade de criação conceitual. Nas ciências da natureza, insiste-se sobre a codificação das informações perceptivas em um sistema de referência que torne possível o uso de modelos matemáticos, a aplicação de procedimentos de validação ou de invalidação e a construção de explicações pela inserção de subestruturas nas estruturas mais compreensivas.

A ideia de cientificidade resgatada das matemáticas e das ciências da natureza apresenta três traços comuns essenciais:

a) consideração de uma realidade a ser definida por oposição aos produtos da imaginação e do desejo;

---

[1] Extrato de *Fundamenta Scientiae*, 1980, 1-2, p. 199-214.

248　　FILOSOFIA, LINGUAGEM, CIÊNCIA

b) focalização de uma explicação, e não a produção ou reprodução direta de objetos ou eventos; a ciência, mesmo se sua ligação com o conhecimento aplicado é necessária, isto não pode ser confundido com uma técnica;

c) propor-se critérios de validade explícitos e decididos.[2]

As ciências do homem respondem a esses requisitos? Denunciamos aqui dois dos principais obstáculos que elas encontram: a confusão sempre tentadora de uma filosofia ou de uma ideologia com uma ciência do fato humano; a transposição direta da experiência e da prática em categorias científicas.

Uma revolução galileana que redefiniria o objeto mesmo das ciências do homem não poderia reduzir seu tipo de cientificidade à das outras ciências, na medida em que, através desse objeto, está sempre essencialmente sendo visado o individual. A unidade da ciência não é um dogma, mas um projeto cuja história nos permite pensar que ele está, portanto, indissociável da ideia mesma de ciência.

Tal foi a estrela que apareceu na Cadeira de Cassiopeia que Cornelius Gemma não viu em 8 de novembro de 1572, ainda que ele estivesse observando aquela parte dos céus exatamente naquela noite, e o céu estivesse perfeitamente sereno; mas na noite seguinte (9 de novembro) ele a viu brilhando mais luminosa que qualquer outra das estrelas fixas, e pouca coisa inferior a Vênus em esplendor.[3]

Foi em um tempo como o nosso, em que nos insurgimos facilmente contra o cientismo e em que, correlativamente, assistimos a um prodigioso

---

[2] N.T. Implicitamente, os critérios devem ser decididos em dois aspectos: que sejam decisivos em sua aplicação e que o sejam decisíveis também em termos de opção metodológica e acadêmica, isto é, que seja fruto de uma *autoridade* pura e simplesmente.

[3] N.T. Cf. NEWTON, I. *The Mathematical Principles of Natural Philosophy* [*Philosophiæ Naturalis Principia Mathematica*]. London, 1687 (primeira edição em inglês, 1729). Citação em inglês, no original.

15. Sobre a unidade da ciência

249

desenvolvimento da divisão do trabalho científico que o problema da unidade da ciência pôde aparecer com seu sentido filosófico mais profundo.

Não poderíamos dizer, a propósito, que tal interrogação tenha desempenhado um papel tão essencial no pensamento antigo. Sem dúvida, as antigas epistemologias se preocupam em rejeitar para fora da ciência a parte de nossos conhecimentos que elas consideram a títulos diversos, como não fundamentados; sem dúvida, reconheciam elas uma pluralidade de ciências já diferenciadas, que se trata de se hierarquizar em função dos tipos de objeto, em vez, por outro lado, dos métodos. Mas a unidade essencial de seu fundamento e de seus percursos não foi efetiva e radicalmente posta em causa, mesmo quando se coloca de um modo dramático a dualidade do aspecto noético e do aspecto discursivo da razão.

Até mesmo a aporética cristã da *fides quaerens intellectum*[4] não se refere ao problema da unidade da ciência, uma vez que ela recebeu a tradição antiga de uma episteme profana fundamentalmente una, integrando, no final das contas, em seu coroamento, o conhecimento filosófico, e que convém somente confrontar e articular saberes transcendentes. É por isso, sem dúvida, que a filosofia cartesiana, que em certo sentido, sem colocar um ponto final neste longo caminho, não se propõe a resolver o problema da unidade, mas retomar sobre novos fatos o problema dos fundamentos. E é então, sabemos, que a análise metafísica que legitimará ao mesmo tempo o método e o conteúdo da ciência, cuja unidade é de direito desde então incontestada.

Por outro lado, podemos muito bem dizer que Kant abre um campo à interrogação verdadeira sobre essa unidade, por sua distinção analítica e sintética de um lado, e intuição e entendimento de outra parte. Mas é o próprio desenvolvimento da ciência que, tecendo assim de um modo bem rápido todo um novo contexto, entre e fim do século XVIII e início do século XX, vem obrigar a filosofia a levar a sério a questão. A multiplicação de domínios e métodos, a diversifi-

---

[4] N.T. Em latim, no original.

cação de escalas e alcances, a disparidade das fontes do conhecimento, portanto igualmente reconhecidos como científicos, acrescente-se a busca de um quadro de classificação e dos critérios de cientificidade. Os neopositivistas, no primeiro terço do século XX, formulam aparentemente os primeiros problemas da unidade para a ciência como questão filosófica radical. Sabemos que eles propõem então uma solução provocadora, de todas a menos certa: a ciência é una por seu conteúdo empírico, expressável com rigor em termos da física, e una por sua forma lógica redutível a "tautologias". Uma atitude terá, sem dúvida, contribuído para resgatar os termos do problema, mas ela deve ser hoje posta em causa. E é esse "colocar em causa" que queremos esquematizar aqui.

Dois temas maiores, ao que parece, podem orientar então a reflexão. E primeiro lugar, o da relação entre o conhecimento matemático e as outras ciências. A questão aqui é a forma que sempre renasce e hoje em dia ainda mais renovada e precisa, isto é, a oposição entre empirismo e racionalismo. Em segundo lugar, o da relação das ciências da natureza e aquelas do homem, cujo estatuto tão incerto faz surgir dificuldades que antes eram impossíveis de serem formuladas. O jogo desses dois temas se constituirá no essencial de um contraponto que tentaremos ajustar e começaremos por nos interrogar sobre a ideia do critério científico.

1. O critério da cientificidade e os paradigmas

1.1. Se quisermos dar um sentido preciso ao problema contemporâneo da unidade da ciência, convém, antes de mais nada, tomar ciência no nascimento, no início do século XVII, na forma de conhecimento objetivo, que deveria ser claramente, senão distintamente, já então reconhecido como ciência. Não que esta forma de conhecimento tenha sido desconhecida nas épocas anteriores, nem que nunca tenha aparecido algumas vezes sob uma forma perfeitamente explícita. Mas pela primeira vez, sobre o espaço de um esboço da mecâni-

15. Sobre a unidade da ciência

ca ainda insuficientemente "racional", o pensamento ocidental se dá uma *marca* de conhecimento científico da natureza. O conhecimento de um conjunto de fenômenos aqui é voluntariamente direcionado à construção de um esquema abstrato sobre o qual se podem efetuar deduções regradas, e até mesmo cálculos, e tirar daí as consequências controláveis para a observação e para a experiência. Seja lá o que for que pensemos desse tipo de conhecimento, é ele que mais tarde deverá estabelecer ou contestar a unidade; mesmo se as diversas ideologias das ciências esquivam-se, deformam ou recusam esse protótipo, será exatamente ele que aparecerá então como aquele que guia a prática efetiva da ciência. A questão será então somente de reconhecer o que, nas formas concretas que ele revela, é essencial e o que é transitório.

Pode-se objetar, sem dúvida, que isto restringiria arbitrariamente a forma de uma ciência futura. Respondemos que, de início, não pretendemos falar senão da ciência que se fez e que se faz, e isto parece ser o que vai orientar seus passos de evolução em um futuro bastante próximo. Por outro lado, isto não é uma conjetura totalmente arbitrária sobre o conhecimento através da história, desde a tomada de consciência dessa ideia da ciência como aquisição definitiva. A revolução galilaico-cartesiana não pode ser confundida com o engendramento *ex nihilo* de uma forma de conhecimento que sucede a outras e destinada, ela mesmo, a vir a ser um dia suplantada radicalmente. A revolução está aqui antes em um olhar novo voltado sobre um passado confuso, na tomada de posse e no rearranjo de intuições esparsas nas quais se substitui já de um modo claro, na prática (Galileu) e na teoria (Descartes) um conceito. Não se trata de modo algum, necessariamente, de recusar o interesse, a atração intelectual, mesmo a eficácia social de outras espécies de conhecimentos. Mas não é mais possível de agora em diante colocá-las sobre um mesmo plano que essa ciência, não se pode mais objetar a essa sua incapacidade de satisfazer certas necessidades do espírito e do coração. Enfim, o desenvolvimento contínuo e prodigioso que a plena utilização de seu conceito produziu nos dá a garantia, seguramente, de que, mesmo se se tratar até, e num sentido muito especial, de um fantasma, de uma criatura do desejo humano, essa ideia do conhecimento encontra e, até certo ponto, domina um mundo, como não pôde fazê-lo nenhuma outra forma de saber.

1.2. Mas essa unidade de destino, postulada em vista da história da ciência, permanece ainda bastante opaca e requer, certamente, ser mais precisada; em outras palavras, ela não pode ser incompatível com a sucessão e a copresença de sistemas reguladores distintos que caracterizam a realidade do trabalho científico em seus diferentes momentos e nos diversos domínios de objetivação dos fenômenos, sistemas estes que definem sem dúvida, mais precisamente, a cientificidade. Aceitaremos, portanto, de boa vontade, a ideia recentemente posta em relevo por Thomas Kuhn, isto é, a ideia de paradigmas, no interior mesmo da noção de ciência tal como acabamos de indicar. Entretanto, no tema amplo do desdobramento em *paradigmas*, muitos pontos devem ainda ser dissociados.

Em primeiro lugar, é importante sublinhar com Kuhn a descontinuidade dos paradigmas. A passagem de um tipo modelar de procedimento científico em um ou em outro domínio a um outro tipo não é certamente um processo por assim dizer homotópico de deformação e de ampliação contínua. E isto, devemos reconhecer, Bachelard já havia clara e precisamente exposto. Quando um paradigma sucede a outro paradigma, isto é uma refundação, claro que mais ou menos completa, mas de algum modo global, dos modos de se focalizar o objeto, da posição diante dos problemas e da formulação das soluções que então aparecem.

Mas é necessário concluir com Kuhn, em seu *A Estrutura das Revoluções Científicas,* que existe uma total *incomunicabilidade* entre os paradigmas e, por isso, uma mutação radical dos critérios de cientificidade? É necessário dizer que em razão da escolha de novo grupo de invariância para as grandezas mecânicas, a "massa" einsteiniana não tem mais relação com a "massa" newtoniana? Sem dúvida, no específico, vê-se, a propósito, que essa grandeza que era para Newton invariante absoluta torna-se na relatividade restrita ou específica uma grandeza covariante, crescendo com a velocidade. Mas se compreen-

15. Sobre a unidade da ciência

dermos que o novo ponto de vista na perspectiva einsteiniana nos mostra que se trate ali não mais diretamente de uma propriedade das coisas, mas de um conceito funcionando em um sistema de referência, não temos dificuldades de reconhecer na massa newtoniana uma versão degenerada e pobre do mesmo conceito e que a relatividade restrita, lançando-o em um sistema mais rico, pode fazer com que apareçam novos aspectos. Assim, o progresso da ciência é possível e o desaparecimento de paradigmas não significa de modo algum que a história de uma ciência possa ser escrita como uma sucessão de momentos isolados, por meio de uma sequência dos quais em que teríamos dificuldade de reconhecer uma ideia consistente de cientificidade. Exatamente ao contrário, é no interior de um paradigma novo que podem ser mais bem compreendidos, integrados e postos à prova os caracteres científicos dos passos exigidos pelos paradigmas anteriores.

Em segundo lugar, a noção de paradigma açambarca, em Kuhn, a afirmação do *caráter constrangedor da ciência oficial*. Não poderíamos negligenciar, sem dúvida, o aspecto muito negativo dessas limitações, e a história das ciências está cheia de exemplos de repressão de ideias novas e de iniciativas abortadas. Mas estaríamos errados, já no início ainda, por não reconhecer que, determinando por decreto, em um momento dado, as formas de domínio do objeto, os tipos de problema e a formulação das repostas esperadas, um paradigma científico fornece ao pensamento uma estrutura de equilíbrio, isto é, um campo e caminhos nos quais, por assim dizer, os movimentos são liberados. Claro que essa uniformização de procedimentos, essa dissociação normativa do pertinente e do não pertinente torna possível a pesquisa sistemática de um domínio, e a construção de um *corpus* constantemente acrescido de conhecimentos acumulados e coerentes. Sem essa determinação *transcendental* – ainda que, evidentemente, adquirida, elaborada com dificuldade e válida somente para um período dado – sem essa orientação autoritária, o conhecimento não poderia ultrapassar o estádio de um assemelhamento heteróclito de membros esparsos que não poderia pretender o título de saber científico. Se não houvesse paradigmas delimitadores, não haveria também objetos científicos, como diz muito bem o pai Ubu, "se não houvesse a Polônia, não haveria poloneses".

Uma última observação, por fim. Parece que para Kuhn esse limite do paradigma é essencialmente de ancoragem institucional. Sem dúvida, a história da ciência coloca em evidência esses limitantes exteriores. Mas como se recusar a ver a importância dos limites internos? Um paradigma é um sistema coerente, mesmo se ele não o explicite, e essa coerência é alcançada ao custo de limitações e de censuras. Do mesmo modo, não existem somente as inércias devidas às instituições e às pessoas que sempre impedem a existência de pontos de vista excessivamente novos e excêntricos e que os mesmos produzam imediatamente seus frutos. Dir-se-ia, por exemplo, que as ideias de Desargues em geometria foram sufocadas no século XVII somente pelo fato de que algumas barreiras foram erguidas pelos tenentes patenteados da ciência de então contra a introdução de concepções intempestivas e deslocadas? Não se deveria também admitir que o próprio sistema de pensamento, o objeto geométrico então essencialmente métrico, induzia a uma lógica de desenvolvimento do conhecimento com a exclusão do reconhecimento de uma geometria que teria, aparentemente, exigido uma total refundamentação da concepção desse objeto?

1.3. Assim, a cientificidade se retalha diacronicamente – e também sincronicamente – por paradigmas. Mas essa diversidade não é outra coisa que a repetição de etapas de construção constantemente perseguidas pelos sistemas de pensamento do objeto cada vez mais racionais. Esse processo de racionalização é a verdadeira invariante das transformações do paradigma. É necessário concebê-lo então como uma espécie de *ideal* da cientificidade para o qual tenderiam todas as formas de ciência? Resistimos a essa tentação muito fácil; tal ideal, pela vacuidade mesmo de seu conceito, seria tão impossível de ser descrito como de ser refutado. Pareceu-nos que seria necessário antes procurar estabelecer, por meio das formas do pensamento científico, alguns requisitos mínimos e descrever, por uma espécie de

15. Sobre a unidade da ciência

superposição, os diferentes estilos de cientificidade. Na situação atual da ciência, poderíamos, sob esse duplo ponto de vista reconhecer três estádios, que poderíamos designar com termos teológicos de ciência "triunfante", "militante" e "padecente". Não queremos nomear assim, entretanto, três momentos ou etapas historicamente definidas, ao estilo de Augusto Comte, e muito menos como três paradigmas distintos. Pensamos, em vez disso, que se trate de três situações complexas, que no estabelecimento das mesmas intervenham ao mesmo tempo as naturezas mesmas de diferentes objetos de um conhecimento que se queira científico, e não tanto as circunstâncias históricas de seu desenvolvimento. De tal modo que, por exemplo, a teoria dos conjuntos infinitos de Cantor poderia muito bem ser, nos anos 1980, um caso de ciência "padecente", e a termodinâmica de Boltzmann, ao contrário, uma ciência "triunfante". Examinando essas três situações em si mesmas, supomos, portanto, que seria possível resgatar a presença de requisitos mínimos que fundamentem a unidade da ciência e entrever o alcance das variações estilísticas que fazem aparecer nas ciências originalidades irredutíveis e fascinantes.

2. O paraíso dos matemáticos

2.1. A matemática, em seu conjunto, goza indiscutivelmente de um privilégio de ser entre as ciências aquela da qual ninguém discute sua perfeita cientificidade. Que isso seja por diatribe ou por sarcasmo, não se cessa de demonstrar, por exemplo, e os próprios poetas com suas canções até mesmo estranhas o celebraram: "Matemáticos severos, não esqueci de vocês" – diz o autor de Maldoror[5] – "a terra não nos mostra senão ilusões e fantasmagorias morais; mas vocês, oh, matemáticos concisos, pelo encadeamento rigoroso de vossas proposições tenazes e pela constância de vossas leis de ferro, vós fazeis luzir

---

[5] N.T. *Os cantos de Maldoror*, livro de poesias do Conde de Lautréamont, escrito entre 1868-1878.

aos olhos deslumbrados um reflexo poderoso dessa verdade suprema da qual vemos os sinais de sua impressão na ordem do universo". Lautréamont encontra, estranhamente, Spinoza, ou pelo menos se inspirou nele.

O primeiro privilégio das matemáticas, enquanto ciência de certo objeto, advém, sem dúvida, de que elas tendem a delimitar explicitamente seu recurso ao conhecimento intuitivo. Todos os problemas decisivos de sua história foram marcados mais ou menos espetacularmente, por uma redução da intuição ao conceito, ou mais exatamente por uma análise dos pressupostos intuitivos, indo aparentemente de um modo quase automático para a experiência perceptiva; análise que, mostrando as contradições ou pelo menos as incertezas que elas engendram, obriga a não deixar subsistir senão um resíduo mínimo. A própria tese de Kant apresenta-se como errônea, quanto a esta afirmação, uma vez que, se a matemática para Kant constrói exatamente seus conceitos na intuição, é somente a forma desta que se constitui como garantia. Em todos os casos, seria trivial mostrar, em detalhes, por exemplo, que a invenção eudoxiana de uma teoria das proporções conceitua a intuição da grandeza geométrica – como a construção de Cantor e Dedekind conceitua a intuição do contínuo –, como a elaboração de uma topologia algébrica conceitua a intuição das leis da invariância na deformação das figuras. Nesse sentido, conhecer um objeto matemático é substituir o controle global de uma imagem, por um conjunto explícito de regras de construção, mesmo se ainda se tratar de construções virtuais, uma vez que estas requerem um caminho indefinido. Eis o papel privilegiado desempenhado pela Álgebra, como o nota C. Chevalley: "A álgebra não é somente uma parte das matemáticas; ela desempenha também no interior das matemáticas o papel que as próprias matemáticas tenderam desempenhar por um longo tempo, em relação à física".[6]

---

[6] Cf. CHEVALLEY, C. *Fundamental Concepts of Algebra*. New York: Academic Press, 1956, p. V.

15. *Sobre a unidade da ciência* 257

Não poderíamos, por outro lado, esquecer que a produção das matemáticas consiste sempre, para o matemático praticante a partir de uma vivência matemática operatória mais ou menos elaborada, ela mesma em algo intuitivamente apreendido. E seria interpretar muito mal sua obra se aí fosse visto somente o exercício de uma combinatória cega. É necessário reconhecer a esse respeito, como notava Cavaillès, que a história das matemáticas vai depositando, por assim dizer, camadas sucessivas de formações conceituais que se tornam intuitivas, à medida que esse desenvolvimento se efetiva.[7] Daí decorre o relativismo invencível dos matemáticos praticantes que, por isso mesmo – e em alguns casos até em contradição com isto –, em suas posições filosóficas ou ideológicas manifestas, pensam os *Mathemata* como objetos autônomos. Assim, o processo de eliminação e limitação das intuições primitivas ingênuas, nascidas da percepção das coisas, acha-se compensado por uma projeção objetivante, uma sedimentação de conceitos. Desse ponto de vista, a cientificidade matemática não está assim tão afastada, como poderíamos crer, das de outras ciências, às quais ela mesma pode fornecer um modelo de situação limite na construção de seu objeto.

2.2. Outro aspecto dessa atitude das matemáticas no que diz respeito à intuição é a busca pelo rigor. O *rigor*, como explicitação dos pressupostos na construção do objeto e no encadeamento das teses, constitui-se aparentemente no traço mais significativo da cientificidade matemática; e no que concerne, pelo menos, ao encadeamento das teses, é o traço que mais pode ser transposto para todas as demais disciplinas. Queremos, entretanto, sublinhar a esse propósito que, contrariamente ao que poderíamos pensar, o rigor, mesmo matemático, não é um conceito absoluto. Sem dúvida, a perfeição dos modos de raciocinar de Arquimedes, comparados aos atalhos intuitivos utilizados pelos primeiros analistas, pode até ter levado a crer em uma ilusão de que existiria em matemática um padrão de rigor absoluto, mira-

---

[7] Cf. Cavaillès, J. *Transfini et continu*. Paris: Herman, 1947, p. 21ss.; Wittgenstein, L. *Philosophische Bemerkungen*. Frankfurt: Suhrkam, 1989, secção 173 (a proposição matemática é "intimação de uma intuição").

culosamente obtido pelo gênio dos antigos gregos, praticamente na origem da ciência. Na realidade, o desenvolvimento do estilo de um pensamento axiomático tem, nos domínios matemáticos mais diversos, mostrado que as organizações conceituais distintas, as escolhas de diferentes indefiníveis e a aceitação ou rejeição de certas proposições postas como primitivas poderiam permitir tratar legitimamente a teoria de um mesmo objeto com níveis diversos de rigor. Como se, sob esclarecimentos mais ou menos bem elaborados, poder-se-ia explorar a mesma paisagem com mais ou menos detalhes, sem o olhar;/ que a investigação nunca deixou de ser também vigilante. O rigor não exige que seja atingido o máximo absoluto do poder separador da inspeção; ele requer somente de cada um dos graus de seu exercício o máximo de lucidez. Desse ponto de vista, seguramente, é bem verdade que a obra de conhecimento matemático propõe a toda e qualquer espécie de ciência em hipótese alguma um modelo a ser reproduzido, mas um procedimento que convém livremente imitar.

2.3. Os traços sobre os quais até o momento insistimos evocam uma ou outra espécie de limite que o matemático impõe ao pensamento objetivo. Deixaríamos escapar um componente essencial se silenciássemos seu caráter paradoxal de liberdade. Cantor, em um texto de 1883, reivindica com até bastante força esse privilégio do matemático, o que é "de ter somente a ver com relação à realidade imanente de seus conceitos", e não com a existência efetiva dos objetos contingentes. "Graças a essa posição toda particular que a distingue de todas as outras ciências, e que lhe confere um caráter particularmente liberado e desprovido de limites para seu exercício, ela merece muito especificamente o nome de *livre matemática,* designação à qual, se eu pudesse decidir, daria de preferência à matemática pura."[8]

A liberdade do matemático é, sob muitos pontos de vista, comparável à do artista, e a marca exterior de seu exercício é estética, da mesma natureza, sem dúvida, do poder e da graça. Wittgenstein refletiu longamente sobre essa liberdade da matemática, que ele compara de

---

[8] Cf. CANTOR, G. F. L. Ph. *Gesammelte Werke.* Berlin: Springer, [1932] 2010, p. 181.

15. Sobre a unidade da ciência

algum modo com a tarefa do jardineiro, que é criar alamedas, manejar as perspectivas, "sem se ocupar jamais se alguém virá andar por elas um dia".[9] Ele compara o trabalho do matemático a um jogo com regras: "Posso jogar o tempo que quiser, posso jogar e tudo está bem...".[10] Não é aqui o lugar para discutir os limites e as inconveniências dessas metáforas; elas são, em todo caso, cremos nós, no tocante ao essencial, bem fundamentadas, no sentido de que elas colocam claramente o foco sobre esse aspecto muitas vezes oculto da livre apresentação do pensamento matemático, aspecto este ainda uma vez, exemplarmente aqui apresentado, mas ele convém também ser reconhecido em todas as outras formas de conhecimento científico.

3. Os canteiros das ciências da natureza

3.1. Por mais livre, portanto, que seja o pensamento construtivo nas ciências da natureza, é bastante evidente que a relação das ciências com o mundo percebido como existente as submete a limites bem específicos. Observamos pelo menos que a submissão das ciências ao dado de um mundo não é exatamente da mesma natureza daquele do ato de perceber. Os limites que pesam sobre este são, por assim dizer, imediatos (a arte somente ou alucinação os medeiam e chegam até mesmo à manifestação total). Os limites aos quais as ciências dos fenômenos da natureza se submetem são ao contrário elaborados por meio de quadros de referência que transformam as *informações vivenciadas* na percepção em informações codificadas. Tal é aqui o traço primeiro da cientificidade. Sem dúvida, a língua natural já opera uma codificação espontânea, orientada pelas condições de sobrevivência biológica e da vida social. Mas é justamente o primeiro passo de um conhecimento científico do mundo que rompe esse código natural e busca referenciais que permitam resgatar os parâmetros até bastante simples para fazer

---

[9] Cf. WITTGENSTEIN, L. *Bemerkungen über die Grundlagen Mathematik.* Seção 166.

[10] Cf. SCHLICK, M. *Wittgenstein und der Wiener Kreis,* p. 120.

260   FILOSOFIA, LINGUAGEM, CIÊNCIA

aparecer uma possibilidade precisa de repetição e de universalidade. A revolução galilaico-cartesiana inaugura de modo exemplar essa primeira ruptura com a codificação perceptiva dos fenômenos do movimento.

3.2. A redução de fenômenos a objetos assim demarcados em um referencial definido torna então possível a construção de modelos, isto é, no sentido em que nós tomamos esta palavra aqui,[11] isto é, de esquemas abstratos. É aqui que as matemáticas podem fornecer um arsenal de estruturas ou pelo menos de exemplos de estruturação. Podemos interpretar nesse sentido, ao que nos parece, as observações muitas vezes citadas de Kant nos *Primeiros princípios metafísicos da ciência da natureza*: não é cognoscível cientificamente na natureza senão o que for matematizável. Uma interpretação bastante distanciada, notemos, daquela que autoriza aparentemente o pensamento kantiano, na medida em que este situa a ciência no prolongamento direto da percepção e vincula a matemática ao *a priori* sintético das formas de intuição. O desenvolvimento da ciência da natureza parece-nos justificar, portanto, já de início, o ponto de vista que sugerimos. Longe de estar fundamentada em uma origem perceptiva dos conceitos científicos, a aplicação das matemáticas às ciências da natureza teria antes tornado possível, pelo distanciamento da percepção que opera, a instituição prévia de um referencial no qual são refundadas e codificadas as informações perceptivas. O rigor matemático pode então ser transferido para o conhecimento dos fenômenos, mas tal rigor não vale senão como *modulo*[12] das operações de codificação que fornecem os materiais das teorias. O rigor, de qualquer modo, não poderia estar nas coisas; não poderia estar senão no tratamento das informações tais como escolhemos extraí-las.

3.3. Daqui a concluir a idealidade das teorias científicas e a dimensão arbitrária de sua inserção na experiência, existe, na verdade, um abismo que tomaremos o cuidado de ultrapassar. Os enunciados das ciências devem ser submetidos à verificação; a análise das condições

---

[11] Veja-se, por exemplo, GRANGER, G.-G. L'explication dans les sciences sociales. *Social Science Information*, 1971, 10, p. 31-44 (especialmente a nota 2, na página 32).

[12] N.T. Em latim, no original (em relação de equivalência).

15. Sobre a unidade da ciência

dessa verificação é uma tarefa importante de toda a epistemologia. Sem querer entrar aqui em detalhes, podemos dizer que a análise popperiana, que está focada na "refutabilidade dos enunciados científicos", realça aqui o essencial. Um sistema de enunciados científicos não tem valor, nem mesmo sentido, a não ser que seja formulado de tal modo e dentro de tal contexto que se possa conceber uma experiência suscetível de refutar as consequências. Nos termos do parágrafo precedente podemos dizer que o referencial da codificação deve ser tal que as relações entre os elementos abstratos exprimam um enunciado científico que não sejam todos *tautológicos*, nem também sejam tão vagos que a própria relação possa ser referida a qualquer situação vivenciada.

3.4. Por outro lado, um enunciado ou pelo menos um sistema de enunciados apresenta-se como uma explicação. O que é explicar? Os opositores da ciência a atacam facilmente nesse terreno, argumentando a falta de satisfação que eles encontram quando se lhes apresenta uma relação abstrata como resposta a um interrogativo sobre os mistérios da natureza. Mas é necessário afrontar essa objeção mal fundamentada. Explicar, para o pensamento científico, não pode significar outra coisa que formular um sistema de relações fundamentais entre elementos determináveis dentro de certo referencial de informação sobre a experiência, de tal modo que, desse sistema, possa ser deduzido ou conjeturado, segundo regras precisas, algum subsistema de relações novas interpretáveis em última instância como informação sobre a experiência. Essa proposta implica, evidentemente, na aceitação de uma relatividade da explicação à chave de leitura informativa adotada e às escolhas das relações primitivas ou primeiras. Ela é, então, bem compatível com o que a história das ciências nos mostra no referente aos erros, às insuficiências e ao caráter indefinidamente perfectível das explicações científicas. Ela descreve implicitamente a ciência como trabalho, e rejeita simultaneamente a concepção de conhecimento como descoberta de um absoluto, e a concepção de um conhecimento como produção desavergonhada de uma *imaginatio sibi permissa*.[13]

---

[13] N.T. Em latim, no original.

Veja-se que não introduzimos nessa definição de explicação a ideia de causa. É que nos parece que devamos deixar a temática da causa para seu devido lugar, que é totalmente outro. A relação causal, qualquer que seja a interpretação que lhe dermos, é em definitivo uma relação entre *eventos*, isto é, entre fragmentos diretamente separados na experiência. Ela faz intervir os conceitos lógicos da condição necessária e da condição suficiente,[14] mas não pressupõe um domínio do conjunto do condicionamento, o que não pode ser feito senão por uma passagem para o domínio das relações abstratas, ao domínio das estruturas. O vínculo da causalidade entre eventos não começa a desempenhar seu papel senão em duas situações específicas. De início *a título de explicação imperfeita* quando a análise dos fenômenos não foi ainda suficientemente encaminhada para que uma teoria integre os elementos em um sistema de relações abstratas; isso acontece quando, passando ao *conhecimento aplicado* e às técnicas, somos obrigados a ser eficazes nos atendo somente aos eventos e a simplificar a consideração das relações estruturais para não reter daí senão os vínculos verdadeiramente estratégicos, diretamente manipuláveis e cujas consequências são traduzíveis em termos de ação. A verdadeira explicação científica, ao contrário, não vincula diretamente os eventos entre si, mas a *estados do sistema*.

3.5. Assim, matemática e ciência da natureza fazem com que apareçam respectivamente os traços da cientificidade que não lhes são necessariamente comuns, mas onde entrevimos um prolongamento e uma adaptação de uma à outra. Assim também a palavra "ciência" não designa ela mesma um *conceito científico,* que devamos definir por próprios processos da ciência; é um *conceito filosófico* que não se relaciona diretamente aos objetos culturais – a física

---

[14] Veja-se a análise bastante perspicaz de Mackie. Uma causa é uma parte insuficiente ainda que necessária, de um conjunto de condições não necessário, mas suficiente. Remetemos o leitor, sobre este assunto a um artigo nosso sobre a lógica e pragmática da causalidade. Cf. GRANGER, G.-G. Logique et pragmatique de la causalité. *Systèmes Symboliques*. Science et Philosophie. Travaux du Séminaire d'Epistémologie comparative d'Aix en Provence. Paris: C.N.R.S. 1978.

15. Sobre a unidade da ciência

263

cartesiana, a geometria de Euclides, a mecânica de Newton – como realizações históricas singulares; ela envolve uma interpretação do procedimento científico dentro do âmbito da experiência humana tomada em sua totalidade virtual e é pertinente que compete ao filósofo abraçar e ordenar como tal. Ele participa assim ao mesmo tempo da positividade das noções historicamente determináveis, uma vez que podemos descrever a obra da ciência a partir de cada um de seus momentos – e de uma não positividade radical, uma vez que podemos, a partir somente dos fatos da cultura, elaborar univocamente uma ideia do que significa a ciência.

Se fosse necessário agora resgatar os traços de uma cientificidade interpretante ao mesmo tempo da prática das matemáticas e das ciências da natureza, sublinharíamos três pontos que nos parecem essenciais:

a) visar uma realidade, em oposição à simples produção da imaginação. Mas essa realidade não é ela mesma um dado puramente extrínseco, e a obra científica contribui na determinação de sua figura;

b) visar uma explicação, e não a reprodução ou uma produção. A ciência não é ela mesma uma técnica, nem se desdobra como a arte, em meios aos fenômenos mesmos que ela recria e remodela. Ela se desenvolve necessariamente em um mundo dos símbolos tomados como representantes de elementos abstratos. Mas, claro, as atividades concretas do cientista não podem ser radicalmente separadas de aspectos estéticos e técnicos que as revestem assim como toda a espécie de atividade;

c) propor critérios de validade explícitos e deliberáveis. Estes critérios contêm, em um nível ou em outro, processos de validação, a lógica clássica bivalente, bem como uma etapa de consenso intuitivo mínimo. A validação científica pode assim aparecer como um *jogo regrado* parcialmente convencional, mas não totalmente arbitrário.

Resta ainda saber como são transpostos para ciências do homem esses traços da cientificidade.

4. O purgatório das ciências do homem

4.1. A questão da cientificidade de um conhecimento dos fatos humanos constitui-se, sem dúvida, no aspecto o mais especificamente contemporâneo do problema da unidade da ciência. Para Aristóteles, o fato propriamente humano não brota de uma ciência teórica, mas de uma *ciência prática* ou *poética*; o que pode ser conhecido teoricamente do ser humano não o distingue essencialmente de um animal e está abordado nos diversos tratados relacionados à física. Nessa perspectiva, se, como chamamos a atenção no início deste ensaio, a unidade profunda da episteme não está por nada em xeque através de suas realizações teóricas, prática e poética, a radical especificidade das *três espécies de objetos* é então confirmada. Só podem ser *Theoremata* – no sentido de objetos teóricos – as substâncias e os atributos matemáticos e físicos, bem como o intelecto puro, o primeiro motor não movido, a ação sem matéria que estuda a filosofia primeira. Os atos propriamente humanos, aqui compreendidos naturalmente os da inteligência, não podem ser cientificamente estudados senão enquanto *Prakta* e *Peoietika*. Em um livro publicado recentemente e dedicado à teoria aristotélica da ciência, pudemos demonstrar que a diferença mais fundamental repousa aqui sobre uma inversão dos papéis epistemológicos da gênese e da essência. As ciências teóricas visam a determinação das essências, de onde decorre em seguida a ordem das gêneses, se por acaso se tratar de seres mutantes. "O objeto teórico é de início pensado como acabado e de atualidade, o objeto prático, ao contrário, é-nos dado muito mais diretamente como gênese. Sentimos e experimentamos o nascimento de nossas ações, assistimos através de narrativas e por observação direta às etapas da formação das instituições humanas e suas vicissitudes, e ao mesmo tempo em que acreditamos poder ler ali as intenções e os fins."[15]

---

[15] Cf. GRANGER, G.-G. *La théorie aristotélicienne de la science.* Paris: Aubier Montaigne, 1975, seção 12.12, p. 350.

15. Sobre a unidade da ciência 265

No pensamento moderno sobre fato humano, parece que se decidiu pelo contrário, ou seja, considerar o objeto como essência acabada com o mesmo direito – título – do das ciências da natureza, em outras palavras, confundir, pelo inverso, um conhecimento dos *Prakta* com uma determinação de seus atos *que serão feitos*, e o estabelecimento voluntarista de um sistema flutuante de meios e fins. Tal situação não ajuda a realizar a tarefa para quem quer discernir, na enorme produção consagrada a esse assunto depois de um século de estudos dos fatos humanos, as premissas e os signos incontestáveis de uma cientificidade nova. Não cremos, portanto, que um retorno à posição de Aristóteles seja um remédio para essa confusão. Pelo menos, a meditação de seu ponto de vista nos ajuda a reconhecer e a circunscrever essa situação. Buscaremos aqui, somente, diagnosticar o mal pela denúncia de duas ambiguidades centrais.

4.2. A primeira, da qual já sinalizamos os malefícios, ancora-se no amálgama involuntário ou inconsciente de três tipos de visão: ciência, filosofia e ideologia. A filosofia, ao que nos parece, é claramente um *conhecimento* do ser humano. Mas diversamente da ciência, ela não procede através da construção de modelos abstratos suscetíveis de aplicações pontuais à experiência. Ela visa interpretar a experiência humana como significação, isto é, construir um sistema que a apresente como totalidade virtual e não reduzida a fragmentos manipuláveis ou a detalhamento de comportamentos ou de instituições que poderiam ser explicados ou, até certo ponto, previstos. A ilusão "científica" consiste aqui em admitir que uma união desses modelos seja *a priori* realizável e que isso permitiria substituir progressivamente a interpretação totalizante da filosofia por uma explicação, enfim, global, mas científica, da experiência humana, na qual a apreensão constituidora, e sujeita a variantes, de um sistema de significações seria definitivamente substituída por um *cálculo do sentido*[16] no âmbito

---

[16] Opomos aqui "sentido" a "significação"; o sentido seria o sistema de oposições e de relações bem definidas ao qual refere um elemento em um sistema simbólico explicitamente constituído.

de um sistema abstrato. Por outro lado, pensamos que nem a história das ciências, nem a meditação sobre os sistemas filosóficos, nem a experiência efetiva de nosso mundo autoriza essa conjetura. Usando uma metáfora matemática, diríamos que, ao contrário, se as teorias científicas constroem exatamente modelos "locais" que são como que "mapas" fragmentários da experiência humana, não existe, portanto, um "atlas", um conjunto mínimo de todos os mapas compatíveis entrando em acordo entre si para dar conta da totalidade: a experiência humana como conjunto conceitualmente representável não tem a estrutura de uma "variedade diferencial".

Se as coisas forem assim, compreendemos que toda a teoria excessivamente ambiciosa perde sua cientificidade pelo fato de querer açambarcar o ser humano todo e jogar em dois tabuleiros, isto é, o da ciência e o da filosofia.

Mas existe uma confusão ainda mais perniciosa. Nós chamamos aqui de *ideologia* uma tentativa de interpretação pseudofilosófica, uma vez que totalizante, mas que, em vez de se desenvolver como filosofia pela análise e pelo encadeamento dos conceitos, se desdobra por meio de um uso superficial de mitos e imagens. Quaisquer que sejam as motivações e os condicionamentos de tais organizações, quaisquer que sejam também a importância e suas necessidades vitais como ingredientes dessa experiência que eles pretendem interpretar, as ideologias, *enquanto elas se colocam no lugar* de um conhecimento filosófico ou científico, são imposturas. Ora, a dificuldade de constituir conceitos adequados aos fatos humanos, ou de precisar os resultados obtidos até agora na manipulação de modelos, constitui uma incitação constante para passar da região dos conceitos para o reino dos mitos, de imagens grudentas, para as "explicações" sensíveis ao coração.

4.3. A segunda ambiguidade que hipoteca as ciências do homem vem daquilo que os quadros da descrição dos fenômenos e de seu seccionamento em subdomínios especializados refletem, no mais das vezes, sem critério, uma prática social que permanece dependente de circunstâncias históricas. Não existe ali, sem dúvida, nada de natural. Mas esse enquadramento espontâneo do fato humano, nas formas

15. Sobre a unidade da ciência

que lhes impõem as linguagens, as instituições e as técnicas de controle social, deve ser comparado à codificação ingênua do mundo físico que serviu, de início, como ponto de partida para as ciências pré-galilaicas. Os fatos humanos foram todos eles, naturalmente, distribuídos em fichários estanques de uma psicologia, de uma economia política, de uma sociologia... Progressivamente, os domínios se diversificaram; mas tentativa crítica alguma *vinda do âmbito interno* existiu até agora que permitisse levantar as dificuldades desse seccionamento e solucionar as imprecisões e justificar os decretos arbitrários. Depois de Augusto Comte e Durkheim, depois de Max Weber e de Freud, devemos dizer que nada de realmente importante apareceu na ordem de um *tópico transcendental* nas ciências humanas.

Não é suficiente proclamar, com efeito, que "a realidade humana é una", nem provocar artificialmente uma "interdisciplinariedade" ilusória. A redefinição das categorias objetivas do fato humano não pode vir – a história das outras ciências no-lo ensinam – senão de uma iniciativa interna radical que apareça em um ponto do campo de pesquisa realmente submetido ao estudo. No momento, ainda que seja verdade que presenciamos, depois de meio século, a aparições sucessivas de novas categorias que tendem a definir esses objetos – na economia, na linguística, na psicologia – entretanto, nenhuma delas parece ensejar uma mudança de ótica decisiva que desse às ciências do homem um novo ponto de partida diverso daquele que as ciências da natureza puderam dar à mecânica racional.

4.4. Além do mais, dessa revolução galilaica, não se pode esperar que ela desfaça um traço radicalmente específico do objeto humano, excluindo toda a redução fundamental às outras ciências, a saber, a individuação que ela postula. Nas ciências da natureza, a percepção do objeto percebido e vivenciado como indivíduo é descartada. É essencial, então, para o saber científico, considerar toda a individuação como não pertinente e inventar moldes de codificação em que a primeira virtude seja justamente de anulá-la. Para o fato humano, o problema que se apresenta, ao contrário, como uma epistemologia de base prévia: o que é a individuação em todos os níveis? E como fazer do indivíduo objeto da ciência?

Se tomarmos esse enunciado ao pé da letra, o problema é insolúvel. Sem entrar aqui em uma análise mais detalhada que fizemos alhures, diremos que a individuação como efeito, ou como dado, escapa a toda espécie de modelo abstrato representativo de fenômenos. Mas se considerarmos a individuação como *processo*, não é impossível de se reconhecer algumas saídas por onde um pensamento que queira permanecer científico possa aproximar-se do individual. De um lado, seria necessário desenvolver modelos complexos de *regulação* (que chamamos anteriormente de "cibernéticos"), e que comportem em si mesmos sua própria imagem homomorfa e a de suas relações com um meio. Tais modelos permitiriam dar conta desse aspecto da individuação, que é a permanência da identidade pelas evoluções e de choques exógenos. Por outro lado, a construção de modelos convergentes, que representem níveis diversos e sob ângulos diferentes o mesmo fenômeno, dará um espaço à concomitância das aparências múltiplas, indissociáveis e, muitas vezes, não hierarquizáveis que caracteriza também o individual. Por fim, a adjunção, nas fronteiras das ciências, de um estudo que chamamos de "estilístico", que recolha o que o conhecimento estrutural abandona como não pertinente, estruturando-o em um outro nível e, por assim dizer, *a parte post*, permitindo dar representação, claro que sempre parcial, mas inteligível, do variável, do virtual, do criativo. Em cada um desses caminhos, o pensamento continua sendo científico, na medida em que, no sentido em que definimos, ele constrói modelos; mas sua estratégia de conjunto que visa focar o objeto de ângulos diversos e níveis diferentes, ao mesmo tempo, tende a produzir uma individuação que, entretanto, enquanto vivenciada, não pode lhe escapar sempre.

Assim, o objeto humano é constantemente visado como indivíduo, como sistema relativamente fechado e único, e não como um sistema anônimo e universal, independentemente de todas as condições relacionadas aos limites. Dir-se-ia que, nesse caso, não teríamos mais *leis científicas,* que todo encadeamento é único e, por fim, que toda a explicação – no sentido já exposto – seria ilusória? Sem dúvida que todas as ligações estruturais que podem ser enunciadas a propó-

15. Sobre a unidade da ciência

sito dos objetos humanos não poderiam focar a universalidade anônima das leis da física. Elas não são menos estruturais e podem corresponder a situações replicáveis nas condições dos limites que mantêm a identidade do objeto individuado, no nível de abstração em que deliberadamente o colocamos: uma língua, uma sociedade, um ser humano particular, um tipo de comportamento definido. A organização fonológica de uma língua, por exemplo, em um momento dado da história, pode ser descrita em um nível elevado de abstração e possui propriedades relacionais. Se acontecer que diversos sistemas fonológicos possam ser propostos concorrentemente, partindo do pressuposto de que essa pluralidade não seja o resultado de análises mal conduzidas, o que eles constituem então são variantes estilísticas de uma mesma estrutura menos específica, variantes que seria necessário estudar se elas funcionam efetivamente para diferentes grupos e para sujeitos diversos. O conhecimento assim formado não é, evidentemente, transportável sem mais para outras línguas, como um teorema da mecânica se aplica a estados diferentes – convenientemente abstratos – do universo. Ele torna assim possível comparações rigorosas, permite eventualmente resgatar propriedades de subsistemas, ou de superssistemas, que daí decorrem. Ele não autoriza uma regra geral, é claro, a previsão de *eventos*. Mas à medida que outros níveis de estruturação se sobrepõem a ele, o processo de individuação se enriquece, o objeto se explica, não, evidentemente, como uma vivência global, mas como momento de sua constituição, e *fatos estruturados* novos podem ser deduzidos no âmbito do sistema. A passagem para um conhecimento técnico fica próxima, e um conhecimento histórico das situações, nos limites da ciência, torna-se possível.

Mas convém não perder de vista esse conhecimento "técnico" que acabamos de falar que não pode senão parcialmente ser assimilado aos conhecimentos técnicos derivados de outras ciências. Pois as variantes estilísticas que ele comporta o revestem com uma importância tal que a habilidade de manipular parece aqui dominar o saber propriamente científico. Isto é, afinal, o próprio de toda disciplina aplicável "poética" ou "prática" orientada para o tratamento de individuos. Com mais razão ainda quando se trata de fatos humanos, e principalmente no estado atual de nossos conhecimentos, e quase nos leva a pensar que parece que tudo depende da arte do operador (do psicólogo, do economista, do político e do educador). Mas por quê? Não foi assim por longo tempo que aconteceu com a "ciência" do arquiteto, do encanador, do artilheiro? Uma ciência dos fatos humanos enfim constituída não suprimirá, claro, esta parte preponderante da personalidade do homem prático; ela a reduzirá, certamente, ainda que menos do que foi feito com a mecânica ou a fisiologia na ação do engenheiro ou do médico. Que essa modéstia nos previna de esperar demais; ela nos permitirá, ao mesmo tempo, de ser legitimamente atentos aos progressos discretos, mas plenos de consequências de um conhecimento científico dos fatos humanos.

4.5. No fim dessa análise, seria oportuno retomar as características que reconhecemos serem naturais do procedimento científico do matemático e do cientista da natureza, para assegurar sua transposição para este novo domínio.

a) A ciência é, dissemos, uma visão da realidade. Para os fatos humanos, a oposição real *versus* imaginário não depende mais somente de uma lucidez crítica em relação aos instrumentos materiais e conceituais de descrição do objeto. Ela reflete, até certo ponto – mas até a que ponto mesmo? –, as escolhas filosóficas sobre a significação da experiência humana. Claro, a ciência não pode permanecer fiel a seu conceito se ela não resgatar uma positividade dos fatos humanos. Mas essa *positividade* deve a cada instante ser reformulada. O perigo é, evidentemente, trocar a coisa decidida dos conceitos claramente definidos que estabelecem as categorias objetivas, por fantasmas circunstanciais de uma ideologia voluntarista mais ou menos consciente. Sobre tais fantasmas seria mesmo necessário escrever: eles não deveriam servir de guias transcendentais na constituição do objeto.

b) A ciência se propõe explicar, mas não agir diretamente. Vimos que a explicação permanece aqui, no nível tático, o que ela é nas outras ciências: uma construção e uma integração hierarquizada de modelos. Entretanto, ela difere em sua estratégia, no sentido de que ela não pode

15. Sobre a unidade da ciência

deixar de visar, através de modelos, a individualidade do objeto. É por isso que pensamos firmemente que o conhecimento estrutural do tipo clássico deve arrematar-se com uma estilística e precaver-se de degenerar em um conhecimento tecnológico muito fragmentário e muito empírico, ou no inverso, em uma filosofia da história.

c) A ciência, por fim, apresenta-nos critérios de validação. O difícil é, de início, isolar aqui as variáveis que definem o equivalente ao que é para o físico um espaço de fases, um domínio de determinação regrado. É necessário que seja precisado um nível de confirmação esperado para o funcionamento dos modelos, tendo-se em mente as variações estilísticas, elas mesmas abordadas pela superposição de uma rede de conceitos. A previsão dos fenômenos nas ciências da natureza é uma prova decisiva; mas, no conhecimento dos fatos humanos, devemos resignar-nos, sem dúvida, a não esperar jamais, com uma precisão razoável, nem previsões muito locais, nem muito globais. Em cada campo de estudo, a escala de uma previsão significativa pode, ainda assim, ser viável. Quanto à retrodição, que nas ciências da natureza não é por nada um refúgio de um conhecimento ilusório, ela oferece sem dúvida alguma às ciências do homem uma tentação muito perigosa. Ela permanece, entretanto, um modo de validação legítimo, contanto que se tenham os meios para discernir no evento do passado à parte exata – ainda que seja ela de uma exiguidade enganosa – do que é estruturalmente explicado.

Vemos que as considerações precedentes testemunham um otimismo às vezes bastante radical e bastante prudente quanto à unidade da ciência. Nós temos, a propósito, pelo menos ao que nos parece, três índices seguros de que, do paraíso aberto para nós, pelos geômetras gregos e por Galileu, ninguém poderá agora nos expulsar. Pensamos, entretanto, que por um longo tempo ainda serão as matemáticas e as ciências da natureza que nos oferecerão os textos mais claros, entre cujas linhas poderão ser lidas as marcas da cientificidade. Apesar do esforço perseverante despendido por uma parte da comunidade científica para a constituição em verdadeiros objetos do conhecimento os comportamentos e as obras humanas, podemos constatar aqui que os resultados são ainda minguados, precários e disfarçadamente ameaçados por absorções e amálgamas de investidas espontâneas ou voluntaristas de ideologias. Mas a história das outras ciências não nos mostra, mesmo que isso possa ter acontecido em menor grau, a amplidão e a multiplicidade dos obstáculos que emaranharam suas origens e que, por um longo tempo, impediram que elas se unissem em um conceito filosófico comum da cientificidade.

É que a unidade da ciência não é um dogma, mas um projeto e uma das tarefas intelectuais das mais árduas que, sem dúvida, em sua história recente, a humanidade se propôs.

16
O conhecimento científico e o conhecimento técnico[1]

Proponho-me aqui retomar um debate ao longo do qual a técnica quase é identificada com a ciência, que se pode então acusar do bem e do mal, ainda que a destituindo de todo valor essencial – e quase a opondo a esta, tão radicalmente que deveria assim, enquanto tal, repudiar suas aplicações seculares. Parece-me que seria importante reconhecer que não se poderia confundir a ciência com a técnica, mas também definir, por outro lado, na técnica, uma forma específica de saber.

Começarei, sem temer o aparente paradoxo, por uma breve retomada das teses aristotélicas sobre as espécies de conhecimento, antes de tentar descrever a articulação moderna entre as técnicas e a ciência, e terminarei com um ensaio de reposta à questão: a técnica nos leva a conhecer, e o conhecer não é, em outros termos, o que faz a ciência?

1. Os graus aristotélicos da τέχνη à l'ἐπιστήμη[2]

1.1. É certamente necessário justificar esse retorno ao pensamento antigo a fim de elucidar um problema que aparece tão manifesto na modernidade. Ora, é aqui, parece-me, que as análises de um filósofo nos oferecem de algum modo uma experiência de pensamento,

---

[1] Texto inédito.

[2] N.T. Em grego, no original (*technè* e *episteme*).

274 FILOSOFIA, LINGUAGEM, CIÊNCIA

sendo esta formulada em um contexto no qual as práticas materiais concretas não estão ainda revestidas por um conhecimento teórico, nem mesmo se apoiam nele. Assim podemos controlar melhor o grau de independência do pensamento técnico em relação à ciência, o qual se encontra hoje prática e totalmente mascarado.

1.2. Aristóteles distingue, como sabemos, as ciências "teóricas", as ciências "práticas" e "poiéticas", e as "artes" ou *technè*. A razão da distinção das ciências não teóricas é que seus objetos têm um princípio de movimento que lhes é exterior.[3] Refere-se, por consequência, à natureza do que elas visam, sem, portanto, ser um obstáculo à obtenção das características de um conhecimento eterno e necessário, comunicável por um discurso racional; elas serão legitimamente contadas, no mesmo modo como a ontologia, a matemática e a física, a lista das ciências. Mas o princípio da distinção entre *episteme* e *technè* é mais profundo, uma vez que o que caracteriza a *technè* é o objetivo individual: "Toda a prática e toda a produção voltam-se a se direcionar para o individual; não é o ser humano, a propósito, a quem cuida o médico, senão por acidente, mas Calias...".[4]

A "arte" diz respeito aos indivíduos e cria efeitos individuais, e é por isso que no pensamento de Aristóteles ela não poderia ser totalmente racional em seus procedimentos, nem totalmente transmissível pelo uso da língua somente.

1.3. Mas é o caso das "ciências poiéticas" para o que chamo aqui a atenção. Elas se relacionam, a bem da verdade, com a produção de objetos e de efeitos, mas *in genere* somente, e não têm a ver senão com os requisitos e as condições dessa produção, sem consideração por seu funcionamento no *hic et nunc*. Enquanto produtoras, elas têm certa relação com a matéria, mas enquanto genéricas, permanecem racionais, isto é, se propõem resgatar as razões e as causas e a formulá-las em um discurso. Assim, parece que elas se

---

[3] Cf. ARISTÓTELES. *Méthaphysique*, E.1.1025 b 22 e K.1064 a 11.

[4] *Idem*, A.981.a 15.

16. O conhecimento científico e o conhecimento técnico · 275

constituem no sistema de Aristóteles como uma espécie de intermediárias. Mostrando claramente o hiato que separa as ἐπιστήμαι e as τέχναι, o estagirita faz aparecer para as ciências intermediárias como que uma progressão do conhecimento para as práticas individuais. Claro que não há problema em reintegrar tal e qual este conceito de ciências poiéticas no quadro atual que nos apresenta o emaranhado das técnicas e das ciências. Nós consideramos, entretanto, que às vezes o princípio de uma distinção em certo sentido radical e a ideia de uma continuidade no conhecimento, pensados aqui, são apropriados ainda para esclarecer a natureza de uma articulação moderna da ciência e da técnica e os problemas que põem a concorrência e a colusão de duas formas específicas de saber.

2. A articulação moderna da ciência e da técnica

2.1. Entendemos por técnica um conjunto de procedimentos regrados e específicos em vista da obtenção de efeitos determinados. Tal proposta de definição não pretende nada mais que delimitar preliminarmente o campo que queremos explorar. Se julgarmos excessiva tolerância quanto ao que ele considera, por exemplo, as práticas da magia e mesmo as liturgias religiosas, poderíamos aportar algumas restrições relativas ao sucesso de um lado e à exclusão de outro, das considerações sobrenaturais. Mas seria necessário, então, procurar caracterizar sem equívocos os "sucessos" e dar um sentido preciso e independente à história da noção do "sobrenatural". Preferimos de nossa parte manter a definição mais ampla, por duas razões. Em primeiro lugar, o exame das relações que algumas dessas técnicas, tomadas no *stricto sensu*, estabelecem com a ciência é suficiente para colocá-las à parte e tornar evidente seu status singular. Em segundo lugar, não é de todo mau que apareçam, ao contrário, a profunda e inelutável parentela que elas conservam, apesar de tudo, com as outras práticas, igualmente específicas e regradas, mas que são, por sua natureza, estranhas à ciência.

2.2. É que temos o costume, com efeito, de associar indissoluvelmente as técnicas com as ciências. Ora, esta associação, por mais natural que possa parecer ao homem de hoje, é uma realidade recente. A articulação sistemática e constante das técnicas com o conhecimento científico não data na realidade, no Ocidente, de antes da metade do século XVII. Claro que se chegou na Antiguidade e na Idade Média a um aperfeiçoamento da técnica em consequência de um novo conhecimento teórico, e os historiadores têm muitos exemplos disso, pelo menos depois dos alexandrinos. Mas não se trata senão de casos particulares. Nem o desenvolvimento do conhecimento da natureza dependia então da invenção de procedimentos mais eficazes de observação ou de manipulação dos fenômenos, nem, reciprocamente, o progresso de tais procedimentos aparece como sendo claramente tributário de descobertas teóricas. O que chama a atenção, ao contrário, é a notável eficácia da arte do construtor e do engenheiro, em alguns domínios, e até mesmo a riqueza – senão a eficiência – da farmacopeia e da arte terapêutica, quando se considera a incerteza e a pobreza dos conhecimentos científicos positivos correspondentes. De qualquer modo é claro que, por outro lado, a ideia que fazemos da ciência de então em geral não traz em si nada que fale de pesquisas em aplicações.

Não é sem razão que se convencionou chamar de revolução científica para designar o nascimento no século XVII de uma dominante concepção nova do saber. Certamente não estaríamos errados em insistir sobre o fato de que desse momento date somente a ideia de uma técnica como consequência direta da ciência. As circunstâncias exteriores, que interessam ao sociólogo e ao historiador, têm uma contribuição poderosa no desenlace dessa atitude, por exemplo, o desenvolvimento de necessidades em sociedades populosas, a concentração da produção de manufaturas e a regressão relativa da produção agrícola. Mas em seu conteúdo e em sua forma essencial, não se deve duvidar de que ela se liga à própria concepção de ciência, que já é nossa e que se afirma explicitamente então.

2.3. Uma vez que a ciência visa então criar, para os fenômenos, modelos abstratos e, em seu âmbito, o pensamento dedutivo, se possível nas formas da matemática, ela vai poder desenvolver seus arabescos,

16. O conhecimento científico e o conhecimento técnico   277

tirar suas conclusões e, por este meio, explicar. Nessas condições, o conhecimento científico cria quase que diretamente esquemas de produção de efeitos e de objetos. Ele se presta assim, quase que imediatamente, a uma aplicação, que, no mais, ele exige como verificação ou confirmação das proposições que ele acabara de concluir. É assim que nosso Descartes, em um movimento de paixão que justificava certamente a novidade do ponto de vista e as perspectivas que se abriam a este grande gênio, pôde atribuir como tarefa última da ciência a de nos tornar mestres e posseiros da Natureza; formulação exageradamente tecnicista, entretanto, e que substitui a essência pela consequência. Mas não é menos verdade que desde então todo o conhecimento científico terá como missão de, cedo ou tarde, vir a ser a condição, e algumas vezes até mesmo a fonte mesma, de uma técnica científica.

Por outro lado, o recurso à experiência exigirá, de seu lado, cada vez mais, meios precisos e poderosos de intervenção. A montante como a jusante, o acoplamento da ciência no sentido moderno com a técnica, ainda frouxo no *ancien régime*,[5] cada vez mais estreito, e cada vez mais pressionado pela primeira, e cada vez mais fecundo pela presença da segunda.

2.4. Mas seria oportuno analisar de modo mais detalhado as relações entre a ciência e a técnica, mas nos contentaremos aqui a apenas esquematizar o tema. Parece-nos que o elemento técnico – no sentido geral que definimos acima – aparece em três níveis distintos na prática científica: o da linguagem, o dos processos de coleta de dados e, enfim, os processos da passagem à explicação. A tecnicidade da linguagem, ou mais exatamente dos modos de representação, é, na realidade, evidente; mas se trata de uma tecnicidade que poderíamos chamar como de segundo grau e de tal modo implicada no processo de conhecimento que ela passa a ser então um aspecto interno. A criação e a organização de um modo de simbolização adequado fazem parte do estabelecimento dos modelos abstratos, como o demonstra,

---

[5] N.T. Termo já tradicional para a designação do momento histórico da França anterior à Revolução de 1789.

não só de modo exemplar, a história das matemáticas, mas também a história da física e de outras ciências naturais, e como aparece quase que na forma de um padrão defeituoso, o lento caminho das ciências do fato humano. É esse modo de simbolização que contribui para aportar ao conhecimento, em vez de simples forma, o que tentamos em outro lugar definir, os conteúdos formais.

A tecnicidade da instrumentação e mais amplamente dos processos de estabelecimento dos fatos é um traço muitas vezes notado pelo pensamento científico. E até alguns gostariam de denunciar como uma espécie de testemunho da artificialidade do saber em que os objetos aparecem muitas vezes como "efeitos". Devemos tomar cuidado de não levar até aí a suspeita nominalista; o uso de procedimentos técnicos pode muito bem se apresentar de início até como arbitrário, ele não adquire uma legitimidade a não ser por sua integração no modelo mesmo; ele mesmo se torna portador de conteúdos formais, cuja coerência e fecundidade são finalmente aprovadas sob o plano teórico no âmbito do sistema.

Quanto ao terceiro aspecto da tecnicidade na ciência, ela se manifesta na abertura do saber científico para as possibilidades de aplicação. Sem dúvida, e já insistimos nisso antes, isto é, sobre a necessidade de distinguir muito bem esses saberes; mas não podemos deixar de reconhecer que as zonas de contato, e mesmo de intimidade, aparecem, e no mais das vezes nos domínios científicos os mais avançados, ali onde a pressão pela abstração dos modelos foi empurrada para mais longe. Por isso se justifica a ideia aristotélica dessas ciências poiéticas intermediárias, quando, por exemplo, torna-se difícil discernir com certeza o momento em que a tecnicidade dos procedimentos do físico cede lugar aos procedimentos propriamente técnicos do engenheiro. Entretanto, nós nos enganaríamos gravemente ao que parece se não percebêssemos que essa continuidade acontece, por assim dizer, somente sob o ponto de vista tático, uma vez que os dois objetivos permanecem radicalmente distintos e que as estratégias diferem profundamente. É pelo ensaio da busca da precisão dessa diferença que podemos esperar, quem sabe, poder responder à questão previamente

16. O conhecimento científico e o conhecimento técnico   279

posta: a técnica nos leva ao conhecimento, em que sentido existiria um conhecimento técnico, que em nada se confunde com o conhecimento da ciência, e que não pretenda substituir esse conhecimento sem que seja uma impostura.

3. A técnica nos leva a conhecer?

3.1. O primeiro traço da técnica, tomado aqui em seu sentido mais positivo em comparação com a ciência, é que ela supõe uma antecipação de consequências no âmbito de um campo de fenômenos sem dúvida delimitado, mas até certo ponto natural. A eficácia dos procedimentos técnicos é evidente a esse custo, o que justifica a confiança que temos em nossas máquinas e que, ao mesmo tempo, parece correto qualificar a técnica como modo de conhecimento. Parece mesmo, em uma primeira abordagem, conveniente sublinhar sobretudo a parentela com a ciência. Mas, quanto a isso, é bom olhar mais de perto as diferenças que se impõem. As antecipações que o conhecimento científico nos propõe apresentam-se se não como necessárias, de modo semelhante às propriedades dos objetos matemáticos, pelo menos como justificadas até em suas aproximações e incertezas. Tanto que quando esse requisito não é satisfeito, o nível de cientificidade não é considerado ainda atingido. Em contrapartida dessa exigência, um conhecimento científico pode muito bem permanecer bastante distanciado das condições efetivas de certas experiências concretas pelo que se espera nesse caso das previsões, contanto que, por outro lado, nos campos fenomenológicos suficientemente simplificados e preparados, as antecipações tenham sucesso.

Quanto às antecipações da técnica, as coisas funcionam de outro modo, e é quase a verdade dizer-se que aqui encontramos a situação inversa. O foco é então colocado, com efeito, não sobre a necessidade como tal ou sobre a explicação dos desvios do padrão, mas sobre a segurança do resultado. Se o médico cura pela aplicação de tal remédio, sua técnica é boa, mesmo quando modelo abstrato algum represente de modo adequado os efeitos. Claro que, em especial no domínio da vida e do comportamento dos seres, a segurança pode muito bem, e em certos casos, não ser outra coisa que uma aposta bastante distanciada da prática. De qualquer modo, é sobre essa adequação ao individual que o procedimento técnico é avaliado, o sucesso técnico representando, no primeiro momento, não o controle do sistema de conceitos abstratos de um modelo dito teórico, mas o controle e o domínio do elemento contingente que Aristóteles relacionava à "matéria". Que esse controle seja favorecido – e hoje ainda mais estreitamente condicionado – pelo conhecimento científico, ninguém pode fingir ignorar. Mas não é por isso que esta última silencie diante da técnica, nem que a técnica seja ciência de parte em parte.

Claro que esse modo técnico de conhecimento, eficácia por assim dizer incompreendida, não exclui de modo algum, entretanto, o raciocínio e eventualmente o uso local da instrumentação matemática. Um bom exemplo disso, parece-nos, é-nos dado pelos "sistemas--especialistas". É exatamente aí que o conhecimento técnico essencialmente emprestado pelos especialistas, homens de experiência, isto é, da prática, e não de teóricos, que está estocado sob a forma de regras em um programa, o qual comporta igualmente um "motor de inferência", isto é, um sistema de combinação lógica desse conhecimento e de dados.

Parece-nos que o pragmatismo e um positivismo muito estreitos tendem exatamente a confundir a ciência com a técnica. O primeiro insiste sobre o sucesso da construção teórica; mas tal sucesso não é em última instância concebido senão sobre o modo de sucessos técnicos? O segundo leva a interpretar a ciência como um conhecimento das aparências, o que é exatamente a técnica quando ela se acomoda a explicações insuficientes, a não ser que sejam obtidas infalivelmente do resultado. Em contrapartida, essas duas teorias da ciência fazem aparecer claramente o vínculo até indissolúvel desta última com a técnica. Um conhecimento científico que não pode prolongar-se em um saber técnico parece-nos hoje ser ainda muito distante da maturidade.

16. O conhecimento científico e o conhecimento técnico   281

3.2. Mas é verdade que o saber técnico não é distinto muitas vezes, em sua gênese e em sua história, do conhecimento científico que o justifica, que o explica e, por fim, que lhe permite seu desenvolvimento. Assim, por exemplo, aconteceram os primeiros ensaios da telefonia sem fio, que não nasceram em hipótese alguma de uma aplicação das equações de Maxwell. O conhecimento técnico se produziu como resposta a um problema bem delimitado, e de modo algum sugerido pela natureza mais formulada, como um desafio para o ser humano em vista de obter resultado que satisfaça uma necessidade ou um desejo. A história das técnicas se apresenta como um encadeamento de meios e de fins hierarquizados, e de modo algum como a história das ciências como uma sequência de criações e de extensão de conceitos. Podemos compreender disso que, apesar do aparente paradoxo, é a história das técnicas que manifesta mais claramente a racionalidade em seu movimento. Uma vez posta a tarefa a ser cumprida, conhecidos os meios de que se dispõe, a margem de incerteza quanto ao tipo de solução buscada é pequena, *a parte post*, claro, ainda que isso seja sobre a escolha ou invenção dos meios que se exerça *a parte ante,* a imaginação criadora.

3.3. A formulação-tipo de um conhecimento científico, a propósito, pode ser expressa assim:

"Em todas as circunstâncias, convenientemente definidas, se *a*, então *b,* uma vez que..."

O que segue o "uma vez que" é a exposição das relações num modelo abstrato de fenômenos considerados. E a formulação-tipo de um conhecimento técnico seria então:

"Em tal circunstância determinada, para se obter *b* é suficiente que se faça *a*".

Sob esses enunciados esquemáticos, pensamos poder fazer aparecer dois traços do conhecimento científico que, pela diferenciação essencial do conhecimento técnico, podem fazer-nos compreender melhor a natureza deste:

a) A ciência tem em mente expressar fórmulas quantificadas e relaciona-se de maneira virtual. Não podemos objetar que certos enunciados científicos sejam feitos usando uma forma existencial e não universal: "existe uma circunstância tal que...", uma vez que a circunstância em questão continua sendo indefinida, e nunca é o individual de alguma propriedade que é afirmado. O saber técnico, ao contrário, leva necessariamente a casos, claro que mais ou menos determinados, mas é exatamente enquanto tal que se afirma seu saber. Ele é por natureza "clínico", mesmo quando as condições contemporâneas tendem a reduzir todo ato tipo-caso: voltaremos logo a esse ponto.

b) O conhecimento científico é necessariamente irmanado com uma explicação que integra, de modo mais ou menos satisfatório, a constatação da implicação – se *a* então *b* – de uma estrutura de onde ela deve emanar. Um saber técnico, mesmo quando derivado diretamente do que fora estabelecido pela ciência, não utiliza enquanto tal senão os resultados. Ele justifica a aplicação que foi feita ao caso que lhe interessa por meio de hipóteses elaboradas a partir de experiências singulares de especialistas. Tal é exatamente, como notificamos acima, o modo de funcionamento dos "sistemas-especialistas".

A partir de tais diferenças, podemos, no mais, destacar dois modos de abstração que caracterizam os dois modos de saber. O conhecimento técnico, pela secção de seus objetos nos fenômenos, visa neutralizar as circunstâncias parasitas e desfavoráveis à produção dos efeitos desejados. Sem necessariamente poder explicar o risco, ele o contrabalança ou o elimina no caso individual que deve tratar. Assim, o cirurgião delimita um campo operatório estéril; assim o engenheiro químico se esforça em seu trabalho a partir de produtos bastante puros; o engenheiro elétrico lidando com seus componentes estandardizados. Disso resulta que o objeto e o ato técnico, ainda que realizados em circunstâncias individuais e produzidos como objetos individuais, tendem mais a mais a ser confundidos com tipos.

O conhecimento científico, sem dúvida, também quer controlar e dominar as circunstâncias desfavoráveis no processo mesmo de pôr à prova suas hipóteses; mas longe de descartá-las definitivamente, ele termina sempre por recuperá-las, por reintegrá-las numa esquema-

16. O conhecimento científico e o conhecimento técnico   283

tização cada vez mais ampla e ao mesmo tempo mais fina. Ele visa naturalmente à constituição de sistemas sempre mais globais, a atingir os princípios de explicação mais profundos.

Claro que a articulação moderna da técnica com a ciência consiste em que já a primeira parte do conhecimento compreenda modelos gerais validados pela ciência e os prolonga, pelas explicações, por procedimentos que neutralizam os detalhes ainda não explicados. A ciência, por sua vez, toma cada vez mais por seus objetos os "efeitos", como chama a atenção Bachelard: os artefatos, algumas vezes subprodutos inesperados de técnicas refinadas. E é por isso que o mesmo autor pôde arriscar a palavra "fenomenotécnica", querendo com isso insistir sobre o fato de que os fenômenos a ser descritos e compreendidos pela ciência atual são muitas vezes, na realidade, tais produtos. Mas não nos enganemos; a ciência tal como nós a conhecemos em suas metas e exigências, já faz uso, desde seus primeiros momentos, de uma instrumentação, ainda que rudimentar, mas de uma instrumentação embutida. Essa ciência usa, portanto, com bastante desenvoltura, técnicas como meio de revelação e mesmo de subversão dos fenômenos naturais, e muitas vezes, justamente, nas circunstâncias em que esses procedimentos apresentam resultados que não correspondem aos projetos segundo os quais eles tinham sido concebidos. Não é somente o aperfeiçoamento das técnicas que pode ser aqui creditado como tal, nem mesmo essencialmente, de impulsor do pensamento científico. Claro, e o vemos bem, para o conhecimento da matéria, as hipóteses da ciência exigem meios cada vez mais poderosos para que sejam postas à prova, e, portanto, a colaboração cada vez mais íntima de um saber-fazer e de um saber. Entretanto, não parece ser proibido de conjecturar, tendo-se em vista o passado da ciência e na perspectiva que nos propomos, que os grandes avanços do conhecimento acontecerão primeiro sobre o papel; isto quer dizer, pela invenção e a organização de novos conceitos e de novos cálculos, tendo em vista, essencialmente, compreender e não produzir um efeito qualquer. Tal foi exatamente o caso, de um passado recente, das teorias maxwellianas sobre o eletromagnetismo, as teorias da relatividade, as teorias de uma mecânica estatística do jeito proposto por Gibbs...

Não queremos simplesmente pender em favor dessa distinção radical, a qual podemos muito bem chamar de ilusão metafísica, simétrica da ilusão de um positivismo estreito. Essa distinção consistiria em proclamar que o conhecimento científico, como sendo totalmente oposto do saber técnico é ou deveria ser um dominar decisivo da realidade profunda, transcendendo em todos os aspectos no que diz respeito aos fenômenos. Mas o que traduzem as palavras "compreensão" e "explicação" utilizadas aqui muitas vezes, é o estatuto do conhecimento que, sem permanecer "na superfície das coisas", e não descrevendo outra coisa que as constantes recorrências e as concomitâncias dos fenômenos, não pretende, o que seria um contrassenso, alcançar formas definitivas de essências, mas por outro lado, chega a construir sistemas de conceitos formando redes aperfeiçoáveis, com níveis diversos de abstração, onde o pensamento dedutivo tem o espaço para se movimentar, antecipar, conjeturar e concluir. Ele insere assim fenômenos nas redes cada vez mais finas, e até pode ser cada vez mais vastas, e dessa maneira lhe dá um sentido, se aceitarmos esta palavra para designar uma inserção num sistema de virtualidades e para opor ao termo "significação", que em outro lugar, o reservei como sendo a tarefa do filósofo, mas para distinguir também o domínio de conhecimento que nos proporciona o saber dos técnicos.

Ora, esse "domínio" é também uma forma de conhecimento uma vez que ele é o único modo de tratamento racional do individual. A ciência não busca e nem visa, enquanto tal, aos indivíduos; à percepção, e ao que designamos com os nomes intuições e afeições, não poderiam por outro lado, pretender chegar à racionalidade. Quando a ciência se volta para o conhecimento do individual, ela chega a um momento em que, por mais finas que sejam as redes que ela possa tecer, alguma coisa necessariamente escapa: a sua rede de conceitos não pode ser outra coisa que um esquema abstrato, isto é, o que chamamos de modelo. O sucesso do conhecimento dos fatos humanos deve depender então, da possibilidade que os "artistas" tem – o psicólogo, o analista, o sociólogo, o especialista em economia – de prolongar eficazmente os fragmentos de um conhecimento científico dificilmente constituído por um saber propriamente técnico, especificamente delineado no caso

16. O conhecimento científico e o conhecimento técnico   285

particular como conhecimento clínico. Mas o que é obvio para o humano, não é menos válido, ainda que de um modo mais discreto, para o conhecimento bastante exigente das coisas e dos fatos da natureza.

3.4. A diferenciação que propusemos do saber técnico e do saber científico aparecerá um pouco mais clara ainda por meio de uma aproximação, à primeira vista paradoxal, pelo menos do meu ponto de vista: o saber da matemática e o conhecimento técnico. Quem não vê, na matemática, a forma mais abstrata da ciência, a mais distanciada de toda busca de produção de efeitos? É verdade que até pensei em não lhe propor o status de uma ciência normal, mas de uma espécie de forma limite do conhecimento científico, polarizando o campo das ciências, tendo como outro polo limite e antagonista, a história. Vou interpretar agora essa oposição das duas formas-limite como a tensão entre um movimento na direção da abolição dos conteúdos empíricos, e um movimento na direção do desaparecimento dos conteúdos formais, tensão esta cujas diversas formas de equilibro, vão privilegiar um ou outro movimento, e por fim, caracterizariam cada uma das espécies de conhecimento científico.

Entretanto, a matemática até que corresponde bem, sob certo plano, à descrição que demos da técnica. Ela cria objetos (abstratos, mas para todos os efeitos, sólidos) e isto em vista da solução, para cada caso, de problemas, por uma proposta de caminho bem determinada e em condições claramente definidas... A construção, ou se queiramos, a descoberta, das ideias de Kummer, para tomar um exemplo, ou ainda as da integral de Lebesgue, não têm, deste ponto de vista, todas as aparências de uma solução técnica? As circunstâncias parasitas que se opunham a uma manobra operatória foram ali neutralizadas, pela estipulação de definições e de condições as mais precisas possíveis e inteiramente novas.

Sem dúvida. Mas é que a matemática é a única ciência cujos procedimentos técnicos que ela utiliza fazem parte integrante da própria ciência. As demais disciplinas usam tais procedimentos como utensílios auxiliares. Na matemática, os modos de produção dos objetos constituem-se eles mesmos em modos de explicação, isto quer dizer, a inserção de conceitos em um novo sistema de relações regradas. Para os exemplos que invocamos de passagem agora: as ideias de Kummer são claramente objetos novos, mas sobretudo dão conta do sentido da propriedade dos inteiros naturais de única decomposição em fatores primos; a integral de Lebesgue é também um conceito novo mas elucida as dificuldades encontradas na Análise do que diz respeito à natureza da definição de funções. Essa posição bem específica da técnica é certamente a consequência do privilégio em matemática dos conteúdos formais. Mas ainda que alguém tenha acreditado poder interpretar esses conteúdos como se expressassem as formas da sensação, Kant não deixou de reconhecer, no seu estilo, esse estatuto da matemática quando a definiu como a ciência para a construção de conceitos. É esse mesmo traço que foi formulado por Wittgenstein quando ele diz que "a matemática é a sua própria aplicação". Mas quisemos aqui, simplesmente, a propósito das matemáticas, realçar a diferença entre o saber científico e o saber técnico, num caso onde as aparências teriam se prestado a levar à confusão.

4. Conclusão

4.1. Trata-se, portanto, ou pelo menos busquei mostrar isso, de duas espécies distintas e insubstituíveis de conhecimento. Nessas condições, ninguém tem fundamento para proclamar o pouco peso da ciência, alegando por motivo que ela não seria nada mais que um saber técnico. Mas por outro lado, não é legítimo desprezar o modo de conhecimento técnico como se ele fosse uma ciência degenerada. A confusão, é claro, é cada vez mais fácil de ser constatada hoje em dia, devido ao casamento da ciência e da técnica já ser indissolúvel, novas "núpcias" não de "Mercúrio e a Filologia", mas de Hefesto e Atena.[6] E essa associação comporta riscos, sobre os quais o filósofo, mesmo pouco inclinado a vaticinar, não poderá deixar de se pronunciar. E tais riscos são de dois tipos.

---

[6] N.T. Hefaísto ou Hefesto (Vulcano), da mitologia grega, filho de Hera e Zeus: deus da metalurgia, do fogo e dos metais.

16. O conhecimento científico e o conhecimento técnico   287

4.2. Sob o plano da organização de nossa sociedade, já de início, convém certamente ficar alerta com relação à usurpação da técnica, na medida em que o seu desenvolvimento tende a criar situações nas quais se encontram reduzidos os espaços da responsabilidade e das escolhas, e criados os instrumentos de morte. Mas isso diz respeito à pratica dos cidadãos, e não poderia afetar o valor da técnica em si mesma, e ainda menos a ciência, que não se propõe, como tal, à solução de dificuldades práticas. A escolha e a posição dos problemas a ser resolvidos, os meios materiais que serão necessários ali, são dados aos técnicos pelos poderes públicos, ou pela estimulação do mercado; só a ação dos cidadãos – e algumas vezes até o heroísmo dos técnicos enquanto cidadãos – pode desviar os trabalhos de se aplicar o saber para fins deletérios, sem para tanto dever – e nem poder – dirigir completamente o curso dos procedimentos. E ainda depende menos dos técnicos, claro, determinar em sua substância o desenvolvimento do saber científico, a não ser, facilitando a realização material.

4.3. Mas é de competência, por outro lado, dos protagonistas do conhecimento, e dos filósofos, exercer sua vigilância contra os perigos da confusão, menos espetaculares, mas a longo termo, destrutivos. Um romance futurista descreve um mundo no qual, depois de um cataclisma, todos os traços da ciência haviam desaparecido, mas onde subsistiram os técnicos, ou mais precisamente, máquinas muito sofisticadas inventadas anteriormente, computadores capazes de administrar o universo dos seres humanos, e o modo de usá-los, mas não de compreendê-los e nem de reproduzi-los. Nesse mundo, não aparece conhecimento novo algum e a técnica ela mesma permanece estagnada e pouco a pouco se perde. O escritor nos mostra então de um modo dramático como vai surgindo num gênio o primeiro vislumbre do conhecimento, a descoberta espantosa da adição de dois números, a operação misteriosa que até então era feita somente pelas máquinas, e agora podem ser "feitas à mão". Regressão esta, sem dúvida, impossível; mas permanece, infelizmente, possível a redução da ciência à técnica, através da compartimentação do conhecimento científico e por uma "positivização" totalitária e obtusa, ou seja, por um esquecimento de sua vocação para explicar e não para produzir. O conhecimento científico deve, portanto, manter na consciência do público e na consciência dos estudiosos mesmos, a sua originalidade em relação à técnica, justamente porque esta última é também um conhecimento, e que deve ser reconhecida no seu justo valor, na sua incomparável motivação para a inventividade e para o antidogmatismo que representa para a própria ciência, o seu desdobramento volumoso e o seu progresso.

17

Verdade e convenção[1]

Existe espaço para convenções na ciência? O convencionalismo irascível de Édouard Le Roy, que recusa Poincaré, afirma que todo é convenção na ciência, e que por isso, não existem *verdades*. Propomo-nos aqui reconhecer as funções diversas das convenções no conhecimento científico, e mostrar que, ainda que não se situando no plano da verdade, elas não alteram o status da verdade dos enunciados científicos.

Examinaremos, inicialmente, dois traços essenciais da convenção: seu caráter intersubjetivo e seu caráter de *não necessidade*. O primeiro dá conta, fundamentalmente, de um acordo – eventualmente provisório – *sobre o modo de representação* dos fenômenos e as *formas* de conhecimento. O segundo não pode ser simplesmente assimilado ao arbitrário, como mostra uma análise de algumas convenções e o exame crítico de uma tese de Wittgenstein.

Consideraremos em seguida, a relação entre a convenção nas ciências com a organização de um simbolismo, especialmente, o matemático. Mas a escolha do simbolismo poderia ensejar o reconhecimento de conteúdos relacionados aos próprios objetos, tanto em matemática como nas ciências empíricas. Para terminar, resumiremos as diversas espécies de convenções científicas e analisaremos os seus modos de validação, que dizem respeito principalmente à *possibilidade de aplicar regras,* em vez da posição das propriedades.

---

[1] Extrato de *Philosophia Scientiae,* 1996,1(1), 3-19.

A questão da verdade dos enunciados e das teorias científicas, mais ou menos questionadas em todas as formas de nominalismo, é aqui posta sobre uma nova luz na perspectiva das filosofias pragmáticas e na do convencionalismo. É a propósito dessa última orientação, da qual alguns aspectos da filosofia de Pincaré são exemplos, que iremos retomar de forma geral, o problema da relação da verdade com as convenções nas ciências.

A palavra "verdade" tomada num sentido estritamente determinado, não se aplica corretamente senão aos conhecimentos científicos, conhecimentos controláveis segundo os procedimentos bem definidos em cada domínio dos objetos. Sabemos que Sir Karl Popper quis restringir a eficácia desses procedimentos de controle aos que permanecessem passíveis de refutação virtual. É necessário reconhecer que tal restrição é oportuna e válida a *grosso modo,* no sentido de que todo o conhecimento não científico escapa seguramente a esse critério da refutabilidade. Mas o exame da estrutura efetiva das teorias científicas obriga a não admitir, senão com algumas nuances, a recíproca: existem, certamente, enunciados nas diferentes ciências para os quais não pode existir propriamente falando procedimentos de refutação. Podemos citar, por exemplo, nas matemáticas, o caso óbvio dos axiomas, e nas ciências empíricas o caso dos grandes "princípios", tal como o da conservação da energia, ou da representabilidade dos estados quânticos nos espaços de Hilbert. Esses enunciados, é verdade, dependem, contudo, de formas específicas, se não de verificação, pelo menos de validação indireta das quais nos ocuparemos mais adiante. Limitemo-nos a admitir por enquanto, que eles se constituem claramente em espécies particulares, enfraquecidas, de verdades. Uma vez que falar aqui de verdades me parece ter um sentido, que se opõe manifestamente ao sentido muito amplo que damos às vezes a essa palavra quando consentimos aplicar a certos enunciados da moral, da estética e da filosofia. A introdução de um conceito de convenção, diversamente, eventualmente, do de "postulado" ou de "axioma", numa classificação de enunciados científicos do ponto de vista da interpretação de sua validade, corresponde a um dos aspectos sem dúvida dos mais problemáticos desta variante enfraquecida da verdade.

17. Verdade e convenção

O convencionalismo sob a sua forma mais radical, o tal combatido por Poincaré em Édouard Le Roy, afirma, portanto, "que a ciência não faz outra coisa que convenções, e é unicamente a essa circunstância que ela deve a sua aparente certeza; os fatos científicos e *a fortiori* as leis, são obras artificiais dos estudiosos; a ciência não pode, portanto, nos ensinar nada da verdade, ela não pode ser mais que uma regra de ação".[2] Buscaremos mostrar, seguindo opinião de Poincaré, que um tal convencionalismo é insustentável. Mas que a ciência não pode ser só convenção, sem que para tanto seja abalada a sua vocação de conhecer a verdade.

O que significa, a propósito, a palavra "convenção" no sentido em que os filósofos e matemáticos a usam? Dois traços emprestados do seu uso comum nos parecem aqui ser preponderantes. De um lado, uma convenção supõe a aceitação de um enunciado ou de uma regra de conduta, por vários sujeitos, nem que estes sejam fictícios. Ela supõe uma intersubjetividade de princípio, um acordo, sem exigência de justificação por quem a propõe. Por outro lado, uma convenção leva a um enunciado ou a uma regra livremente escolhida, entre outras possíveis, ou mais exatamente, de outras "virtuais". Não são necessariamente arbitrárias, mas também não são dadas explícita e originariamente, as razões de sua escolha. Numa teoria em que a regra do jogo é a demonstração dos enunciados, entendemos que a qualificação de verdadeiro ou de falso seja *a priori* imprópria para uma convenção. Não é, entretanto, de se excluir uma noção de validade, que deveria então depender das consequências induzidas na teoria pela inserção do enunciado ou da regra assim aceita.

Propomo-nos examinar mais precisamente o estatuto de tais convenções nas ciências, das quais daremos exemplos, buscando reconhecer o sentido e o alcance de sua possível validação, e a influência de sua presença sobre a verdade de outros enunciados de uma teoria.

---

[2] Cf. POINCARÉ, H. *La valeur de la science*. Paris: Flamarion, 1970, p. 151.

1. As duas características da convenção e do conhecimento científico

1.1. Começaremos por um questionamento geral sobre o papel eventual num procedimento científico de dois caracteres da convenção que acabamos de resgatar.

A intersubjetividade do conhecimento é ela mesma uma condição ou uma consequência de sua verdade, ou de um modo mais amplo, de sua validade? Ao nível do conhecimento perceptivo, o acordo intersubjetivo efetivo é certamente ao mesmo tempo condição e consequência de sua validade. Mas ele não é senão parcial e relativo, e sobretudo depende de um modo, sem dúvida, essencial de uma linguagem na qual ele pode expressar-se. Os linguistas e os etnólogos estudaram muito bem essa determinação de um acordo qualitativo no caso da percepção das cores. Não é, portanto, num recorte do aspecto físico que as pessoas se entendem, mas em categorias determinadas de um vocabulário numa tal linguagem, ou numa tal família de línguas. Ainda que o conhecimento científico se nos apresente como uma ruptura e não tanto como uma continuidade no que tange à percepção, consideraremos desse fato apenas a noção de acordo intersubjetivo, qualquer que seja o nível do *conhecimento* que seja considerado, como estando vinculado por um simbolismo e dependendo dele de modo decisivo; mais tarde, voltaremos a isso quando tratarmos das convenções científicas.

Nas ciências, esse acordo diz respeito sem dúvida, de início, aos sujeitos individuais. São os membros do que Bachelard chamava de "a sociedade dos trabalhadores da prova". Esse acordo consiste então na aceitação das regras comuns no tocante à posição e ao tratamento dos problemas, a natureza nas soluções buscadas e o conhecimento do conteúdo dos resultados. É isso que, a *grosso modo*, Thomas Kuhn chama de "paradigma". Observamos, entretanto, de um lado, que tal acordo global num domínio determinado de objetos caracteriza o nascimento mesmo do que chamamos de ciência, e que não podemos, portanto, colocar sobre um mesmo plano tal paradigma cons-

17. Verdade e convenção

titutivo e as transmutações dos conceitos dos métodos que lhes são internos, e deslancham posteriormente, o progresso de uma ciência. Neste sentido, a teoria do movimento, por exemplo, constituiu-se como ciência sobre um paradigma único no início do século XVII, que continua a predominar também tanto na mecânica newtoniana como na da teoria da relatividade, e mesmo, por mais estranho que possa parecer à primeira vista, na mecânica quântica. Isto é assim, uma vez que as exigências fundamentais, teóricas e experimentais são as mesmas e comandam o consenso dos físicos. Pensamos que podemos mostrar, por outro lado, que esse "paradigma" não é, em hipótese alguma, uma mola última, a expressão de determinações e de limites sociais e psicológicos que se exercem sobre os membros da comunidade científica. A unidade global e o consenso expressam uma limitação conceitual, que de resto, é manifestamente móvel ao longo do tempo. Isso foi o que tentamos caracterizar e descrever num outro ensaio como "dialética interna dos conceitos".[3]

Na perspectiva de Kuhn, o acordo intersubjetivo tende a aparecer de preferência como condição e não tanto como consequência da validade dos conhecimentos nas circunstâncias históricas dadas. Parece-nos de nossa parte, que seria justo considerá-lo somente como um *signo*, um índice, de mais a mais, algumas vezes enganador. Sem aderir de modo algum ao ponto de vista "surrealista" de Feyerabend, podemos reconhecer que em certas épocas da história de uma ciência, o consenso caracteriza uma situação estática e conservadora do conhecimento, e é então que as dissidências podem trazer germes de um porvir. Mas é, certamente, quando elas são reconhecidas como tal, e são objeto de um novo acordo, que um novo progresso do conhecimento se estabelece. Por outro lado, após diversas retomadas, o progresso chegou até o ponto em que, no curso da evolução de uma ciência, as interpretações teóricas radicalmente distintas dos mesmos fenômenos e da maior parte de suas leis, dividem a socieda-

---

[3] Cf. GRANGER, G.-G. *Formes, Opérations, Objets*. Paris: Vrin, 1994, capítulos 18 e 19.

294 FILOSOFIA, LINGUAGEM, CIÊNCIA

de científica. Mas essa ausência de consenso foi sempre vista como provisória e tem se revelado como essencialmente distinta da anarquia e do fechamento que caracterizam os períodos *protocientíficos* de uma disciplina (por exemplo, o estado das doutrinas alquímicas, antes da constituição do paradigma científico próprio da química). Porque o desacordo no primeiro caso incide sobre a interpretação da *representação* dos fenômenos e suas regularidades, não sobre o reconhecimento positivo destes e das condições de sua validade. Não faltou na história passada casos que não fossem resolvidos, isto é, compreendidos senão colocando-se em ação pontos de vista que predominavam nas interpretações antagonistas. Citemos a querela dos defensores da luz como onda e como corpúsculo nos séculos XVII e XVIII, mas também na própria matemática, a oposição entre a interpretação dos elementos diferenciais como limites e como entidade, disparidade que jamais travou o desenvolvimento do cálculo e que está hoje "resolvida" pela teoria dos números "não estandardizados". O estado atual das interpretações da mecânica quântica nos oferece, a propósito, por assim dizer *in vivo*, um exemplo não resolvido de tais dissensões sem que por isso seja posta em dúvida a validade (a verdade) dos resultados da teoria.

A ausência de consenso intersubjetivo não pode, portanto, ser mais que um signo ou um índice provisório da não validade, ou antes, da insuficiente determinação de uma teoria. O consenso se ele for obtido, pode ser compreendido como simbolizando a atividade de um sujeito "transcendental". Entendemos por isso que os "trabalhadores da prova" fazem a função de um sujeito fictício único que legislaria – provisoriamente – quanto à determinação no que diz respeito a projetos, quadros para a descrição e explicação dos fenômenos de um domínio, então transmutando as suas representações nestes quadros, isto é, em objetos que chamamos de "virtuais". Esses quadros ou "referenciais", essa palavra sendo entendida no seu sentido amplo, são evidentemente aceitos comumente num momento dado da história, num contexto e sob condições socialmente determinadas, que não explicam nada mais que o *tempo* e a data dessa aceitação. O acordo significativo diz menos

17. Verdade e convenção

respeito, portanto, aos conteúdos de um saber e mais um projeto de definição de um tipo de objeto (virtual). Esse projeto não pode logo ser dito "verdadeiro" ou "falso" senão na medida em que ele torna possível ou não uma *representação* como objetos *virtuais* os fenômenos *atualmente* experimentados, e na medida em que estes objetos virtuais deem lugar a uma previsão adequada de novos fenômenos atuais. Vemos então, como podem aparecer no procedimento científico, *formas* de conhecimento que podemos qualificar de "convenções".

1.2. O segundo traço característico de uma convenção é a sua não necessidade imediata. Os enunciados ou as regras que correspondem a essa qualificação são a expressão de uma escolha dentre muitas outras do mesmo tipo, e que não teríamos razão alguma demonstrativa para excluir *a priori*, nem mesmo *a posteriori*. O objeto do jeito como ele é ainda sumariamente delineado por uma teoria, enquanto representação virtual dos fatos e os objetos reais, singulares apreendidos na experiência, deixa uma margem de liberdade para as determinações mais precisas. No domínio das matemáticas, esta liberdade se expressa por uma *compatibilidade* de diversas determinações virtuais candidatas a serem objeto de escolha convencional, seja como não contradição sintáxica, seja como consistência de um modelo possível. Por outro lado, é necessário observar que essa liberdade não é sempre percebida imediatamente, como foi o caso clássico célebre das variantes do 5º postulado de Euclides. Conjetura-se de início que o enunciado tradicional, ainda que introduzido como "demanda" não demonstrada, deve poder decorrer do corpo de outros enunciados da teoria, outros postulados e compromissos. Estabelecer depois de longos trabalhos que a sua escolha fora livre constituiu, como sabemos, uma das maiores descobertas da matemática no início do século XIX. Essa liberdade não é, por outro lado, senão relativa e isto não pode ser confundido com arbitrária. O corpo de enunciados da teoria engendra de início, evidentemente, limites propriamente sintáxicos tais que as inferências num novo sistema ao qual a convenção está vinculada conduzem, vez por outra, a contradições. Trata-se, então, de uma espécie de incompatibilidade trivial ainda que seja difícil de ser

296 FILOSOFIA, LINGUAGEM, CIÊNCIA

estabelecida: é exatamente a incompatibilidade dos geômetras, desde da Antiguidade, como nos é reportado tardiamente por Proclo, no V século de nossa era; eles pensavam poder demonstrar entre a negação do 5° postulado e o resto do sistema de Euclides.

O ponto de vista de Wittgenstein posterior ao *Tractatus* é a esse respeito espantoso. Se o desenvolvimento de um cálculo num sistema conduzia, diz ele, a uma "proposição interditada" depois de ter sito levada adiante sem obstáculos, não se deve rejeitar o sistema como contraditório, mas deve-se aceitar os enunciados anteriormente estabelecidos e simplesmente modificar o sistema para continuar as demonstrações uma vez suprimido o obstáculo. "O que calculamos uma vez não pode mais ser descartado e nem desaparecer".[4] Esse texto é, como sabemos, a transcrição feita por Waismann de conversas de Wittgenstein com Schlick no início dos anos 1930. A ideia de Wittgenstein é que a matemática não é por nada uma teoria de *objetos*, um conjunto de proposições verdadeiras em vista de objetos (ele já pensava isto no *Tractatus*), mas um jogo de *operações* delimitado por regras. Os objetos não aparecem senão na aplicação do cálculo. Por exemplo, em geometria, os axiomas tornam-se então "estipulações relacionadas à língua na qual queremos descrever os objetos espaciais. Essas são as regras da sintaxe".[5] Vemos assim sob que forma extremada em Wittgenstein, a livre escolha das "convenções" e o sentido dos limites desta liberdade. À noção de contradição das fórmulas é substituída por aquela do conflito entre regras operatórias, uma vez que elas não podem ser aplicadas ao mesmo tempo, e em casos paralelos, a reação não deve ser a da rejeição: "É necessário então, fazer alguma coisa, por exemplo, riscar a fórmula de onde partimos".[6] Wittgenstein não recusará pelo menos a qualificação de "convencionalista" como sublinha Jacques Bouveresse.[7] Nas

---

[4] Cf. MCGUINNESS, F. B. (Ed.). *Wittgenstein und der Wiener Kreis.* Oxford: Basil Blackwell, 1967, p. 147 (a partir de gravação de F. Waismann).

[5] *Idem*, p. 62.

[6] *Idem*, p. 176.

[7] Cf. BOUVERESSE, J. *Le Mythe de l'intériorité.* Paris: Minuit, 1976, p. 299.

17. Verdade e convenção

matemáticas, a liberdade de escolha das regras no limite de sua aplicabilidade é, ao que parece, dominada pela obrigação social de "jogar o jogo". De tal maneira que o limite que se introduz aqui seria da mesma natureza de todos os demais limites sociais.[8] De maneira geral, o acordo de homens que falam entre si não é acordo sobre significações (*Meinungen*) mas sobre *uma forma de vida* (*Lebensform*)[9] que parece definir o próprio pensamento.[10] No caso das ciências empíricas, o convencionalismo propriamente dito não seria mais que "uma reação contra a concepção ingênua das leis da natureza como réplica fotográfica dos fatos.[11] Ou ainda, Wittgenstein chama a atenção de Waismann: "em física como na geometria existe muita coisa vaporosa (*verschwommen*)",[12] como se dissesse que muitas vezes fica-se em dúvida ou balança-se entre (*schwanken*) entre uma "proposição da experiência e uma determinação arbitrária" (*willkürliche Festsetzungen*).[13]

2. Convenção e simbolismo

2.1. Sem adotar a estranha concepção de jogo matemático que nos propõe Wittgenstein, podemos, pelo menos ao que nos parece, manter um ponto essencial, a saber: que o "espaço de liberdade" aberto às convenções diz respeito fundamentalmente às *formas de representação*, das quais elas estabelecem as regras.

Com efeito, é uma convenção, nas ciências, que tudo esteja relacionado ao *uso de um simbolismo*. Seu papel originário é o de fixar a

---

[8] Cf. WITTGENSTEIN, L.– RHEES, R. – ANSCOMBE, G. E. M. (Eds). *Bemerkungen über die Grundlagen der Mathematik*. Franckfurt: Suhrkamp, 1984, p. 115-116.

[9] Cf. WITTGENSTEIN, L. *Philosophische Untersuchungen*. Oxford: Basil Blackwell, 1953; WITTGENSTEIN, L. *Recherches pholosophiques*. Paris: Gallimard, 1961, § 241.

[10] *Idem*, p. 131-133.

[11] Cf. MCGUINNESS, F. B. (Ed.). *Op. cit.*, 1967, p. 635 (trata-se do apêndice deste livro).

[12] *Idem*, p. 637.

[13] *Idem*, p. 648.

definição de um símbolo; seja de formular as regras de manipulação nos sistemas de representação adotado, seja de formular regras de sua aplicação. Uma vez que ele designa um objeto ou uma relação num universo de virtualidades formula também as regras em relação aos objetos e relações atualmente experimentadas. Nas matemáticas, aparece com clareza somente a primeira função. Convenciona-se, por exemplo, que uma letra com um índice inferior será o símbolo de um componente covariante de um vetor, isto é, que numa transformação linear, esse componente se transforma como uma nova base na antiga; com um índice superior, componente contravariante, ela se transformará como a antiga base na nova. Ou ainda, ("convenção de Einstein): que se o mesmo índice aparece no alto e embaixo respectivamente, nos dois termos de um produto, a expressão representará a soma dos produtos obtidos fazendo com que varie o índice em todo o domínio ($a_1 b^1 + a_2 b^2 + ... a_n b^n$, se o campo de variação do índice for $[1,n]$.

Parece que tais convenções se constituem em puras definições "nominais" no sentido clássico, "livres" e "jamais sujeitas a ser contraditadas", como o observa Pascal no início de seu *Esprit géométique*.[14] Mas tomemos cuidado que a imposição de um nome ou a prescrição de uma regra de manipulação simbólica não tem sentido e eficácia senão, segundo o próprio Pascal, se relacionar "às coisas claramente designadas em termos perfeitamente conhecidos".[15] Dito de outra maneira, a liberdade de convenção não se estende verdadeiramente, senão até a materialidade do simbolismo e não significa de maneira nenhuma que possamos estipular de um modo absoluto que um símbolo refira a não importa que objeto ou operação matemática. Isso quer dizer, no fim das contas, não pode referir a não importa qual seja a correlação de um complexo de operações e uma entidade associada. Nos exemplos citados acima, o simbolismo convencionado não é um ponto qualquer, uma vez que ele não tem sentido se-

---

[14] Cf. B. Pascal. *Œevres complètes*. Paris: NRF/Pleïade, 1962, p. 577.

[15] *Ibidem.*

17. Verdade e convenção

não no sistema dos espaços vetoriais para o primeiro e da álgebra, para o segundo. As regras para a aplicação do simbolismo fixadas pela convenção são claramente internas ao sistema simbólico mesmo, mas sua eficácia é determinada pela natureza das entidades do sistema, pelo que chamamos de "conteúdos formais"[16] que ele engendra. A primeira convenção sobre os índices inferiores e superiores não tem sentido senão para a distinção de um espaço vetorial e de seu duplo, de uma base e da base dupla. A segunda convenção, dita de Einstein, diz respeito a sistemas algébricos mais amplos, e exige somente que as operações de soma e de produto tenham sentido. Temos aqui a tese formulada no parágrafo precedente (1.2), essa vez mais precisada pela formulação do estatuto das convenções em relação aos simbolismos. Vemos, portanto, que o caráter convencional de uma escolha de símbolos, no domínio puramente virtual dos seres matemáticos, não reduz ao arbitrário os limites nascidos de um sistema simbólico no qual é introduzido o novo símbolo correspondente; e nem se reduz, pelo que vejo, à espécie de realidade que esse sistema impõe aos "conteúdos formais" mais que, independentemente de todo o aporte empírico, ele suscita.

2.2. A importância dessa limitação do arbitrário das convenções nas matemáticas, mesmo enquanto que definições simbólicas, deveria aparecer claramente, por sua vez, no caso dos axiomas. Vimos anteriormente, no exemplo do 5º axioma de Euclides, que essa espécie particular de convenção não era plenamente conhecida como tal que se pudesse estabelecer sua independência, pelo menos parcial, em relação ao conjunto dos outros enunciados da uma teoria. É que a implicação de tal convenção na teoria mesmo é muito mais estreita que a das convenções do tipo de definição de símbolos. Claro que, no caso tomado como exemplo, o axioma pode muito bem ser considerado como o que dá um conteúdo operatório mais preciso ao conceito de paralelismo, e como que completando aqui, portanto, *a contrário*, a definição 23

---

[16] Cf. GRANGER, G.-G. *Op. cit.*, 1994, capítulos 2 e 3.

300 FILOSOFIA, LINGUAGEM, CIÊNCIA

do símbolo "paralelo".[17] Mas é exatamente esse conteúdo operatório novo que faz toda a diferença, porque um tal complemento "livremente" acrescido à definição, constitui uma determinação do vago operatório que ela comporta, e, ainda que permaneçam no interior do sistema simbólico mesmo, introduz, por consequência, os conteúdos formais. Poderíamos, então, chamar de axioma no sentido estrito, nas matemáticas, tais convenções que contribuem para definir o objeto no âmbito de uma teoria, dando-lhe consistência, podendo, eventualmente, preparar o encontro imprevisto de obstáculos ou o reconhecimento de bifurcações possíveis do espaço do objeto assim delineado. Por exemplo, os axiomas da primitiva teoria dos conjuntos de Frege se manifestavam como reveladores de "paradoxos", isto é, que os objetos que satisfaziam aos axiomas tinham propriedades incompatíveis entre eles. Daí a proposta de Russel, da noção de tipos, e mais tarde a revisão axiomática de Zermelo-Fraekel. Por outro lado, os esforços por reconhecer se a "hipótese" do contínuo decorria ou não dos axiomas chegam à demonstração de Gödel (1939) de sua compatibilidade e, mais tarde, com P. J. Cohen (1963) a sua independência, isto é, a uma ramificação possível de espécie de objetos "conjunto" por adoção e não por axioma, ou seja, no caso, por convenção, daquilo que fora antes hipótese.

Uma convenção, e particularmente na espécie "axioma", consiste, portanto em fixar propriedades de um referencial em que serão determinados os objetos de uma teoria para delimitar esses mesmos objetos. Ela opera assim, originariamente, somente no nível do simbolismo; mas nos domínios das matemáticas, tal organização de quadros do simbolismo implica geralmente, numa determinação de propriedades do objeto mesmo. Quanto a isto, o que acontece nas ciências empíricas? As convenções, agindo sobre as condições de representação dos objetos, introduzem também modificações quando ao conteúdo desses mesmos objetos?

---

[17] Definição 23: "As retas paralelas são as que, estando no mesmo plano e indefinidamente prolongadas de uma parte e da outra, não se encontram nem de um lado e nem do outro". E o Axioma 5: "Se uma reta, ao cortar outras duas, forma ângulos internos, no mesmo lado, cuja soma é menor do que dois ângulos retos, então estas duas retas encontrar-se-ão no lado onde estão os ângulos cuja soma é menor do que dois ângulos retos".

17. Verdade e convenção 301

2.3. O conhecimento científico do mundo do qual temos a experiência se efetua por meio de uma representação de eventos realmente experimentados por meio de objetos e fatos virtuais, num universo abstrato, que no mais das vezes é constituídos de entidades matemáticas com seus sistemas operatórios associados. As convenções, como já sinalizamos, fixam então os quadros dessa representação e formulam, por outro lado, ou subentendem, as regras de aplicação do universo virtual às realidades das experiências (veja-se parágrafos 1.2. e 2.1.). A primeira função aparece, por exemplo, na decisão de definir as figuras virtuais do movimento em mecânica clássica newtoniana, pelas simples consideração das derivadas *segundas* dos espaços em relação ao tempo. Ou ainda, na escolha de uma geometria euclidiana ou de uma geometria não euclidiana, para figurar as relações espaciais num mundo de eventos físicos. Vemos então que em semelhantes casos, a escolha de um modo de representação, mesmo se permanecer fundamentalmente livre dentro dos limites do arbitrário que já vimos acima, introduz necessariamente, especificações sobre as propriedades dos próprios objetos.

Da convenção sobre as derivadas segundas depende, claro, a definição 4 dos *Principia* de Newton, segundo a qual, a força exercida sobre um móvel é "a ação que muda seu estado de repouso ou de movimento retilíneo uniforme". Quanto à escolha de um espaço riemanniano de representação, ele permite, logo de início, que as medidas de comprimento façam intervir um parâmetro, uma constante universal (o raio da curvatura), cuja influência, é verdade, poderia ser negligenciável se essa constante fosse bastante grande relativamente aos comprimentos medidos. De outra parte, Reichenbach mostrou no seu *The Philosophy of Space and Time* (Filosofia do Espaço e do Tempo) (1958)[18] como as propriedades topológicas do espaço não euclidiano poderiam se manifestar experimentalmente a um observador, mas quando este tivesse a liberdade de as interpretar seja revelan-

---

[18] Cf. Reichenbach, H. *The Philosophy of Space and Time*. New York: Dovers, 1958, Capítulo I, § 12.

302 FILOSOFIA, LINGUAGEM, CIÊNCIA

do a não euclidianidade do espaço, seja sendo efeitos de "anomalias causais" – isto é, de propriedades físicas inesperadas do universo – tais como, por exemplo, a reprodução periódica no espaço de situações idênticas: "Se uma perfeita liberdade de escolha de uma geometria devesse ser preservada como *conditio sine qua non*, então deve-se admitir de vez em quando a presença de anomalias causais".[19]

É claro que em semelhantes casos, a liberdade de escolher pode ser qualquer coisa, menos arbitrária, por exemplo, uma representação de fenômenos espaciais em coordenadas cartesianas ou em coordenadas cilíndricas. Nesse último caso, vemos claramente que o caráter convencional da representação é trivial e interessa-se estritamente pelos mecanismos operatórios interiores de um mesmo sistema de objetos matemáticos, de tal modo que se trata então de *uma só e mesma representação*. Então, com razão podemos dizer com Poincaré, que se trata da escolha de uma busca de "comodidade". Não é o caso nos outros exemplos que acabamos de citar. Contudo, exatamente nesse caso e em particular no das representações por espaços euclidianos e não euclidianos, existem procedimentos de transcrição unívoca de um referencial representando para um outro: pode-se com facilidade construir um modelo euclidiano de um espaço riemanniano e vice-versa. Mas as reinterpretações podem supor a introdução de elementos novos radicalmente estranhos, por exemplo, os elementos infinitos no modelo euclidiano de uma geometria riemanniana.

Podemos dizer, pelo menos, que o que torna não indiferente a escolha convencional de um modo de representação para as ciências empíricas é justamente a presença de conteúdos formais específicos nas teorias matemáticas onde serão apresentados os objetos virtuais destinados a servir de imagens dos fenômenos. Tanto isto é verdade que a matemática não é somente uma linguagem, mas antes a produção de *formas universais de objetos*, suscetíveis ou não de representar a empiria. A evolução recente dos "referenciais" escolhidos para demarcar os eventos da física, a importância do papel desempenhado pe-

---

[19] *Idem*, p. 661.

17. *Verdade e convenção* 303

los "espaços" de representação na Relatividade restrita ou geral, bem como na teoria de sistemas dinâmicos ou na mecânica quântica, leva evidentemente a nos interrogar sobre o alcance dos conteúdos físicos que estas "convenções" introduzem. A questão à qual nós referimos essas observações sobre as relações das convenções e dos símbolos é então em última análise, a dos critérios das escolhas convencionais. Como elas não podem propriamente ser *verificadas*, as convenções podem ser pelo menos validadas pela ciência? Esse é o assunto desta última parte deste ensaio. Mas já entrevemos, penso, o sentido profundo da observação de Wittgenstein, citada acima (1.2), a saber, que muitas vezes, "balançamos entre uma proposição da experiência e uma determinação arbitrária". De tal modo que a linha divisória entre o que pode – e deve – ser verificado e o que não pode ser senão validado nem sempre é bem traçada. Quem se recusa a simplesmente cair no convencionalismo radical como Le Roy, deve, portanto, tentar assinalar pelo menos, alguns critérios suscetíveis de dar um sentido, senão, pelo menos regras para o exercício da uma liberdade de convenção nas ciências. Antes abordar o problema final dessa legitimação das convenções, cremos que seria de qualquer modo útil propor um resumo sintético das espécies de convenções científicas.

3. Espécies de convenções e sua validação

3.1. Notamos diversas vezes que as convenções teriam dupla função, isto é, fixar os referenciais de representação dos fatos e dos objetos em universos virtuais e formular – o subentender – o modo da aplicação dessas entidades virtuais às realidades da experiência. Daremos, a partir de alguns exemplos de realização dessas funções, uma classificação sumária das convenções científicas.

Realçamos, inicialmente, as convenções de medida. Elas consistem em escolher uma unidade convencionalmente definida e os procedimentos de medida. Escolhas que parecem, à primeira vista, totalmente arbitrárias, mas que desde que as grandezas a serem medidas estão implicadas numa teoria, devem satisfazer os limites da dimensionalidade, por exemplo. Ou a coerência, uma vez que a teoria preveja diversos caminhos de acesso a essas medidas, como é o caso das unidades eletrostáticas e eletrodinâmicas das grandezas elétricas. Quanto aos procedimentos efetivos de medida, elas podem dirigir as escolhas. Por exemplo, a unidade de comprimento, no passado determinada diretamente como sendo a unidade fundamental, encontra-se hoje em dia, definida a partir de unidade de tempo, realizável com uma precisão superior, por intermediários de contagem de frequências estáveis da oscilação de certos átomos.

Em segundo lugar, encontramos as convenções de *simplificação*, que decidem negligenciar certos aspectos das dimensões empíricas ou de limitar as observações e medidas a certa aproximação. Podemos então chegar a desvios observados, muito claramente superiores àquilo que autoriza a convenção, conduzindo assim a modificar a teoria ou permitindo verificar uma teoria como sendo mais capaz e fina. Conhecemos a célebre confirmação da Relatividade geral pela explicação dada pelo desvio da precisão do periélio de Mercúrio, em relação às predições da mecânica celeste clássica.

Dessas convenções podem estar presentes também nas matemáticas, consistindo então em negligenciar certos termos de um desenvolvimento ou substituindo por função de forma mais simples uma função mais complicada. Mas as consequências de tais convenções devem ser então precisamente conhecidas e entre elas, quais não alteram a natureza do próprio objeto.

Por fim, a espécie mais determinante de convenção e sobre a qual estiveram voltadas as considerações anteriores são as convenções que podemos definir como as *definições no sentido amplo*. Elas introduzem um conceito como objeto virtual completamente definido num referencial próprio e fornecem ao mesmo tempo seu modo de aplicação à experiência, ou, em se tratando de entidades matemáticas, o sistema operatório que lhe dá eficácia.

3.2. A noção de entropia, por exemplo, é introduzida como propriedade intrínseca de um sistema termodinâmico, isto é, é consi-

17. Verdade e convenção

derada do ponto de vista das variações de uma grandeza primitiva, ela mesma intrínseca ao sistema, chamada de energia interna U, e as trocas entre outras formas de energia, em particular, o calor Q (recebido: positivo; fornecido; negativo) e o trabalho W (recebido: negativo; fornecido:positivo); o calor está associado a uma grandeza não aditiva, a temperatura absoluta T. Coloca-se então uma relação axiomática entre U, Q e W: $\mathrm{d}U - \delta Q - \delta W$.[20] A entropia S é então caracterizada pela sua variação, *numa transformação reversível do sistema*, proporcional à quantidade do calor absorvido ou fornecido, e inversamente proporcional à temperatura absoluta:

$$\mathrm{d}S = \frac{\delta Q}{T}$$

Vemos então como tal "definição" pode ser dita "convencional". Ainda que completamente determinada no referencial (U, Q, W, T) do objeto termodinâmico, esse conceito depende de uma condição virtual, *que não pode corresponder a nenhuma situação real*: a reversibilidade perfeita da uma transformação, isto é, de uma transferência de energia. O segundo princípio da termodinâmica pode então ser assim enunciado: "a variação da entropia de um sistema e de seu meio é sempre positiva e tende para o 0 para toda a transformação que tende para a reversibilidade". Este princípio que formula uma propriedade do mundo, participa, portanto, ele mesmo, do caráter

---

[20] O sistema de variações δ relaciona-se às variações extrínsecas das grandezas, não definindo o estado do sistema, o símbolo d corresponde à variação intrínseca, integrável entre os dois limites e representa uma "diferença exata". Nesse nível da teoria, a grandeza $1/T$ se introduz como fator integrante, permitindo definir a entropia como diferença total. A temperatura absoluta aparece em seguida, no sistema definido pela pressão P, o volume V e a temperatura, por exemplo, como derivada parcial, à pressão constante, de uma nova grandeza do estado, a entalpia: $H = U + PV$: $T = (\partial H/\partial S)_p$. Com o ponto de vista da mecânica estatística, a entropia será por fim interpretada como caracterizando a probabilidade para um sistema ser num estado energético dado. O princípio de Nernst, ou terceira lei da termodinâmica, postula então que se a temperatura absoluta tende a 0, acontece a mesma coisa com a entropia do sistema.

convencional da entropia. Mas vemos que a convenção não alcança aqui de fato, senão a hipótese virtual da reversibilidade, que as teorias do atrito e das diversas modalidades de dispersão de energia podem então aproximar-se das condições atuais.

Outro exemplo de convenção definidora seria fornecido pela determinação das séries "pseudoaleatórias" por meio de algoritmos. De tais algoritmos são produzidas séries de números dos quais se postula que eles são o início de séries infinitas efetivamente aleatórias. Os critérios dessa propriedade não seriam, evidentemente, aplicáveis no sentido estrito senão às séries virtuais, infinitas. Por exemplo, o critério de Émile Borel. Para uma série de inteiros inferiores ou iguais a b, é necessário que cada um dos valores 0, 1, ... b apareçam com a mesma frequência (limite, isto é, numa série infinita, necessariamente não real): $1/b$ e que todos os b^n séries virtuais de n números aparecem respectivamente com as frequências (limites...): $1/b^n$. Outra determinação convencional ancora-se nas condições de calculabilidade de um algoritmo. Dizemos que a série calculada é algoritimicamente aleatória se, para obter um resultado comportando uma informação de n bits, o algoritmo exige um programa informático de n bits pelo menos. A ideia aqui é que o aleatório é garantido pela impossibilidade de prever um resultado diverso que pela sua própria constatação, por meio do algoritmo de definição.

3.3. Vemos então bem que essas diversas espécies de convenção não podem ser ditas que sejam nem verdadeiras e nem falsas. Isso porque a verdade científica depende do sucesso de três procedimentos: primeiro, a *demonstração das propriedades* de objetos virtuais a partir de enunciados postos como primitivos; segundo, a *consistência* estabelecida pela inspeção ou raciocínio de um sistema de objetos virtuais; e terceiro, a *adequação* constatada entre os objetos virtuais numa teoria e a observação de eventos reais.

Ora, as convenções científicas não descrevem as *propriedades de objetos* virtuais ou atuais. Quando parece que é assim, não se trata então de convenções, mas antes de *hipóteses*, que realçam os procedimentos de verificação e poder ser tidas *em potência de verdade* (potencialmente verdadeiras). Um bom exemplo em matemática seria a

17. Verdade e convenção

"hipótese do contínuo", já lembrada (2.2.) que não é uma hipótese no sentido estrito, tanto que nem demonstramos a independência dentro da teoria clássica dos conjuntos. Depois da demonstração de P. J. Cohen, adotá-la ou não foi uma questão de convenção, escolha livre de uma forma de objeto "conjunto". As convenções propriamente tidas enunciam no máximo, metapropriedades dos objetos. Elas propõem condições de descrição de objetos virtuais e de comparação destes objetos virtuais aos concretos empíricos.

Acontece usar-se, às vezes, o mesmo de "axioma" para enunciados efetivamente convencionais e para enunciados que não poderiam ser considerados como convenções. Ilustremos essa diferença com um exemplo que nos parece ilustrativo. Ponhamo-nos a questão seguinte: por que o 5°. axioma de Euclides pode ser chamado de convenção, quando os axiomas da aritmética elementar finitista de Peano *não são* convencionais? No caso do axioma das paralelas, encontramo--nos, como já vimos, na presença de uma escolha entre diversas determinações de um objeto geométrico cuja consistência é garantida. A aplicação à empiria dessas diversas variantes no objeto virtual resultante da escolha é possível, como o mostraram os desenvolvimentos posteriores da física. Trata-se, então, de convenções, das quais é necessário julgar não a verdade, mas o sucesso de suas aplicações. Existem axiomas da aritmética? Claro, escreve Wittgenstein, que uma aritmética diversa possa ser imaginada e que poderemos inculcá-la aos homens os seus hábitos operatórios. Não tentaremos esclarecer aqui o sentido exato que pôde dar Wittgenstein a essa afirmação paradoxal. Tomada ao pé da letra, ela não merece outra coisa que ser recusada. Porque diversamente do caso das paralelas ("prolongar indefinidamente") os axiomas da aritmética elementar finita subentendem regras efetivas de aplicação do sistema de objetos virtuais "números naturais" à experiência, de tal modo que não podemos imaginar outros. Não é somente o caso de que encontraríamos então a incompreensão dos nossos interlocutores, tal disparidade não poderia consistir senão num ajuste equivocado da linguagem. É, mais fundamentalmente, que a nossa experiência de presenças e de ausências conjuntas de objetos atuais, de relações de semelhanças destes objetos, não seria adequadamente formuladas a não ser conforme as regras da aritmética elementar finita. Não podemos nem mesmo imaginar que isso seja diverso a não ser em favor de uma hipótese de prestidigitação ou de magia voltada sobre esses objetos. Os axiomas dessa aritmética não formulam convenções determinadas livremente, ou quase livremente, um tipo de objeto virtual, entre variantes possíveis (isto é, aplicáveis à empiria). Ousaria qualificar essa aritmética elementar finita de *protofísica* fundamental definindo univocamente não de *metapropriedades* mas de *propriedades únicas* o conjunto de objetos virtuais que seriam aplicáveis à realidade de nossa experiência. Não são convenções.

Assim podemos concluir que se convenções autênticas nas ciências não implicam diretamente nem verdade e nem falsidade no sentido estrito, a sua validade realça, naturalmente, já de início, a sua compatibilidade com os outros enunciados de uma teoria e, a seguir e fundamentalmente, a sua fecundidade. Essa palavra que pode aparecer muito vaga, designa aqui de um lado, a riqueza que revelará o desenvolvimento, nas teorias, das propriedades do objeto virtual esquematizado pelas convenções. Ela designa também, por outro lado, para as ciências empíricas, capacidades de adequação deste virtual ao real das experiências. Podemos dizer que os critérios da validade das convenções são ao mesmo tempo *pragmáticos* e *transcendentais*. Pragmáticos pelo fato de que são em parte convencionais as regras de aplicação do virtual das teorias às experiências, e que o sucesso desta aplicação é um signo de sua validade. Transcendentais no sentido de que as *formas do objeto* para cada domínio de pesquisa científica do mundo, são *projetos convencionais* cujo fundamento adequado se revela no desenvolvimento de uma ciência. É necessário, entretanto, reconhecer que, se as convenções não se situam no plano da verdade, não existem verdades científicas, portanto, senão no quadro passível de revisão e sempre em progresso das convenções que estabelecem as formas dos objetos.

18

Álgebra e geometria[1]

Examinaremos as relações variáveis, ao longo da história das matemáticas, dessas duas disciplinas tradicionais com o objetivo de fazer aparecer o sentido de tais variações para o objeto da matemática.[2] A conclusão que se pode chegar desse exame é que se constata certo investimento da geometria na álgebra, mas sobretudo que a evolução e o enriquecimento dos conceitos tornam mais clara a *fecundidade e a profunda unidade da matemática*.

A divisão originária: a palavra [*geometria*] dos gregos designa inicialmente a agrimensura, e mais tarde, o estudo das propriedades das figuras espaciais.[3] A palavra "álgebra" dos árabes [*al jabr wa al muqabala*], designa uma "redução" e transposição dos termos de uma equação.[4] A história das relações entre as duas disciplinas é também a história de suas próprias transformações.

Distinguiremos quatro etapas no relacionamento álgebra-geometria, correspondendo em última análise, às redefinições do sentido das duas disciplinas e mais amplamente, às transformações do conceito de *objeto* da matemática.

---

[1] Texto inédito.

[2] Resumo de uma conferência pronunciada em Amiens, em 10 de abril de 1998.

[3] Em francês a palavra aparece no século XI; em português, *gemetria* no século XIII, e *geometria* no século XV.

[4] Al-Khwarizmi, século IX. Cf. RASHED Roshdi (Ed.), *Histoire des sciences arabes*. Paris: Seuil, 1997, 3 vols.

310 FILOSOFIA, LINGUAGEM, CIÊNCIA

1. A álgebra geométrica dos antigos e a análise de Descartes

1.1. Efetuar operações sobre *grandezas* representadas por construções sobre figuras. Exemplo: a aplicação às áreas remonta certamente aos pitagóricos.[5] Constrói-se um retângulo (ou um paralelogramo) de área dada (igual à de um triângulo) sobre um lado dado. O outro lado tem, portanto, por medida, o quociente da medida da área por aquela do lado dado.

Essa construção permite resolver as equações de segundo grau.[6] Mas ela supõe uma heterogeneidade de grandezas, que conservam o seu sentido geométrico: linha, quadrado, cubo.

1.2. A "geometria analítica" de Descartes: uma quádrupla inovação, sistematizada por Descartes e Fermat:

• Opera-se também sobre grandezas, mas tornadas homogêneas e assimiladas a números;

• Marcam-se os pontos de uma figura por meios de *eixos de coordenadas,* utilizadas mas não sistematizadas como tais, por Arquimedes, por Apolônio e reconhecidas por Fermat.[7]

• Representa-se a grandeza geométrica *incógnita* por um símbolo de número.

• Representam-se as relações entre as figuras geométricas por uma equação, o que já fazia Al-Khwarizmi no século IX, para as equações de uma incógnita lineares e quadráticas. Os antigos resolviam problemas análogos considerando a intersecção de duas curvas.[8]

A álgebra é então um *sistema de regras operatórias sobre símbolos de grandezas medidas por números.* Ela se aplica a figuras do espaço, mas finalmente, a toda outra figura de grandeza: tudo o que tiver "dimensões", segundo Descartes.

---

[5] Cf. Euclides, *Elementos,* I, 44, II, 5,6: παραβολή τών χωρίων.

[6] *Idem, Elementos,* II, 5 e 6.

[7] Arquimedes, século III a.C.; Apolônio, século II a.C.

[8] Cf. Menaechmus, Μέναιχμος, Menechme, século IV a.C. (duplicação do cubo).

18. Álgebra e geometria

Uma consequência cartesiana: não são consideradas – pelo menos em princípio – como figuras geométricas senão as que são representáveis por equações algébricas. Aparecerá como restrição nos séculos XVII e XVIII, mas que está na origem de um desenvolvimento capital, a *geometria algébrica*, que trata de um objeto de origem geométrica, uma *variedade*, mas cujos pontos são soluções de equações algébricas. Novas consequências fecundas em geometria e teoria dos números.

2. Grupos e transformações

2.1. Uma era de relações entre álgebra-geometria começa quando o conceito de *transformação* torna-se essencial com a geometria projetiva. Originalmente, Desargues considera as propriedades das figuras invariantes para a projeção central. O caráter métrico da geometria torna-se secundário, reintroduzido somente para a construção de uma escala sobre a reta projetiva no meio das propriedades da relação dupla de quatro pontos, invariante projetiva fundamental. Os elementos ao infinito, pontos, retas e planos aparecem como essenciais sobre o mesmo plano que os da distância finita, e as propriedades das curvas podem ser expressas, a rigor, pela eliminação do uso das coordenadas e das equações. A definição projetiva das curvas planas de segundo grau por Von Staudt: lugar de intersecção de raios de dois feixes planos projetivos...

2.2. Entretanto, é a noção de *grupo de transformação*, noção eminentemente algébrica, que vai permitir Cayley e Klein definir *a ideia do espaço como um sistema de figuras cujas propriedades são invariantes sob um grupo dado*. Não somente são introduzidos elementos *impróprios* ao infinito, mas ainda a representação por coordenadas introduz elementos *imaginários*. Partindo do grupo pouco delimitado pelas transformações projetivas, que conserva as quaternas de objetos desarmônicos, chegamos, pelo registro desse grupo, às geometrias não euclidianas e à métrica euclidiana, cada uma caracterizada pela invariância de uma certa figura sob as transformações do grupo (para a euclidiana plana, estes são os pontos cíclicos sob o círculo do infinito).

312 FILOSOFIA, LINGUAGEM, CIÊNCIA

A álgebra que já está associada à geometria é já uma teoria de operações, mas voltada para objetos que não são necessariamente números, e nem mesmo grandezas.[9] Neste sentido, segundo as palavras de Cl. Chevalley, a álgebra "não é somente uma parte das matemáticas, mas desempenha um papel nas matemáticas, tal como a matemática mesmo desempenhou para a física".[10]

3. Topologia algébrica

Uma terceira etapa, podemos chamar de invasão da geometria pela álgebra. Trata-se, então, do aspecto topológico dos espaços, sendo as figuras definidas por uma deformação sem continuidade imediata. O utensílio algébrico é a ainda o grupo, mas considerado como grupo abstrato e não como grupo de transformação.

3.1. Uma primeira estruturação dos espaços topológicos foi obtida pela relação de *homotopia*. Consideremos, sobre uma superfície, por exemplo, *caminhos* entre dois pontos definidos em que correspondem continuamente aos pontos de um segmento dos reais (por exemplo, $\{0, 1\}$) a alguns pontos dessa superfície, as extremidades dos segmentos de R aos pontos extremos do caminho. Dois caminhos são *homotópicos* se as deformações *contínuas* sobre a superfície transformam um no outro. Diremos também que as aplicações que definem os caminhos são homotopos. Os caminhos fechados serão chamados de laço ou alça. Definindo trivialmente uma adição e uma inversão de laços, eles formam sobre a superfície um grupo, o laço homotópico de um ponto desempenha o papel de elemento neutro. É o grupo de Poincaré desse espaço. Por exemplo, sobre a esfera topológica S^2 o grupo fundamental é reduzido ao elemento neutro, a classe de laços homotópicos a um

---

[9] N.T. Provavelmente o autor refira-se a STEINITZ, E. Algebraische Theorie der Körper. *Crelle's Journal*, 1910, 137, 167-309.

[10] Cf. CHEVALLEY, Cl. *Fundamental concepts of Algebra*. New York: Academic Press, 1956, p. V.

18. *Álgebra e geometria*   313

ponto. Sobre a esfera S^1 (o círculo topológico) existe a classe de laço nulo, e os que são engendrados pelos laços das voltas 1, 2, ... *n*. O grupo fundamental é portanto, isomorfo ao grupo aditivo Z. O grupo de Poincaré é um espaço informado pelas propriedades algébricas sobre as propriedades topológicas globais do espaço.

3.2. Uma outra estruturação algébrica de espaços topológicos conduz à teoria da homologia.

A. Preparação de um espaço independentemente de toda e qualquer medida.

Consideremos os elementos do espaço em 1, 2,...*n* dimensões, ou *n-símplex* como determinados por 2, 3, *n*+1 pontos, linearmente independentes de suas arestas: "segmento", "triângulo", "tetraedro"... Um ponto é o *0-símplex*. Escolhe-se um sentido para cada simplex: ordem das arestas para 1-simplex, sentido de rotação para 2-simplex...

Recobre-se o espaço considerado por uma triangulação, uma superfície, por exemplo, por uma rede de 2 simplex, formando um *2-complexo*. Consideramos esse complexo como tendo uma estrutura de grupo abeliano, e mesmo, de módulo, por exemplo sobre Z: podemos inverter e adicionar os simplex multiplicados pelos inteiros positivos ou negativos, formando *p-cadeias*. Se um espaço for triangulável, diversos triângulos são possíveis, mas as propriedades consideradas serão independentes da triangulação e de toda e qualquer métrica.

B. Noção de *borda*. A borda de uma *p*-cadeia é a soma de *p-1* subsimplex de todo o espaço munido de coeficiente 1 ou -1 se eles pertencerem à *p*-cadeia com o seu próprio sentido ou o sentido oposto (matrizes de incidência). Por exemplo, um 2-simplex isolado de arestas A, B, C e uma borda nula (soma de 1-simplex (B - A) + (C - B) + (A - C)). As bordas formam um grupo; a operação "borda" define assim uma aplicação do grupo de *p*-cadeias no grupo de *p* − 1 cadeias.

Mostramos que a borda de uma borda é nula. Um *ciclo* é uma cadeia de borda nula (por exemplo, a borda de *2-simplex* ABC é a 1-cadeia formada pela soma dos segmentos (AB), (BC), (CA). Os *p*--ciclos formam um subgrupo do grupo de *p*-cadeias. Todas as bordas são, portanto, ciclos, mas todos os ciclos não são uma borda. Os *p*-

-ciclos que são bordas formam um subgrupo, do grupo de p-cadeias. O cálculo homológico considera de um modo especial, num complexo, o grupo quociente do grupo de p-ciclos pelo grupo dos p-bordas.

C. Definimos, pois, a relação de *homologia* entre dois p-ciclos: não diferir senão por uma borda. É uma relação de equivalência. Ela proporciona, portanto, um espaço triangulado em *classes de homologia*, da ordem p. Definindo, trivialmente, sobre essas classes uma adição, vemos que eles formam com as bordas como que elementos neutros, um grupo (um módulo) H^p que é o p-grupo de homologia desse espaço. Por exemplo, o grupo de homologia H^1 de dimensão 1 da superfície S^2 (a esfera topográfica) é reduzido à classe nula; o grupo H^2 de toro ou cilindro (moldura circular) é a soma direta de dois grupos cíclicos infinitos isomórficos do grupo aditivo de inteiros Z.

Ora, as propriedades algébricas de tais grupos correspondem, independentemente da triangulação escolhida, às propriedades topológicas globais dos espaços triangulares.

Vemos, então que, nas duas últimas aplicações da noção algébrica de grupo à geometria, não existem *figuras* que constituem o objeto, mas *espaços*, formas de espacialidade, onde elas são descritas e das quais se formulam as propriedades. A topologia dos conjuntos e a análise diferirão das propriedades *locais* dos espaços; as aplicações da álgebra em relação a propriedades globais.

4. A álgebra homológica e a desespacialização

4.1. Mas o desenvolvimento do utensílio algébrico aplicado à topologia conduziu as matemáticas à constituir, a partir de novos conceitos assim introduzidos, uma teoria puramente algébrica: a álgebra homológica que não mantém das origens geométricas da homologia senão as denominações: "bordas", "ciclos" e as analogias formais...

Chamamos a atenção, logo de início, para a analogia existente na análise entre os conceitos de uma teoria homológica complexa e os de uma teoria das formas diferenciais. A operação de diferenciação exte-

18. Álgebra e geometria   315

rior tem as mesmas propriedades formais que as da operação borda, ou da operação dual de coborda. De Rham, por exemplo, estabeleceu uma *álgebra co-homológica*, independente da natureza dos conteúdos, dos complexos geométricos ou formas diferenciais de análise.

O novo objeto é na realidade uma sequência de grupos abelianos abstratos encaixados G_i *correspondentes* aos grupos de homologia. Grupos graduados de derivação soma direta de G_i com operação coborda. A operação "coborda" é um homomorfismo d_p de um grupo $G_p + 1$ tal que $d_p + 1.d_p = 0$.

Chamamos ainda de cociclos os elementos de G_p de coborda nula. As cobordas de G_p são os ciclos Z_p tais que $Z_p = d_p - 1 (d_p - 1)$, isto é, que são cobordas de um elemento do $G_p - 1$.

Consideramos ainda o grupo quociente do grupo dos cociclos pelos grupos das cobordas: $H_n = Z_n/B_n$ que é o n^e grupo do co--homologia de G. O espírito dessa teoria é o de associar os objetos "concretos", geométricos e analíticos, munidos de seus morfismos específicos, os grupos abstratos e seus homomorfismos.

4.2. A investida na álgebra na geometria deu-se para atender e tornar mais clara a relação operação-objeto. Quanto ao processo de abstração, e particularmente, de desespacialização efetuado pela algebrização da geometria, não deve, entretanto, ser separado de sua motivação original que seria a de criar instrumentos para resolver problemas nas teorias mais concretas, nem deve ser separado das aplicações novas da teoria abstrata aos modelos muitas vezes distanciados dos objetos originais. Por outro lado, manifesta-se também, ao menos esporadicamente, um movimento inverso de regeometrização da álgebra em certos domínios, por exemplo, na teoria dos grupos. Um caso exemplar é o fornecido pelos trabalhos de G. Gromov, que desenvolve uma teoria de grupos "hiperbólicos".[11] Ele associa, então,

---

[11] Esse movimento de regeometrização foi-me assinalado ao longo de uma conferência de M. Gérard. O texto de M. Gromov que pude consultar é 'Hyperbolic Groups' em S. M. Gersten, Springer, 1997, comunicado por meu colega e amigo, o matemático Hamish Short, da universidade da Provence.

a um grupo um domínio conexo R^n onde este grupo é o grupo fundamental. E ele define como hiperbólicos os grupos associados aos espaços métricos que detêm certas propriedades. Trata-se antes de um duplo movimento que vai e vem, da geometria à álgebra, que se deveria falar, reconhecendo-se nesse duplo movimento um dos aspectos essenciais do progresso da matemática.

19

O estilo matemático da Academia Platônica[1]

O historiador das matemáticas, quando estuda um tema, um período, um autor, empenha-se por retraçar a transmissão das doutrinas, datar as inovações e igualmente, em reconstituir, por fim, os enunciados, as demonstrações de teoremas. Por exemplo, para o assunto que nos ocupa aqui, ele deveria pesquisar a atribuição a Teodoro, a Teeteto e ou outros, das descobertas relacionadas ao irracional, desvincular o "leito" pitagórico, teetetiano, eudoxiano dos *Elementos* de Euclides; reconstruir as demonstrações feitas por Teodoreto, quanto à irracionalidade das raízes de inteiros não quadrados perfeitos, e explicar, afinal, por que ele parou no 17... A filosofia das ciências, ainda que fundamentalmente tributária da história, adota um ponto de vista diferente. De minha parte, tenho em mente, nesse estudo, três objetivos principais. Primeiro, comparar as formas arcaicas de conceitos com as formas mais evoluídas; em segundo lugar, trazer à luz as problemáticas essenciais sobre formas históricas que algumas vezes as ocultam; por fim, reconhecer os "pontos cegos" e os pontos "sensíveis" onde se manifestam as dificuldades, os obstáculos, bem como, as aberturas novas para as ciências.

A primeira questão que se coloca diz respeito, evidentemente, à própria determinação de nosso objeto: que significa uma matemática

---

[1] Esse texto resume as aulas no Collège de France, dadas no seminário sobre Epistemologia comparativa de Aix, e uma conferência em português, na faculdade de filosofia na Universidade de São Paulo (Brasil), em 1990. Texto inédito.

318 FILOSOFIA, LINGUAGEM, CIÊNCIA

da Academia platônica? Convém notar logo de início que dou aqui um sentido bastante amplo à palavra "Academia". A antiga Academia termina, tradicionalmente, com Polêmon, em torno de 270 a.C., e Crantor. Considero que este *espírito matemático* nascido na escola de Platão, prosseguiu na realidade também no Liceu de Aristóteles e mesmo para além do mesmo; o período, portanto, da história das matemáticas aqui considerado se situa, portanto, entre os pitagóricos e os alexandrinos, do fim do século V ao início do século III. Platão aparece aqui como um personagem epônimo e não tanto como um verdadeiro autor. Podemos, a propósito, num parênteses, colocar-nos a questão: Afinal, Platão foi um matemático? Mügler atribui a ele uma atividade matemática efetiva, e mesmo pensa que ele considerava a matemática um fim da reflexão metafísica. Mas Platão mesmo diz em *O Político*[2] que o filósofo é um organizador, o mestre de obras e não o produtor dos trabalhos matemáticos. Não é menos verdade, entretanto, que a matemática tenha um lugar privilegiado no círculo de Platão e na sua posteridade, e que os grandes nomes da matemática acadêmica, estreitamente ligados à Escola, são Teodoro, Teeteto, Eudóxio aos quais podemos, com certeza, acrescentar Euclides. Observaremos, por outro lado, e até mesmo sem muita surpresa, que a separação de uma matemática propriamente "acadêmica" e uma matemática posterior não é de natureza filosófica: a filosofia do Liceu é influenciada, certa e profundamente, por aquela da Academia, da qual ela procede, mas a matemática que se constrói ao redor de Aristóteles e logo após ele não difere essencialmente da matemática anterior pelos seus traços filosóficos. A esse propósito, há aqui um problema interessante que mereceria ser examinado: a filosofia do objeto matemático influencia realmente a *prática* matemática, que, portanto, de algum modo parece refleti-la efetivamente? A resposta afirmativa de Szabo não me parece decisiva, quando ele afirma que a filosofia eleata teria inspirado a matemática como ciência dedutiva, e então, a matemática não viria a ser outra coisa

---

[2] N.T.: PLATÃO, *O Político*. São Paulo: Abril, 1983, p. 202 (259e).

19. O estilo matemático da Academia Platônica   319

senão um "ramo da dialética", e o eleatismo teria, então, dois descendentes: a sofística e a matemática. Teremos ocasião, mais adiante, de nuançar essa tese tão abrupta.

Voltemos à delimitação de uma matemática da Academia. A separação de que fazíamos alusão, como é que ela se define nessa prática? Fowler lhe dá, impropriamente, o nome de "aritimetização", mas ele tem razão neste sentido. Trata-se, com efeito, ao que me parece, da importância dada aos cálculos de medida graças à generalização de ἀντυφαίρεσις.[3] O que faz a unidade de uma matemática da Academia poder-se-ia resumir em três traços:

a) A assimilação de uma tradição pitagórica, aritmético-geométrica;

b) A fixação, e até mesmo, a ritualização de um método de demonstração.

c) A colocação em evidência de um problema central: o da proposta de colocar em relação dois conceitos "naturais", isto é, o no número inteiro e o da grandeza, em particular, a grandeza geométrica.

Essa unidade é ao mesmo tempo a de um *estilo* – uma forma de abordar o problema da medida de grandezas, de uma atitude em relação ao dado intuitivo e de uma regulamentação do discurso demonstrativo – e a de um conteúdo, magistralmente definido na obra euclidiana, no momento em que se fecha essa época; é assim, por exemplo, que os problemas da quadratura, sem ser ignorados por essa matemática,[4] não passam a ser um tema central senão depois de Arquimedes, já num outro tempo. Este estilo e conteúdo, que não pretendemos descrevê-los como fixos e já acabados, mas antes, em seu processo de formação, na transição que se manifesta aqui na direção de uma matemática alexandrina que, quanto a ela mesmo, representa com clareza a este respeito, comparada à matemática em

---

[3] N.T. Em grego, no original (antiferese). Veja-se, adiante, 4.1.

[4] Hipócrates, em meados do século V a.C. é um precursor.

320 FILOSOFIA, LINGUAGEM, CIÊNCIA

desenvolvimento de que nos ocupamos aqui, uma espécie de "academismo" no sentido usual do termo, que eliminaremos aqui toda a conotação pejorativa, a realização e a fixação de um estilo.

A fim de colocar em evidência os três traços indicados acima, proponho-me examinar sucessivamente a constituição de uma geometria "morfológica", a transformação de uma aritmética pitagórica de par e impar numa teoria de relação de grandezas, e a formação, enfim, de uma teoria geral destas relações e de sua abordagem por números.

1. A geometria morfológica

O conteúdo e os métodos dessa geometria, que chamo de "morfológica" uma vez que ela considera essencialmente as figuras planas simples, bem determinadas quanto à forma, constitui um tema dos livros I, II e III (triângulos, paralelogramos e círculos) e I, II e VI (proporções, "álgebra geométrica") dos *Elementos* de Euclides. Essa ciência das figuras deriva, aparentemente, de uma tradição jônica e pitagórica; entretanto, o espírito de uma matemática "platônica" manifesta-se aqui por meio de diversos aspectos que buscarei pôr em evidência, e que testemunham o movimento profundo que de uma "morfologia" vai fazer passar para uma métrica cada vez melhor constituída e sempre mais relacionada ao cálculo.

1.1. A restrição da geometria às construções canônicas

As construções por meio de régua e compasso são, em Euclides, as únicas utilizadas. O protótipo é a construção de perpendiculares.[5] A exclusividade concordada pelos geômetras deste período com tais construções é colocada em evidência pela rejeição progressiva de

---

[5] Cf. EUCLIDES, *Elementos,* I. 11,12.

uma construção νεῦσις ("inclinação): dadas duas linhas e um ponto, interceptar entre estas duas linhas, um segmento de extensão dada, sustentado por uma reta – da qual controlamos a "inclinação" – a partir deste ponto; construção que exige, evidentemente, uma régua graduada. Hipócrates, pela metade do século V a.C., a utiliza e Hippassos constrói através dela, de modo muito elegante, o pentágono.

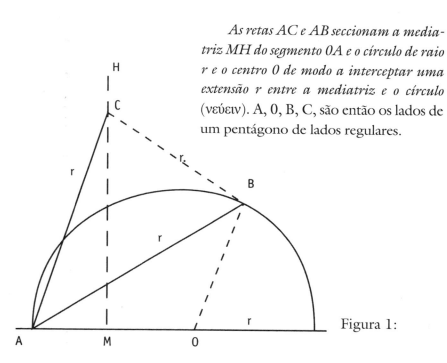

As retas AC e AB seccionam a mediatriz MH do segmento OA e o círculo de raio r e o centro O de modo a interceptar uma extensão r entre a mediatriz e o círculo (νεύειν). A, 0, B, C, são então os lados de um pentágono de lados regulares.

Figura 1:

Arquimedes faz uso dessa construção no seu *Tratado da Espiral* (Proposição 7). Afirmando somente que "tal intersecção (τέμνειν) é possível" se o segmento a ser interceptado é menor que o segmento máximo entre as duas linhas, aqui uma linha e um círculo. A passagem de Aristóteles,[6] onde ele diz que o νεύειν[7] é um aci-

---

[6] Cf. ARISTÓTELES, *Analíticos Segundos*, 11.76 b 9.

[7] N.T. Em grego, no original (neuein).

322 FILOSOFIA, LINGUAGEM, CIÊNCIA

dente por si, ao que o geômetra dá *sentido* (τί μέν σημαίνει), mas cuja *existência* ele demonstra a partir de princípios, é bastante enigmática. Compreendemos, entretanto, que a propriedade de νεῦστς é claramente um acidente "por si", mas não incluído na definição desta reta. Ela não é, pelo menos, não mais, como a propriedade da soma dos ângulos de um triângulo, mediadamente demonstrável; não podemos senão mostrar que ela não é impossível, como o fez Arquimedes, mas não podemos construí-la *a partir de outras proposições* do domínio geométrico considerado. Por outro lado, Apolônio, por volta do ano 200, num tratado hoje perdido, teria mostrado como levar adiante a operação numa intersecção de cônicas. Euclides, em todos os casos, já a havia eliminado de sua geometria, de tal modo que, do ponto de vista moderno, a geometria "morfológica" da Academia é essencialmente uma geometria algébrica de segundo grau.

1.2. A explicitação de definições, axiomas e postulados

Esse traço é, seguramente, o mais conhecido da matemática da Academia. Mas deve-se ter em mente que já fora atribuído a Pitágoras, segundo Próclo (que escreveu, é verdade, no V século de nossa era), e seria então, claramente, um exemplo de influência de considerações filosóficas sobre a prática matemática: Pitágoras, a propósito, teria feito da geometria uma disciplina "liberal, que examina os seus princípios chegando às origens (ἄνωθεν) e estudando os teoremas de modo imaterial e intelectual (ἀύλως καὶ νοερῶς)[8] em vista de elevar a alma e não descer para o sensível.

Por outro lado, as definições e os postulados euclidianos teriam sido formulados para responder as críticas dos eleatas contra uma ciência que usava a noção de movimento: o próprio Proclo num comentário de Euclides, teria invocado uma definição de linha como movi-

---

[8] Cf. Thomas, I. *Sommaire*, I, p. 148.

19. O estilo matemático da Academia Platônica   323

mento do ponto; mas Euclides evita tal definição, o que poderia tê-lo envolvido nos paradoxos de Zeno. Na realidade, é em torno do mestre do Liceu que uma teoria geral e precisa dos princípios, tal como nos é apresentada nos *Analíticos*, explicitamente se constituiu; mas os documentos matemáticos são tão raros e incompletos que é muito difícil saber se a intenção motora foi aqui essencialmente filosófica, ou se ao contrário, foi a prática das matemáticas, codificada pouco depois no *Elementos* de Euclides, que está na origem dessa formulação.

1.3. O desenvolvimento de uma álgebra geométrica

Este traço é, do meu ponto de vista, fundamental para uma caracterização do estilo matemático que buscamos descrever, uma vez que ela foi uma primeira tentativa, incompleta, *de colocar numa relação o número e a grandeza*. A álgebra geométrica, tal como nos é apresentada no Livro I, proposição 44, e o seu desenvolvimento nos Livros II e VI de Euclides, introduz operações aritméticas sobre grandezas geométricas. O valor das áreas servirá para representar a *multiplicação* de valores de distância; a "aplicação às áreas" poderá configurar divisões de valores de grandezas. Essa formulação é um esquema bastante vago, porque queremos sublinhar justamente o caráter ainda imperfeito desta coordenação de grandezas geométricas e de valores numéricos que lhe são atribuídos.

Chamaremos a atenção, portanto, sobre um exemplo simplificado, dos procedimentos da *aplicação às áreas*. Seja uma área S, representada por um quadrado e um segmento de reta u; construir um retângulo de área igual a S, tendo por lado o segmento. Sob esta forma reduzida e particular, vemos que em termos modernos, a operação tem por efeito *dividir* a grandeza S (que é uma área) pela grandeza u (que é um segmento). A solução desse caso consiste em desenhar um quadrado de área S e prolongar um lado BA pelo segmento AD = u. Completa-se então um retângulo construído sobre o lado prolongado estendendo a diagonal DE, encontrando em E o prolongamento do lado BC do quadrado; a paralela a AB estendida de E corta em F a paralela BC projetada de D. A solução é o retângulo DF de área igual à do quadrado e um dos lados do qual é igual a u, e o outro sendo desconhecido estudado, igual, em termos modernos à S/u.

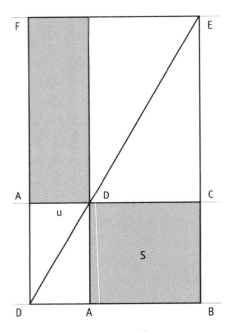

Figura 2

Que esse procedimento seja muito usado para realizar geometricamente a medida de relações entre grandezas, é o que mostraria, dentre outras coisas, as proposições 30 do livro VI, onde o problema proposto é o de dividir *uma linha reta determinada na extrema e média razão*, isto é, de tal maneira que o segmento menor seja para o maior como este o é para a reta inteira. Mas o raciocínio euclidiano – como o indica o seu nome: παραβολή τών χωρίων, igualar (ou cortar) as áreas – pelo uso exclusivo de áreas equivalentes. Sob sua forma geral, consiste em "aplicar segundo um ângulo dado a uma reta dada, um paralelogramo igual a um triângulo dado";[9] e de um modo mais

---

[9] Cf. EUCLIDES, *op. cit.*, I.44.

19. *O estilo matemático da Academia Platônica*　　325

geral ainda, requer-se que o paralelogramo aplicado tenha uma área igual à de um polígono dado, e ultrapasse (ou esteja afastado) da linha dada de um paralelogramo semelhante a um paralelogramo dado.[10]

Sob essa forma geral, como sob a forma simplificada, o procedimento proposto é:

a) Solução de um problema dado: construir um paralelogramo de área igual à de um triângulo dado, e de ângulo dado.[11]

b) A demonstração da equivalência das áreas dos complementos "gnomônicos" num paralelogramo, isto é, dos dois paralelogramos interiores opostos, determinados por paralelas lado a lado seccionadas por uma diagonal.

Mostra-se facilmente que a aplicação de áreas dá uma solução geométrica aos problemas que, em termos modernos, correspondem às equações de segundo grau. Mas trata-se realmente de uma álgebra? Sim, no sentido de que uma operação multiplicativa e sua inversa são, com efeito, aplicadas a grandezas segundo um procedimento geral. Mas este cálculo geométrico *não está relacionado diretamente a grandezas homogêneas*: ele serve para determinar as distâncias, usando-se as áreas. Esta situação impede que se possa falar sem metáforas, de álgebra. Trata-se, claramente, de uma geometria, e ainda assim, de uma geometria "morfográfica", em transição para uma geometria métrica. Por outra parte, enfim, constata-se que o que é considerado de um modo essencial são estas *relações* de grandezas; quando estas grandezas são medidas por inteiros, a noção não traz problemas. Mas não acontece a mesma coisa com o caso contrário, e a questão nem é posta então – ao nível de uma "álgebra geométrica" – da possibilidade de uma medida de grandezas. Dois problemas distintos, ainda que pareçam ocultos no mecanismo de aplicação das áreas, apareceram,

---

[10] *Ibidem*, VI.29.

[11] *Ibidem*, I.42.

entretanto, a propósito, e cuja preocupação é um traço dominante no estilo matemático que queremos descrever. É de um lado, o da *aproximação* das relações de grandezas através de números, e de outro lado, a do *estatuto teórico* destas relações, em particular no caso onde as grandezas são "incomensuráveis". Estão aqui dois pontos principais que deveremos desenvolver na última seção deste estudo. Mas convém, antes, examinar um aspecto que, além do mais, servirá de introdução àquele tema: o estatuto da aritmética.

2. O tratamento dos números

A tradição pitagórica parece desempenhar um papel muito importante na elaboração de uma aritmética da Academia. Entretanto, o traço essencial que se faz presente aqui, ao fim das contas, é um prolongamento do pitagorismo, a passagem da concepção de número como objeto articulado individual para uma concepção de número como operador. A concepção primitiva está ainda viva nos textos platônicos; começaremos, pois, lembrando o seu sentido.

2.1. O número figurado

No *Gorgias* (450 c) e nas *Leis* (819 d) a ciência dos números é abordada pela πεττευτική, arte de jogar o gamão com tentos ou pedrinhas. Esta configuração por arranjos no espaço que justifica ainda o vocabulário platônico dos números "planos" (ἐπίπεδοι) e "sólidos" (στερεόι).[12] Observamos que esse modo de representação dos inteiros conduz diretamente a ver os números como produtos, mas também como somas ou diferenças obtidas por decomposição de figuras.

Pode até ser que, como o pensa Becker, que muitos dos teoremas euclidianos da aritmética tenham sido originalmente demonstrados por figu-

---

[12] Cf. PLATÃO, *Timeu*, 32 a-b; também EUCLIDES, *Elementos*, VII.

ração de números por meio de agrupamento de pedrinhas. Assim, a propriedade de todo número ímpar de ser a diferença de dois quadrados sucessivos se ancora diretamente sobre a figuração de um número *quadrado*.

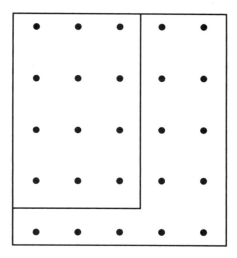

Figura 3.

O ímpar 9 forma um quadrado de lado 5 com interface de lado 4. Ele é igual à diferença destes dois quadrados: 25 -16 = 9.

Do mesmo modo, a determinação dos pares de números ditos "pitagóricos", isto é, os que medem o lado da hipotenusa de um triângulo retângulo sujo segundo lado é também um inteiro, atribuído por Proclo a Pitágoras, pode ser facilmente figurado. Seja, a propósito, um ímpar quadrado, como 9; ajuntado como moldura "gnomônica" a um número quadrado (neste caso 16) ele resulta num outro número quadrado, 25; os lados do quadrado interno (4) e do quadrado externo (5) formam um par pitagórico, cujo terceiro lado é o lado de um quadrado impar de início (3).[13] Entretanto, a aritmética

---

[13] Em termos modernos, se a^2 é o quadrado ímpar de saída, o par pitagórico é dado pelas fórmulas $\frac{a^2-1}{2}$ $\frac{a^2+1}{2}$; mas essa formulação é certamente estranha à concepção de números tal como ela é conhecida por Platão. Se partirmos de um quadrado par, podemos obter por figuração outros pares pitagóricos [$(\frac{a}{2})^2 + 1$, $(\frac{a}{2})^2 - 1$ com a].

328 FILOSOFIA, LINGUAGEM, CIÊNCIA

de Euclides, tal como ela aparece no geral nos *Elementos*, não parece ser tributária dessas representações figuradas. Mas a ideia de número como entidade qualitativa e individual, e mesmo símbolo de realidade concretas, subsiste certamente em Platão, como o mostra o exemplo célebre e enigmático do número nupcial da *República*.[14]

2.2. A teoria do par e do ímpar

Outro traço provavelmente pitagórico, a oposição do par e do ímpar, desempenha ainda um papel essencial na concepção acadêmica do número como aparece nos diversos textos platônicos, e em particular em *Gorgias*. Ali, em 405 d, Platão distingue entre as disciplinas matemáticas, a geometria, o gamão, a aritmética e a logística. Ora, a aritmética e a logística são definidas mais precisamente mais adiante, em 451 b.

A primeira diz respeito ao par e ímpar: περὶ τὸ ἄρτον κὰι περιττὸν.

A segunda relaciona-se *com o mesmo assunto,* mas do ponto de vista do "comportamento das pluralidades, seja nestas mesmas, seja na relação com outras": καὶ πρὸς ἀυτὰ καὶ πρὸς ἀλληλα πῶς ἐχει, πλήθους ἐπισκοπεῖ τε τό περιττὸν κὰι το ἄρτιον. Num comentário perspicaz dessa passagem, Olimpiodoro diz que a logística trata da *matéria*, a aritmética dos *espaços* do par e do ímpar. Seja qual for a interpretação dessa distinção, parece-me de qualquer modo errôneo considerar a logística como sendo originariamente uma *prática* do cálculo, em oposição a uma *teoria* aritmética. Pode ser que seja mais correto dizer que a primeira relaciona-se com as relações entre os números, e em consequência disto, terá em vista, ao longo do desenvolvimento do período de tempo que nos interessa, a *avaliação* dos λόγοι; então, a segunda, vindo

---

[14] Pode-se ler sobre isto, o artigo clássico de Tannery, P. (*Memoires scientifiques.* Paris: Gauthier-Villars, 1912, vol. I. p. 2). Mais recentemente, M., Denkinger, L'Énigme du nombre de Platon et la loi des dispositifs de M. Diès. *Recueil des études grecques.* 1955, 68, p. 38-76. Veja-se também Vuillemin, J. La section de la ligne. In: R. Rashed, (Ed.), *Mathematiques et philosophie de l'Antiquité à l'Âge classique.* Paris: CNRS, 1991; Platão, *República*, 546 b.

19. O estilo matemático da Academia Platónica 329

de um fundamento mais antigo e se ocupando mais com a natureza dos números, foi de início uma teoria da duplicação, essencialmente associada à ideia da paridade. Os historiadores realçam a importância de uma tradição egípcia, segundo a qual, a multiplicação de um inteiro é remetida à adição dos seus produtos pelas potências de 2 sucessivas nas quais se pode sempre decompor o multiplicador: se $M = 2^0 + 2 + 2^2 + 2^3 + ...$ o produto de $m \times M$ se calculará como $m + 2m + 4m + 8m...$ Platão, como sabemos, dá um sentido metafísico à origem do número por duplicação, e Aristóteles, discutindo Platão[15] apresenta, a este propósito, uma distinção particularmente interessante entre a "díade primeira" e a "díade indeterminada" (δύας ἀορίστη); parece que essa distinção corresponde essencialmente então, a de um número objeto e de um número operatório, a díade determinada opera sobre a díade indeterminada, princípio "feminino" e o informa.

2.3. O cálculo e a ciência dos números

Se for verdade que nem a "logística" e nem aritmética são originariamente disciplinas da *prática* do cálculo, as técnicas do mesmo contemporâneas, ainda que bastante distintas das matemáticas acadêmicas, não deixam de ter uma influência importante, positiva e negativa, sobre o desenvolvimento de uma ciência dos números. Antes de tudo, os métodos de numeração babilônico – de posição sexagesimal – e egípcia – por quantiemas[16] – para manipular o que hoje chamamos de frações, seriam conhecidos dos calculadores gregos, que usavam este último tipo. Ao mesmo tempo, eles tinham termos técnicos para tudo o que se ajuntar a uma quantiema, como, por exemplo, *hemiole* (para 1 + ½), *epitrite*

---

[15] Cf. ARISTÓTELES, *Métaphysique*, M.1081 b.

[16] N.T. *Quantième* (a que dia do mês, dia do mês), termo de difícil tradução, uma vez que se refere à qualidade de uma relação de uma parte com um todo; 'que dia do mês temos hoje?' Hoje é o segundo [dia do mês]. Em vista disto, foi traduzido, inapropriadamente por *quantiema* para melhor fidelidade ao sentido original. A ideia aproxima-se de percentagem, mas esta se refere à centena apenas.

330 FILOSOFIA, LINGUAGEM, CIÊNCIA

(para 1 + 1/3)... e nomes para todos os demais complementos de uma quantiema a um todo: 1 + n-1/2 (ou 1+n/n+1). Ora as técnicas egípcias de multiplicação por duplicação aplicadas às quantiemas, conduziam o calculador à distinção de quantiemas de *nome par*, como 1/6, que duplicamos facilmente pela divisão do denominador, e as quantiemas de *nome ímpar*, como 1/3 das quais precisamos procurar o duplo como soma de quantiemas: $(1/3) \times 2 = \frac{1}{2} + 1/6$. Essa decomposição que não é, no geral, unívoca, pôde conduzir o calculador, que procura as menores quantiemas, a considerações propriamente aritméticas sobre a abundância de um número em divisores, e por isso, às noções propriamente teóricas de números perfeitos, abundantes e defectivos. Por outro lado, a prática de quantiemas deveria frear a formação do conceito geral de fração, uma vez que não aparecem no cálculo senão frações de numerador unitário ou unidade. Assim, nesta perspectiva, só as relações à unidade tem algum papel, e não as relações entre inteiros quaisquer, ou mesmo, entre grandezas medidas por inteiros. É esta noção mais geral que foi explorada nas teorias das mediedades ou proporcionalidades (μεσόται).

2.4. A teoria das mediedades[17]

A fonte pode muito bem ser ainda egípcia, e esta teoria faz com que apareça a ideia dos inteiros, mas estreitamente associada à uma figuração geométrica através de relações de distâncias, e de aplicações físicas que podem muito bem estar em sua origem, por ocasião da determinação da extensão das cordas de um instrumento dando uma gama musical;[18] pode até ser que o nome empregado venha daí, isto é, o nome usado para designar "intervalos" entre duas relações (διάστημα).

---

[17] N.T. A teoria das mediedades (μεσόται) se relacionam com a teoria das proporções, mas não se confundem com elas (ἀναλογία). O termo μεσόται foi traduzido para o latim por *mediatas* ou *mediocritas,* optamos pelo primeiro desses. Paul Henri MICHEL, Les Médiétes. *Revue d'histoire des sciences et de leurs applications,* 1949, 2, p. 139 ss.

[18] Cf. PLATÃO, *Epinomis,* 991 a5.

19. O estilo matemático da Academia Platônica   331

A definição mais precisa de mediedade é mais tardia,[19] mas o historiador Michel[20] mostrou que as diferentes mediedades já eram atestadas na época de Platão. Para construir estas mediedades, diz Téon:

> tomam-se dois homogêneos desiguais, um terceiro homogêneo tal que o excesso do primeiro, o maior, sobre a média seja até o excesso desta média sobre o menor como o primeiro termo é para si mesmo, ou para um dos dois outros, ou ainda como o menor é para um dos dois outros.[21]

Temos, portanto, com $a > x > b$: $\dfrac{a - x}{x - b} = \dfrac{a}{a}$ ou $\dfrac{a}{b}$ ou $\dfrac{a}{x}$

que são respectivamente as mediedades aritméticas, geométricas e harmônicas.[22] Invertendo o papel de *a* e de *b*, Michel mostra que se obtém 11 relações distintas, todas atestadas em textos de diferentes épocas.

É claro que essa noção de "média" introduz já aquela da relação entre "termos", mesmo se ela é ainda, na maior parte do tempo, pensada independentemente do *número*, e figurada por construções de grandezas geométricas, como aparece claramente na exposição, portanto bastante tardia, de Pappus (século IV de nossa era) onde se apresenta sobre uma mesma figura a média aritmética, a média geométrica e a média harmônica entre dois segmentos (Figura 4). Ao mesmo tempo, encontramos, como sendo atribuído a Arquitas (segunda metade do século IV a.C.), uma proposição que mostra que a matemática das mediedades encontrava-se com a problemática das relações do *logos* com os números, isto é, uma concepção geral do irracional: Boécio relata, a propósito, que Arquitas tinha mostrado que entre uma grandeza e seu epímoro, não há média geométrica, compreenda-se, exprimível por uma relação racional.

---

[19] Téon de Esmirna, sem dúvida, já no século II de nossa era.

[20] N.T. O autor provavelmente refira-se a Paul Henri Michel, citado na nota acima.

[21] Cf. Téon de Esmirna, *Expositio*, II,54.

[22] Encontramos facilmente, as definições corriqueiras: $x = \dfrac{a + b}{2}$; $\dfrac{2}{x} = \dfrac{1}{a} + \dfrac{1}{b}$; $x = \sqrt{ab}$

As médias segundo Pappus.

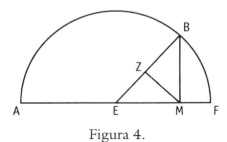

Entre os segmentos AM e FM: AE é a média aritmética; MB é a média geométrica e BZ é a média harmônica.

Figura 4.

Mas é a propósito de problemas relacionados a grandezas, não às *medidas* das grandezas por *números*, que Arquitas tinha em vista ocasionalmente tais questões. O problema posto pela constituição regular de uma escala, coloca-se então, com efeito, como decomposição da relação da oitava, que é a de uma extensão com o seu duplo, em intervalos epímoros, que anotamos da seguinte maneira $\frac{n+1}{n}$, considerados como consonantes, o que resulta, a propósito a quinta 3/2 e a quarta 4/3. Assim a escala de Arquitas se constitui pela decomposição completa da oitava onde intervêm intervalos epímoros de tom maior (9/8), de tom menor (10/9), e de semitom maior (16/15). O problema mais amplo da decomposição, de todas as maneiras possíveis, da quarta em epímoros, por Arquitas, dá entre outras, três soluções:

Enarmônica: 4/3 = 28/27 x 36/35 x 5/4
Diatônica: 4/3 = 28/27 x 8/7 x 9/8
Cromática: 4/3 = 28/27 x 243/244 x 32/27

Vemos que na teoria dos intervalos musicais o conceito de relação assumiu toda a sua autonomia, ao mesmo tempo em que a ideia de composição multiplicativa das relações, sem que seja nem mesmo posta explicitamente e de um modo essencial, a questão da aproximação dos seus valores, ou seja, a sua representação por duplas de

19. O estilo matemático da Academia Platônica   333

inteiros que seria então suficiente.[23] Mas é exatamente porque os pitagóricos tinham já descoberto que esta representação de um *logos* de duas grandezas por uma dupla de inteiros não ser sempre possível que o problema teórico central da matemática acadêmica apareceu.

3. A noção de Logos, a medida das grandezas e o irracional

O traço fundamental da matemática da Academia é, com efeito, a proposta e a solução do problema da medida de grandezas, por meio de números, isto quer dizer, evidentemente, pelos inteiros, até que se aclare de um modo ainda mais incerto, uma ideia nova do número. Neste sentido, mesmo se a atribuição desta tentativa a Platão mesmo seja bastante discutível, os termos de Knorr[24] aplicam-se de um modo bastante adequado a este período "acadêmico": "O esforço para articular os números com as grandezas parece estar sempre na base da classificação platônica das disciplinas matemáticas".[25]

É em todos os casos, este esforço, considerado no desenvolvimento da prática matemática e da filosofia das matemáticas, principalmente entre Platão e os alexandrinos, que buscaremos interpretar aqui.

3.1. Três definições de logos

Comparemos, inicialmente, três definições de λόγος, da relação entre grandezas e da relação entre números que pertencem as três à época considerada, e cuja pluralidade mostra claramente o caminho

---

[23] Para uma aplicação à arquitetura, veja-se Frey, L. Médiétés et approximations chez Vitruve. *Revue d'Archéologie,* 1990, 2, p. 285-330. Mas na época da arquitetura helênica, em que se inspira Vitrúvio, é exatamente a questão da *aproximação* das relações irracionais por sequências de duplos inteiros que é a dominante.

[24] N.T. Provavelmente o autor se refira a Knorr, W. R. *The Evolution of the Euclidean Elements.* Dordrecht: Reidel, 1975.

[25] Cf. Knorr, W. *The Evolution of Euclid's Elements, op. cit.,* p. 92.

em direção a uma concepção claramente geral, ainda que unificada de um modo incompleto, no sentido da relação entre λόγος e l'ἀριθμός.

Em primeiro lugar, Euclides no livro VI, define uma "analogia" entre 4 *números*: o primeiro *é o próprio múltiplo ou a própria parte* (τό αὐτὸ μέρος) *ou as próprias partes* (τό αὐτὰ μέρη) do segundo que a terceira do quarto. A expressão "ser a própria parte", recíproca de "ser um múltiplo", significa que um "mede" o outro. A expressão "ter as mesmas partes"[26] significa que os dois membros "não se medem", não são múltiplos um do outro, que eles são números diferentes de partes alíquotas. Reconhece-se aqui o reflexo da técnica do cálculo por quantiemas. Por outro lado, esta última situação requer duas sinalizações. De início, vemos que ela corresponde evidentemente às frações, mas sem que tais entidades sejam tematizadas: a relação definida no texto é essencialmente operatória, e os objetos numéricos novos tais como as nossas frações não aparecem nunca. Por outra parte, o caso da incomensurabilidade não é visado, uma vez que se trata de relações entre inteiros, não entre grandezas.

A segunda definição que queremos recuperar é a que Aristóteles propõe. No *Tópicos* (158 b 29), ele nos diz que duas grandezas estão numa mesma relação que outras duas se elas tem o mesmo ἀνταναίρεσις. Esta palavra cujo sentido próprio seria "destruição mútua", no-la é apresentada por Alexandre em seu comentário por volta do ano 200, como sinônimo de αντυφαίρεσις (subtração alternada), e apresentada por ele mesmo como definição normal para os antigos, da igualdade de relações. Trata-se então de uma verdadeira definição construtiva, e válida tanto para os inteiros como para as grandezas. Encontramos a exposição dela em no livro VII, 1 e 2 de Euclides, como procedimento aritmético para encontrar o MDC[27] de dois números, e no livro X, 1 e 2, para mostrar que duas grandezas são comensuráveis. Lembremos o sentido disto num esquema. Seja a comparação dos dois números n e p:

---

[26] Cf. EUCLIDES, *Elementos,* VII, definição 4.

[27] N.T. Máximo divisor comum.

19. O estilo matemático da Academia Platônica

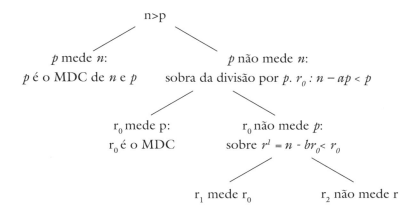

O algoritmo para necessariamente quando $r_i = 0$, uma vez que os restos r_i que são inteiros decrescem estritamente. Se o penúltimo r_i é 1, os dois números n e p são primos entre si. Se o penúltimo $r_i \neq 1$ ele é o MDC de n e p.

O procedimento é aplicado às grandezas no livro X, e é então que aparece o caso da incomensurabilidade, quando o algoritmo não tem fim. Em Elementos, livro X.1, Euclides reproduz um teorema preparatório verossimilhante a um eudoxiano: se retirarmos de uma grandeza mais de sua metade, e o mesmo do resto, obteremos uma grandeza tão pequena quanto quisermos. E a proposição X.2 define as grandezas incomensuráveis: "se subtrairmos continuamente da maior a menor de duas grandezas desiguais, o resto não equivale jamais ao resto precedente, quando duas grandezas são incomensuráveis (ἀσύμμετρα). Compreende-se facilmente esta formulação abreviada, ao se reportar à descrição mais precisa do algoritmo aritmético do qual ela é a correspondente exata. Ter a mesma ἀνταναίπεσις quer então dizer, para duas duplas de números ou de grandezas, ter a mesma sequência de restos. Vemos então que a noção de comensurabilidade é a transposição para as grandezas deste múltiplo (πολλαπλάσιος);[28] os inteiros aqui jogam sempre o papel de *operadores*: uma grandeza está contida um tal número de vezes numa outra, com ou sem resto. E no

---
[28] Cf. EUCLIDES, *Elementos,* VII, def. 5.

336 FILOSOFIA, LINGUAGEM, CIÊNCIA

caso de incomensurabilidade, a noção de λόγος se aplica mesmo sem mudança do mesmo modo às grandezas que aos números; contudo, *jamais os números são então identificados com as grandezas.*

Chamarei, enfim, uma terceira definição de a noção de λόγος atribuída ainda a Euclides.[29]

λόγος ἐστὶ δύο μεγεθῶν ἡ κατά πηλικότητα ποιὰ σχέσις: a relação de duas grandezas da mesma espécie (uma extensão e uma superfície não têm ponto algum de relação entre elas) é certa qualidade de relação segundo o talhe. Tal definição, cuja tradução merece seus cuidados, não é matematicamente produtiva. Seu verdadeiro sentido é dado, na realidade, axiomaticamente, pelas definições 4, 5 e 7 do mesmo livro. A primeira não é outra coisa que o *axioma de Arquimedes*, colocado como condição do sentido: diz-se que umas grandezas têm uma relação se pudermos encontrar um múltiplo de uma que ultrapassa a outra. A segunda dá as condições de *igualdade* de duas relações entre quatro termos: *a* está para *b*, como *c* está para *d* se e somente se os equimúltiplos de *a* e de *c* são ao mesmo tempo iguais, inferiores ou superiores aos equimúltiplos quaisquer de *b* e *d*. A última definição apresenta a condição de *ordem* entre as relações: a relação de *a* para com *b* é maior que relação entre *c* e *d*, se e somente se, pudermos encontrar dois inteiros *m* e *n* tais que *ma* > *nb* e *mc* > *nd*. Esta bela determinação axiomática da noção de λόγος é efetivamente geral e independente da comensurabilidade. Vemos ainda que os inteiros aqui aparecem exclusivamente como *operadores*. Observamos, entretanto, por outro lado, que a definição de igualdade de relações não é *finitista*: não podemos verificá-la senão testando as condições para todos os equimúltiplos dos termos, e que até mesmo a definição de ordem não é também ela propriamente construtiva, uma vez que regra alguma nos é dada para descobrir a dupla de inteiros *m* e *n*.

As três definições que acabamos de resgatar e que pertencem todas ao período acadêmico, remetem, sem dúvida, quanto à sua origem, a momentos históricos diferentes da formação das matemáticas helênicas; mas esta questão interessante não é aqui a nossa motivação. Limitar-

---

[29] *Idem*, V, def. 3.

19. O estilo matemático da Academia Platônica   337

-nos-emos a formular em três pontos a questão epistemológica que ela apresenta. Em primeiro lugar, qual é destas três apresentações a que corresponde de um modo mais adequado à concepção característica das matemáticas da Academia? A resposta de Fowler é a que é definida por ἀνθυφαίρεσις uma vez que ela permite, segundo ele, aos matemáticos gregos de não serem incomodados pela descoberta dos irracionais, e de algum modo, minimizar o "escândalo". Este argumento, entretanto, não nos convence muito, tendo em mente os esforços despendidos por estes matemáticos não para evitar, mas para domesticar de algum modo a irracionalidade, e demonstrar a origem, e classificar as espécies de relações irracionais. Em segundo lugar, a questão sugerida exatamente pela importância do algoritmo da antiferese, qual a relação que existe neste estado das matemáticas entre o cálculo e a teoria? Em terceiro lugar, enfim, por que caminhos passa a ser introduzido o irracional e ele passa a ser instituído como conceito maior da matemática? E sobretudo, como conduz ele para uma extensão da ideia de *número*? Estas são três questões que queremos examinar no que falta deste estudo.

A descoberta da irracionalidade de certas relações de grandezas é um episódio célebre na história das matemáticas. Gostaríamos de retomar brevemente este curso e, sobretudo, comentar os seus sentidos. Insistirei de início, até fazendo justiça à tese de Fowler, sobre a distinção entre o aspecto propriamente "aritmético" no sentido de uma teoria dos números e o aspecto do cálculo da irracionalidade; examinarei depois, a contribuição da descoberta de Teodoro e a de Teeteto.

3.2. O aspecto aritmético e o aspecto do cálculo

A descoberta da incomensurabilidade da diagonal e do lado do quadrado, acontece um pouco antes dos tempos de Teodoro, segundo Knorr, por volta de 410 e 403 a.C.[30] A demonstração apresenta-

---

[30] Para outros ela remontaria aos pitagóricos – segundo Fritz – ou até a Hippassos de Metaponto, segundo Heller, ou seja, no início do século V a.C. que teria descoberto por primeiro a irracionalidade da relação entre a diagonal e o lado do pentágono.

338 FILOSOFIA, LINGUAGEM, CIÊNCIA

da no *Apêndice* ao livro X de Euclides ancora-se na teoria do par e do ímpar, e poderia então atestar uma origem pitagórica do raciocínio reformulado na época euclidiana, e os termos que testemunha Aristóteles nos *Analíticos Primeiros* (41-49). Lembremos o esquema. Consideremos meio quadrado, um triângulo retângulo, cujos lados AB = BC têm a medida do inteiro *a*. Se a diagonal AC do quadrado, hipotenusa do triângulo, forem medidas pelo inteiro *d*, de tal modo que então podemos sempre supor primo de *a*, a relação dos quadrados AC^2, AB^2 seria, portanto, igual a dos quadrados dos números d^2 e a^2; teríamos, por outro lado, em virtude do teorema de Pitágoras: $AC^2 = 2AB^2$ e, por conseguinte, em virtude da igualdade das relações dos quadrados medidos dos segmentos ao quadrado dos membros: $d^2 = 2a^2$; ora se d^2 é par, *d* é par, e por consequência, *a, que é primo dele, é ímpar.* Mas sendo *d* par, d^2 é divisível por 4, e a^2 que é igual à sua metade,é divisível por 2, do que se deduz que *a ele mesmo, é par,* o que contradiz a conclusão precedente. Estabelecemos, portanto, a impossibilidade para a relação da diagonal e o lado do quadrado de ter a mesma relação que dois inteiros; estas são as grandezas incomensuráveis entre si. Tal demonstração pelo absurdo, de uma engenhosidade e elegância que não cessamos de admirar, permanece, para todos os efeitos, não construtiva na perspectiva dos *modernos,* no sentido de que ela não é correlativa de algoritmo algum de cálculo relacionado ao λόγος do qual ela estabeleceu a irracionalidade.

O aspecto do cálculo das questões da incomensurabilidade introduz-se ao contrário, pela pesquisa dos procedimentos de aproximação de tais relações por meio de *sequencias indefinidas* de duplas ou pares de inteiros, que generalizam, portanto, a noção de relação comensurável representada por uma dupla ou par único. Caveing a este propósito chama com justiça a atenção para a diferença que existe a aproximação *indefinida por acidente* dos cálculos babilônicos – devido à escolha arbitrária da base sexagesimal – e a aproximação *essencialmente indefinida* dos cálculos gregos de relações incomensuráveis. Compreenderemos facilmente pela comparação do valor sexagesimal aproximado do quociente racional 2:35 = $3/60 + 25/60^2$ ... e o seu

19. O estilo matemático da Academia Platônica

valor exato em quantiemas no estilo dos antigos: $1/21 + 1/105$. Em muito boa hora, sem dúvida, os matemáticos gregos procuraram os procedimentos para o cálculo do λόγος que não só revelam a sua irracionalidade, mas ainda fornecem valores racionais aproximados. O modo de proceder geral de todos estes algoritmos é o de um cálculo por recorrência, ou seja, um cálculo no qual um valor aproximado já encontrado serve de ponto de partida para o cálculo do valor seguinte, segundo um procedimento uniforme e repetido indefinidamente. A convergência, que seria importante demonstrar, é em geral com muito menos cuidado e precisão que a que foi estabelecida por Arquimedes, por exemplo, quando ele se ocupa com as suas quadraturas de propriedades propriamente teóricas das grandezas. Damos aqui alguns exemplos típicos.

a) A regra de Arquitas sobre as mediedades, cujo princípio pode ser expresso por um teorema sobre a ordem de três médias entre duas grandezas a e b: $a>$ média aritmética>média geométrica>média harmônica>b e para um segundo teorema, interativo, assegurando que a média geométrica das médias aritméticas e harmônicas é igual à igual média geométrica dos extremos a e b. Aplicada aos extremos 2 e 1, obtemos assim em seguida números racionais (isto é, pares de inteiros) que se aproximam mais e mais do valor da relação da média geométrica de 2 e 1 (ou seja, √2) para a unidade, ou ainda, da diagonal do quadrado em relação ao seu lado:

2	3/2 (média aritmética)	√2?	4/3 (Média harmônica)	1
	17/12 (média aritmética)	√2?	24/17 (média harmônica)	

etc.

b) Heron de Alexandria (entre 150 e 200 de nossa era) em um tempo em que o estilo do cálculo já é dominante, é verdade, propôs uma aproximação de raízes quadradas libertadas de toda a interpretação geométrica; nós a citaremos uma vez que o seu aspecto recorrente é muito característico e mais evidente que no exemplo precedente:

Se a_n é um valor aproximado de $\sqrt{N}$, $a_{n+1} = \frac{1}{2}\left(na + \frac{N}{a_n}\right)$ é já uma boa melhora.

c) Por fim, deter-me-ei mais demoradamente sobre o algoritmo conhecido desde o tempo de Platão mas para designar o que consideramos o nome de um geômetra posterior em vários séculos: os ditos "números de Téon de Esmirna", ou os números "laterais e diagonais". Proporemos de início, uma abordagem aritmética, depois, segundo uma reconstrução engenhosa e convincente de Fowler, uma abordagem geométrica explicitamente fundamentada sobre a antiferese.

Os números de Téon são sequências de pares de números cuja quadrado de um (o número da diagonal) é igual ao dobro do quadrado do outro (o número lateral) de uma unidade anterior, e sucessivamente para mais e para menos. As relações de tais números dão valores cada vez mais aproximados da relação da diagonal com o lado do quadrado, ou seja, em termos modernos do irracional $\sqrt{2}$. O algoritmo consiste em duas regras recorrentes para determinar o número lateral c_n a partir dos números laterais e diagonais imediatamente precedentes, c_{n-1} e d_{n-1}, e o número diagonal d_n a partir do número lateral do mesmo nível c_n e do número lateral c_{n-1} imediatamente precedente:

$$c_n = d_{n-1} + c_{n-1}$$
$$d_n = c_{n-1} + c_n$$
$$\text{de onde ainda: } d_n = 2c_{n-1} + d_{n-1}$$

Parte-se de $d_0 = c_0 = 1$, como se tomássemos, segundo a expressão de Proclo (século V) que descreve o procedimento, o lado e a diagonal do quadrado como duas "unidades" primitivas. O cálculo apresenta estas sequências:

d: 1 3 7 17 41...
c: 1 2 5 12 29...

Temos, então, a propósito: $3^2 = 2.2^2 + 1$, depois, $7^2 = 2.2^5 - 1$ etc. com valores sucessivos da relação: **d/c**: 1/1, 3/2, 7/5...

19. O estilo matemático da Academia Platônica

Tal procedimento puramente aritmético, do qual vimos bem intuitivamente que ele deve sucessivamente dar valores por excesso ou por falta, da relação uma vez que a relação de Pitágoras é satisfeita cada vez próximo de uma unidade, para os números cada vez maiores, ela foi descoberta e justificada nas ligações com os conhecimentos geométricos dos Antigos, e pela aplicação do algoritmo definidor do λόγος, antiferese? Fowler pensa isto e reconstitui um raciocínio segundo o qual a relação entre duas extensões em causa, lado e diagonal, é efetivamente apresentada por uma sequência de inteiros, os quais são calculados como o número uma vez que a extensão maior contém a parte menor, conforme o procedimento euclidiano. Inicialmente, ele constrói uma figura geométrica (figura 5) na qual dois quadrados sucessivos têm lados e diagonais nas relações formuladas pelas regras de Téon:

$$c_1 = c_0 + d_0$$
$$d_1 = 2c_0 + d_0$$

A mesma construção pode ser girada sobre o pequeno quadrado c_0 de modo a construir o quadrado c_{-1}

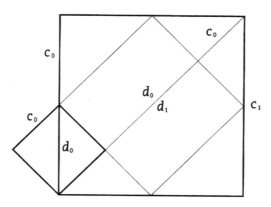

Figura 5.

Determina-se em seguida o resto da divisão euclidiana de d_1 por c_1:
$$d_1 = c_1 + c_0, \; c_0 < c_1 \text{ com o quociente 1.}$$

Depois, segundo o algoritmo da antiferese, procura-se o quociente de c_1 pelo primeiro resto c_0. Com isso temos:

$$c_1 = d_0 + c_0 = 2_{d-1} + 3_{c-1} = 2c_0 + c_{-1} \; c_{-1} < c_0,$$ com quociente 2.

Os termos do nível -1, não figurados originalmente, são extrapolados graças à similitude por construção dos quadrados sucessivos da figura.

Procura em seguida o quociente do primeiro resto c_0 pelo segundo resto c_{-1}. Mas esse cálculo nos leva à antiferese anterior c_1: c_0 em razão sempre da similitude. A aproximação é, portanto, dada pela sequência periódica de quocientes: 1, 2, 2, 2... Não nos espantamos ao constatar que o algoritmo é exatamente o das frações contínuas, e poderíamos anotar assim:

$$1 + \cfrac{1}{2 + \cfrac{1}{2 + \cfrac{1}{2 + \dots}}}$$

de pares de números de Téon sendo então dados pelas reduções sucessivas: 1, 3/2, 7/5...

A conjetura de Fowler bastante sedutora, não pode, infelizmente, ser demonstrada por texto algum dos que conhecemos. Euclides, por exemplo, não apresenta o procedimento do cálculo. Mas o princípio do procedimento apresentado está certamente de acordo com o espírito dessa matemática acadêmica, e tem o grande mérito de insistir sobre um traço essencial deste estilo: os λόγο de maneira alguma são considerados como *espécies de números* como se pode chegar a pensar pelas exposições mais posteriores. São *entidades operatórias*, representadas por meio de pares (por relações racionais) onde os ditos inteiros desempenham então plenamente o seu papel de operador sobre as grandezas.

3.3. As etapas da descoberta e a denominação do irracional

Voltemos à descoberta e ao tratamento conceitual da existência de relações irracionais entre grandezas. Uma vez conhecida essa existência, uma das preocupações essenciais do pensamento matemático na época platônica foi a de definir o fenômeno e fixar suas "causas". Insistirei sobre as duas etapas essenciais que nos são conhecidas, infelizmente, por uma espécie de "ouvir-dizer", principalmente pela passagem do *Teeteto* de Platão:

> Teodoro nos explicou, com figuras (ἔγραφε), alguma coisa do que diz respeito às potências (πέρι δυναμεῶν) fazendo-nos ver a propósito aquelas de 3 pés e de 5 pés, que, em extensão (μήκει) elas não são em hipótese alguma comensuráveis com a de 1 pé, tomando-as uma a uma até à de 17 pés. Mas não sei como se faz isto, ele parou nesta última.[31]

Trata-se de grandezas que são os lados "em potência" dos quadrados de áreas tríplices, quíntuplas etc. da área unidade. A demonstração de Teodoro deveria ser, aparentemente, geométrica, e ele teria examinado caso a caso, e teria parado por uma dificuldade (ἐνέσχετο) com o número 17. Podemos nos interrogar sobre estes dois pontos principais:

a) Por que Teodoro procedeu caso a caso, para estabelecer que os lados de um quadrado cuja área seria igual a um número não quadrado perfeito, uma vez que as áreas de um quadrado unitário (cujo lado é a unidade) são incomensuráveis com o lado unitário? A ideia de uma demonstração geral – a de Teeteto – não lhe vem à mente. Podemos conjeturar a razão seguinte: é que no tempo de Teodoro a correlação entre número e grandeza não estava ainda perfeitamente operacionalizada: em Aristóteles ainda, os números inteiros não são, falando de um modo adequado, tidos por grandezas. Ora, a partir

---

[31] Cf. Platão, *Téétète*, 147c-248b, com tradução de Léon Robin.

344 FILOSOFIA, LINGUAGEM, CIÊNCIA

do texto platônico, Teodoro raciocina essencialmente sobre grandezas figuradas por áreas; são os adjetivos τρίποδος, πεντέποδος que as designam e não os inteiros mesmos que as medem. A assimilação das grandezas a números – inicialmente, explicitamente aos inteiros que finalmente as medem – e mais tarde a *espaços novos de números* que serão identificados aos λόγοι, racionais ou irracionais, é justamente uma das conquistas difíceis que não começará verdadeiramente a brotar senão no final do período acadêmico.

b) Por que Teodoro parou, em seu processo, com o lado do quadrado de área 17 vezes igual à unidade? Essa questão que não cessou de intrigar os historiadores é interessante na medida em que a sua solução poderia permitir precisar o sentido da descoberta de Teodoro e fundamentar melhor uma resposta à questão precedente. Limito-me a indicar o espírito de suas soluções recentes as mais engenhosas e plausíveis

A de Itard,[32] em seu comentário sobre os livros de aritmética de Euclides, ancora-se unicamente sobre uma aritmética do par e do ímpar, inspirada na demonstração, relatada por Aristóteles, por $\sqrt{2}$: mostraremos que, se a relação de dois quadrados for um inteiro não quadrado perfeito, o par seria igual ao ímpar. O procedimento considera os números segundo as suas propriedades de indivisibilidade. Seja, pois, a relação inteira N entre de dois quadrados de medida p^2 e q^2, e p e q primos entre si. Suponhamos N na forma de $2i$, com i ímpar. Então teremos $p^2 = 2iq^2$. Se p^2 for par, p é par e, portanto, q o é também, o que contradiz a conclusão precedente. Raciocinemos, inversamente, com p2 ímpar. Eliminamos, portanto, como valores possíveis de N, todos os números da forma $2i$ com i ímpar (todos os números côngruos com 2 módulo 4). Itard elimina desta maneira, famílias de números, entre as quais todos os números não quadrados perfeitos inferiores ou iguais a 15. Mas o método encalha no 17, que não conduz a impossibilidade alguma. A conjetura é bem engenhosa

---

[32] N.T. Provavelmente o autor refira-se a Jean ITARD, *Les livres arithmétiques d'Euclide*. Paris: Harmann, 1961.

19. O estilo matemático da Academia Platônica 345

e interessante. Entretanto, podemos censurá-la de não fazer intervir de modo algum a geometria, e de ater-se somente a considerações aritméticas e de introduzir por certos lemas ou premissas de noções aritméticas de congruência provavelmente anacrônicas.

A solução de Knorr[33] é, ao contrário, aritmético-geométrica. Ele utiliza os tercetos de inteiros pitagóricos medindo os lados e a hipotenusa de um triângulo retângulo cujo outro lado é o quadrado dado, e atualizando as suas propriedades gerais, por exemplo, a impossibilidade de um triângulo pitagórico retângulo isósceles que tem os seus três lados ímpares, e a forma geral citada acima dos tercetos segundo os quais um dos lados é par ou ímpar. Knorr considera a construção em tercetos pitagóricos de um triângulo cujo quadrado de um dos lados seria o número A; trata-se então de mostrar que esse lado não pode ser medido por um racional $\sqrt{A}$. Construamos, portanto, um triângulo retângulo pitagórico de lados $\dfrac{A-1}{2}$, $\dfrac{A+1}{2}$, e o terceiro lado, tendo assim o possível valor racional de $\sqrt{A}$. Para A = 3, por exemplo, um dos lados será medido por 1 e a hipotenusa por 2. A partir de Euclides (V. 14), a hipotenusa sendo par, os três lados serão pares. Mas o lado do quadrado A = 3 deveria ser par, do mesmo modo, portanto, que o quadrado de A: contradição! Knorr examina as diferentes formas do número A, que lhe permitem eliminar todos os números não quadrados perfeitos até 15. Para 17, a comensurabilidade de sua "raiz" não sendo incompatível com as condições pitagóricas, a demonstração encalha. Solução esta, igualmente interessante e sobretudo quanto ao fato de que ela faz intervir os elementos bastantes plausíveis da geometria; entretanto, Knorr como Itard, utilizam as considerações aritméticas de congruência.

Qualquer que seja o método utilizado por Teodoro, o de Teeteto, informa-nos Platão, consistiu, em vez de considerar separadamente todos os números não-quadrados perfeitos, em "reunir num grupo único" e *introduzir* exatamente a noção de número quadrado. O diá-

---

[33] Cf. KNORR, W. R. *Op. cit.*, 1975, capítulo 3.

346 FILOSOFIA, LINGUAGEM, CIÊNCIA

logo não ensina nada mais. É o livro X de Euclides, proposição 9, que explicita o teorema e nos apresenta uma demonstração: "os quadrados construídos sobre linhas comensuráveis têm entre si a relação que um número quadrado tem para um número quadrado", e reciprocamente, se os quadrados não tem entre eles esta relação que tem entre si os *números* quadrados, os seus lados não são comensuráveis. Nada nos garante que a demonstração de Euclides tenha sido aquela de Teeteto, que ignoramos qual tenha sido. Mas naquela do autor dos *Elementos*, descobre-se com certeza alguns traços essenciais do estilo para o qual tendeu a matemática da Academia.

Em primeiro lugar, a distinção entre racional e irracional recebe um sentido único para todo o λόγος[34] seja ele números ou grandezas. As relações entre grandezas são *associadas de um modo geral* a relações entre números. É a proposição 5 que introduz a ideia desta associação: "as grandezas comensuráveis são entre elas como um número é para outro número", porque se as grandezas são comensuráveis, qualquer grandeza comum deve medi-las, em outras palavras, que existem inteiros, *operadores* de multiplicação sobre esta grandeza-unidade, que produzirão estas grandezas. Não, repitamos, que os números sejam alguma vez chamados de espaços de grandezas, os matemáticos acadêmicos não chegaram a este nível último de abstração. Mas podemos já comparar as relações de grandeza com relações de números e a incomensurabilidade das grandezas é deslocada para a incomensurabilidade dos números.

Em segundo lugar, Euclides usa em sua demonstração o conceito de "razão dupla", διπλασίον λόγο, definida anteriormente no livro V, definição 9. Em termos modernos, trata-se do quadrado de uma relação. "Quando há uma analogia entre três grandezas, diz que a primeira tem para com a terceira uma relação dupla de sua relação com a segunda". Em outras palavras, se $a : c : c : b$, a relação $a : b$ é chamada de *dupla* da relação $a : c$; em termos modernos, $\frac{a}{b} = \left(\frac{b}{c}\right)^2$. O conceito é importante na medida em que ele *coloca no caminho* um

---

[34] N.T. Seria mais lógico "todos os λόγοι".

19. O estilo matemático da Academia Platônica   347

tratamento dos λóγος[35] como números; convém, entretanto, notar que ele não é introduzido algebricamente, como "quadrado" de uma relação, mas geometricamente por meio da média proporcional entre grandezas. Na mesma ordem de ideias, a demonstração do livro X.9, faz uso de uma teoria de quadrados de números que invoca esta noção de relação dupla, em particular do teorema aritmético VIII.11: entre dois números quadrados, existe uma média proporcional, e a relação de dois quadrados é a relação dupla de dois números que os engendrou. A geometria e a aritmética permanecem ainda, portanto, associadas mas não fundidas numa teoria geral de medida das grandezas por meio de números. Mesmo se, como seria razoável pensar, os cálculos comerciais e práticos manipulem λóγοι e quantiemas como entidades comparáveis às nossas frações, isto é, a espécies de números, os matemáticos teóricos da Academia jamais ousaram ou souberam dar este passo. Cremos, portanto, poder resgatar os índices da próxima explicação de uma verdadeira *álgebra das grandezas*, e é o que trataremos para encerrar este estudo.

4. A caminho de uma verdadeira álgebra das grandezas?

4.1. Limito-me a realçar dois índices, ainda enigmáticos, desse movimento em direção a uma álgebra das grandezas. Claro que, a expressão das medidas de grandezas por duplas ou por sequências de números (inteiros), por meio do λóγος e de sua representação aproximada graças a algoritmos, é uma conquista dos matemáticos da época platônica. Entretanto, jamais tais medidas foram consideradas como introdutoras de novas classes de "números" (racionais e reais) que pudessem eles mesmos ser submetidos a operações aritméticas, transpostos, a não ser os números verdadeiros. Mas é verdade, ainda assim, que já encontramos em Euclides os sinais de um movimento que se

---

[35] N.T. Seria mais lógico λóγοι.

348 FILOSOFIA, LINGUAGEM, CIÊNCIA

tornará realidade mais tarde e alcançará a sua plena realização prática, se não até teórica, entre os alexandrinos. Menciono então, dois destes índices, sublinhando o seu sentido preciso.

O primeiro é a construção eudoxiana do livro V.[36] As relações entre grandezas, comensuráveis ou não, generalizam já a ideia do número, enquanto que eles são, como inteiros, *os operadores da medida*. Mas assim como dissemos, os números (inteiros) não aparecem, portanto, como grandezas particulares, senão depois que se der paralelamente um sentido ao conceito de relação entre grandezas e ao conceito de relação entre números, em vista do algoritmo da antiferese que se aplica aos dois. Comentamos já as belas definições axiomáticas do livro V, e podemos sublinhar que esta teoria municiona o sistema do λόγος com uma estrutura topológica do tipo dedekindiana[37] idêntica a dos reais; mas se estes não são objetos submetidos a um sistema algébrico completo de operações como os números, eles inauguram de algum modo, o conceito de *anel* e de *corpo*.

Com efeito, a adição de duas relações não é definida, e não tem aqui sentido algum, senão indiretamente por intermédio da representação de uma relação de uma grandeza, depois da escolha de uma grandeza-unidade. O produto é introduzido, mas somente como composição de duas relações por meio da representação geométrica da média proporcional, bem como, todas as demais operações relacionadas às combinações aditivas ou de subtrativas de *termos* (portanto, voltadas para grandezas e não para as relações elas mesmas) numa proporção.

Ao que me consta, o segundo índice aparece na classificação euclidiana dos irracionais algébricos do livro X. A classificação aparentemente complicada, começando pela proposição 21. Como dizia, no início do século XVII, Simon Stevin, citado por Heath:[38] "A dificuldade do

---

[36] N.T. O autor não define afinal a que obra pertence estes livros citados; pressupõe-se pela ideia geral do ensaio que se trate dos *Elementos* de Euclides.

[37] N.T. Provavelmente o autor refira-se ao matemático alemão J. W. R. Dedekind (1831-1916).

[38] Cf. L. HEATH, T. *Euclid's Elements*. Dover: Green Lion Press, 1956, vol. 3, p. 9.

19. O estilo matemático da Academia Platônica 349

segundo livro de Euclides para muitos tornou-se um horror, chegando até a ser chamado de a cruz dos matemáticos, matéria bastante indigesta para ser digerida, e da qual não se percebe utilidade alguma". Pode-se então perguntar qual teria sido o objetivo dessa classificação, e nos propomos reconhecer aqui pelo menos duas. Inicialmente, preparar a construção das linhas que sirvam à geometria dos polígonos do livro XIII, o que vai ser em termos modernos o estudo dos diferentes tipos de equações redutíveis das equações quadráticas. Em segundo lugar, estudar e classificar *qualitativamente* os irracionais que chamarei de *não teetetianos*, isto é, em termos modernos, irredutíveis às raízes simples, mesmo se pudermos conjeturar que uma parte da teoria do livro X já tenha sido do conhecimento do ateniense.

4.2. Para tentar justificar a nossa hipótese sobre o sentido da empresa euclidiana, examinemos um pouco mais de perto este último ponto. Notemos, inicialmente, que o vocabulário do livro X é mais especificado que o dos livros anteriores onde estava a questão dos irracionais. Sem entrar aqui nos detalhes de uma exegese, podemos constatar que a palavra ῥητή (expressável) designa agora uma linha escolhida como padrão de medida, bem como todas as linhas comensuráveis com este padrão (X, definição 3). Deste ponto de vista a racionalidade está claramente determinada como propriedade relativa à escolha arbitrária de uma linha racional. Quanto ao termo ἄλογος (irracional) ele designa a linha incomensurável (ἁ μὲν μήκει μόνον, ἁ δέ καὶ δυναμέι) de tal modo que será racional uma linha mesmo incomensurável mas de quadrado comensurável (definição 4). A primeira linha irracional é a "medial" (μέση) que é a média proporcional entre duas linhas de quadrados somente comensuráveis (X.21). Seja a linha padrão k e t de inteiros, ou de números racionais, não quadrados perfeitos, uma medial teria esta forma $\sqrt{a\sqrt{k}\ a\ \sqrt{t}}$ ou seja, $\sqrt{\sqrt{kt}}$. O teorema 21 demonstra que esta linha é um quadrado irracional como a notação moderna o mostra imediatamente.

Euclides introduz em seguida as combinações aditivas e subtrativas de linhas expressáveis mas incomensuráveis, como a binomial e o apótomo ($a\sqrt{k} \pm a\sqrt{t}$). O interesse por estas denominações se manifes-

350 FILOSOFIA, LINGUAGEM, CIÊNCIA

ta, por exemplo, pelo fato de que numa divisão em média e extrema razão, o maior segmento seja um apótomo, o menor um "apótomo primo" (diferença entre duas mediais de quadrado somente comensurável e de produto racional). Heath, estudando as doze espécies de irracionais euclidianos, mostra que elas correspondem algebricamente às soluções reais e positivas da equação:

$x^2 \pm 2arx \pm br^2 = 0$ ou da equação

$x^4 \pm 2ar^2 x^2 br^4 = 0$, *segundo a espécie de irracionalidade dos coeficientes.*

Por outro lado, Euclides não se interessa tanto pelos resultados dos cálculos quanto pela natureza, pela espécie de irracionalidade dos resultados.

O livro X aparece, portanto, como um esboço da álgebra dos irracionais, utilizando adições e multiplicações, mas focado na caracterização dos fatores e dos resultados *quanto à racionalidade e ao tipo de irracionalidade algébrica*. Nesse sentido, trata-se, portanto, de um ponto de vista que curiosamente antecipa o de Abel e de Galois, estudando as condições de expressão por radicais de soluções de equações algébricas.

4.3. Terminaremos com duas observações gerais. Uma bastante singular, e trata da importância inesperada de dois aspectos de certo sentido *qualificativo* da matemática de estilo acadêmico.

Na teoria dos números, é a importância do par e do ímpar, o fundante aritmético *stricto sensu*, e desempenha ainda agora, como o vimos, um papel conceitual essencial nas especulações sobre o número na época platônica. Em geometria, por outro lado, ou mais exatamente, na teoria nascente das grandezas em geral, as especificações do irracional funcionam de algum modo, pelo menos em Euclides, como diferenças qualitativas. Claro, esse aspecto qualitativo é aqui sempre correlativo com definições operatórias, mas o nervo das demonstrações repousa sobre o par e o ímpar; a eficácia das representações geométricas dos irracionais não teetetianos encontra-se na determinação de dois conceitos *espécies*.

Uma segunda observação, sem dúvida de alcance mais geral, é que subjacente a todo o desenvolvimento dessa matemática, encontra-se a coexistência, mas ainda não uma coordenação perfeita, de

19. O estilo matemático da Academia Platônica   351

uma concepção de medida das grandezas como *teoria* e a medida de grandezas como *técnica de aproximação* por números e sequencias de números. O obstáculo à resolução deste tipo de dissonância, que os contemporâneos ainda não conhecem claramente, estava na impossibilidade de assimilar as relações entre grandezas – ou entre números inteiros – a uma nova espécie de números, extensão futura da tribo natural dos inteiros. O movimento para tal assimilação constitui um dos exemplos de um processo epistemológico essencial, consistindo na passagem de um sistema de *entidades operatórias* (aqui no caso, λόγοι) a um novo sistema de *objetos* (os futuros números reais), passagem na qual será reconhecida, até certo ponto e num certo contexto, a correlação constitutiva da operação e do objeto. A história das matemáticas entre Pitágoras e Arquimedes pareceu-nos particularmente instrutiva pelo fato de mostrar os obstáculos e as peripécias encontradas ao longo deste movimento de racionalização criativa.

20

A filosofia da linguagem nas ciências exatas[1]

1. O estatuto do pensamento simbólico no conhecimento científico

1.1. Ciência e sistemas simbólicos

1.1.1. Propomos aqui apresentar alguns problemas filosóficos levantados pela utilização de sistemas simbólicos nas assim chamadas ciências exatas. Um dos aspectos fundamentais que guiarão nosso exame é que, nessas ciências, mais manifestamente que em outras, os sistemas simbólicos aparecem ao mesmo tempo como meios de comunicação de um pensamento e como aspecto essencial desse próprio pensamento. Sua interpretação filosófica leva, portanto, a considerá-los não só como instrumentos de um conhecimento científico, mas também enquanto eles constituem parcialmente em certo sentido o conteúdo. Nessa perspectiva, poremos em evidência duas questões, que aparecerão de modo latente sob diversas formas no decorrer desse exame:

a) Qual é a significação de um "empirismo" para os modernos? Em que medida o simbolismo que a ciência usa – e, particularmente, as ciências exatas – pode ser considerado como uma construção temporária relativamente arbitrária para pôr em ordem e expressar

---

[1] Extraído de *Philosophy of language*, an international handbook of Contemporary Research, M. Dascal *et al.* Eds, Volume 2, p. 1.436-1.454.

um saber que seria finalmente redutível à pura experiência? Em que medida o simbolismo traz, ao contrário, um elemento *sui generis* para o conhecimento?

b) O problema de uma filosofia do conceito, em oposição a uma filosofia da consciência, segundo a fórmula de Jean Cavaillès. Uma determinação da função do simbolismo no conhecimento, e particularmente do papel do simbolismo nas ciências exatas, deveria permitir dar um sentido bastante preciso a essa oposição, evitando ao mesmo tempo um nominalismo radical e uma metafísica ontologista da ciência. As questões mais técnicas colocadas pelas "linguagens" das ciências exatas se acharão assim constantemente recolocadas no contexto filosófico de uma epistemologia geral.

1.1.2. Há ciências apenas em um sistema simbólico, em uma "linguagem", no sentido mais amplo dado a esse termo. Do ponto de vista que nos interessa aqui, convém, entretanto, precisar o que entenderemos com tais sistemas, a fim de caracterizar seu uso e sua função nas ciências exatas, e na própria finalidade de dar a essa expressão "ciências exatas" uma significação não equívoca. Convém logo de início salientar uma distinção sem dúvida trivial, mas cujo reconhecimento preliminar é aqui decisivo: os signos usados pela ciência jamais se referem a estímulos. É essa distinção que já exprimia, a seu modo, Guilherme de Ockam,[2] quando eliminava de seu estudo, na *Summa Logicae*, o signo como "quod aprehensum aliquid aliud facit in mentem venire, quamvis non faciat mentem venire in primam cognitionem ejus [...] sed in actualem post habitualem ejusdem" (que a apreensão de alguma coisa faz vir à mente alguma outra coisa, embora sem fazer a mente vir a seu conhecimento primeiro [...] mas a seu conhecimento atual, e depois habitual).[3]

O signo propriamente dito, elemento dos sistemas simbólicos utilizáveis pela ciência, é caracterizado de início por sua função de

---

[2] Cf. OCKHAM, G. *Summa Logicae*. Hamburg: Meiner, 1984, art. 21 (Texto latino com tradução de Peter Kuntze para o alemão).

[3] Cf. *Ibidem, op. cit.*, vol. 1, p. 6.

20. A filosofia da linguagem nas ciências exatas 355

remissão, ou, se preferirmos, de representação: não só no sentido demasiadamente estreito de figuração, mas no sentido de que o signo "está em lugar de", tornando possível manipulações e operações realizadas em pensamento que seriam impraticáveis, na maioria das vezes, sobre o objeto de sua referência. Além disso, tais signos só têm valor pela posição que ocupam naquilo que poderíamos chamar de espaço de informação, um esquema de pesquisa que, mais ou menos claramente, introduz a descontinuidade no universo ao qual ele se refere. O signo recorta – e até o signo de tipo "analógico" que se considera imitar uma forma contínua, à medida que sua referência a formas, que podem ser sem dúvida parcialmente indeterminadas, só é eficaz, entretanto, pela nitidez suficiente de uma distinção de traços descontínuos. O signo, por fim, só funciona como elemento de um sistema. E, no caso dos signos utilizáveis pela ciência, a natureza desse sistema é singularmente restritiva.

1.1.3. Trata-se então de sistemas simbólicos formais ou, ao menos, de sistemas que tendem a esse tipo como para um ideal, do qual eles imitam mais ou menos fielmente a estrutura. Parece que todo sistema simbólico pode ser situado em relação aos dois polos típicos que constituem as línguas naturais e os sistemas formais. Relembremos suas características, a fim de precisar o funcionamento dos simbolismos científicos, tal ele como se manifesta nas ciências exatas. Desse modo, em oposição aos sistemas simbólicos realizados pelas línguas naturais, um sistema formal[4] se caracteriza essencialmente por três aspectos:

a)   Os aspectos *pertinentes* dos signos que o compõem nele são delimitados e distinguidos sem equívoco. A maneira pela qual são escritos os números, por exemplo, não desempenha sem dúvida nenhum papel quanto a seu sentido enquanto signos de números. Dessa estrita determinação resulta que a distinção entre diversas ocorrências do mesmo signo só pode depender de sua posição no sintagma, e ja-

---

[4] *Ibidem*, art. 59.

mais de qualquer singularidade intrínseca. Disso resulta também que são neutralizados para esses signos todos os elementos pragmáticos que seu uso efetivo pode fazer aparecer como estando ligados a aspectos não pertinentes da matéria do signo.

b) Os signos do sistema formal são construídos a partir de um conjunto *fechado* de signos elementares. Em outras palavras, estes são dados em uma lista fechada, da qual toda a extensão deve ser declarada.

c) A construção de signos complexos está subordinada a exigências sobre a concatenação das componentes, as quais são completamente explicitadas no sistema. A tese de Church-Turing, que dá um sentido efetivo e preciso à ideia intuitiva e vaga de calculabilidade, expressa afinal de contas esse caráter dos sistemas simbólicos formais. Observaremos, naturalmente, que essa exigência de determinação das expressões bem formadas de modo nenhum se estende aqui ao caráter de resolubilidade do demonstrável.

1.1.4. Em outro polo do campo em que se desdobram os sistemas simbólicos, uma língua natural poderia ser essencialmente caracterizada por dois aspectos maiores:

a) Ela comporta sempre uma superposição de articulações, ou seja, de organização de seus significantes em sistemas simbólicos mais simples, distintos, embora eventualmente interferentes. Uma dessas articulações, que serve por assim dizer como suporte para as outras, é, ao menos de modo aproximado, um sistema formal. É o caso da articulação fonológica, e da articulação gráfica para as versões escritas de modo alfabético (mas de modo nenhum ideograficamente, porque a escritura pode constituir então por si mesma uma língua parcialmente autônoma, como acontece no chinês clássico).

b) Uma língua natural utiliza recursos pragmáticos que fazem dela um meio de comunicação completo. Entendo por recursos pragmáticos essencialmente símbolos de "ancoragem" e símbolos com valor ilocutório. O que designo pelo termo "ancoragem" é a presença em qualidades, em um enunciado, do sujeito da enunciação. O

20. A filosofia da linguagem nas ciências exatas 357

que chamo de "ilocutório" é o que, na língua, permite dar funções especificadas de comunicação a um enunciado, ou de precisar as condições de seu exercício; por exemplo, marcas de modalização ou de performatividade. Essa riqueza das línguas naturais, enquanto meio de comunicação, justifica a ideia avançada por Alfred Tarski de que elas podem funcionar como "metalínguas universais", juntamente com, em contrapartida, sua incapacidade de formular por si mesmas uma definição livre de qualquer paradoxo da verdade de seus enunciados. A ciência é sem dúvida um saber comunicável, e Aristóteles, como sabemos, via até nesse aspecto uma de suas propriedades essenciais: "qualquer ciência é comunicável pelo ensino, e qualquer conhecimento científico pode ser aprendido" (*Eth. Nic.* VI. 1139 b25).[5] Enquanto tal, a ciência dificilmente dispensaria, portanto, o uso da língua natural. Sem dúvida, no caso limite da matemática, a quase totalidade dos elementos pragmáticos do discurso pode ser elidida e subentendida pela atenção do receptor competente. Mas, de modo geral, o ensino ou a apresentação de um conhecimento científico só pode ser plenamente veiculado por enunciados em língua natural que complete o uso de um simbolismo formal, do qual eles precisem de alguma maneira o modo de emprego. De resto, parece que quanto mais a comunicação de um conhecimento se aproxima do de um *know how* técnico, é tanto mais importante o papel atribuído aos enunciados naturais. Sem dúvida, o manual de utilização de um aparelho, ou a descrição de um procedimento, apelam para notações *ad hoc*. Entretanto, o discurso que as acompanha é, em seu conjunto, formado por enunciados em língua natural. É que um *know how* técnico visa mais ou menos diretamente a atos ou a objetos singulares, ao passo que um sistema formal não se orienta para a expressão do individual. A ciência, exprimindo uma estruturação abstrata dos fenômenos, privilegia ao contrário o uso de sistemas formais, privilegia até sua realização fixada por escrito.

---

[5] Cf. Aristóteles. *Éthique à Nicomaque*, VI, 1139, b25.

1.1. Os sistemas simbólicos da ciência e os efeitos de estilo

1.2.1. Isso não significa dizer, no entanto, que os modos científicos de expressão, incluindo os das ciências exatas, sejam eles próprios perfeitamente neutros e que não possuam nenhuma marca de individuação. Se considerarmos as obras de ciência como criação de conceitos e estruturas conceituais, uma individuação reaparece no *uso* que elas fazem dos sistemas simbólicos formais. É nesse ponto que convém, acreditamos, introduzir uma noção generalizada de "estilo". Chamamos de "estilo" uma propriedade das *obras* humanas. Uma obra, por oposição ao que é apenas um simples objeto, é criada e recebida como imposição de uma forma a uma matéria. Não que a forma seja imposta a partir do exterior a uma matéria que lhe fosse precedente. É a própria oposição que é produzida e suscitada em um *trabalho*, partindo de um "dado" que só pode ele próprio ser apreendido graças a uma oposição anterior de matéria a forma. Desse modo, o ato de trabalho, ainda que deixe subsistir intacta essa oposição primitiva, suscita uma nova sobre um outro plano. Um segundo aspecto essencial da obra, é que ela *signifique*. Ela supõe uma referência a algum sistema simbólico, atualmente constituído ou apenas virtual, publicamente conhecido e dado, ou essencialmente a descobrir e reconstruir. A obra, seja ela o produto modesto de um artesão, propõe de início uma significação de primeiro grau nesse sistema simbólico. O marceneiro constrói um objeto em forma de "cadeira", ou seja, alguns traços da relação dessa forma com seu material significam que se trata de um assento destinado aos membros de certa sociedade, em certa cultura. A obra do romancista e do poeta é, da mesma forma, composta de frases que possuem em sua língua certo sentido manifesto. Entretanto, o fato de que alguns artistas tenham podido tentar neutralizar completamente e até abolir essa significação de primeiro grau, que tenham chegado até a usar cadeias de letras e de sons desprovidos de sentido no sistema da língua, permite pensar que uma significação da obra pode ser produzida em um segundo nível. Por mais improvável que pareça o pleno sucesso de empreendimentos tão

20. A filosofia da linguagem nas ciências exatas

exagerados, eles não deixam de justificar a ideia de que um outro sistema simbólico latente, e não prévio à obra, é em princípio suscitado pelo ato de trabalho. É nessa perspectiva que pensamos poder definir a noção de estilo.

1.2.2. Em uma obra considerada como produto significativo de um trabalho, um conjunto mais ou menos importante de traços da oposição forma-matéria não têm nenhum valor *a priori* no sistema simbólico em que, *prima facie*, a obra se insere. O caso de uma obra de linguagem, por mais terra a terra que seja, dá a esse respeito um exemplo inteiramente óbvio. Em diferentes níveis da organização simbólica – fonética, prosódica, sintática, semântica – tais aspectos aparecem, alguns percebidos por qualquer receptor, outros apenas por alguns. Disponíveis, por assim dizer, porque não repertoriados em um código *a parte ante*, esses aspectos podem ser utilizados pelo locutor – e em geral pelo agente que produz uma obra – para superimpor à mensagem de primeiro grau uma significação secundária. Chamo então de "estilo" a organização mais ou menos sistemática desses elementos não pertinentes. A significação assim veiculada não é determinada por uma codificação pública antecipadamente definida, e que poderia ser conhecida pelo receptor. Essa supercodificação é construída no próprio ato de produção e de recepção da mensagem constituída pela obra. Ela, portanto, não tem, em geral, existência explícita nem na consciência do produtor nem na do receptor, embora seus efeitos sejam por vezes mais evidentes e mais surpreendentes que aqueles que o primeiro nível de sentido exerce. E é, na maioria das vezes, o crítico, o analista, o filósofo que interpreta que atualizam seus recursos. Dessa situação paradoxal resultam duas consequências interessantes:

a) Não poderíamos, na maioria das vezes, esperar poder reconhecer uma interpretação unívoca do aspecto estilístico de uma obra. A supercodificação que lhe dá um enquadramento não é redutível a regras claramente fixadas. Ele orienta mais que determina as significações superimpostas. De resto, o ato de "decodificar" os efeitos de estilo é ele próprio da natureza de um trabalho e abre, por conseguinte, variantes livres que dependem elas próprias de um estilo. Poderíamos

360 FILOSOFIA, LINGUAGEM, CIÊNCIA

invocar *a contrario* o exemplo degenerado de estilo fornecido pelos academismos: neste caso, a supercodificação, que superimpõe ao conteúdo manifesto da obra efeitos de estilo, é petrificado e antecipadamente conhecido, tirado dos efeitos vivos de estilo, tomados de empréstimo dos mestres anteriores; e até se tais efeitos puderem ser reproduzidos, eles então não serão mais recebidos como criações livres e extemporâneas.

b) Os efeitos estilísticos de uma obra, quanto mais pregnantes e vivos, são o que marca o individual. A individuação, cremos, não é redutível a uma descrição em conceitos, mas poderia ser designada como o ponto limite de representações estruturais superpostas, convergentes e encaixadas. Ela não é, afinal de contas, questão de saber teórico, mas de prática; uma prática o atinge, um conhecimento conceitual poderia apenas realizar uma aproximação. É por isso que o aspecto estilístico de uma obra, e muito especialmente de uma obra de conhecimento, introduz no universo conceitual do saber os signos do individual. O estilo, abrindo a mensagem levada pela obra para interpretações segundas e plurais, lhe confere uma espessura individual no próprio nível do saber.

1.2.3. É em tal perspectiva, evidentemente, que invocamos aqui essa noção de estilo, à medida que as obras de ciência, em sua relação com sistemas simbólicos, também são marcadas por efeitos de estilo. Uma análise estilística dessas obras deveria pôr em evidência diferentes modos de determinar o que é pertinente em um simbolismo destinado a estruturar uma experiência. A comparação histórica, e o confronto sincrônico dos estados de uma teoria – ou, mais exatamente, das tentativas que se revelarão depois como visando a uma mesma estrutura – mostram que podem ser feitas opções distintas, cujas diferenças e oposições descobrem, por assim dizer, a face oculta dos conceitos. Essa análise deveria também pôr em evidência maneiras muito diversas de delimitar em uma estruturação o que será qualificado de intuitivo, e deixado como resíduo da articulação conceitual. A escolha do que será decretado como não formal é sem dúvida um efeito de estilo, e dos mais significativos, conforme o mostraria particularmente

20. A filosofia da linguagem nas ciências exatas   361

a história da matemática. A análise estilística dos sistemas simbólicos usados pela ciência poderia parecer secundária, e estar relacionada apenas com a distinção de qualidades estéticas, aqui aparentemente não essenciais. Mas, além do que chamamos de estética nesse campo pode muito bem ter um valor intelectual intrínseco e muito independente da apreensão sensível – como muitos matemáticos garantiram – os diferentes estilos são apropriados para fazer aparecer claramente a natureza frequentemente oculta dos obstáculos internos encontrados pelo trabalho de conceituação. Complemento e auxiliar de uma análise estrutural essencialmente sincrônica das obras, a análise estilística oferece perspectivas sobre o trabalho do pensamento objetivante; ela não poderia, substituindo uma história, esboçar suas etapas, mas ela torna presente seu esquema fundamental até na obra acabada.

1.2. "Dualidade" e "conteúdos formais"

1.3.1. Se todo trabalho de conceituação se manifesta pelo desenvolvimento e pela manipulação de sistemas simbólicos que realizam a correlação efetiva de uma matéria e de uma forma, a conceituação científica, que transpõe a experiência em modelos abstratos, depende eminentemente daquilo que acreditamos ser uma condição fundamental de qualquer simbolismo. Em outras palavras, a dualidade operação/objeto. Por dualidade, entendo uma relação de reciprocidade, de correspondência mútua entre dois registros de entidades de pensamento. Relação cujas diversas realizações paradigmáticas se encontram na matemática, desde a "dualidade" dos espaços vetoriais e das formas lineares, de início apreendida como correspondência entre espécies concretas de figuras projetivas, até a "dualidade" mais abstrata das categorias. Observemos, a esse respeito, que a própria noção de categoria pode ser vista de fato como aspecto operativo da construção das entidades matemáticas, dual do aspecto "objetal", representado pela construção de conjuntos... Em todos os casos, o aspecto característico é a codeterminação de duas entidades com inversão dos pontos de vista, que aparece de fato sobre o exemplo elementar da dualidade projetiva da reta e do ponto: dois pontos definem uma reta, duas retas definem um ponto; ou, em outra linguagem, os co-eficientes da equação cartesiana de uma reta podem ser igualmente considerados como as coordenadas de um "ponto" em um espaço dual. Ora, a eficácia de qualquer pensamento que se desdobra em um sistema simbólico e visa a descrever um "mundo" nos parece repousar sobre tal dualidade entre um sistema de objetos e um sistema de operações, que se determinam mutuamente. Dualidade que, mais ou menos perfeita, é de resto condição da própria possibilidade de qualquer pensamento simbólico, à medida que os símbolos devem deixar de ser aderentes às impressões que lhes servem de suporte, e se prestar às construções de uma combinatória.

1.3.2. Essa dualidade governa mais particularmente o pensamento conceitual das ciências, à medida que, nesse caso, a noção de "objeto" assume seu pleno sentido e um lugar privilegiado no conhecimento, ela não deixa de apresentar menos graus. O acoplamento operação/objeto, do qual procuraremos mostrar que sua perfeição caracteriza o *lógico*, não se realiza em geral como codeterminação recíproca completa. Se nos colocarmos no ponto de vista da produção de objetos por um sistema operativo, constataremos, no caso mais claro, que é o da matemática, que o operativo, aprendiz de feiticeiro, gera sistemas de objetos cuja existência e propriedades podem ser estabelecidas sem que o próprio sistema operativo esteja em estado de terminar sua exploração regulamentada. Há enunciados verificáveis que não são demonstráveis nem refutáveis, escapando, portanto, ao que chamamos aqui de operativo. Tal é o sentido global dos teoremas de limitação, que mostram que o operativo é, em certo nível, ultrapassado pelo objetal e, portanto, exprimindo, com efeito, as limitações de sua dualidade. Damos a esse resíduo objetal, aparentemente irredutível ao operativo, o nome de "conteúdo formal". Formal, com efeito, enquanto ele aparece no seio de uma teoria da qual foi banido qualquer conteúdo empírico, e que é permitido, em sentido amplo, axiomatizar. Surgindo, na

20. A filosofia da linguagem nas ciências exatas — 363

perspectiva dos lógicos, como obstáculo a uma dominação operativa completa do sistema dos objetos matemáticos, esses conteúdos formais devem, entretanto, ser considerados principalmente em sua positividade. Quase todos os progressos decisivos da matemática correspondem ao encontro – inesperado, na maioria das vezes – de um conteúdo formal que apresenta obstáculo às manipulações operativas, e que obriga então a reestruturar esse sistema operativo, ampliando o campo dos objetos que ele domina. Desde o enigma colocado aos algebristas da Renascença pelo caso irredutível da equação cúbica, até as dificuldades de aplicação da noção de integração, que leva às concepções modernas, os exemplos disso são múltiplos. Do ponto de vista de algum modo inverso, da constituição de um sistema operativo a partir da descrição de objetos empíricos, constatamos com evidência o contínuo transbordamento do operativo por conteúdos empíricos. Os sistemas operativos são aqui tanto materiais como conceituais, mas Gaston Bachelard mostrou realmente o estreito entrelaçamento desses dois aspectos, ao mesmo tempo em que descrevia o progresso da ciência como constituição sempre retomada de tipos de objetos correlativos de sistemas operativos: o corpo puro na química, o átomo de Niels Bohr, os objetos quânticos... Parece-me permitido então considerar que o progresso das ciências físicas – ou até das outras ciências empíricas – consiste essencialmente em substituir parcialmente os conteúdos empíricos por conteúdos formais. O caso da mecânica, a este respeito, é ao mesmo tempo exemplar e excepcional. Em boa hora, com efeito, ela se constitui como sistema de conhecimento, cujos objetos, ao preço de uma abstração radical, eram quase totalmente determinados pelo sistema operativo dual, expresso na maioria das vezes sob a forma de princípios. E a história dessa disciplina, com suas diversas ramificações, testemunharia sem dúvida sucessos e limites de uma tentativa sempre mais audaciosa, mas também necessariamente sempre atualizada, de redução dos conteúdos empíricos. Tal seria em todo caso o sentido da utilização inevitável da matemática, domínio por excelência dos conteúdos formais, nas diversas ciências empíricas.

1.3. A ideia de ciência "exata"

1.3.1. Essa última observação nos leva a colocar o problema de uma caracterização das assim chamadas ciências exatas. Em que sentido a matemática merece o nome de ciência exata? Em que sentido podemos falar de ciências exatas no domínio dos conhecimentos empíricos? Procuraremos precisar uma resposta a tais questões, comentando alguns conceitos husserlianos apresentados em *Ideen*. Logo de início, temos a noção de ciência "eidética", que o filósofo opõe à de ciência propriamente empírica e descritiva. No primeiro caso, o conhecimento se eleva *"vom Sachhaltigem in das reinlogisch Formale"* (*do material a uma generalidade formal de tipo puramente lógico*).[6] Sem tomar posição quanto à significação dada por Edmund Husserl às "essências", é permitido reconhecer, com efeito, uma diferença radical entre a generalização, que constrói noções tiradas da experiência, e a "formalização", que propõe conceitos, talvez inspirados pela experiência e que lhe seriam eventualmente aplicáveis, mas que não são tirados dela por uma indução no sentido dos Modernos. O segundo caráter, que delimita uma variante de ciência eidética, é o de exatidão. Os conceitos "inexatos" ou "morfológicos", dos quais Husserl dá como exemplo *"gezackt"* (denteado), *"linsenförmig"*, *"doldenförmig"* (entalhado em forma de lentilha, de umbela),[7] opor-se-iam aos conceitos exatos, pelo fato de que esses últimos seriam totalmente determinados por um sistema operativo axiomaticamente formulado: "*[...] eine endliche Anzahl (...1 (von) Begriffe (n) und Sätze (n) (bestimmt eindeutig) die Gesamtheit aller möglichen Gestaltungen des Gebiets [...], so daß also in ihm prinzipiell nichts mehr offen bleibt"* (*um número finito de conceitos e de proposições determina totalmente e sem equívoco o conjunto de todas as considerações possíveis do domínio. Disso resulta que, por princípio, não existe mais nada aberto nesse domínio*).[8]

---

[6] Cf. HUSSERL, E. *Ideen zu einer reinen Phänomenologie und phänomenologischen Philosophie*. The Hague: Nijhoff, 1977 [1913], vol. 1, p. 26.

[7] Cf. *Ibidem*, 138.

[8] *Ibidem*, p. 135.

20. A filosofia da linguagem nas ciências exatas   365

A consequência seria, segundo o próprio filósofo, que podemos então colocar a equivalência desses dois *"Begriffe 'wahr' und 'formallogische Folge der Axiome'"* (conceitos de "verdadeiro" e de "consequência formal dos axiomas").[9] Mas hoje sabemos que tal ideal de determinação não é realizado sequer pela matemática usualmente praticada. É preciso, portanto, ver nisso, cremos, uma indicação positiva da direção na qual convém procurar uma caracterização da exatidão; expressando-nos na perspectiva que abrimos sobre a ideia de dualidade operação-objeto e de conteúdos formais, diríamos então que uma ciência é exata à medida que ela formula um conhecimento em um sistema simbólico que tende a dar direito de cidade, no limite, apenas a conteúdos formais.

1.3.2. Outro aspecto da ideia de exatidão deveria ser considerado, tal como ele resulta da definição husserliana. Os conceitos morfológicos inexatos, que se apoiam sobre "vagen Gestalttypen, die auf Grund der sinnlichen Anschauung direkt erfasst [...] werden" [*"tipos vagos de forma, que seriam diretamente apreendidos por se fundarem sobre a intuição sensível"*],[10] podem, com efeito, aparecer como essencialmente qualitativos. Mas o qualitativo, como sabemos, se introduz cada vez mais explicitamente nas ciências e na própria matemática, sob a forma de propriedades estruturais que dependem do conhecimento por meio de conceitos. Não teremos, portanto, a intenção de exigir de uma "ciência exata" que ela seja necessariamente quantitativa. Sem dúvida, a introdução de grandezas mensuráveis é um meio privilegiado de discriminação das consequências de hipóteses e de descrição não equívoca dos fenômenos, sem dúvida, e permite que um conhecimento aplicado e as técnicas exerçam todos os seus poderes. Ela não é, entretanto, essencial para a atribuição da exatidão. Proporemos, portanto, considerar como exatas as ciências cujos

---

[9] *Ibidem*, p. 136.

[10] *Ibidem*, p. 138.

conceitos tendam a comportar, *no limite*, apenas conteúdos formais. Trata-se, portanto, de um objetivo e de um movimento, mais que de um estado. É claro que os matemáticos têm, por excelência, direito a esse qualificativo. As ciências da natureza, no nível da descrição e da antecipação da experiência, permanecem necessariamente, neste sentido, "inexatas", ainda que a maravilhosa justeza das aproximações que elas atingem nos confunda. Contudo, no plano da organização teórica, elas são verdadeiramente ciências exatas, no sentido em que as entendemos. Quanto ao conhecimento dos fatos humanos, ele não corresponde muito à definição de exatidão que propomos. Não de fato apenas por causa da insuficiente adequação de sua relação com a empiria, e sim mais profundamente, à medida que nos parece impossível, por causa da natureza de seu próprio objeto, pressupor que ele *tenda a eliminar* qualquer conteúdo empírico.

2. A lógica como forma de linguagem

2.1. Lógica e ontologia

2.1.1. Se aceitarmos a caracterização que propusemos para as ciências exatas, ficará claro que a disciplina que hoje chamamos de lógica não poderia ser inteiramente afastada de nosso propósito, embora ela seja, sem dúvida, o objeto de assuntos que lhe são especialmente destinados segundo outros pontos de vista. Nós a consideraremos aqui, portanto, em uma perspectiva cuja escolha decorre muito naturalmente de nossas teses gerais, perguntando-nos qual é a relação do simbolismo lógico com a apresentação de conteúdos formais, e em que medida a lógica é apenas forma, e talvez até forma de linguagem. Sabemos que, em Aristóteles, a lógica, seja qual for o nome de que ele se serve para designá-la, não é considerada entre as três ciências teóricas, porque de modo nenhum lhe correspondem gêneros últimos do ser que ela pudesse explorar. como a filosofia primeira, a matemática e a física. Para o filósofo, ela é forma do λογος inferencial, e é dessa

20. A filosofia da linguagem nas ciências exatas 367

forma que descrevem, sob o nome de "silogismos" (mas também de inferências imediatas mais ou menos abertamente inventoriadas), os *Analytica Priora*. Para compreender a relação dessa disciplina, que não é, portanto, uma ciência teórica, com as que ele chama de "dialética" e de "retórica", assim como com o conteúdo dos *Analytica Posteriora*, sugiro, de minha parte, nela ver, no sentido do próprio Aristóteles, uma ciência poética da construção formal do raciocínio. As três outras disciplinas citadas seriam então, sempre no sentido do filósofo, artes de aplicação: arte da aplicação do raciocínio à discussão persuasiva, arte de aplicação do raciocínio à exposição que visa a agradar, arte finalmente da aplicação do raciocínio à ciência demonstrativa, que deve partir de princípios adequados e garantidos. Nessa interpretação, vemos que a Silogística, parte essencial da lógica, se refere a um uso da linguagem que reflete uma ontologia geral, mas que transcende os próprios gêneros últimos que constituem o objeto de cada uma das ciências teóricas. A dialética, que é, em sentido radical, ontologicamente "vazia", se distinguira da lógica apenas por usar o raciocínio, libertando-o de qualquer exigência ontológica.[11] A teoria dos silogismos modais, ao contrário, constituiria de algum modo a transição entre uma lógica pura, mas desdobrando-se no quadro de uma ontologia geral, e uma arte de aplicação ao discurso científico, porque ela já especifica – fracamente – a ontologia, nela distinguindo realizações diversas de universo.[12]

2.1.2. A posição aristotélica, assim entendida, levanta então a questão da relação da lógica com uma ontologia. Não devemos apresentar aqui a solução de Aristóteles, que depende de sua teoria das *essências*. Mas somos assim introduzidos no problema análogo que se colocaram os Modernos, principalmente desde Gottlob Frege,[13] e

---

[11] Cf. ARISTÓTELES, *Analíticos*, art. 119.

[12] Cf. GRANGER, G.-G. *La théorie aristotélicienne de la science*. Paris: Aubier, 1976, cap. 7.

[13] Cf. ARISTÓTELES, *op. cit.*, art. 34; FREGE, G. *Begriftsschrift und andere Aufsätze*. Hildesheim: Georg Holms Verlag, 1994 (trata-se de uma obra editada por Ignacio Angelelli com comentários de E. Husserl e Hç Scholz).

368 FILOSOFIA, LINGUAGEM, CIÊNCIA

que poderíamos formular do seguinte modo. É doravante no raciocínio matemático que a análise da forma do discurso inferencial encontra seu protótipo. Esse deslocamento da interrogação aristotélica levanta, portanto, o problema de saber se a linguagem dessa ciência não possuiria uma forma específica, ligada talvez com uma ontologia, sem dúvida ainda formal, mas, no entanto, particular. De qual linguagem a lógica pode ser a forma, e seria ela apenas uma forma independente de qualquer espécie de conteúdo? Esboçaremos essa problemática, considerando ao mesmo tempo o *discurso da lógica* e a função *do lógico* enquanto elemento imanente a outros sistemas de símbolos.

2.2. "Expressão" e "comunicação"

2.2.1. Introduziremos logo de início uma distinção que permitirá salientar a originalidade da linguagem da lógica, enquanto sistema formal particular. Usamos aqui, na falta de melhor, termos como "expressão" e "comunicação". Por "expressão", entenderei não a manifestação de um estado de ânimo, mas *a criação em símbolos de um objeto de pensamento*. Nesse sentido restritivo, o termo se opõe então à "comunicação", que põe em evidência a relação de um emissor com um receptor de mensagem. É natural que, em uma atividade simbólica concreta, os dois aspectos estão na maioria das vezes associados, e por vezes confundidos. Na comunicação intervêm necessariamente condições de funcionamento do "jogo" que dependem do que chamamos hoje de "pragmática".[14] No discurso lógico, tais condições de comunicação não são marcadas. O único traço de natureza ilocutória que tenha sua marca, desde Frege e Bertrand Russell, é a intimação de inferência notada e provida posteriormente, por abuso de linguagem, de um segundo sentido pragmático de posição "logicamente necessária", por causa de uma passagem no limite, imitado da matemática: o logicamente necessário é inferido a partir de nada:

---

[14] Cf. ARISTÓTELES, *op. cit.*, art. 96.

$$\vdash p \rightleftharpoons \varnothing \vdash p$$

É interessante observar que algumas tentativas efêmeras tiveram lugar, entretanto, de introduzir no simbolismo lógico marcas de aspectos pragmáticos, notando, por exemplo, a interrogação, ou operações do locutor – ver, por exemplo, um ensaio manuscrito do marquês de Condorcet, nesse sentido.[15] Elas não tiveram continuidade, mas poderíamos ver a posteridade delas, inesperada, nas linguagens de programação computacional, intermediárias por assim dizer entre um simbolismo lógico e uma língua natural. Tais linguagens, com efeito, têm a função – estranha – de pôr em comunicação o homem com uma máquina. O simbolismo propriamente lógico, ao contrário, de modo nenhum é orientado para a comunicação. Ele "exprime", propondo e formulando como objeto de pensamento certo aspecto realizado *in actu* e de modo imanente em outros discursos, e particularmente nos da ciência.

2.2.2. Nesse discurso de pura "expressão", a unidade de base, a proposição provida de sentido, ou o que designaremos com um termo menos carregado de conotações parasitas, como "enunciado completo", é sem dúvida de natureza particular. Digamos, de passagem, que essa noção de enunciado completo em geral nos parece ser uma categoria fundamental de qualquer espécie de simbolismo, um "universal" da linguagem e, por conseguinte, indefinível com todo rigor. Mas, em cada espécie determinada de sistema, a noção de enunciado se particulariza. No caso do simbolismo lógico, o enunciado completo, em diferentes níveis de análise, é sempre essencialmente "locutório" – em oposição a "ilocutório" – entendendo com isso que ele é tão somente um objeto de pensamento, apresentado pura e simplesmente como tal. A oposição marcada convencionalmente por diversas línguas: "*proposition/sentence*" em inglês, "*Aussage/Satz*" em alemão, não é de fato essencial, porque um enunciado completo, em lógica, é de fato um signo (como o salientariam os termos "*sentence*"

---

[15] Cf. GRANGER, G.-G. *La mathematique sociale du Marquis de Condorcet*. Paris: PUF, 1956.

e "*Satz*"), mas ele é tomado como entidade independente de suas condições de enunciação, e possui, por conseguinte, enquanto tal, a consistência e a transcendência do significante que conotariam os termos "*proposition*" e "*Aussage*", sem todavia introduzir a ideia de um sujeito situado aqui, conforme nisso insiste com profundidade Ludwig Wittgenstein no *Tractatus*, fora do jogo de linguagem. Para caracterizar e descrever o tipo específico de enunciado completo do lógico, houve tentativas de dar traços semânticos (Aristóteles diz que o λόγος em questão é suscetível de ser verdadeiro ou falso), ou sintáticos (Aristóteles lhe atribui a forma canônica predicativa que sabemos; Frege e Russell lhe atribuem uma forma relacional, mais geral). Entretanto, parece que um traço mínimo de natureza pragmática seja o acompanhamento inseparável de seu aspecto locutório essencial: um enunciado completo é colocado ou não colocado. Não digo, observem, verdadeiro ou falso, demonstrado ou refutado. Estas são especificações de algum modo posteriores. Em um discurso lógico – em um "cálculo" – um enunciado é colocado, ou não – como hipótese, verdade, necessidade etc. No fim de um cálculo, ele é colocado – ou não – como enunciado verdadeiro ou falso, consequência de premissas, como enunciado possível, impossível consequência de premissas etc. Essa dicotomia do colocado e do não colocado, que poderíamos dizer "metalógica", e o que funda o primado da divalência, que de modo nenhum é uma restrição ao "verdadeiro" e ao "falso" no plano do conteúdo do discurso, mas uma restrição obrigatória para os dois únicos valores téticos no plano do metadiscurso.

2.2.3. Do ponto de vista em que nos colocamos, se o discurso lógico for de fato um discurso de pura expressão, os enunciados modais não dependerão, portanto, do lógico em sentido estrito, à medida que eles introduzem meios específicos de comunicação. Eles são interpretáveis, com efeito, como marcas pragmáticas, que remetem a um estado de ânimo do sujeito emissor. Sem dúvida, as exigências propriamente lógicas se aplicam à posição de tais estados, mas em um metanível de organização do discurso, porque as exigências de natureza modal não pertencem mais à esfera do lógico como as exigências formuladas pela geometria, e sim às exigências impostas por nossa natureza empírica. O discurso da lógica em sentido estrito não é um meio de comunicação, porque, como tal, ele elimina as marcas pragmáticas, exceto a do colocado e do não colocado, e da que marca o signo de Frege. Examinaremos brevemente o sentido que assume a oposição do sintático ao semântico nesse simbolismo particular.

2.3. Sintaxe e semântica do discurso lógico

2.3.1. De modo geral, a oposição entre uma organização sintática e uma organização semântica de um sistema de símbolos corresponde a uma repartição da informação que ele veicula entre referências léxicas, que diríamos de natureza "objetal", e referências a regras de concatenação, de natureza operativa. Podemos sem dúvida conceber um espectro fictício de tais sistemas, indo de uma carga de informação puramente léxica (o que seria de algum modo o jogo de linguagem "agostiniano", imaginado por Wittgenstein) a uma carga de informação totalmente apoiada pela sintaxe. À primeira vista, não é duvidoso que os simbolismos da lógica tendam a realizar se muito próximo dessa última figura ideal. Além disso, a correlação de uma organização semântica e de uma organização sintática não é mais que uma manifestação concreta no nível do simbolismo da dualidade operação-objeto. É desse ponto de vista que pretendemos propor aqui algumas observações em relação à sintaxe das linguagens da lógica.

2.3.2. Convém relembrar logo de início uma distinção essencial, que Rudolf Carnap com razão salientara, entre *regras de formação e regras de cálculo*. As primeiras dependem da sintaxe no sentido estrito dos gramáticos. Elas são constitutivas da própria linguagem. Observaremos que elas são amplamente arbitrárias – e é nesse sentido bastante restritivo que seria preciso, a meu ver, interpretar o famoso dito de Carnap: "Na lógica, não existe moral". Seria sem dúvida interessante para o filósofo estudar comparativamente as diversas soluções modernas, como variantes estilísticas de organização sintática da ló-

372 FILOSOFIA, LINGUAGEM, CIÊNCIA

gica. Ao lado dos simbolismos de Frege, de Russell e dos poloneses, que não diferem de modo essencial, embora o primeiro utilize duas dimensões e o terceiro faça igualmente a economia dos parênteses, deveríamos examinar, por exemplo, o simbolismo dos "grafos" de Charles Sanders Peirce,[16] e o que propunha Wittgenstein nas entrevistas dadas a George Edward Moore e nas cartas a Russell.[17] No primeiro, o aspecto topológico da intuição espacial fornece traços pertinentes ao simbolismo: a negação, por exemplo, é figurada pelo fechamento de uma fronteira em torno de um signo, e as operações que correspondem aos conectores proposicionais são representadas por posições de signos, fechamentos e aberturas de espaços sobre a "folha de asserção". Nos esboços de notação $a - b$ de Wittgenstein, cada símbolo de proposição é provido de dois "polos", e são as conexões entre esses polos que figuram as diversas combinações de fusões, transpondo para um estilo ainda topológico o que apresentam – em um estilo que poderíamos chamar de "algébrico" – os "quadros de verdade". O traço mais original dessa notação é sem dúvida que ela fornece em uma só figura a representação de uma tautologia e de sua contradição dual, conforme comutemos do verdadeiro para o falso a interpretação dos dois polos proposicionais; propriedade importante na opinião de Wittgenstein, para quem não há *proposições lógicas*, mas apenas esquemas que mostram as formas necessárias da linguagem suscetível de descrever os fatos. Essa diversidade das escolhas possíveis de um simbolismo, da qual um estudo estilístico permitiria estudar o sentido e a importância, abriria em contrapartida o campo para uma reflexão sobre a existência ou não de exigências gerais, às quais seriam submetidas de modo latente as variantes efetivamente realizadas. Aqui podemos apenas mencionar essa questão, e sugerir que tais exigências subjacentes só podem pertencer ao nível mais profundo

---

[16] Cf. THIBAUD, P. *La logique de Charles Sanders Peirce*. Aix-en-Provence: Éditions de l'Université de Provence , 1975; ARISTÓTELES, *op. cit.*, art. 32.

[17] Cf. WITTGENSTEIN, L. *Tagebücher, 1914-1916*, 1961, p. 112ss.; 126ss.; L. WITTGENSTEIN, *Tractatus logico-philosophicus*. London: Routledge & Keagan Paul, 1961 [1921] 6.1203-6.121.

20. A filosofia da linguagem nas ciências exatas   373

das condições de qualquer simbolismo objetivador. Nível que chama-ríamos de nível "protológico", porque ele se refere àquilo pelo que um sistema simbólico está apto a produzir enunciados que descrevem a forma de um mundo.

2.3.3. A segunda espécie de organização sintática de um simbolismo lógico se refere às regras de cálculo. Ela é, para retomar o vocabulário kantiano, mais "reguladora" do que "constitutiva", como a precedente. Entretanto, não a confundiremos com as prescrições estratégicas de natureza não lógica, que visam a dar uma orientação e uma finalidade ao movimento de inferência, da qual os primeiros regem apenas a *tática*. Ainda aqui, a organização sintática de cálculo foi realizada pelos lógicos modernos conforme variantes que correspondem, quanto ao essencial, a diferentes modos de introduzir o operativo em sua relação com o objetal. Poderíamos classificar essas variantes, desse ponto de vista, em três categorias principais:

a) No modo *axiomático* de apresentação do cálculo, o elemento operativo é concentrado geralmente em uma só regra (como o *modus ponens*), o elemento objetal sendo então, em um sentido que precisaremos imediatamente, repartido nos enunciados primitivos.

b) No modo natural, ao contrário, há tantas regras operativas quanto símbolos formais a introduzir ou a eliminar no decorrer de um cálculo. O objetal consiste então na posição provisória de uma hipótese a demonstrar, ou, na versão de Gerhard Gentzen, na posição no ponto de partida de um esquema trivial de inferência: $\mathfrak{U} \to \mathfrak{U}, \mathfrak{B}$. É então o aspecto operativo que se encontra manifestamente privilegiado.

c) O modo dialógico é particularmente interessante para uma filosofia do simbolismo lógico, porque oferece uma espécie de equilíbrio interno entre o momento objetal e o momento operativo. Os dois protagonistas do "diálogo" propõem, com efeito, enunciados, e a demonstração é obtida quando o mesmo enunciado é colocado de uma parte e da outra: aspecto especificamente objetal do cálculo. Mas, em troca, o essencial desse cálculo consiste em operações reguladas dos protagonistas, de modo que cada um dos símbolos lógi-

374 FILOSOFIA, LINGUAGEM, CIÊNCIA

cos de conexão ou de quantificação corresponde a uma regra tática. Poderíamos então pensar que tal apresentação introduz novamente na linguagem lógica – contrariamente à nossa afirmação anterior – uma regulação estratégica (uma estratégia de "ganho" para o jogador que propõe um enunciado para a demonstração), e – contrariamente à nossa afirmação em 2.2. – um elemento pragmático, pois aqui há interatividade entre dois locutores. Esses dois aspectos, porém, são de fato apenas aparências. A "estratégia" dos interlocutores se confunde com uma "tática", à medida que todos os golpes são definidos e regulados passo a passo. Quanto ao aspecto pragmático, apesar da personificação dos dois adversários, ele só intervém nas outras versões do cálculo, em que o encadeamento dos "golpes" aparece como uma sucessão, mais do que como uma resposta. De qualquer modo, a pluralidade das apresentações possíveis das regras sintáticas do cálculo de modo nenhum impede a unicidade profunda de sua estrutura. Seria então necessário interpretar essa unicidade como derivada de uma referência a uma realidade subjacente, compreender tal estabilidade como o reflexo de um conteúdo permanente?

2.4. A lógica, grau zero dos conteúdos formais

2.4.1. Ao que remetem, portanto, os símbolos da linguagem lógica? Qual é seu uso no processo do conhecimento? A lógica fixa uma *forma* de linguagem construtora e reguladora de *objetos de pensamento*. Enquanto tal, ela própria não determina objetos. É nesse sentido que podemos reinterpretar a distinção do transcendental e do lógico. Não que o lógico deva ser considerado como unicamente linguístico, porque a constituição dos objetos em sentido estrito só pode ser feita em um sistema simbólico, e requer, portanto, afinal de contas, uma regulação lógica que governe esse sistema. Mas não é a um mundo que essa regulação se aplica diretamente. Ela é de fato, nesse sentido, metalinguística, assim como o reivindicavam os neopositivistas, sem todavia depender apenas do arbitrário do símbolo.

20. A filosofia da linguagem nas ciências exatas 375

É preciso dizer então que a organização lógica da linguagem é condição de possibilidade da manipulação de objetos de pensamento, designando pelo termo "manipulação" a posição desses objetos na linguagem do conhecimento que o descreve e explica. Evitamos assim, notemos bem, atribuir aos próprios objetos, enquanto arquiteturas complexas propostas a um conhecimento, as propriedades lógicas que deve necessariamente apresentar, em troca, o "espaço" em que o pensamento as manipula. Desse modo, seria justificada a necessidade, em que se encontra, por exemplo, a física, de conceber objetos em escala quântica como fundamentalmente diferentes dos objetos clássicos, sem todavia recorrer a uma revisão dilacerante e de qualquer modo não efetivamente realizável das regras operativas do pensamento. Não seria, portanto, propriamente falando, a forma dos conteúdos de objetos que seria mostrada no simbolismo lógico, mas antes, se assim pudermos dizer, a forma dessa forma. Antes de voltar a essa expressão, faremos uma breve observação sobre a relação da lógica com a empiria tal como ela aparece nessa perspectiva.

2.4.2. A lógica, se não esboça *a priori* as próprias formas de qualquer objeto de conhecimento, esboça entretanto uma possibilidade de objeto ou, mais exatamente, a possibilidade de falar de e de descrever uma experiência como objeto. O criticismo kantiano reconhece formas da sensibilidade como condições necessárias de um pensamento de objetos. Mas o desenvolvimento posterior das ciências empíricas mostrou a pregnância de objetos abstratos destacados dessas formas empíricas. Parece portanto que falte, no próprio espírito de Kant, reformar sobre esse ponto a tese kantiana e abandonar o primado transcendental das formas da sensibilidade. De certo modo, a lógica, enquanto condição *a priori* de qualquer discurso sobre objetos, substitui a função transcendental, da qual as formas da percepção pareciam a Kant ser a fonte. Não pretendemos, entretanto, afirmar com isso que nosso conhecimento do mundo se funda unicamente sobre a estrutura de uma linguagem, nem interpretar a ciência, como George Berkeley, como a gramática de uma língua divina, pela qual Deus nos tornaria expectadores de um teatro de ilusões. Que as

376 FILOSOFIA, LINGUAGEM, CIÊNCIA

exigências lógicas expressem as condições *sine quibus non* de um discurso que se apoia sobre objetos, de modo nenhum significa que elas sejam anteriores à realidade que descrevemos dessa maneira. Aqui é mais o termo do *Tractatus* que conviria meditar. "Die Erfahrung, die wir zum Verstehen der Logik brauchen, ist nicht die, dass sich etwas so und so verhält, sonder, dass etwas *ist* [...]. Die Logik ist *vor* jeder Erfahrung – dass etwas so ist. Sie ist vor dem Wie, nicht vor dem Was". (Que a experiência da qual necessitamos para compreender a lógica não é a experiência de que as coisas estejam em tal ou tal estado, mas que alguma coisa seja. A lógica precede qualquer experiência de que tal coisa seja assim. Ela precede o como, não o quê).[18]

Sem mundo não há lógica. A estruturação lógica enquanto tal é vazia, sem dúvida, mas ela é da forma de um mundo, e só governa qualquer simbolismo como descrição de um mundo. Que o lógico seja imanente a algumas operações de nosso pensamento simbólico significa que há um mundo, que há contínuos virtuais. Em uma perspectiva totalmente diferente, é também o que nos ensinava Aristóteles, para quem a forma silogística, embora vazia, é, conforme notávamos mais acima, o reflexo de um universo de seres, a forma das relações mais gerais, possíveis entre essências.

2.4.3. Isso leva à questão do conteúdo não empírico dos enunciados da lógica, e à expressão "forma de uma forma", que avançávamos mais acima. Se a dualidade operação-objeto é de fato a categoria fundamental de qualquer pensamento simbólico, definiremos o simbolismo lógico como apresentando o grau zero dessa dualidade. Nele subsistiria apenas a virtualidade da própria oposição, sem que sejam então criados conteúdos formais, tais como aparecem a partir do momento que uma inadequação entre o operativo e o objetal suscite uma opacidade. Ora, na lógica, essa adequação é total, ou seja, o objeto é tão somente o suporte das operações, e as operações evocam, no vazio, o lugar de um objeto. Desse ponto de vista, apenas merecerá plenamente o nome

---

[18] Cf. Wittgenstein, L. *Op. cit.*, 1961, 5.552.

20. A filosofia da linguagem nas ciências exatas 377

de "lógica" o cálculo das proposições, para o qual a perfeita adequação do operativo e do objetal se manifesta pelas metapropriedades de não contradição, de completitude e de solvibilidade. À medida que o objeto deixa de ser o simples ponto de apoio de operações, que deixa de ser um objeto sem qualidades, essas propriedades se perdem, ao mesmo tempo em que a teoria se enriquece, que distinguimos no objeto entre a função de predicado e a de indivíduo, que o infinito nele adquire um sentido. Hesitaremos talvez em rejeitar o nome de lógico para o cálculo dos predicados de primeira ordem. No entanto, nessa teoria, o objeto já está destacado do operativo, e esboça não mais apenas a forma de uma forma, mas a forma de um mundo, por mais abstrato que ainda seja. O infinito nele desempenha um papel por oposição ao finito – anteriormente, sem dúvida, à noção de número – conforme o testemunha exemplarmente a caracterização que o teorema de Lindstrom dá desse cálculo: tal cálculo é o único que satisfaz o teorema de Loewenheim-Skolem e o teorema de compacidade, entre os que são fechados para os operadores proposicionais e os quantificadores, caracterização que, com efeito, faz intervir de modo essencial a oposição do finito ao infinito numerável. De minha parte, eu diria que aqui começa a matemática, com seus objetos específicos etc. São novas relações com o simbolismo que se instituem, pelo fato de aparecerem conteúdos de objetos, conteúdos formais ou conteúdos empíricos. Não separaremos seu estudo, e examinaremos agora a significação do simbolismo na matemática e nas ciências físicas.

3. Linguagem, matemática e ciências físicas

3.1. A "linguagem" da matemática

3.1.1. Os sistemas simbólicos criados pelos matemáticos conforme o desenvolvimento de sua ciência e universalmente adotados em sua comunidade depois de um prazo de colocação à prova, frequentemente muito curto, têm, desde sua origem, servido de modelo para qualquer simbolismo formal. Em que medida, entretanto, eles são indispensáveis realmente para uma formação dos pensamentos matemáticos? Podemos fazer matemática e formular seus conceitos com o único auxílio das línguas usuais? À própria medida que, conforme observamos, é da natureza das línguas naturais serem metalinguagens universais, a resposta deveria ser afirmativa. Com efeito, vemos de fato que um matemático criador, quando possui, como Blaise Pascal, um domínio soberano de sua língua, é verdadeiramente capaz de produzir no simbolismo vernacular conceitos de objetos matemáticos novos, munidos de operações correlativas, cuja complexidade nos surpreende. Basta nos referirmos ao texto dos escritos sobre a Roleta para nos convencermos de que Pascal, sem recorrer a qualquer simbolismo específico, inventa, com seu conceito de "soma triangular", procedimentos equivalentes às integrações múltiplas e às integrações sobre curvas e superfícies. Entretanto, se a língua natural basta aqui para o gênio, ela não deixa de constituir um obstáculo para a atualização das estruturas conceituais e para seu desenvolvimento posterior. Simplificando os resultados de um exame de seu funcionamento, poderíamos dizer que, ao dar ao pensamento o apoio de imagens sensíveis, ele pode esconder a "razão dos efeitos" e tornar difícil a aplicação generalizada dos conceitos, por duas causas principais. Em primeiro lugar, ele apresenta as estruturas operativas abstratas frequentemente sob a forma de metáforas, ligadas a situações particulares. Em segundo lugar, funcionando como metalíngua e não diretamente como língua objeto, ele *descreve* mais do que *opera*, por não possuir os símbolos de noções que o pensamento matemático constitui exatamente para manipular. Sem dúvida, a formulação vernacular conserva algumas vantagens, que são precisamente a contrapartida desses dois inconvenientes maiores, e os ensaios de "vulgarização" matemática, nos casos mais bem-sucedidos, tiram disso o melhor partido. Parece-nos, no entanto, que a passagem para um simbolismo formal seja requerida para o desenvolvimento de uma matemática, não só como modalidade praticamente indispensável, e sim como uma condição de progresso, capital e essencial.

20. A filosofia da linguagem nas ciências exatas

3.1.2. O que nos mostra a esse respeito a história dos simbolismos matemáticos? Logo de início, que a formação de um sistema simbólico formal se realiza por meio das diferentes etapas que marcam um afastamento progressivo da língua natural. Por outro lado, que esse movimento apresenta sempre a mesma significação profunda, que é uma explicação de um aspecto operativo, que se opõe em uma relação de dualidade, da qual sabemos que ela não pode ser perfeita, a um aspecto objetal. A história dos simbolismos numéricos seria um exemplo disso, ao mesmo tempo elementar e fundamental. Poderíamos nele distinguir, nos casos em que a evolução chegou ao termo, três níveis sucessivos. No nível oral das línguas naturais, a sistematização léxica e sintática dos nomes de números é enraizada em um fundo arcaico de organização da experiência, cujos traços permanecem aparentes na maioria das vezes, apesar das reorganizações que o sistema tenha podido sofrer nos outros níveis. Um segundo nível, com efeito, seria o que é notado principalmente nas notações gráficas, em que a sistematização da combinatória dos signos é mais ou menos unificada e regular, mas depende sempre de regras de agrupamento operativo de natureza puramente formal em seu efeito, ou até em sua origem. Constatamos isso, em graus diversos de aperfeiçoamento, tanto nas numerações helênicas como na dos romanos ou dos maias. É nessa ocasião que aparecem os procedimentos que fazem com que a posição dos signos em uma sequência desempenhe o papel de um estágio de agrupamento, e que um signo particular, o zero, desempenhe a função das designações de uma posição vazia. Em um terceiro nível, por fim, se situaria a estrutura aritmética abstrata e unificada do sistema: representação decimal, sexagesimal, binária dos inteiros e de suas frações, estrutura com a qual a figuração simbólica só é completamente coerente nos sistemas mais evoluídos como nossa numeração decimal escrita, ou nas numerações das "linguagens" de computador. A formação do simbolismo da Análise elementar mostraria também esse processo de separação, se o comparássemos, por exemplo, com os modos de expressão dos conceitos de somatória e de derivação na língua natural do *Tratado dos arcos de círculo* de Pascal, nos primeiros

380 FILOSOFIA, LINGUAGEM, CIÊNCIA

ensaios de Leibniz, e nos textos posteriores em que ele introduz o sinal de soma e o sinal de diferenciação. Mas aí veríamos igualmente se manifestar de modo mais claro a dissociação explícita entre o operativo e o objetal, como verdadeiro índice da constituição de um simbolismo formal. Consideremos, por exemplo, este fragmento de um texto de Gottfried Wilhelm Leibniz, redigido no final de outubro de 1675, em linguagem "arcaica":

"Differentiarum momenta ex perpendicular, ad axem aequantur complementum summae terminorum,

sive omn.$\overline{xw}$ = ult $x.\overline{omn}.\overline{w}$ – omn.$\overline{omn}.\overline{w}$"

(Os momentos das diferenças da perpendicular até o eixo são iguais ao complemento da soma dos termos, ou seja...)[19]

De início, Leibniz propõe aqui uma formulação em língua natural, usando apenas alguns vocábulos técnicos: "momentos", "diferenças". O que ele quer dizer poderia ser representado facilmente sobre uma figura: a área compreendida sob a curva $x(w)$ é igual à diferença do retângulo dos eixos limitado a suas intersecções com a curva, e da área complementar acima desta. A formulação em símbolos específicos utiliza então, com uma coerência e uma precisão imperfeitas, o signo "$\overline{omn.xw}$" para designar a "soma dos termos" da ordenada x e do "momento" que ele próprio mais tarde notará como "dw". A expressão "ult x" designa o limite de integração sobre o eixo dos x, a expressão "omn.$\overline{omn}.\overline{w}$" representa de fato desajeitadamente o que escreveríamos: $\int dx \int dw$, isto é, $\int wdx$. De modo que a expressão completa não seria mais que uma explicação do teorema de integração por partes: $\int xdw = xw - \int wdx$.

O progresso que aparecerá mais tarde na notação de Leibniz se deve essencialmente:

---

[19] Cf. LEIBNIZ, G. 1899, XII. (N.T. Talvez aqui tenha ocorrido um engano referente ao ano, sendo o mais provável 1675 ou até mesmo 1699.)

20. *A filosofia da linguagem nas ciências exatas*   381

a) à introdução do sinal "∫" em vez do símbolo seminatural "omn": o novo símbolo aparece claramente como operador e, permitindo indicar os limites de integração, ele associa sem ambiguidade a operação ao objeto integral definido;

b) à explicitação da variável de integração, por meio do símbolo de operação *d*.

Com esse breve exemplo, vemos então em que consiste essencialmente o privilégio de um simbolismo formal, no sentido definido mais acima,[20] para a matemática. Outro exemplo, de resto, poderia ser fornecido pelas notações introduzidas na teoria das Categorias, em que ainda veríamos se manifestar esse jogo de dissociação explícita do operativo, totalmente essencial para o desenvolvimento dessa ciência, por excelência "exata".

3.1.3. Restaria, quanto a esse ponto, dizer uma palavra sobre os efeitos de estilo na linguagem da matemática. Contrariamente ao que poderíamos crer, em vista da univocidade a que visa e alcança essa linguagem, e à clara distinção do pertinente e do não pertinente que ela exige, uma estilística do uso de um simbolismo formal é possível na matemática. Não podemos retomar aqui os ensaios de análise que foram apresentados em outros lugares.[21] E eu me limitarei a indicar as direções nas quais me parece que sejam particularmente significativos neste caso os efeitos de estilo. Logo de início, é como variantes no corte e na reunião dos elementos estruturais e, por conseguinte, na definição dos conceitos matemáticos, como os diferentes modos de abordar a noção de "integração", ou de "superfície", por exemplo. Por outro lado, o estilo se exprime ainda nas variações do ponto de aplicação do operativo sugerido pelos simbolismos; comparando, por exemplo, desse ponto de vista, as notações de conceitos primitivos da Análise em Leibniz, Isaac Newton, Joseph Louis Lagrange, eviden-

---

[20] Cf. 1.1.3.

[21] Cf. GRANGER, G.-G. *Essai d'une philosophie du style*. Paris: Armand Colin, 1968, cap. 2, 3 e 4.

ciaríamos orientações diferentes quanto à relação das operações de diferenciação e de somatória com seu suporte funcional. Portanto, há de fato, sem dúvida, uma linguagem da matemática, embora a matemática de modo nenhum se reduza a uma linguagem, justamente à medida que seus procedimentos operativos não se fecham perfeitamente sobre si mesmos, e à medida que geram "conteúdos formais". Também não é menos evidente que a matemática pode ser utilizada como linguagem por outras ciências. O que significa essa utilização?

3.2. O uso da matemática como linguagem

3.2.1. Não se trata apenas, parece-me, de um meio de comunicação, e sim, no sentido em que introduzimos esse termo, de expressão para as estruturas que são propostas como modelos abstratos dos fenômenos. A matemática aparece nesse sentido, portanto, como parte integrante das ciências físicas *lato sensu*: ela é, por assim dizer, consubstancial a esse próprio conhecimento. Para precisar mais sua contribuição, poderíamos salientar três contribuições decisivas:

a) Ela libera a ciência empírica de uma exigência semântica primitiva de correspondência termo a termo entre os símbolos e os dados sensíveis. As construções abstratas que ela cria permitem introduzir na ciência noções que não têm sentido direto na experiência, sem que se trate, no entanto, de noções míticas, carregadas de conotações não controladas. A "entropia", para tomar um exemplo muito conhecido, não está diretamente associada a impressões, nem a medidas. Sua definição supõe condições abstratas e rigorosamente irrealizáveis, exprimíveis adequadamente em sistemas ideais de objetos, cujas relações só podem ser matemáticas.

b) Ela permite a dissociação de elementos em constelações confusas e fortemente ligadas de propriedades empíricas. Tomemos aqui um exemplo particularmente rústico aos olhos dos Modernos, mas adequado justamente para mostrar que a matemática mais simples

20. A filosofia da linguagem nas ciências exatas

já obtém esse efeito. Em *Physica VII*, Aristóteles propõe uma análise da relação do motor com o movimento de um móvel: o motor, diz ele, "põe alguma coisa" (o tempo) e "até alguma coisa" (a distância percorrida), e subentende que o movido tem uma "grandeza", que se opõe à potência do motor. A relação dessas três grandezas é então expressa como relação matemática, embora formulada em língua vernácula, por meio de três proposições:

- "em um tempo igual uma potência (δύναμις) igual moverá a metade do corpo de um comprimento duplo: assim será mantida a proporção";
- "e se a mesma potência move o mesmo corpo no mesmo tempo e de tal comprimento, ela o moverá de um comprimento metade em um tempo metade";
- "e uma potência metade move um corpo metade de um comprimento igual em um tempo igual".[22]

A primeira proposição significa que a "potência" do motor é proporcional à grandeza do móvel e à distância que ele o faz percorrer em um tempo determinado: a grandeza do móvel "compensa" de algum modo o comprimento do percurso; a terceira significa que a potência motora é proporcional à grandeza do móvel, se a distância percorrida e o tempo forem fixos. Quanto à segunda, nós a interpretamos como indicando que a potência é inversamente proporcional ao tempo de percurso, o que só pode ser claramente entendido se o passarmos para um simbolismo formal, escrevendo:

$$P \cong L.T^1$$

Vemos, com efeito, que para uma "potência" P constante e para $L' = L/2$, temos:

---

[22] Cf. Aristóteles, *Física*, 250 a 3-7.

$$L.T^{1} \cong L/2.T^{1}, \text{ de onde } T^{1} = T/2$$

Portanto, logo de início verificamos com esse exemplo que a expressão matemática em um simbolismo formal facilita grandemente a apreensão da relação, ainda que muito simples e, em segundo lugar, que, até em sua formulação vernacular, a expressão matemática permite mostrar a estrutura de um conceito, aqui o de "potência" de um motor, do qual diríamos hoje que, aos olhos de Aristóteles, ele tem a dimensão $M.LT^{1}$, notando, por abuso de linguagem, M como a massa, para a noção, aqui vaga, de "grandeza" do móvel.

c) É a matemática que dá um sentido operativo preciso ao enunciado de hipóteses limites, fictícias, frequentemente indispensáveis para a compreensão de uma relação entre conceitos. Tomemos de empréstimo um exemplo, ainda de Aristóteles. Em *Physica IV*, encontramos uma refutação da existência do vazio por redução ao absurdo, cujo esquema é o seguinte:

- a velocidade de um móvel é inversamente proporcional à resistência do meio;
- as relações de velocidade em meios diferentes são, portanto, inversas às relações de "opacidade" dos meios;
- a velocidade no vazio, de opacidade nula, ultrapassaria por conseguinte qualquer proporção finita.[23]

Daí concluirmos pela absurdidade do vazio. Aqui é de fato a noção aritmética de divisão por uma grandeza indefinidamente decrescente que permite tratar pelo pensamento do caso limite de uma resistência nula. Nós nos surpreenderemos talvez de que os dois exemplos acima tenham sido tomados de empréstimo de um estado protocientífico da física. No entanto, teria sido fácil fazer referência, entre outras, para o primeiro ponto, à "linguagem" dos espaços de Hilbert na teoria quântica, e, para o segundo, ao da teoria dos grupos

---

[23] *Ibidem*, 215 b22.

na física das partículas; para o terceiro, aos múltiplos casos em que a Análise permite introduzir hipóteses limites fictícias na termodinâmica. Quisemos justamente, porém, mostrar os efeitos dessa linguagem sob sua forma mais elementar de relação linear, e até quando a observação dos fenômenos dos quais ela expressa a estrutura estivesse ainda em um estágio excessivamente grosseiro.

3.2.2. Esse poder de "expressão" criadora que é preciso reconhecer à matemática, em relação a uma representação dos fenômenos, deveria ser necessariamente interpretado em um sentido "platônico", ou seja, compreender a declaração célebre sobre o universo, "livro grandioso", "escrito na língua matemática", que Galileu faz em seu *Saggiatore*?[24] Nada a isso nos obriga, cremos, e a própria história das ciências nos parece ao contrário recusar ao mesmo tempo a ideia de que os conceitos matemáticos não seriam mais que as formas substanciais subjacentes aos fenômenos, e a ideia de que a matemática não seria mais que um simples sistema de termos e de relações verbais. Afastando-nos tanto de um nominalismo extremo – pela tese dos "conteúdos formais" – como de um realismo platonizante – pela tese da dualidade operação-objeto – diríamos que a matemática, enquanto auxiliar das ciências empíricas exatas, é o *instrumento de apreensão de uma realidade*, à qual ela dá *consistência de objeto* pelo trabalho conceitual que ela expressa, mas sem que seja, no entanto, nem a fonte nem o fim dessa realidade. Nessa perspectiva, seria necessário comentar a noção de Bachelard de conhecimento "aproximativo", modificando um pouco seu sentido. Com efeito, a expressão matemática é, por excelência, nas ciências empíricas o meio para uma "aproximação". Não enquanto ela permitiria abordar sempre de mais perto uma realidade já presente e oculta; mas como processo *convergente*, em um sentido metaforicamente tomado de empréstimo da própria matemática, e que convém precisar em cada caso, sem que seja necessário assimilar ao real a forma limite definida pelo acabamento virtual do processo.

---

[24] Cf. GALILEI, G. Saggiatore, In: *Opere,* 1890-1906. Firenze: Edizione nazionale, 1890-1906, vol. 6, p. 232.

É então essa própria convergência das diversas estruturações matemáticas, sucessivamente aplicadas aos fenômenos, que constitui o caráter de aproximação. Contudo, contrariamente à prática de uma matemática pura, tomada como teoria de um objeto que lhe é próprio, as formas limites não são aqui constituídas como "realidades", como tipos de seres novos, como o podem ser, por exemplo, os números reais, hipostasiando como entidades novas sequências infinitas de racionais obtidos por operações iteradas. E é justamente a impossibilidade de dar um sentido realista a essa convergência das metematizações que mostra que a matemática não desempenha aqui o papel de criadora de essências, e sim o de um instrumento de estruturação.

3.2.3. Contudo, para não ser então mais que um instrumento, a matemática não deixa de ser menos criadora de formas, ou de essências, independentemente das quais a empiria não poderia ser constituída como objeto de um saber científico. Tentativas nominalistas extremas têm, entretanto, se manifestado, reformulando com sutileza e vigor o projeto nominalista dos grandes empiristas anglo-saxônicos clássicos: mostrar que poderíamos dispensar entidades matemáticas, utilizando apenas sua lógica, entendida como cálculo dos predicados de primeira ordem. Tal é o projeto perseguido por Hartry Field em seu livro *Science without Numbers*.[25] Dispensar a matemática significa então expressar resultados empíricos equivalentes sem utilizar as propriedades dos números enquanto entidades abstratas. Apenas relações lógicas interviriam na constituição de estruturas, e a escolha de uma correspondência com grandezas numéricas apareceria como amplamente arbitrária. Field expõe com algum detalhe a redução lógica de uma teoria "métrica" do espaço, de uma teoria da derivação, e aplica essas reduções a uma apresentação da gravitação newtoniana. Seja qual for a engenhosidade de sua manobra, parece-nos, entretanto, que o sucesso relativo do empreendimento de modo nenhum significa que a contribuição da matemática para uma ciência exata da natu-

---

[25] Cf. FIELD, H. H. *Science without Numbers*. A Defence of Nominalism. Princeton: Princeton University Press, 1980.

20. A filosofia da linguagem nas ciências exatas   387

reza seria nula, ou reduzida ao de uma linguagem cômoda e coerente. Na verdade, podemos criticar tal redução por mascarar o momento "objetal" da estruturação dos fenômenos, fazendo qualquer conhecimento físico depender finalmente da coleção de resultados dados e de resultados antecipados da observação. Podemos de fato olhar com simpatia o projeto ockamiano de reduzir a ontologia, quando se trata de uma ontologia propriamente realista e transcendente; não nos deixemos, no entanto, levar a negar a consistência dos objetos de pensamento, correlativos obrigatórios de qualquer sistema operativo. E, sem dúvida, desse ponto de vista, a matemática desempenha um papel essencial, ao produzir, por assim dizer, em estado puro, os conteúdos formais que constituem o núcleo firme de um pensamento em conceitos. A história das ciências físicas mostra, de resto, que o progresso real do conhecimento empírico é com muita frequência associado de modo essencial à "expressão" criadora de novos objetos matemáticos, ou à introdução de tais objetos, já produzidos pelos matemáticos, no universo de representação dos fenômenos.

3.3. Teorias e linguagens

3.3.1. Mas a utilização da matemática nas ciências exatas está ligada ao problema mais geral do estatuto e do papel dos elementos teóricos em um saber que se apoia sobre a empiria. A fórmula segundo a qual uma ciência seria uma "linguagem precisa", interpretada rigorosamente em seu sentido originário empirista, significaria que esse aspecto teórico tende a se reduzir à escolha de noções ou, dizendo melhor, de etiquetas que servem para classificar os dados de nossa experiência. Mas as ciências "exatas" da natureza não são apenas classificadoras. A organização teórica, entretanto, aparece de fato logo de início como uma linguagem cujas categorias e gramática permitem ao pensamento do objeto se desenvolver em um discurso. Em que medida a estrutura de uma teoria científica é assimilável a uma estrutura linguística? É dessa questão que iremos tratar para terminar. Dois

388 FILOSOFIA, LINGUAGEM, CIÊNCIA

pontos de vista foram recentemente propostos a esse respeito,[26] que consideraremos sumariamente. Segundo o primeiro,[27] uma teoria é fundamentalmente o estabelecimento de uma linguagem formal, cuja sintaxe expressa as relações empíricas cognoscíveis. Na outra perspectiva,[28] uma teoria é essencialmente um *modelo* ou uma família de modelos, cujos objetos abstratos, satisfazendo uma axiomática, imitam mais ou menos fielmente as propriedades dos fenômenos intencionados. A primeira proposição insiste, portanto, de modo explícito, sobre o aspecto de organização linguística de uma teoria, ao passo que a segunda, nos próprios termos de um de seus promotores, "convida a olhar conjuntos de 'modelos' para teorias mais que as entidades linguísticas empregadas para caracterizar esses modelos".[29] Na verdade, em seu desenvolvimento mais recente, as duas concepções se reúnem na adoção de um paradigma estrutural comum, o conceito lodoso de "espécie de estruturas".[30] Lembremos que tal noção, apresentada em um espírito sintáxico, é constituída:

a) pela "linguagem primária" da teoria dos conjuntos de Zermelo-Fraenkel, por exemplo, com nomes de constantes que designam conjuntos de base e conjuntos "auxiliares";

---

[26] Cf. SCHEIBE, E. A Comparison of Two Recent Views on Theories. In: _____; – B. FALKENBURG (Eds.), Between rationalism and empiricism: selected papers in the philosophy of physics. Berlin: Springer Verlag 2001 [1982], p. 175-194; também E. SCHEIBE, *Ibidem. Theoretical Medicine and Bioethic, 1982,* 3 (2), p. 233-253.

[27] Cf. LUDWIG, G. *Die Grundstrukturen einer physikalischen Theorie,* Berlin: Springer, 1978; SCHEIBE, E. On the Structure of Physical Theories. In: _____; – B. FALKENBURG (Eds.), Between rationalism and empiricism: selected papers in the philosophy of physics. Berlin: Springer Verlag 2001 [1979], p. 160-174.

[28] Cf. SNEED, J. D. *The Logical Structure of Mathematical Physics,* Dordrecht: Reidel, 1971; BALZER, W. On a New Definition of Theoreticity. *Dialectica,* 1985, 39, p. 127-145.

[29] *Idem, Philosophical Problems in the Empirical Science of Science*: A Formal Approach. *Erkenntnis,* 1976, 10 (2), p. 115-146 (aqui, 144, nota 2).

[30] Veja-se exemplos em SCHEIBE, E. On the Structure of Physical Theories. In: _____; – B. FALKENBURG (Eds.), Between rationalism and empiricism: selected papers in the philosophy of physics. Berlin: Springer Verlag 2001 [1979], p. 160-174; BALZER, W. Theory and Measurement. *Erkenntenis,* 1983, 19(1-3), p. 2-25.

20. A filosofia da linguagem nas ciências exatas 389

b) por fórmulas de "especificação", que exprimem algumas construções de conjuntos que correspondem aos tipos de objeto dos quais se quer falar na teoria;

c) por um axioma que caracteriza por suas propriedades os objetos desse tipo do qual será questão, e apresentando uma invariância convenientemente definida em relação às substituições sobre os conjuntos da linguagem primária.

Formas linguísticas ou "modelos", as duas concepções da teoria repousam ambas, de resto, sobre uma matemática dos conjuntos. Mais que oposição radical, de minha parte vejo nisso uma dualidade de pontos de vista que ainda ilustram a de operação e a de objeto. Uma teoria científica é então apresentada, ou privilegiando o aspecto operativo, que se manifesta nas regras sintáticas de um simbolismo, ou privilegiando o aspecto objetal, que se manifesta nas arquiteturas de entidades abstratas, que são os modelos. Nos dois casos se trata sempre de uma representação esquemática da experiência em um sistema simbólico.

3.3.2. A verdadeira questão que o filósofo deve se colocar é, então, mais a de uma demarcação possível entre o teórico e o empírico. De certo modo, é de fato verdade, conforme o salienta Hilary Putnam, que qualquer dicotomia contrastante seria ilusória.[31] O "observacional" é de algum modo ele próprio uma categoria "teórica", porque possui termos observacionais que se aplicam a entidades de fato não observáveis. É que, se a ciência for de fato essencialmente um discurso formulado em um sistema de símbolos, tais sistemas introduzem por sua própria natureza o virtual em relação a todo domínio da empiria. A pura e simples descrição, ainda que reduzida a uma designação classificatória, comporta, portanto, um elemento não empírico na seleção e na reunião dos aspectos. No entanto, pensamos que

---

[31] Cf. PUTNAM, H. What Theories are Not. In: NAGEL, E. – P. SUPPES – A. TARSKI (Eds.), *Logic, Methodology and Philosophy of Science*. Stanford. Stanford University Press, 1962, p. 240-252.

uma caracterização da teoricidade dos termos em tal linguagem, ou ao menos de seu grau, conserva algum interesse, porque ela faz parte de uma resposta à questão filosófica capital da relação da experiência com o conceito. Um dos promotores da concepção das teorias como "modelos" propôs a seguinte caracterização dos termos teóricos:

"(a) term [...] is theoretical in theory T if it can be defined (up to transformations of scale) in a subtheory of T so that T's invariances are respected" [Um termo é teórico em T se puder ser definido (por meio de uma transformação de escala) em uma subteoria de T, respeitando as invariâncias de T].[32] Essa última condição constitui, segundo ele, o traço novo e essencial. Tomemos o exemplo, devido a Sneed e retomado por Balzer, de uma teoria rudimentar da mecânica clássica do ponto: $(P; T, \Re^3, \Re; s, m, f_1 \ldots f_n)$, introduzindo os movimentos:

$s\colon P \times T \to \Re^3$

em que P é o conjunto dos pontos materiais e T um intervalo de tempo; as massas:

$m : P \to \Re$, e as forças:

$f_i\colon P \times T \supset \Re^3$

com o axioma:

$\wedge\, p \in P,\, t \in T\ (m\,(p) \times d^2s\,(p,t)/dt^2 = \sum f_i(p,t)).$

Mostramos então que os movimentos s são "não teóricos", ao passo que o são as massas m e as forças f. A distinção, conforme observa Balzer, "reveals the position theory T has in the overall net of theories by showing which of T's terms have to be taken from other theories, and which cries T cari 'produce' or determine for further use in the net"[33] (revela a posição da teoria na rede completa das teorias, mostrando quais termos de T devem ser tomados de outras teorias, e quais termos a teoria T pode "produzir" ou determinar para serem utilizados na rede).[34]

---

[32] Cf. BALZER, W. On a New Definition of Theoreticity. *Dialectica*, 1985, 39, p. 133.

[33] *Sic.*

[34] Cf. BALZER, W. *Op. cit.*, 1985, 39, p. 134.

20. A filosofia da linguagem nas ciências exatas 391

Desse modo, com alguns refinamentos a mais e que não é proibido pensar que eles dependam por vezes de um artifício, os termos e os conceitos propriamente teóricos de uma disciplina empírica são caracterizados dentro de um simbolismo como pertinentes a um feixe de interdefiníveis. Haveria então algum interesse de aproximar a noção de "teórico" da de "definível", tal como foi proposta por Tarski em uma recensão de 1931.[35] Em sua relação com a experiência, por outro lado, acredito que só poderíamos precisar melhor o sentido dos termos teóricos voltando às ideias de Ramsey: é "teoricamente dependente" uma função para a qual existe ao menos um indivíduo tal que a aplicação da teoria não contenha nenhum método de determinação dessa função (Ramsey dizia "de medida") que não pressuponha o sucesso de alguma aplicação da mesma teoria.[36] Em relação à mecânica clássica do ponto, a massa e a força aparecem de fato nesse sentido como teóricas, ao passo que isso não acontece, por exemplo, na mesma teoria, em relação à distância entre dois pontos materiais. Um termo puramente teórico introduz, portanto, uma espécie de círculo. Mas, conforme o arranjo e a extensão da teoria, vemos que as ligações circulares podem aí se deslocar. Os termos não teóricos, ao contrário, não são circularmente associados a outros termos do sistema, ao qual eles são, de algum modo, estranhos. Mas podemos nos perguntar se, afinal de contas, eles não aparecem como teóricos em outros sistemas, dos quais eles seriam importados. O interesse despertado pelo conceito de "espécie de estruturas" não provém, justamente, para alguns epistemólogos como Wolfgang Balzer, do fato de que os "conjuntos auxiliares" introduzem conceitos já elaborados em outras teorias enquanto objetos totalmente construídos, como o conjunto dos reais na espécie de espaços vetoriais sobre $\Re$? Tiraremos duas conclusões dessa situação complexa. Em primeiro lugar, seria muito vão pensar em "eliminar" os termos teóricos das ciências da

---

[35] Cf. TARSKI, A. *Logique, sémantique, métamathématique*. Paris: Armand Colin 1972.

[36] Cf. RAMSEY, F. P. Philosophy. In: MELLOR, D. H. (Ed.), *F. P. Ramsey: Philosophical Papers*. Cambridge: Cambridge University Press, 1990 [1929].

empiria, sejam elas "exatas" ou não, porque o estatuto desses termos é eminentemente relativo. Em segundo lugar, e isso reforça a primeira observação, a diferença entre o teórico e o empírico corresponde a uma dupla função epistemológica exercida em diferentes graus por todos os elementos de um sistema simbólico: a função *referencial* e a função *operativa*, cuja indissociável combinação aparece claramente nos famosos termos *disposicionais*, que atraíram muito a atenção dos empiristas. O predicado "solúvel" funciona referencialmente em relação a corpos que foram uma vez dissolvidos, é operativo no plano virtual em relação àqueles que não foram dissolvidos, e talvez jamais o sejam. Essa combinação aparece também até no procedimento de "eliminação", proposta por Frank Plumpton Ramsey, que consiste, em resumo, em introduzir uma quantificação sobre variáveis, para restaurar, diante do aspecto operativo do teórico, um aspecto objetal reintegrado muito ilusoriamente ao sistema simbólico, em vista de mostrar o aspecto não teórico do conceito.

4. Conclusão

Reunamos em fórmulas muito breves os temas que o exame dos aspectos simbólicos das ciências exatas nos levou a pôr em evidência. Logo de início, insistimos sobre o fato trivial, mas essencial, de que toda ciência se produz em uma linguagem, que não é apenas um veículo para ela, mas que lhe é, de certo modo, consubstancial. Em qualquer sistema simbólico aparece uma dupla função dos signos: função "operativa" e função "objetal", entre as quais reina uma relação de dualidade, cuja perfeição caracteriza o sistema da lógica. Nos sistemas formais, pelos quais se expressa o pensamento matemático, a imperfeição crescente dessa dualidade gera "conteúdos formais". As ciências "exatas" podem então ser caracterizadas por uma tendência maior de substituir seus conteúdos empíricos por conteúdos formais. A correlação entre o operativo e o objetal se realiza, nessas ciências, em diferentes níveis e graças à utilização da matemática como lingua-

20. A filosofia da linguagem nas ciências exatas 393

gem, não de simples comunicação, mas de formação de conceitos. O simbolismo desempenha aqui um papel verdadeiramente transcendental; mas o termo "transcendental", contrariamente ao sentido que ele revestia na perspectiva kantiana, por causa de sua ligação com a organização perceptiva do mundo, não deve mais fazer referência originária a uma subjetividade.

21
Os princípios científicos e os princípios filosóficos[1]

1. O que é um princípio?

1.1. É antes de tudo um ponto de partida, um primeiro estágio de um processo. Embora o termo se aplique aos fatos e às coisas, assim como aos pensamentos e às expressões, nós o consideraremos apenas neste último caso. O sentido original de "começo" se desdobrou em duas direções. Uma desenvolve a ideia de um estatuto inicial, anterior ao desenvolvimento de um pensamento ou de uma ação; a outra desenvolve a ideia de uma *função* relativa a esse desenvolvimento, como regra ou como justificação. Esses dois sentidos, princípio *de facto* e princípio *de jure*, se misturam nos usos do termo, completando-se ou se opondo. É assim que, em um título de obra, "Princípios" significa ao mesmo tempo elementos primeiros, rudimentos, e conhecimentos fundamentais que servem de base para todo o resto. Em certas línguas, como o português, o termo aparece também para designar o abstrato teórico, oposto à realização efetiva; desse modo, na fórmula "em princípio", subentendendo: "mas talvez não de fato". O que salienta que o que decorre de um princípio é da natureza de uma teoria.

1.2. Tomando, portanto, de modo geral, um princípio como expressão de uma ideia, enquanto origem, nos dois sentidos que acabamos de indicar, nós nos limitaremos a examinar e a dissociar as aplicações da noção nas ciências e na filosofia. Essa dissociação nos parece

---

[1] Extraído de *Principia*, volume 3, n. 1, 1999, p. 87-99.

396 FILOSOFIA, LINGUAGEM, CIÊNCIA

importante, revelando uma inflexão significativa da acepção desse termo. A ciência visa ao conhecimento de *objetos*, coisas ou acontecimentos dos quais ela propõe representações abstratas. Seu sucesso consiste, de um lado, em que essa representação satisfaça critérios de coerência e de completitude e, do outro lado, naquilo de que deduzimos consequências traduzíveis, verificáveis e eventualmente previsíveis, na experiência. A respeito da filosofia, nós pensamos que ela é também conhecimento, mas não conhecimento de objetos por meio de sua representação abstrata. O conhecimento a que visa cada empreendimento e cada sistema filosófico é o das *significações* que nos é possível atribuir aos diversos aspectos de nossa experiência. Compreendemos que a natureza e a função dos princípios devem diferir significativamente de um para outro caso. É essa diferença que tomamos aqui como tema.

1.3. Entretanto, parece-nos que, tanto na filosofia como nas ciências, os princípios têm em comum o fato de que são conhecimentos de outro nível que os dos quais elas são princípios: os princípios são metadisciplinares em relação à doutrina da qual eles são o ponto de partida ou a justificação. Nesse sentido, é lícito dizer que eles são, até no caso das ciências, de natureza filosófica. São o fruto de uma interpretação e se referem sempre à significação de um saber. Tentaremos, no entanto, pôr em evidência os aspectos que caracterizam o funcionamento dos princípios primeiro nas ciências, e depois na filosofia.

2. Os princípios na ciência

2.1. Ligaremos os princípios científicos a três gêneros, por vezes associados e presentes em graus diversos nas diversas ciências: são proposições ou regras, consideradas como *evidentes*, ou *generalizações* de *leis* já estabelecidas, ou *determinações formais dos objetos* de um domínio.

Nas ciências formais, como a lógica e a matemática, o primeiro sentido que veio à mente dos homens parece de fato ser o de proposições evidentes em determinado domínio. Para o grande fundador da lógica no pensamento ocidental, Aristóteles, algumas asserções que se referem

21. Os princípios científicos e os princípios filosóficos   397

à manipulação das proposições são colocadas como regras que devem governar o raciocínio: uma proposição é verdadeira ou falsa; a mesma proposição não pode ser colocada ao mesmo tempo como verdadeira ou como falsa. Os princípios da lógica clássica se apresentam, portanto, como metaproposições que se apoiam sobre as proposições que exprimem o conteúdo de uma teoria; mas sua função é antes a de formular exigências e de pôr limitações ao movimento de um pensamento que raciocina, ou seja, de um pensamento que, a partir de proposições admitidas, coloca uma sequência de outras proposições que ela deve então necessariamente admitir. Tais princípios, portanto, aparecem nesse nível como negativos; mas a invenção aristotélica do silogismo consiste em formular regras de combinação de espécies de proposições que constituem estruturas de partida, e em fornecer regras que permitem construir uma conclusão. É a teoria das figuras do silogismo. Teoria que comporta então princípios positivos que determinam ao mesmo tempo essas estruturas e a forma da conclusão. Por exemplo, no modo *Bárbara* da primeira figura, o sujeito da primeira premissa se torna predicado da segunda e desaparece da conclusão, que tem como sujeito o sujeito da segunda premissa e como predicado o predicado da primeira.

Os desenvolvimentos modernos de uma ciência lógica desdobraram mais explicitamente a natureza e o funcionamento dos princípios como evidências aceitas, distinguindo fórmulas colocadas como *axiomas*, escritas na linguagem da própria doutrina, e regras de dedução, como o *modus ponens*. Os princípios lógicos, portanto, existem então explicitamente sobre dois níveis: nível interno para os axiomas, e metanível para as regras. Contudo, dada a vacuidade das formas proposicionais que nada dizem a respeito do conteúdo de um mundo exterior à linguagem, é possível dispensar proposições dessa linguagem tomadas como axiomas, e reduzir os princípios de uma lógica a regras, como é feito, por exemplo, pelo processo de raciocínio chamado "natural" ou, em sentido mais radical ainda, a lógica "combinatória".[2]

---

[2] Em que os princípios são finalmente formulados como regulando o uso de operações que transformam as próprias expressões simbólicas.

398 FILOSOFIA, LINGUAGEM, CIÊNCIA

Contudo, ao tratar de um objeto mais rico de conteúdo, ainda que abstrato, a matemática não poderia reduzir seus princípios a regras linguísticas de manipulação, fazendo completamente a economia de axiomas. Todavia, o sentido destes, até independentes na geometria em relação à sua concretização eventual por propriedades de objetos de um mundo empírico, permanece fundamentalmente correlativo de um sistema de operações dentro de um domínio, números ou espaços, que esse sistema define.

Em tais ciências formais, a evidência dos princípios não se revela, apesar das aparências de sua história, como refletindo uma verificação empírica. Na lógica, os princípios garantem apenas que os cálculos podem ser feitos sem encontrar o obstáculo primordial da contradição.[3] Na matemática, sabemos desde Gödel que essa garantia só pode ser, em geral, garantida localmente. Contudo, nos dois casos, a evidência significa de fato apenas a coerência de um sistema axiomático. Até se, no trabalho efetivo dos matemáticos, evidências intuitivas auxiliares desencadearem ou facilitarem o desenvolvimento de uma teoria ou a constituição de um conceito.

2.2. É evidentemente nas ciências da empiria que leis aparentemente verificadas em diferentes domínios se encontram generalizadas e são elevadas à posição de princípios. Reconheceríamos exemplos dessa promoção nas origens da mecânica clássica ou da termodinâmica. Uma abstração radical de circunstâncias consideradas então como secundárias permitirá por si a passagem da lei para o princípio. Por exemplo, um corpo subtraído à ação do peso por ser mantido sobre uma superfície horizontal[4] polida, se lhe for impresso por choque um movimento, ele se deslocará em linha reta com velocidade constante. Experiência de pensamento, sem dúvida, proposta como lei do movimento de um

---

[3] As "lógicas" paraconsistentes, que permitem o encontro de uma proposição e de sua negação não são propriamente lógicas, como regras de raciocínio, e sim teorias matemáticas que comportam duas espécies de objetos: as proposições "refinadas", que se comportam como no cálculo clássico, e as outras, para as quais a negação tem um sentido diferente e que não satisfazem a não contradição.

[4] Ou seja, segundo Galileu, equidistante do centro de gravitação.

21. Os princípios científicos e os princípios filosóficos   399

peso, em Galileu. Disso é tirado um *princípio* de inércia, claramente expresso em Newton, segundo o qual o movimento *livre* de um corpo, uma vez começado, se perpetua indefinidamente, de modo uniforme e em linha reta.

No conhecimento dos fatos humanos, essa passagem de uma lei, ou ao menos de fatos supostos constantes, para um princípio, é frequente, mas infelizmente por vezes viciado pela incerteza das leis. Por exemplo, a constatação de um decréscimo do desejo de consumação quando cresce a quantidade da coisa consumida dará lugar ao princípio marginalista, que faz intervir o conceito abstrato da utilidade de um bem e a noção matemática de "grau de utilidade final", ou intensidade da utilidade da dose suposta como mínima de bem acrescentado à quantidade consumida. O princípio diz então que a primeira dose de bem consumido tem a utilidade de intensidade maior, e que cada uma das doses seguintes têm uma intensidade decrescente, até à saciedade.

Com esses exemplos, vemos que a instauração de um princípio como generalização de uma lei empírica, embora tendo um valor heurístico frequentemente considerável, está sujeita à caução.

2.3. O terceiro gênero de princípio que indicamos é a determinação *a parte ante*, ou seja, *a priori*, do próprio objeto de uma ciência. Essa instauração, ainda que sugerida pelo conhecimento anterior de fatos ou de leis, merece muito particularmente o nome de posição de um princípio, pois ela define um quadro de conhecimento e implica regras de tratamento do novo objeto, ou do objeto renovado.

A ciência matemática, assim como as ciências da empiria, fornece exemplos de tais princípios. Quando Euclides estabelece as propriedades geométricas das retas, dos ângulos, do círculo, ele põe *a parte ante* a natureza do objeto espacial a que ele visa ao formular axiomas. Tais proposições, como vimos, dão um sentido que poderíamos chamar de sincategoremático para a evidência. Mas elas principalmente esboçam de modo completo – e delimitam – o objeto dessa ciência, a geometria (euclidiana). Essa determinação, sem dúvida, ainda não é verdadeiramente completa, pois comporta subentendidos, e será preciso esperar que Hilbert lhe dê acabamento. Mas é quase em cada etapa da progressão da matemática que são introduzidos objetos novos ou reconstruídos, definidos por novos princípios formulados como proposições-axiomas, que introduzem então novos sistemas operativos correlativos dos novos objetos: espaços não euclidianos, estruturas algébricas, números reais e complexos.

Acontece o mesmo nas ciências da empiria. No exemplo da mecânica clássica, anteriormente citado, o objeto é o movimento puramente espaço-temporal (independentemente das qualidades do móvel), essencialmente determinado pelos conceitos interconectados de força, de massa e de aceleração. O nascimento de uma química moderna está igualmente associado a uma nova concepção do elemento como átomo, da afinidade, concepção renovada e desenvolvida um século mais tarde pela instauração de um objeto químico, representável espacialmente em três dimensões.

2.4. Tais como os descrevemos, os princípios da ciência levantam ao menos dois problemas principais. Em primeiro lugar, podemos nos perguntar até que ponto eles são ou não de natureza convencional. Uma convenção é um acordo aceito no seio de uma coletividade – aqui a dos eruditos especializados em certo domínio. A escolha de uma unidade de medida e sua definição, por exemplo, é evidentemente convencional no sentido mais neutro; ele empenha apenas razões de comodidade e de adequação prática para a busca de certa finalidade. O mesmo não acontece provavelmente com a escolha de axiomas de uma geometria, *independentemente das aplicações possíveis* dessa geometria a uma representação do espaço enquanto sistematização de nossas experiências sensíveis. Essa escolha é livre, com a condição de não contradição e de completitude. Mas são justamente essas reservas que o distinguem de uma simples convenção. A liberdade de escolha de tal gênero de princípios é limitada pelas exigências metadisciplinares que garantem certa consistência do domínio de objetos que eles definem, uma forma não empírica de realidade. Não empírica, mas que não depende também de uma ontologia em sentido estrito, porque essa realidade, à medida que a ciência evolui, pode ser, e sem negação, metamorfoseada, ampliada, relativizada, como o mostra a história dos conceitos matemáticos.

21. Os princípios científicos e os princípios filosóficos 401

No caso das ciências da empiria, acontece o mesmo, mas sob a condição de certa adequação ao mundo da experiência. O princípio de conservação da energia, por exemplo, é bem convencional pelo fato de apelar e admitir uma redefinição das formas de energia quando ele parece falhar, e deixa em aberto a determinação empírica de um sistema "isolado". Mas o princípio fornece um quadro eficaz para uma representação total e coerente de todos os conjuntos conhecidos de fenômenos. Da mesma forma, a definição por sua aceleração da força à qual é submetido um móvel enquanto causa de seu movimento é de fato um princípio. Ele é convencional pelo fato de que uma outra definição, que substitua a aceleração pela derivada terceira do deslocamento, não seria radicalmente incompatível com uma representação dos fenômenos e com o desenvolvimento de uma teoria do movimento. Mas, sem fornecer soluções essencialmente novas para as questões resolvidas por uma mecânica da aceleração, ele a tornaria inutilmente complicada.

Não poderíamos, portanto, negar um elemento de convenção na escolha dos princípios, nem considerar como de natureza estritamente convencional o elemento de liberdade que subsiste em sua escolha.

2.5. Seria preciso, portanto, falar da verdade dos princípios? Em certo sentido sim; os princípios de uma ciência, em uma determinada etapa, são colocados como proposições verdadeiras em sua representação do sistema que eles organizam, sistema de fatos para as ciências da empiria, sistema de propriedades de estruturas abstratas para a matemática. Tal é, de fato, aparentemente, o estatuto dos axiomas. Mas essa "verdade" é de natureza diferente da de outras proposições de uma teoria, porque os princípios não são proposições *verificáveis* ou *demonstráveis*. Seria melhor dizer que os princípios não dependem da categoria de verdade, mas da de validade, entendida como segue. Uma validade *mínima* significaria que o conjunto dos princípios de uma teoria não é incompatível, que suas consequências não se contradizem; uma validade *máxima* significaria que eles são fecundos em certo estágio da ciência, que eles permitem enquadrar os objetos de uma teoria em uma unidade sistemática e tirar consequências novas.

402 FILOSOFIA, LINGUAGEM, CIÊNCIA

É nessa perspectiva que podemos compreender e resolver o segundo problema anunciado, colocado pela mudança ou pela substituição dos princípios de um determinado domínio de uma ciência no decorrer de sua história. A mutabilidade dos princípios, por exemplo, por ocasião da passagem da mecânica clássica para a mecânica relativista ou para a mecânica quântica, significaria sua pouca realidade? Ela significa antes que sua relação com a realidade, matemática ou empírica, é suscetível de progresso. À medida que a função principal dos princípios é a determinação dos objetos de um domínio da ciência, eles são inseparáveis da evolução que pode sofrer a maneira pela qual esses objetos são introduzidos e representados em um estado historicamente determinado das diversas ciências enquanto obras humanas. Todavia, é difícil não reconhecer que essa evolução seja, ao menos em longo prazo, um progresso globalmente cumulativo de nosso conhecimento do mundo empírico, ou da construção abundante de um mundo de seres matemáticos abstratos. Esse é, a bem dizer, o único exemplo não equívoco que temos do progresso de uma obra humana. Desse modo, os princípios científicos têm de fato uma realidade como pontos de partida desses conhecimentos, mas não uma verdade fixa e definitiva, porque eles podem ser transformados em cada etapa desse progresso.

3. Os princípios na filosofia

3.1. Uma obra filosófica, tomada como tal, se apresenta sob duas formas, de resto com frequência indissociavelmente associadas. A primeira é uma análise das significações de conceitos sucessivamente considerados. Não se trata então de determinar as formas e as propriedades de objetos, mas de pôr em evidência o modo como nossos conhecimentos e nossas experiências fragmentárias podem ser integradas em uma experiência total, e é isso que chamamos de interpretação de significações. Tal análise pode revestir modalidades muito diferentes e se exprimir segundo diferentes estilos. Para alguns será uma espécie de inventário de conceitos, como frequentemente acontece na obra de

21. Os princípios científicos e os princípios filosóficos 403

Aristóteles; para outros, como frequentemente em Descartes, uma meditação que se prolonga de um conceito para o outro, formando uma sequência encadeada. Na obra posterior de Wittgenstein, são também elucidações de conceitos, e principalmente de seus usos, que se remetem e se recortam, convergindo para temas centrais. O outro modo da obra filosófica consiste na construção de um sistema. E aqui ainda aparecem estilos muito diversos. Em Spinoza, a unidade do sistema quer se refletir abertamente em um discurso de forma matemática, com axiomas e teoremas; em Hegel, o encadeamento, menos estritamente formal, se apresenta no entanto também como lógica; no Wittgenstein do *Tractatus*, o sistema, não explicitamente declarado como tal, é construído passo a passo por meio da formulação de teses, forte e sutilmente encadeadas por uma análise de seu sentido.

Qual pode ser, portanto, a natureza dos princípios em apresentações tão variadas da reflexão filosófica? Não poderíamos em todo caso caracterizá-las tão claramente e tão explicitamente como os da ciência, e nos contentaremos aqui com breves e triviais observações.

3.2. Os princípios de uma filosofia aparecem de início como determinação de um método de pensamento, mais geral que o *método científico* que, ao menos para alguns filósofos, seria apenas uma aplicação particular dele. Nós o vemos claramente na filosofia de Descartes. As regras do *Discurso do método* são, ao mesmo tempo, orientadas para o pensamento científico e para um pensamento que ultrapassa os limites de um conhecimento científico do mundo, como, por exemplo, a regra de divisão das dificuldades e a regra de caminhar do simples para o complexo. Trata-se muito geralmente de colocar e de prescrever, em geral, *condições de pensamento*. Para o Wittgenstein do *Tractatus*, essas condições de pensamento são de fato, ao mesmo tempo, condições de pensamento científico e condições de pensamento filosófico. Mas, como este último se resolve por uma tomada de consciência crítica do sentido do primeiro, seu princípio, que aparece no término e não no início da meditação, é paradoxal e dramaticamente negativo: "Daquilo que não podemos falar, é melhor nos calarmos...".

3.3. Mas os princípios de uma filosofia são também apresentados pelos filósofos como experiências fundamentais, aquém das quais não podemos avançar. Para Bergson, o princípio de uma filosofia é pensado em um estilo quase biológico, como o núcleo que o gera; uma "intenção original", que toma corpo em uma "imagem mediadora" ("A intuição filosófica", em *La pensée et le mouvant*). É esse princípio que conviria pôr em evidência quando nos propomos a compreender uma obra. Seja qual for o sentido e a origem psicológica em um autor, é ele que explicaria a unidade do pensamento do filósofo e, eventualmente, de sua evolução.

3.4. Além dessas determinações, bastante formais, há conteúdos dos quais poderíamos dizer que são geralmente veiculados pelos princípios, por mais diversos que sejam, das filosofias? Parece-me que seria possível reuni-los em dois temas, em dois questionamentos: o que é o real? O que é o pensamento? Interrogações principais, muito amplas, que evidentemente em nada preconcebem tentativas de resposta. É o objetivo de tais conteúdos que constitui na filosofia o sentido verdadeiro dos princípios, mais que as teses iniciais pelas quais eles frequentemente serão formulados. Do mesmo modo, os princípios então são apenas pontos de partida, e seu verdadeiro teor se manifesta apenas no término e não na origem de um trabalho filosófico.

É uma conclusão paradoxal, portanto, mas parece-nos possível dizer que um princípio é, ao mesmo tempo, o que está no princípio e no fim. Para a ciência é, sem dúvida, o ponto de partida de uma dedução, mas formulado como interpretação, generalização e abstração de um saber anterior. Para a filosofia, é sem dúvida a ideia seminal de uma interpretação do que significam nossas experiências; mas que, ao mesmo tempo, aparece sob uma forma mais realizada apenas como o resultado de um desenvolvimento da ideia.

Tanto em um como no outro caso, não podemos dispensar os princípios. Mas os princípios colocados, tanto na filosofia como nas ciências, não poderiam ser tomados como se bastassem a si mesmos para exprimir o essencial de um conhecimento ou de uma doutrina, porque seu sentido, seu alcance e sua validade vêm definitivamente apenas daquilo que é desenvolvido depois deles.

Índice de nomes de pessoas

A

Abel, Niels H.: 350

Alexandre: 334

Al-Khwarizmi: 309, 310

Anscombe, G. E.: 297

Apolônio: 310, 322

Aristóteles: 15, 27, 92, 94, 126, 208, 237, 264, 274, 280, 318, 321, 329, 334, 338, 343, 357, 366-368, 370, 376, 383, 396, 403

Arquimedes: 83, 257, 310, 319, 321, 322, 336, 339, 351

Arquitas: 331, 332, 339

B

Bachelard, Gaston: 59-79, 252, 283, 292, 363, 385

Bacon, Francis: 62

Balzer, Wolfgang: 388, 390-391

Barthes, Roland: 131

Becker: 326

Benveniste, Émile: 146

Bergson, Henri: 74, 93, 120, 404

Berkeley, George: 375

Boécio: 331

Bohr, Niels: 363

Boltzmann, Ludwig: 186, 255

Bolzano, Bernard: 98, 99

406   FILOSOFIA, LINGUAGEM, CIÊNCIA

Borel, Émile: 98, 100, 101, 306
Bourbaki, Nicolas: 46
Bouveresse, Jacques: 296
Burks, A. W.: 146, 172

C

Canguilhem, Georges: 60
Cantor, Georg: 100, 255, 256, 258
Carnap, Rudolf: 9, 29-58, 108, 118, 371
Castañeda, H. N.: 178
Cavaillès, Jean: 9, 24, 71, 81, 83, 97-112, 193, 194, 257, 354
Cayley, Arthur: 311
Chevalley, Claude: 256, 312
Chomsky, Noam: 192
Church, Alonzo: 356
Cohen, P. J.: 300, 307
Comte, Auguste: 218, 255, 267
Condorcet, Nicolas Caritat de: 9, 369
Crantor: 318

D

Dascal, Marcelo: 353
Davidson, D.: 155
Dedekind, Richard: 215, 256, 348
Denkinger, M.: 328
Desargues, Gérard: 241, 242, 254, 311
Descartes, René: 62, 81, 84, 93, 98, 101, 121, 251, 277, 310, 403
Diès: 328
Donnellan, K. S.: 155, 165-168, 170
Dostoiévsky, Fiódor: 166
Dumarsais, César Chesneau: 240
Durkheim, Émile: 267

Índice de nomes de pessoas

E

Einstein, Albert: 298, 299

Estoup: 185

Euclides: 85, 234, 263, 295, 296 ,299, 307, 310, 317, 318, 320, 322-324, 326, 328, 334-336, 338, 342, 344-350, 399,

Eudóxio: 85, 318

F

Fermat, Pierre de: 90, 179, 310

Feyerabend, Paul: 217, 293,

Field, Hartry: 386

Fodor: 196

Fowler: 319, 337, 340-342

Fraenkel: 388

Frege, Gottlob: 46, 55, 57, 126, 150, 153, 300, 367, 368, 370-372

Freud, Sigmund: 68, 267

Frey, L.: 333

Fritz, von: 337

G

Galilei, Galileu: 385

Galois, Évariste: 350

Gellner: 217

Gemma, Cornelius: 248

Gentzen, Gerhard: 373

Gérard, M.: 315

Gersten, S. M.: 315

Gibbs, Willard: 87, 283

Gödel, Kurt: 158, 189, 300, 398

Granger, Gilles-G.: 28, 41, 105, 134, 141, 213, 221, 367, 369, 381

Grassmann, Hermann G.: 89, 90

Gromov, M.: 315

Guillermit, Louis: 25

H

Hamilton, William: 89, 90, 180

Harman: 155, 344

Harvey, William: 81

Heath, Thomas L.: 348, 350

Heaviside: 211

Hegel, Georg: 106, 403

Heller: 337

Helmholtz, Hermann von: 87

Heron de Alexandria: 339

Hilbert, David: 100, 189, 211, 233, 290, 384, 399

Hipócrates: 319, 321

Hippasos de Metaponte: 321, 337

Hubble, Edwin: 81

Husserl, Edmund: 70, 98, 100, 107, 126, 145, 189, 364, 367

I

Imbert, Claude: 150

Itard, Jean: 344, 345

J

Jacobi, Carl Gustav: 21

Jakobson, Roman: 146, 161, 172, 185

Jespersen, Otto: 145

Jung, Carl Gustav: 66

K

Kaburaki: 167

Kaila: 47

Kant, Immanuel: 25, 32, 33, 58, 98, 101, 107, 208, 249, 256, 260, 286, 375

Katz, J.: 196

Klein, Félix: 311

Índice de nomes de pessoas

Knorr: 333, 337, 345
Kripke, Saul: 155, 167-170
Kuhn, Thomas: 87, 193, 217, 218, 247, 252-254, 292, 293
Kuno: 167

L
Lagrange, Joseph Louis: 180, 381
Lautman, Albert: 106, 107
Lautréamont: 62, 255, 256
Lebesgue, Henri: 100-102, 285, 286
Leibniz, Gottfried Wilhelm: 380, 381
Le Roy, Édouard: 289, 291, 303
Lévi-Strauss, Claude: 162, 163
Lichnerowicz, André: 187
Lichnerowicz, Marc: 187
Lindstrom: 377
Loewenheim: 377
Ludwig: 388

M
Mackie: 262
Mandelbrot, Benoît: 185-187
Martinet, André: 138
Maxwell, James Clerk: 281
Menechme: 310
Michel, Alain: 83
Michel, ?: 331
Michelson, Albert: 81
Moore, George Edward: 372
Moravia, Sergio: 59
Mügler: 318

N

Nagel, Ernest: 389
Nernst, Walther: 305
Newton, Isaac: 248, 381
Noether, Emmy: 180
Nollan, Richard: 35

O

Ockham, Guilherme de: 354

P

Pappus: 331, 332
Pariente, Jean-Claude: 245
Pascal, Blaise: 19, 90, 238, 298, 378, 379
Paty, Michel: 10
Peano, Giuseppe: 125, 307
Peirce, Charles Saunders: 128, 146, 150-153, 157, 172-174, 372
Perroux, F.: 179
Pitágoras: 322, 327, 338, 341, 351
Platão: 27, 106, 223, 318, 326-333, 340, 343, 345,
Poincaré, Henri: 33, 289, 291, 302, 312, 313
Polêmon: 318
Popper, Karl: 206, 290
Porte, J.: 135
Proclo: 296, 322, 327, 340
Proust, Joëlle: 35
Putnam, Hilary: 389

Q

Quine, Willard: 155

Índice de nomes de pessoas

R

Ramsey, Frank P.: 35, 391, 392

Rashed, Roshdi: 309, 328

Reichenbach, Hans: 301

Rham, de: 315

Rhees, R.: 297

Riemann, Berhard: 83

Robin, Léon: 343

Roupnel: 77

Russell, Bertrand: 31, 32, 40, 41, 46, 57, 368, 370, 372

S

Saussure, Ferdinand de: 178, 182, 191

Scheibe: 388

Scheler, Max: 70

Schlick, Moritz: 259, 296

Schutzenberger, Paul: 185

Schwartz, L.: 211

Schwartz, S. P.: 165

Short, Hamish: 315

Skolem, Thoralf: 377

Sneed: 390

Spinoza, Baruch: 18, 19, 26, 27, 99, 107, 256, 403

Staudt, Christian von: 311

Steinitz: 312

Stevin, Simon: 348

Stokes, George Gabriel: 209

Suppes, Patrick: 389

Szabo, Eugen: 318

Szczeciniarz, Jean-Jacques: 10

T

Tannery, Jules: 328
Tarski, Alfred: 17, 24, 44, 189, 190, 235, 357, 389, 391
Teeteto: 343, 345, 346
Teodoro: 317, 318, 337, 343-345
Téon de Esmirna: 331, 340-342
Thibaud: 372
Thomas, Ivor: 217, 252, 292
Tits: 242
Turing, Alan: 356

V

Vitrúvio: 333
Vuillemin, Jules: 19, 146, 328

W

Waisman, F.: 296
Weber, Max: 267
Whitehead, Alfred North: 31, 32, 40,
Wittgenstein, Ludwig: 9, 16, 17, 18, 20, 26, 27, 29-32, 34, 35, 39-40, 51-55, 57, 95, 107, 115, 120, 126, 157, 159, 209, 240-242, 257-259, 286, 296-297, 303, 307, 370-372, 376, 403

Z

Zermelo, Ernst: 300, 388
Ziff, P.: 195
Zipf: 185-186

Bibliografia

Outras obras de Gilles-Gaston Granger

Lógica e filosofia das ciências. Melhoramentos, São Paulo, 1955.

Méthodologie économique. PUF, Paris, 1955.

La raison. PUF, coleção "Que sais-je", Paris, 1955.

La mathématique sociale du marquis de Condorcet. PUF, Paris, 1956.

Pensée formelle et sciences de l'homme. Aubier, Paris, 1960.

Essai d'une philosophie du style. A. Colin, Paris, 1968.

Wittgenstein. Seghers, Paris, 1969.

La théorie aristotélicienne de la science. Aubier, Paris, 1976.

Langages et épistémologie. Klinchsiek, Paris, 1979.

Pour la connaissance philosophique. Odile Jacob, Paris, 1988.

Invitation à la lecture de Wittgenstein. Alinéa, Paris, 1990.

La verification. Odile Jacob, Paris, 1992.

La science et les sciences. PUF, coleção "Que sais-je", Paris, 1993.

Formes, opérations, objets. Vrin, Paris, 1994.

Le probable, le possible et le virtuel. Odile Jacob, Paris, 1995.

L'irrationnel. Odile Jacob, Paris, 1998.

La pensée de l'espace. Odile Jacob, Paris, 1999.

Sciences et réalité. Odile Jacob, Paris, 2001.

Traduções

Wittgenstein (Carnets 1916-1917, 1971; *Tractatus Logico-philosophicus*, 1993. Gallimard, Paris).

Impressão e acabamento
Gráfica e Editora Santuário
Em Sistema CTcP
Capa: Supremo 250 g – Miolo: Pólen Soft 80 g
Rua Padre Claro Monteiro, 342
Tel. (12) 3104-2000 / Fax (12) 3104-2036
12570-000 Aparecida-SP